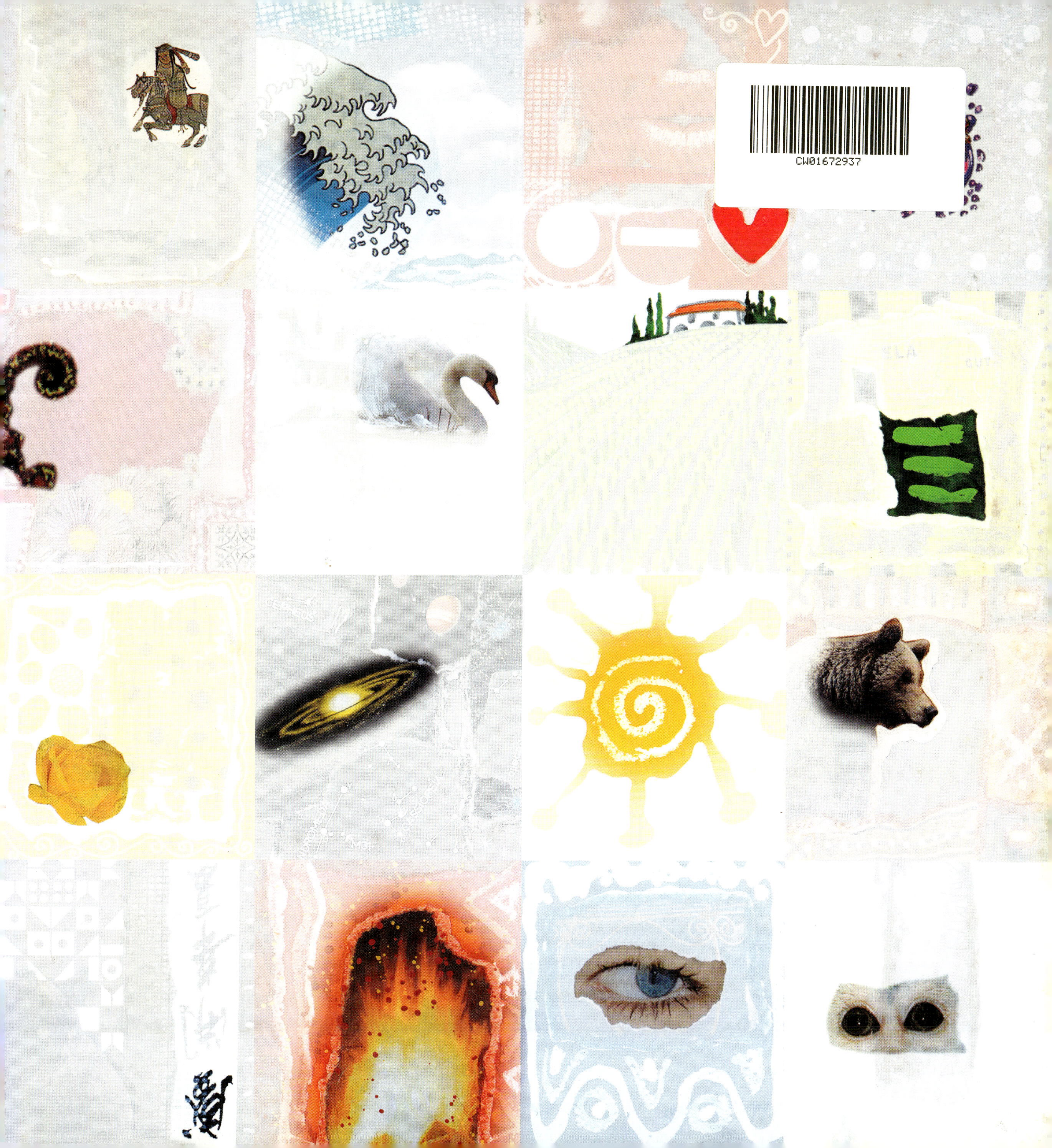
CEPHEUS
ANDROMEDA
M31
CASSIOPEIA

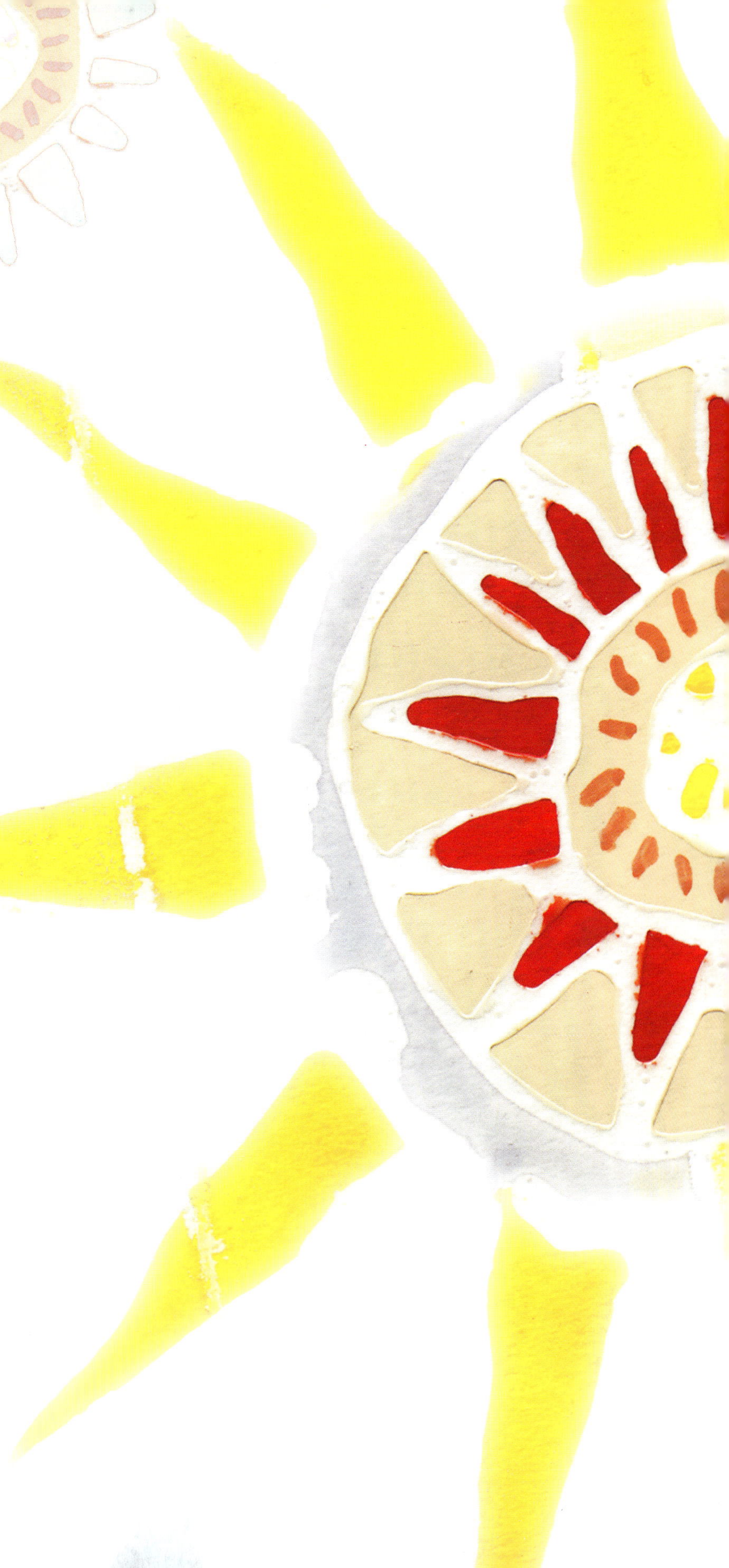

www.unieboek.nl

Omslagontwerp en vormgeving: Studio Eric Wondergem BNO, Baarn
Lithografie: Nauta en Haagen, Oss/Studio Eric Wondergem BNO, Baarn

ISBN 90 269 2361 9
NUGI 829/931

KLEUR

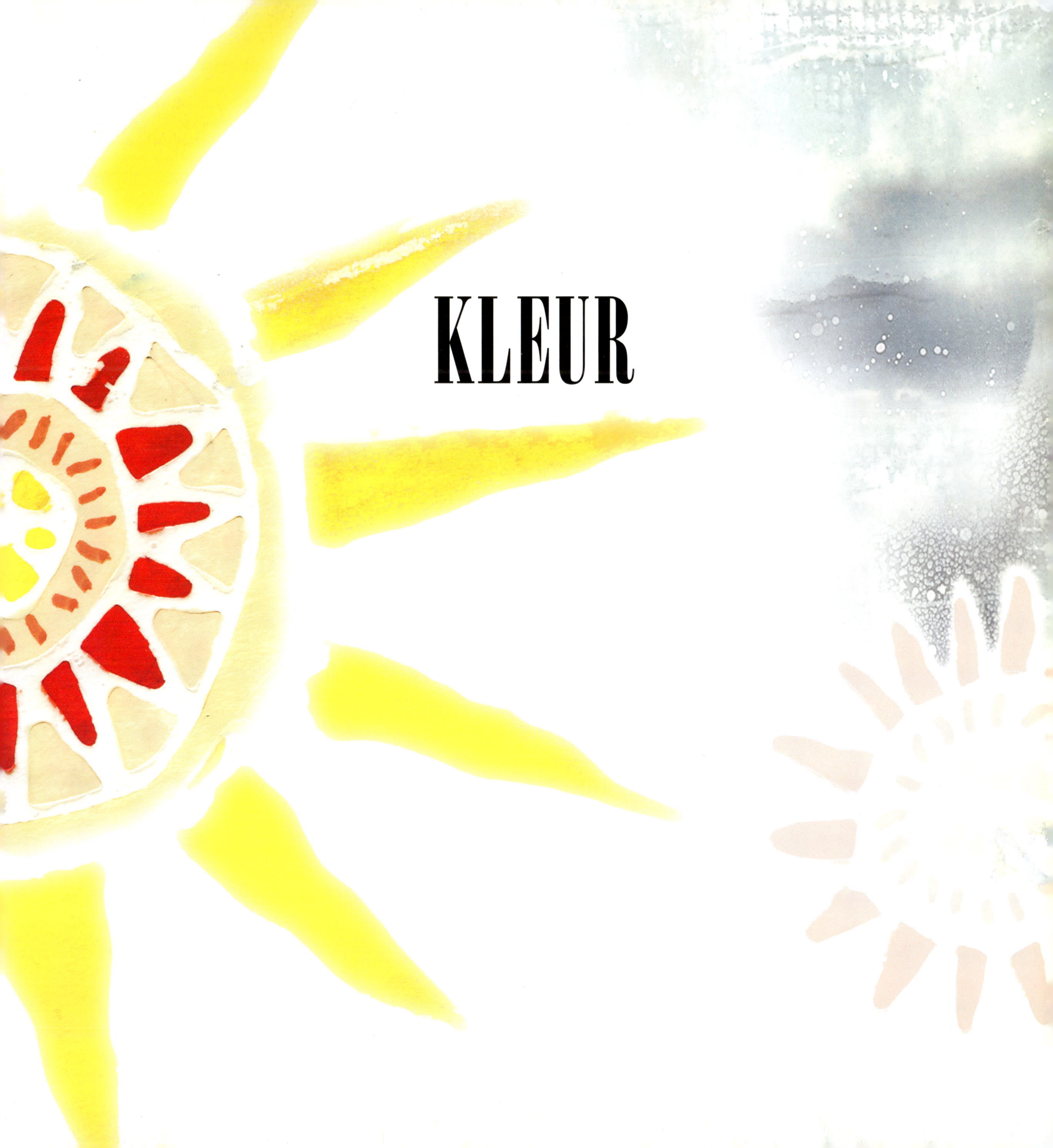

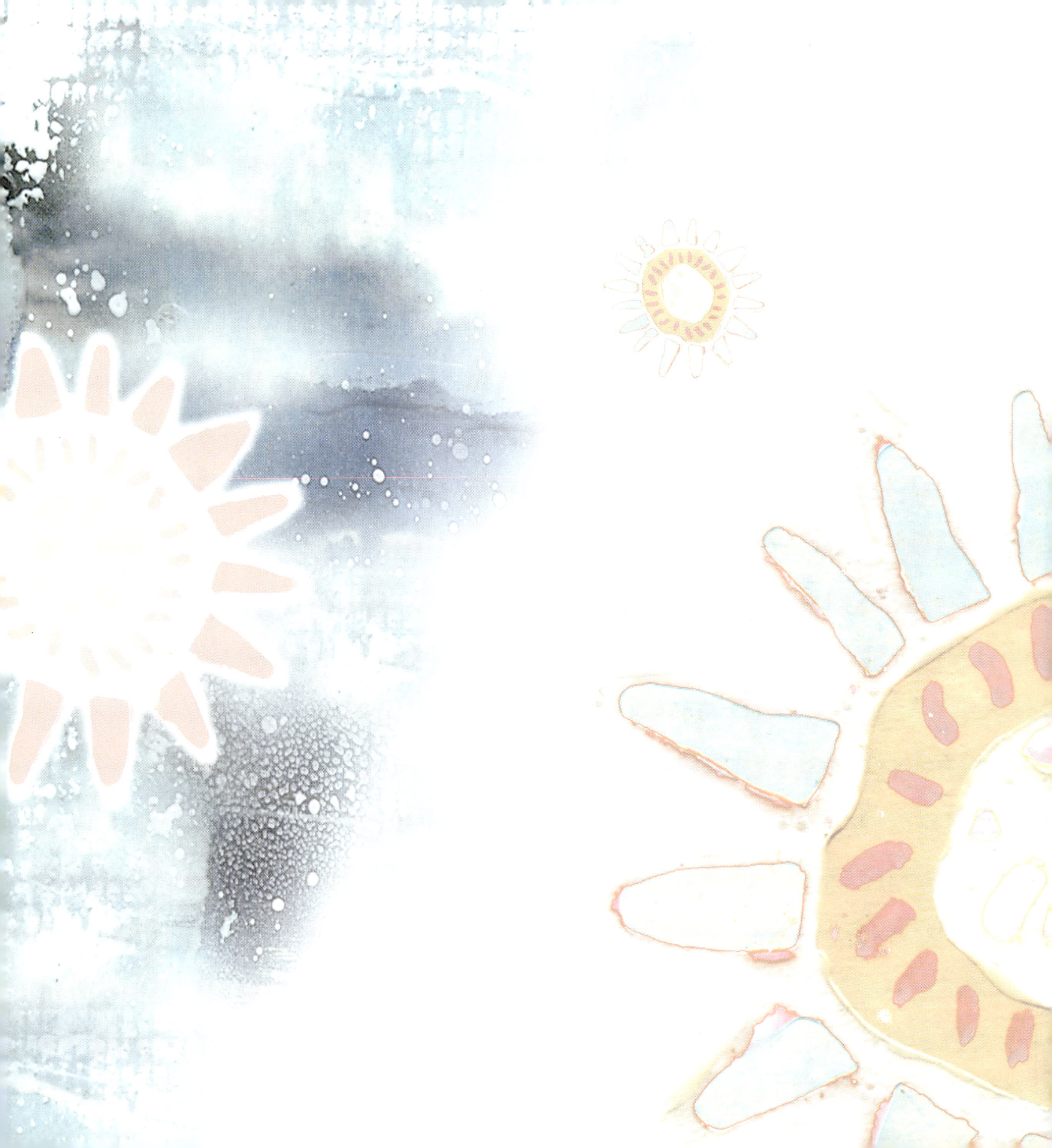

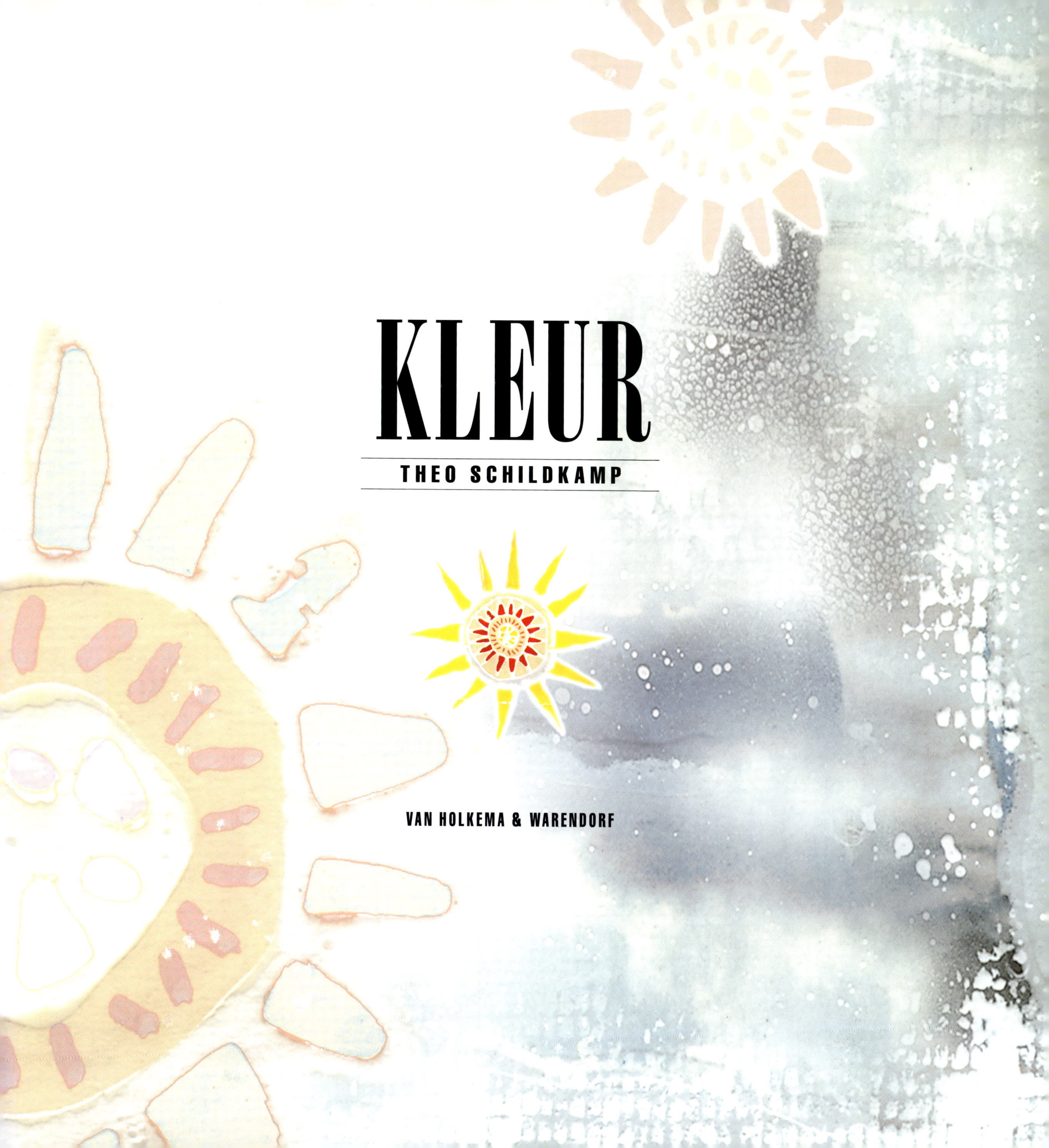

KLEUR

THEO SCHILDKAMP

VAN HOLKEMA & WARENDORF

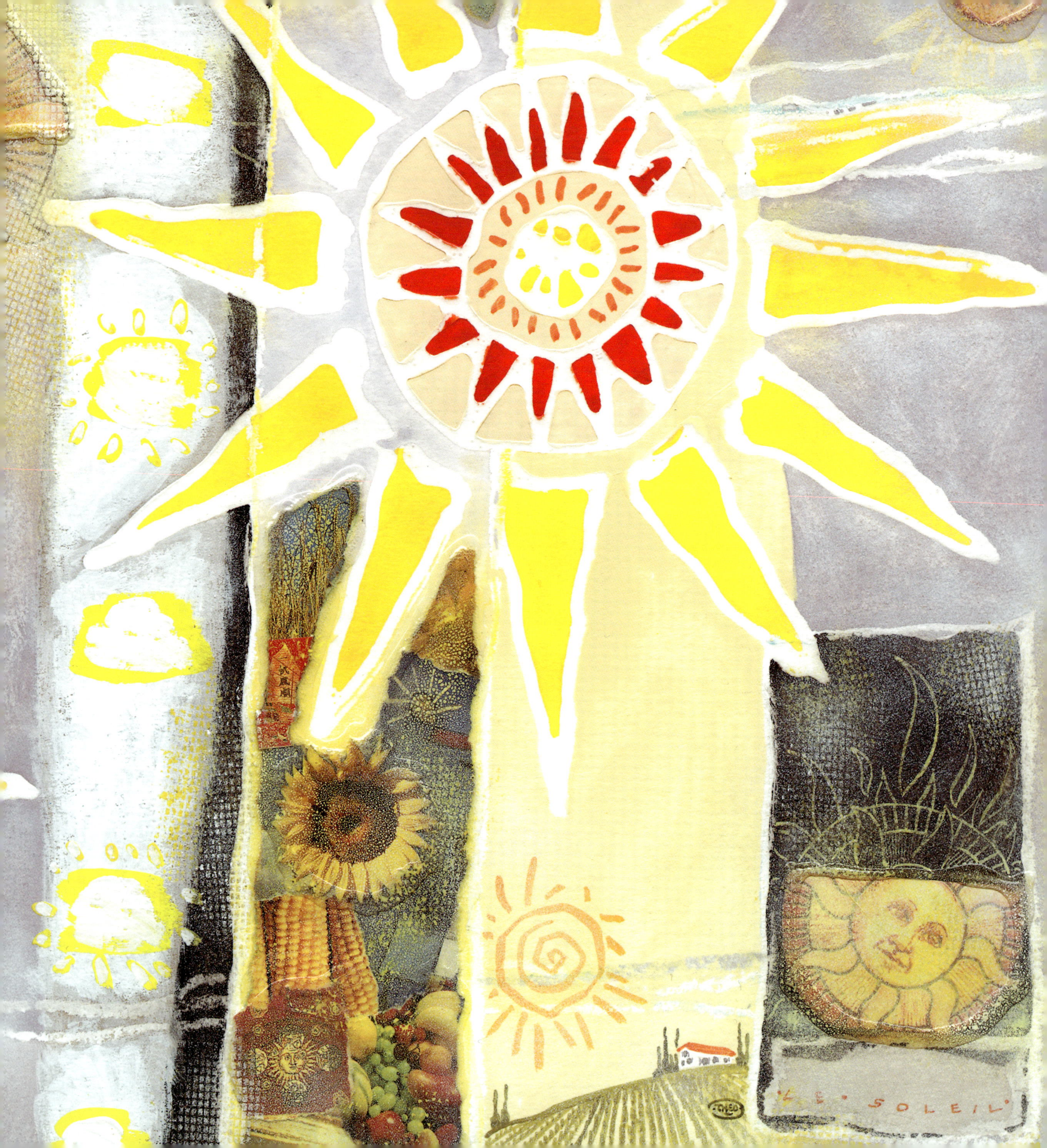
LE SOLEIL

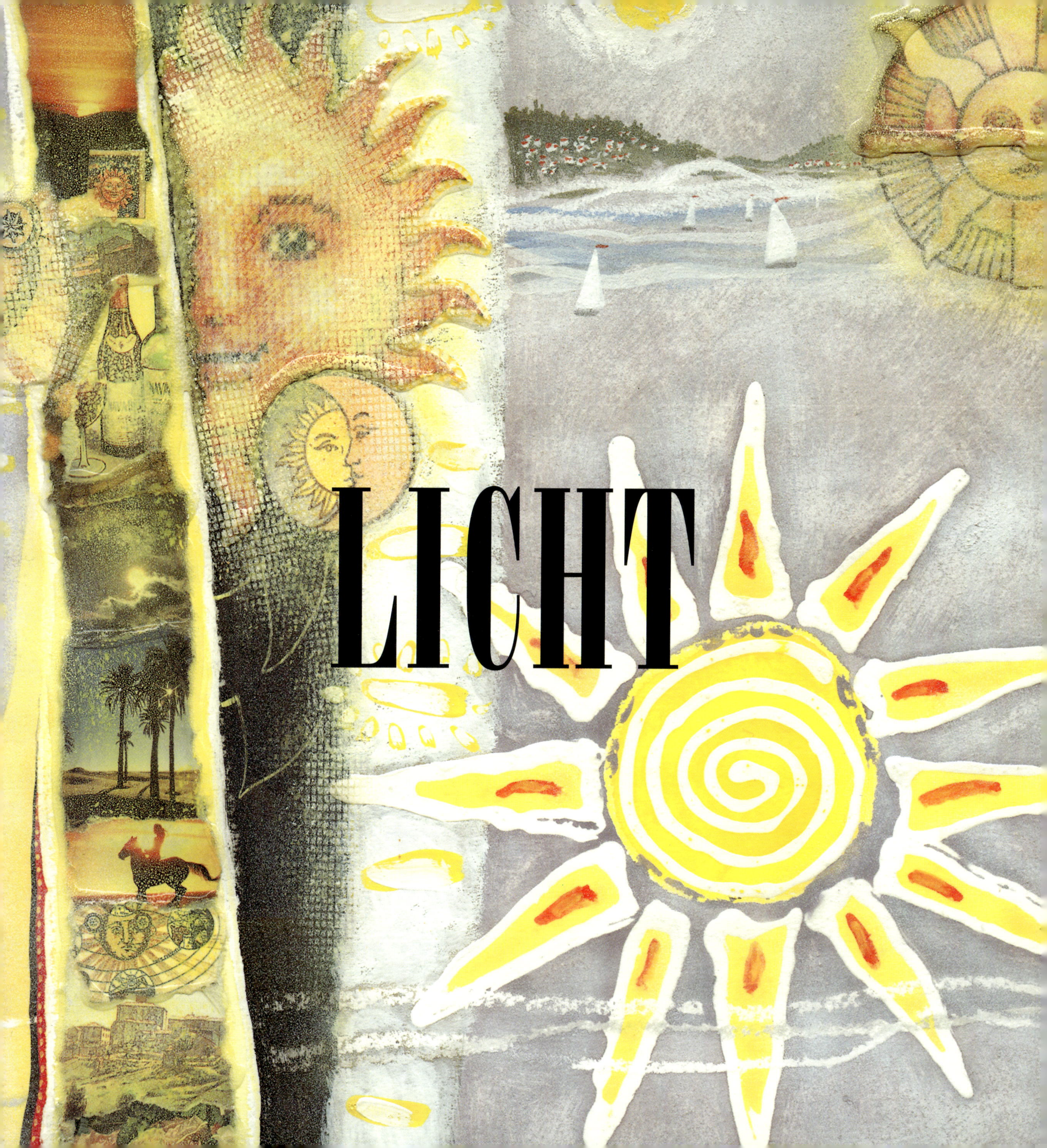

LICHT

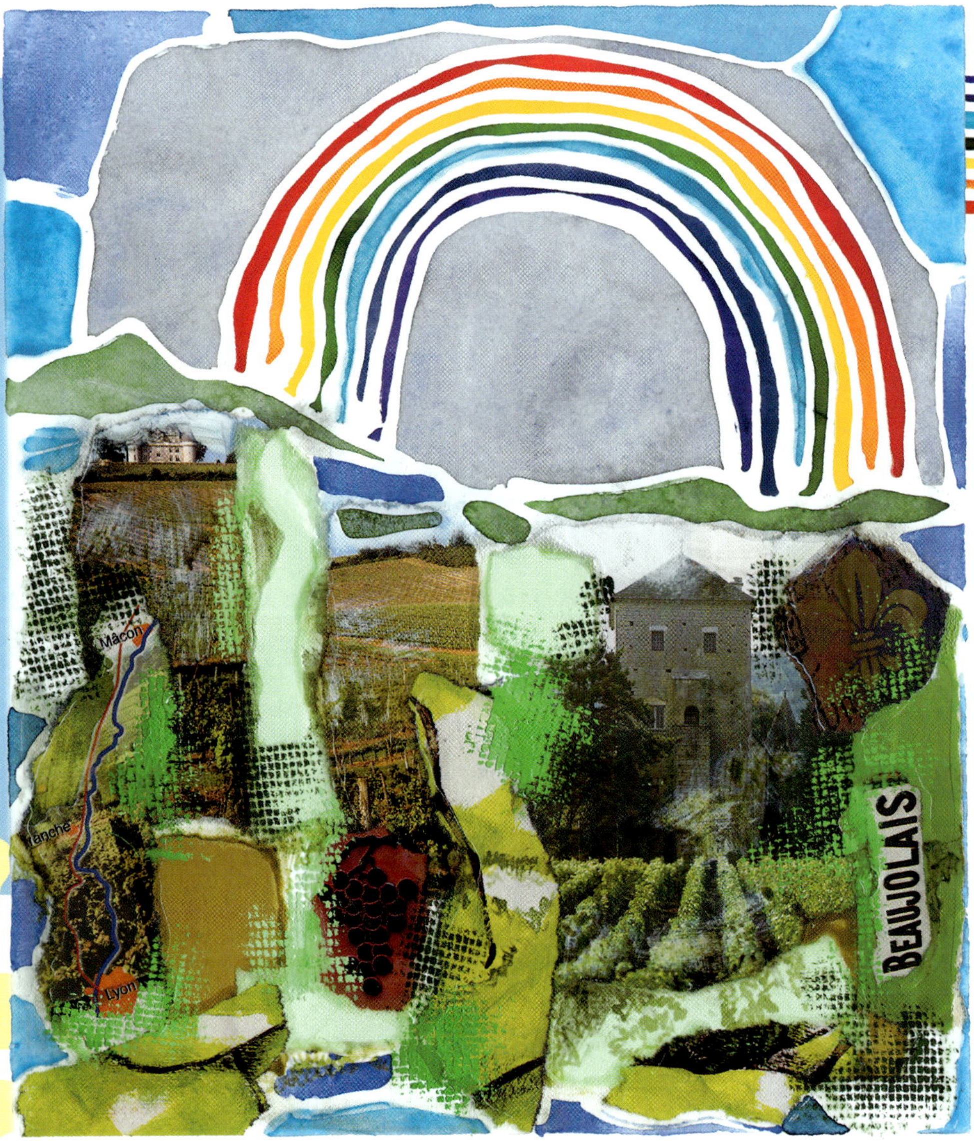

Gekleurde wereld

Kleur is een natuurkundig verschijnsel. Natuurkunde is een moeilijk vak. Hoe kleuren ontstaan is niet gemakkelijk te begrijpen. Nog lastiger is het om de betekenis ervan te doorgronden. Onderzoek naar de effecten van kleuren op levende wezens behoort tot het vakgebied van de biologie en de psychologie. Wat mensen met kleuren doen en waarom wordt tot het terrein van de cultuurgeschiedenis, de kunstbeschouwing en de filosofie gerekend. Het probleem is dat álles kleur heeft. Komt kleur aan de orde, dan komt dus feitelijk álles ter sprake. En dat is natuurlijk onmogelijk. Wie geïnteresseerd is in kleur kan daarom hooguit een aantal bezienswaardigheden in ogenschouw nemen. Hij kan slechts een bescheiden tripje maken langs de leukste plekjes in onze kleurrijke wereld. Dat is precies wat in dit boek gebeurt.

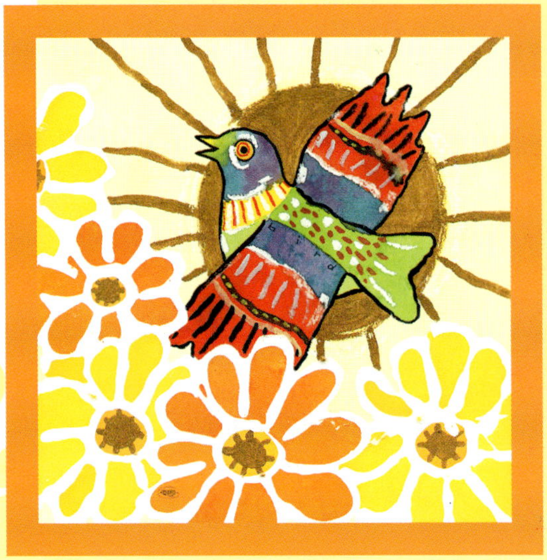

Aanschouwelijk onderwijs

De regenboog is een bijzonder opmerkelijk natuurkundig fenomeen. In onze gecompliceerde kleurenwereld vat zij in één beeld alles samen wat over kleur te vertellen valt. Beter aanschouwelijk onderwijs kan niet gegeven worden. De regenboog laat zien dat ongekleurd zonlicht gebroken wordt tot alle kleuren die wij kunnen waarnemen. En dat is wat overal om ons heen gebeurt. Licht valt ergens op, wordt gebroken en gedeeltelijk gereflecteerd. Wat naar ons oog wordt teruggekaatst zien wij als kleur. Zonlicht lijkt kleurloos, maar is in feite een mengsel van kleuren. Valt dit licht op een tot een driehoekig prisma geslepen stukje glas, dan komt aan de andere kant het hele spectrum tevoorschijn. Alle voor het menselijke oog zichtbare kleuren dus. In een regenbui kan elk druppeltje zo'n prisma vormen. Alle druppels breken dan het zonlicht en kaatsen het terug in een boog die uit de kleuren rood, oranje, geel, groen, blauw, indigo en violet bestaat. Omgekeerd kunnen al die kleuren via een prisma weer gebundeld worden tot wit.

Tienduizendste millimeter

De zeven kleuren van de regenboog worden aangeduid als het kleurenspectrum. De afzonderlijke kleuren worden spectrale kleuren genoemd. Deze kleuren hebben elk een eigen golflengte. Net als geluid plant licht zich namelijk voort in heel kleine golfbewegingen. De afstand tussen de toppen van elke twee na elkaar komende golven is maar een tienduizendste van een millimeter. De afstand tussen de top van de ene golf en de top van de volgende heet 'golflengte'. Het trillingsgetal of de frequentie is het aantal golftoppen dat per seconde een bepaald punt passeert. Al golvend planten lichtstralen zich met een snelheid van circa driehonderdduizend kilometer per seconde voort. Het licht van de maan bereikt ons dus in iets meer dan een seconde. Het zonlicht doet er acht minuten over om op aarde te arriveren.

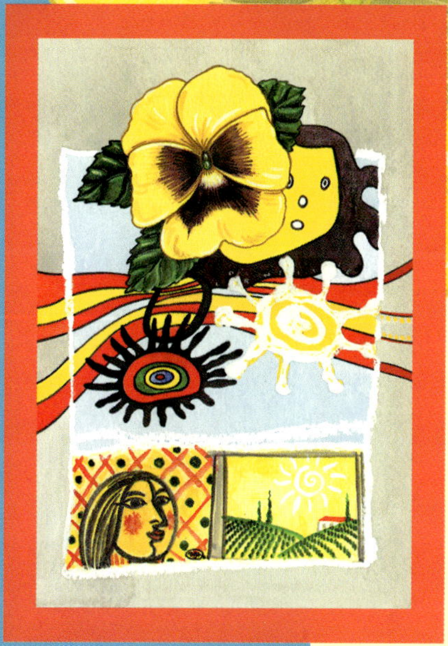

Mooi absorberen

Kleuren zijn dus eigenlijk het gevolg van absorptie. Wat na opname overblijft is kleur. Het is het opnemende vermogen van stoffen dat kleuren bepaalt. Er zijn stoffen die heel mooi absorberen. We noemen ze kleurstoffen of pigmenten. Kleurstoffen komen overal voor. Chlorofyl bijvoorbeeld is de groene kleurstof in planten. Talloze andere pigmenten geven aan bloemen hun grote verscheidenheid van kleur. Maar ook in de levenloze natuur komen kleurstoffen voor. Het zijn juist deze natuurlijke kleurstoffen die de mens aanvankelijk is gaan gebruiken voor zijn rotsschilderingen en later voor alle mogelijke andere zaken.

Kleurige *optelsom*

Zonlicht is kleurloos. We zien het licht op zich niet. Licht moet altijd ergens door weerkaatst worden voor het kan worden gezien. Pas wanneer het door een bepaald oppervlak in zijn geheel wordt gereflecteerd zien wij het als wit. Wit is dus kleurloos. Of beter: wit is de optelsom van alle kleuren. Hun begin en einde tegelijk. Licht reflecteert vanaf elk oppervlak waarop het valt. Net zoals een bal terugkaatst van een vloer of een muur. Precies zoals die bal weerkaatst licht onder telkens verschillende hoeken en op verschillende manieren vanaf gladde en oneffen oppervlakken.

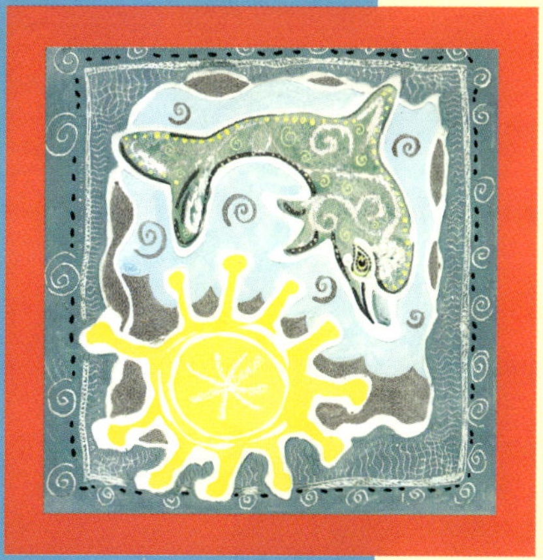

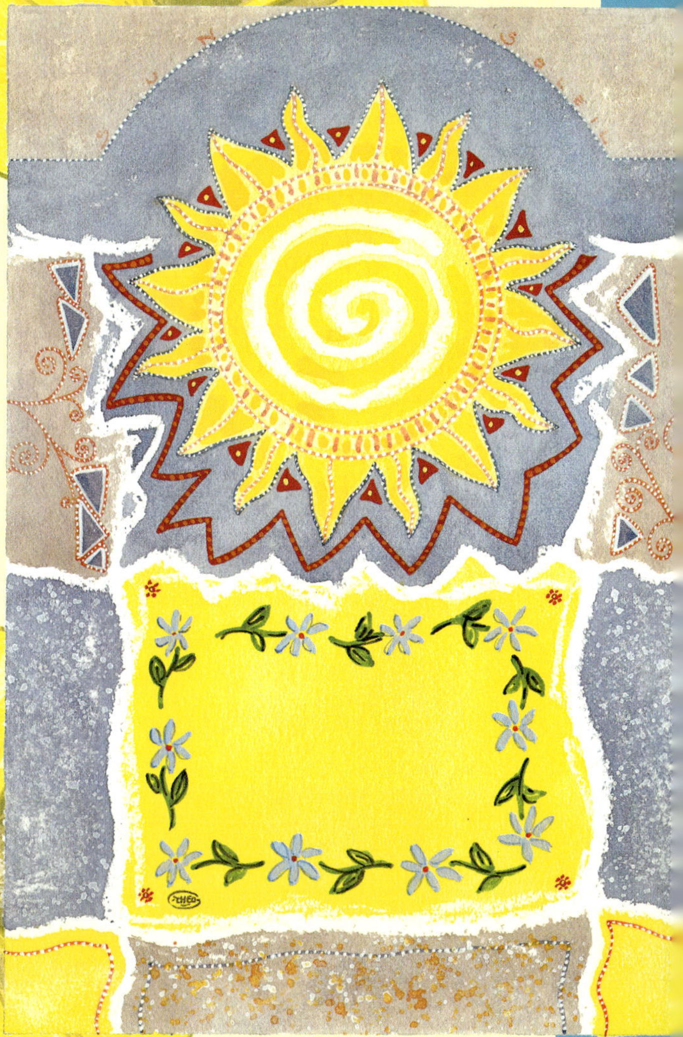

Gereflecteerd licht

Sommige stoffen zijn doorzichtig. Glas en water bijvoorbeeld. Het licht schijnt er gemakkelijk doorheen. Het gaat ongebroken verder. Valt licht op een ondoorzichtige stof dan wordt een gedeelte ervan door die stof geabsorbeerd en de rest teruggekaatst. Dit gereflecteerde licht is anders van samenstelling dan even tevoren. Wij zien het niet langer als wit. Maar als een kleur. Een groene appel kaatst alleen het groene gedeelte van het licht terug en absorbeert alle andere kleuren. Een stuk rood papier absorbeert alle kleuren behalve rood. Dus zien wij alleen dat rood. Volledig zwart absorbeert alle licht en dus alle kleur. Er wordt niets gereflecteerd. Echt zwart is dus in feite onzichtbaar.

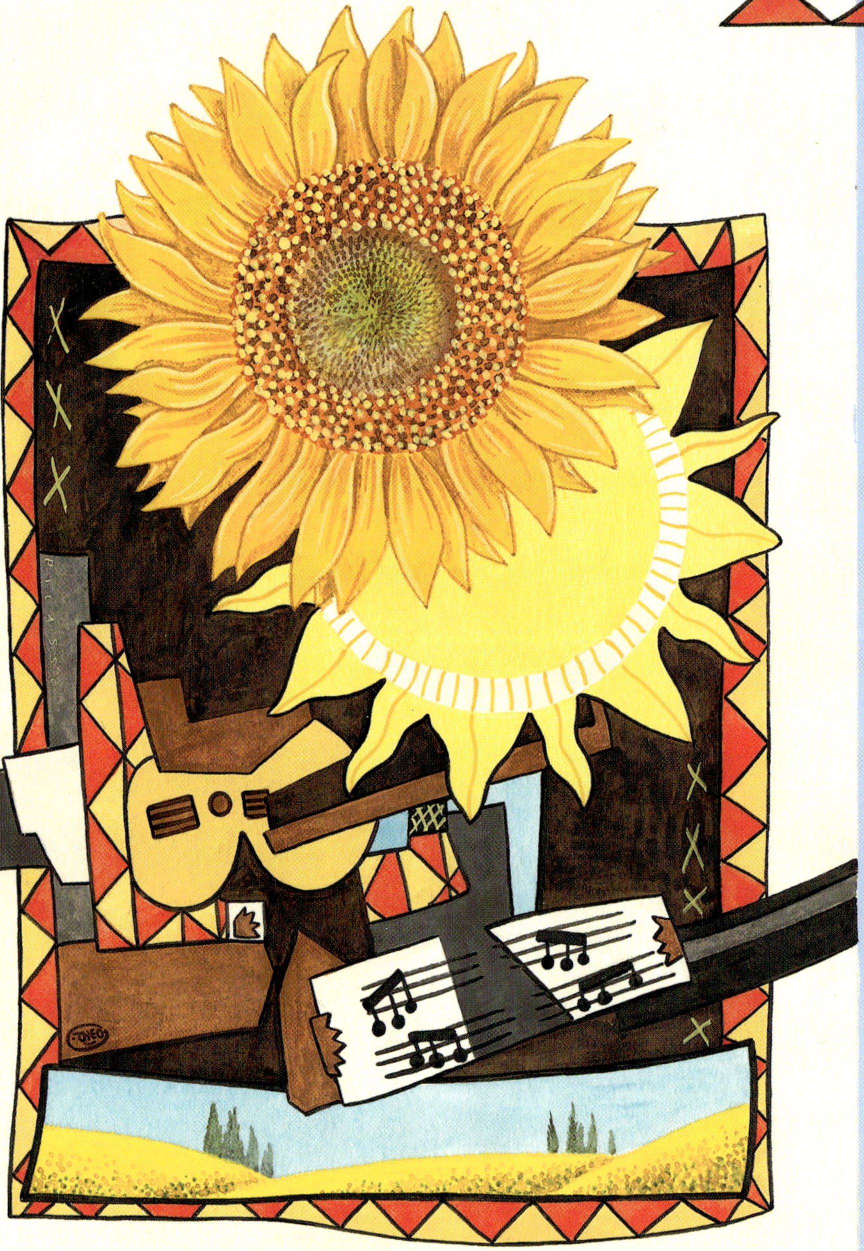

Bril nodig

Alleen mensen en nog een paar zoogdieren, zoals apen kunnen kleuren zien. Insecten en vogels zien ook in kleur. Het is moeilijk je voor te stellen dat de meeste andere schepselen de wereld niet op dezelfde manier zien als wij. Mensen en dieren hebben verschillende ogen. Ook onderling zien de diersoorten totaal verschillend. Sommige zien uitzonderlijk goed terwijl andere best een brilletje zouden kunnen gebruiken. Roofvogels zien heel veel beter dan mensen en mensen weer beter dan bijvoorbeeld spitsmuizen. Om met beide ogen tegelijk naar een prooi te kunnen loeren en om dus de afstand goed te kunnen schatten hebben roofvogels hun ogen vóór in de kop staan. Bij andere vogels zitten ze in de zijkant van de kop. Zij kunnen alleen maar rechts en links zien. Dat is heel praktisch, want terwijl een merel met het ene oog naar een vette worm in het gras kijkt, houdt hij met het andere in de gaten of er geen kat of roofvogel nadert. Wij kunnen dit niet. Ons gezichts- en waarnemingsvermogen is in feite heel beperkt. Wij zien lang niet alles. Een boom groeit zo langzaam dat we het niet waarnemen. En van een draaiend wiel gaan de spaken zo snel dat we ze niet meer afzonderlijk kunnen zien.

Vliegende objecten

Ook wanneer het om het zien van kleuren gaat, schieten onze ogen tekort. Infrarood en ultraviolet bijvoorbeeld zijn kleuren die in de insectenwereld van groot belang zijn, maar door ons eenvoudigweg niet worden gezien. Daarentegen zien we wel dingen die er níet zijn. Soms zien we zomaar in ons beeld allerlei vlekjes, draadjes en lichtgevende puntjes. Ze heten fosfenen en worden veroorzaakt door in het oogvocht zwevende kristallen en dode cellen. Wanneer we zachtjes tegen de oogleden drukken kunnen we gemakkelijk verschijnselen oproepen die op fosfenen lijken. Bij wat krachtiger duwen licht zelfs het complete blikveld op, doorbliksemd van lichtflitsen en trillende figuren die de vorm hebben van sterren, golven, spiralen en cirkels. De primitieve mens schreef deze gewaarwordingen toe aan objecten in de lucht. Hij was zich niet bewust van het feit dat de verschijnselen zich in het oog voltrokken. Een verklaring voor allerlei moderne visioenen zou hiermee gegeven kunnen zijn. Wellicht zweven UFO's alleen rond in onze ogen!

Magische ogen

Ogen hebben iets magisch. Er zijn zelfs culturen in het Verre Oosten waar het hoogst onbeleefd wordt gevonden om elkaar diep in de ogen te kijken. Men ziet er de ander slechts vluchtig aan en vestigt de blik liever op diens hals of borst. In onze westerse wereld staat het juist heel kranig om de gesprekspartner een kloeke blik toe te werpen, mits dit maar niet té lang gebeurt. Hier ben je een watje wanneer je telkens de ogen neerslaat. En je bent verdacht als je de mensen niet onder ogen durft te komen.

Wonderlijk dat die twee bolletjes in het gelaat zo'n uitwerking hebben op medeschepselen. Want wat stelt het eigenlijk voor, twee ogen? Een spin heeft er al acht. Er zijn schelpdieren die er honderd hebben. Onbetwiste kampioenen zijn de insecten. Een libelle bijvoorbeeld heeft veertigduizend ogen, die samen twee glanzende superogen vormen. Gelukkig beschikt hij over weinig hersens, zodat hij niet helemaal doldraait wanneer hij door een soortgenoot wordt aangestaard.

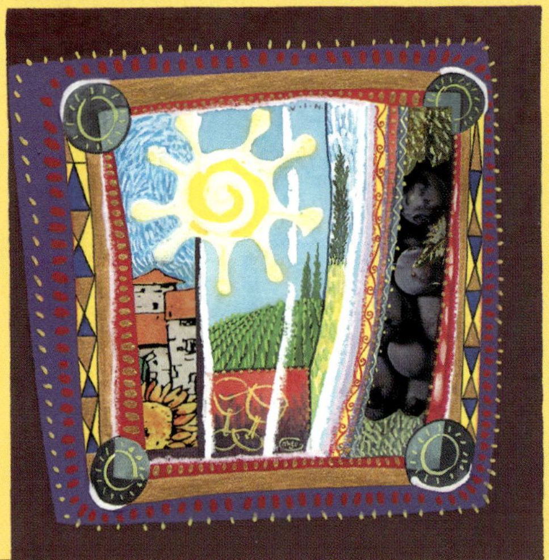

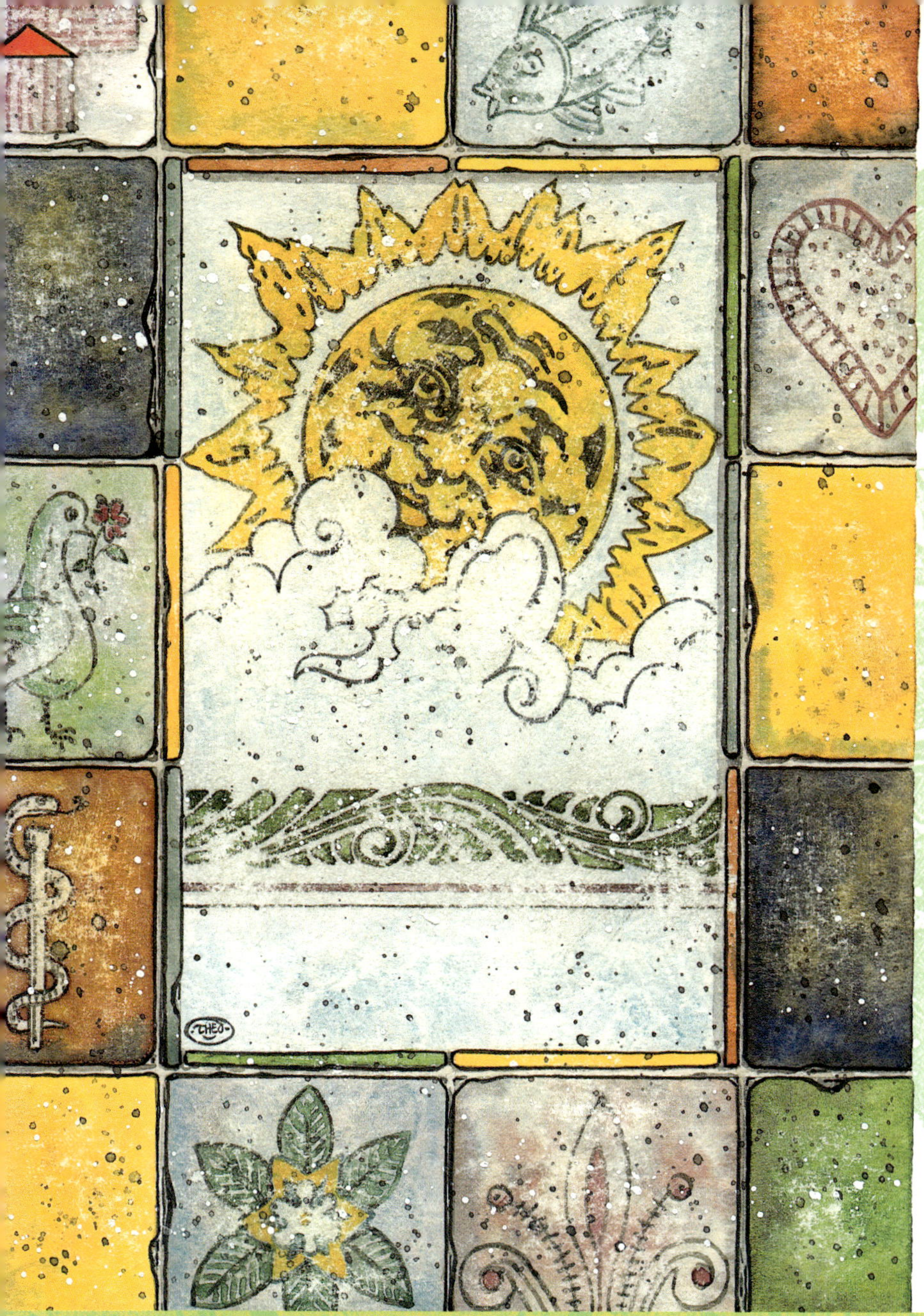

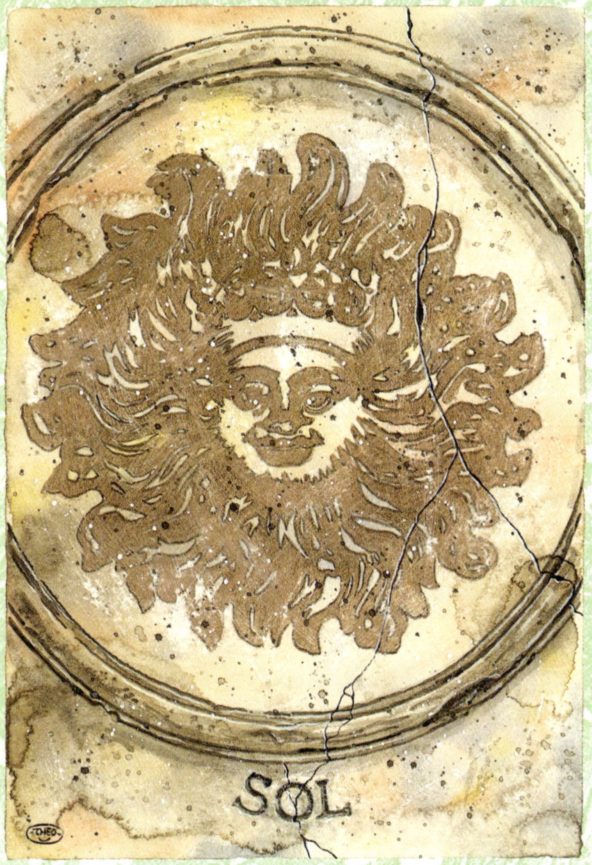

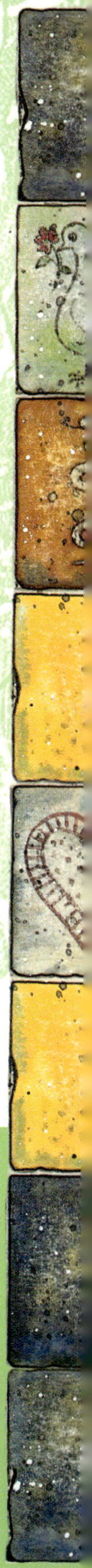

Gewoonweg mooi

Onze ogen gunnen ons gedurende de korte tijd van het leven een blik op een fascinerend gekleurde wereld. Waar je ook kijkt: er is kleur. Veel van die kleuren lijken er zomaar te zijn. Gewoon maar vanwege hun schoonheid. Alsof een bovennatuurlijke schilder zijn artisticiteit heeft gebotvierd. Vaak echter hebben de kleuren een bedoeling. Een aardbei wordt rood wanneer hij rijp genoeg is om opgegeten te worden. Soms laten kleuren aan duidelijkheid niets te wensen over. Je stopt wanneer het verkeerslicht op rood staat. Je slaat om je heen als je het geel van een wesp ziet. Je trekt je hand terug wanneer de kookplaat roodgloeiend blijkt te zijn. Kleuren geven ons informatie en instructies. Ze hebben allemaal hun eigen verhaal. Bovendien zijn ze gewoonweg ook nog heel mooi.

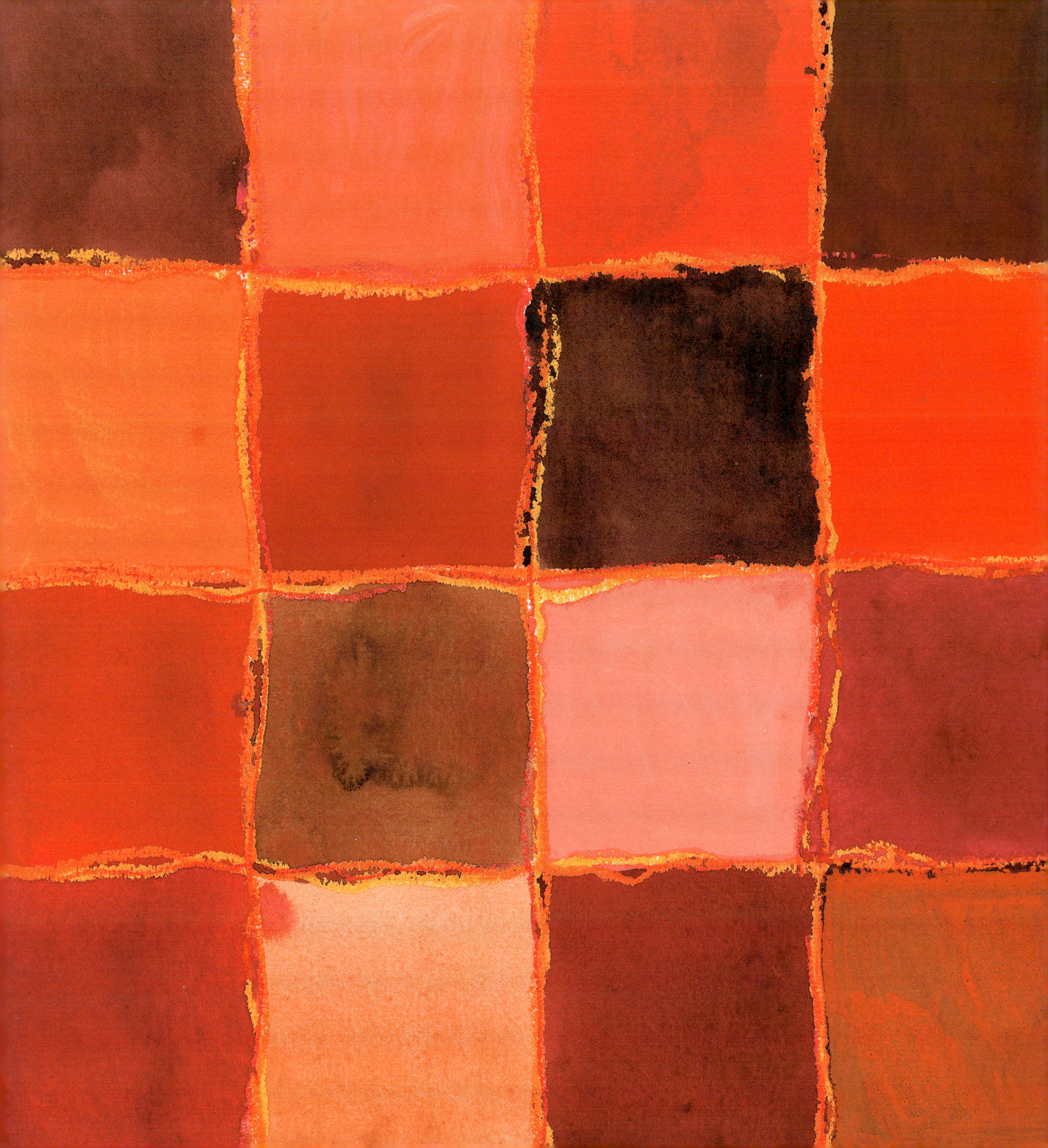

ROOD

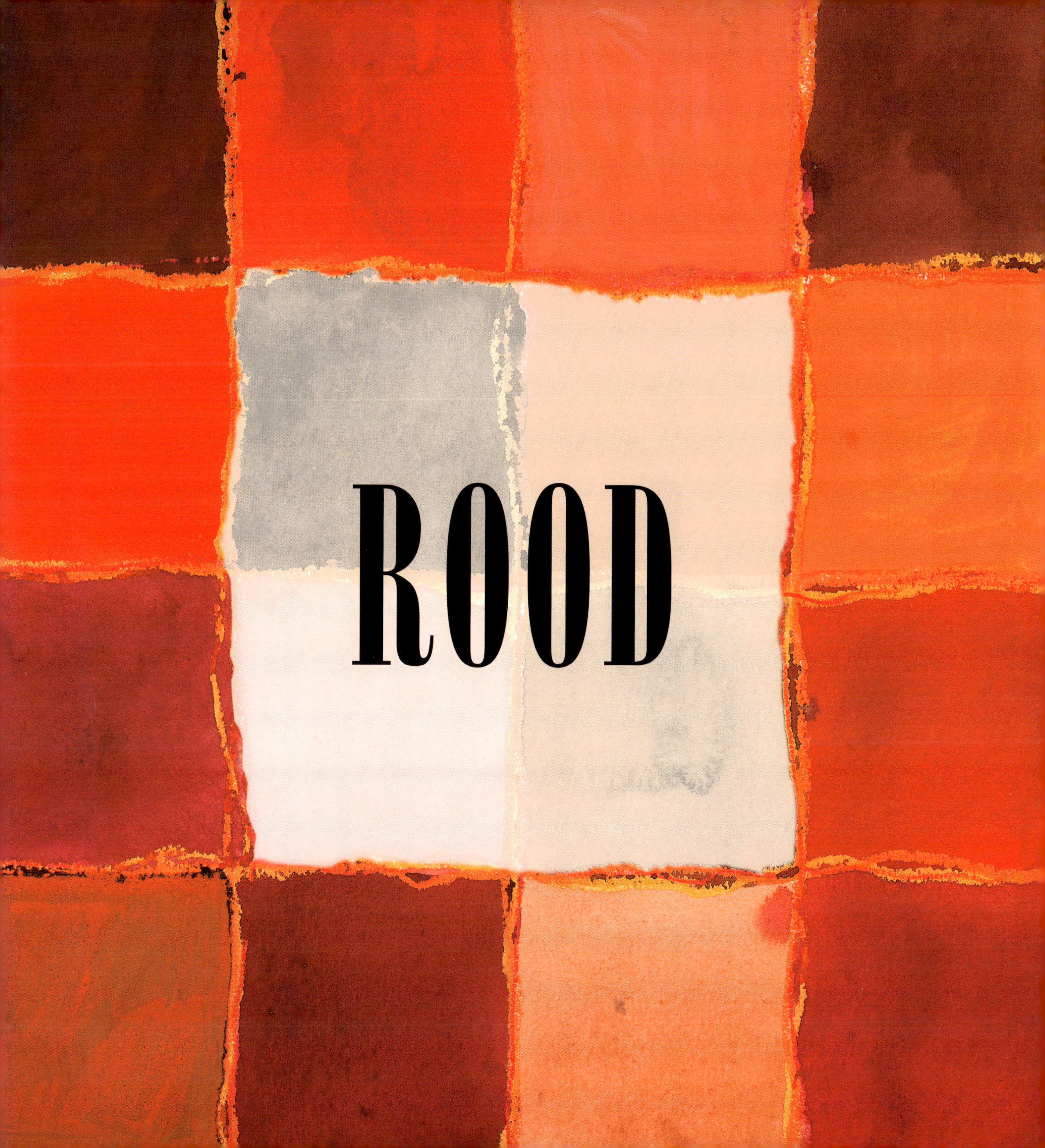

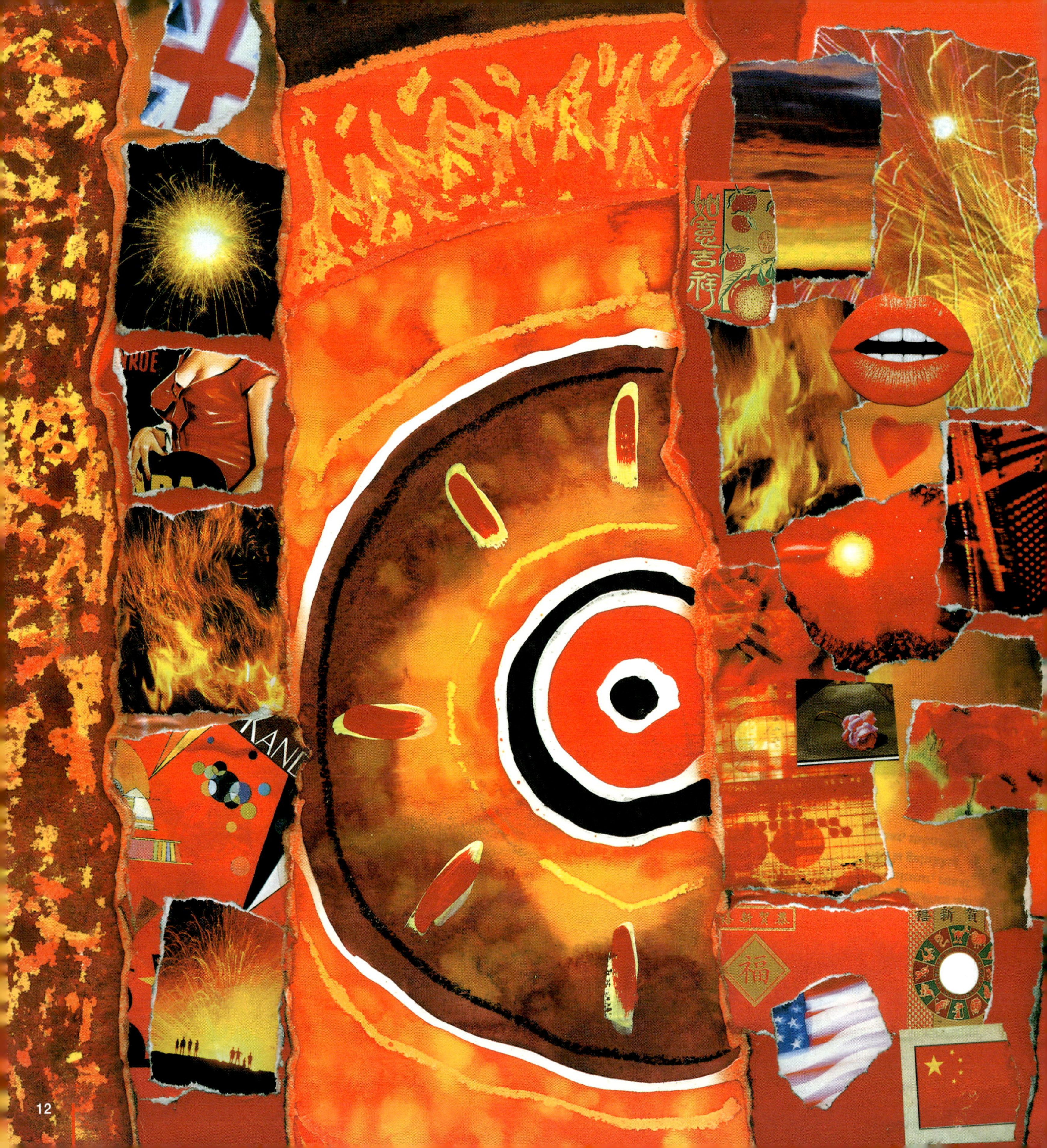
TRUE
KANE
如意吉祥
福

Rode lap

Stierenvechters proberen met een rode doek een stier zó kwaad te maken dat hij hen aanvalt. Het gezwaai en gewapper werkt de stier inderdaad op de zenuwen, maar het rood doet hem niets: hij is kleurenblind. Er zijn veel dieren die bijvoorbeeld geen rood kunnen waarnemen. De mens echter ziet uitstekend kleuren en van alle kleuren heeft rood het grootste effect op hem. Dat komt doordat onze verre voorouders grotendeels van vruchten leefden. Vruchten en bessen zijn vaak rood en om ze te ontdekken tussen het groen moet je rood goed kunnen zien. Zo is het menselijk oog zeer gevoelig geworden voor deze kleur.

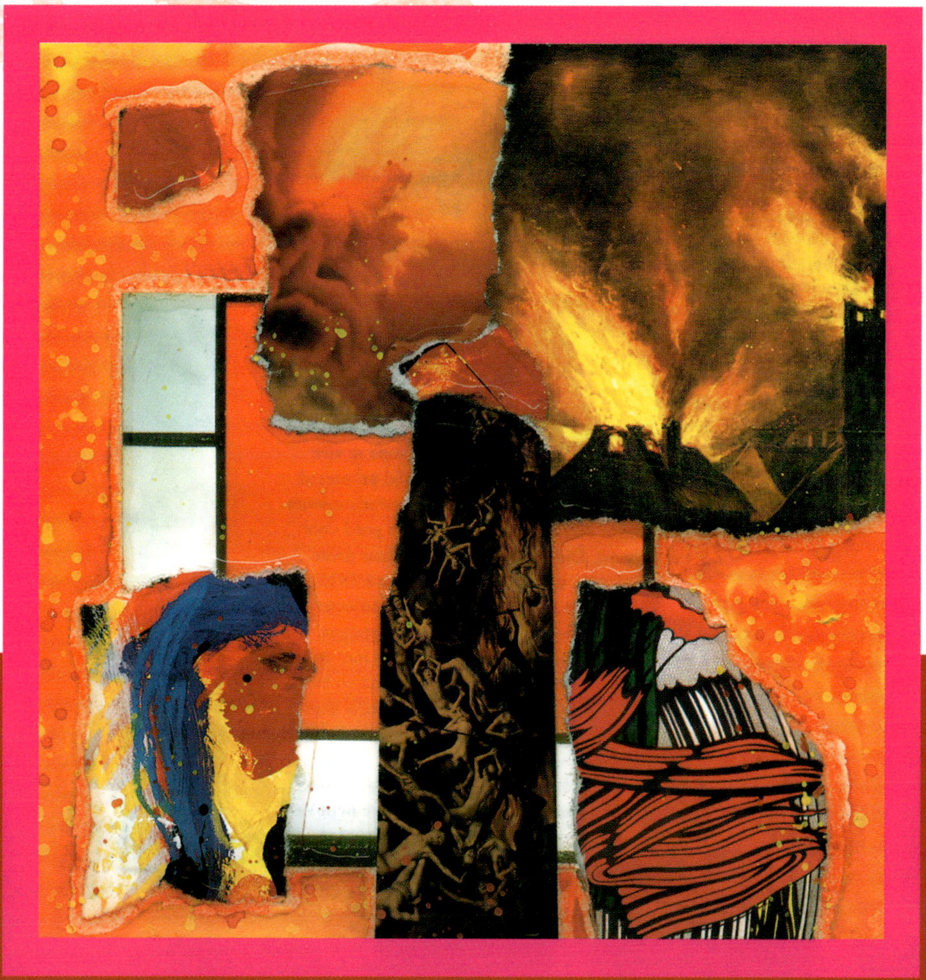

Vurige vijand

Niet alleen omdat het de belangrijkste kleur was van ons oorspronkelijke dagelijkse voedsel, maar ook omdat het de kleur is van bloed en van vuur trekt rood altijd onze aandacht. Bloed is natuurlijk heel alarmerend, want waar bloed vloeit kan een leven in gevaar zijn. Vuur roept bij alle dieren een angstreactie op, dus ook bij de allereerste mensen. In de natuur is vuur immers een allesvernietigende vijand. Pas toen wij het vuur konden bedwingen en leerden gebruiken, werd het van levensbelang in plaats van levensbedreigend. Rood, als kleur van voedsel, bloed en vuur is dus zowel de meest vitale als de gevaarlijkste kleur. Daarom heeft rood aantrekkingskracht, maar houdt het tegelijk een waarschuwing in.

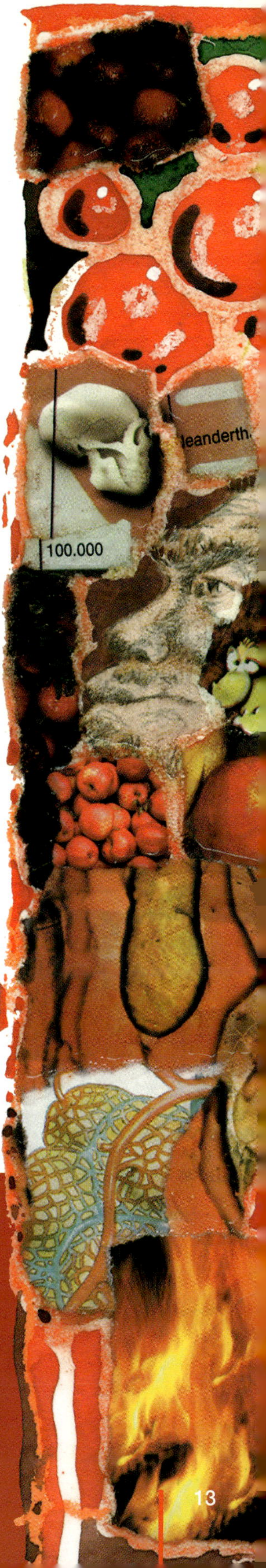

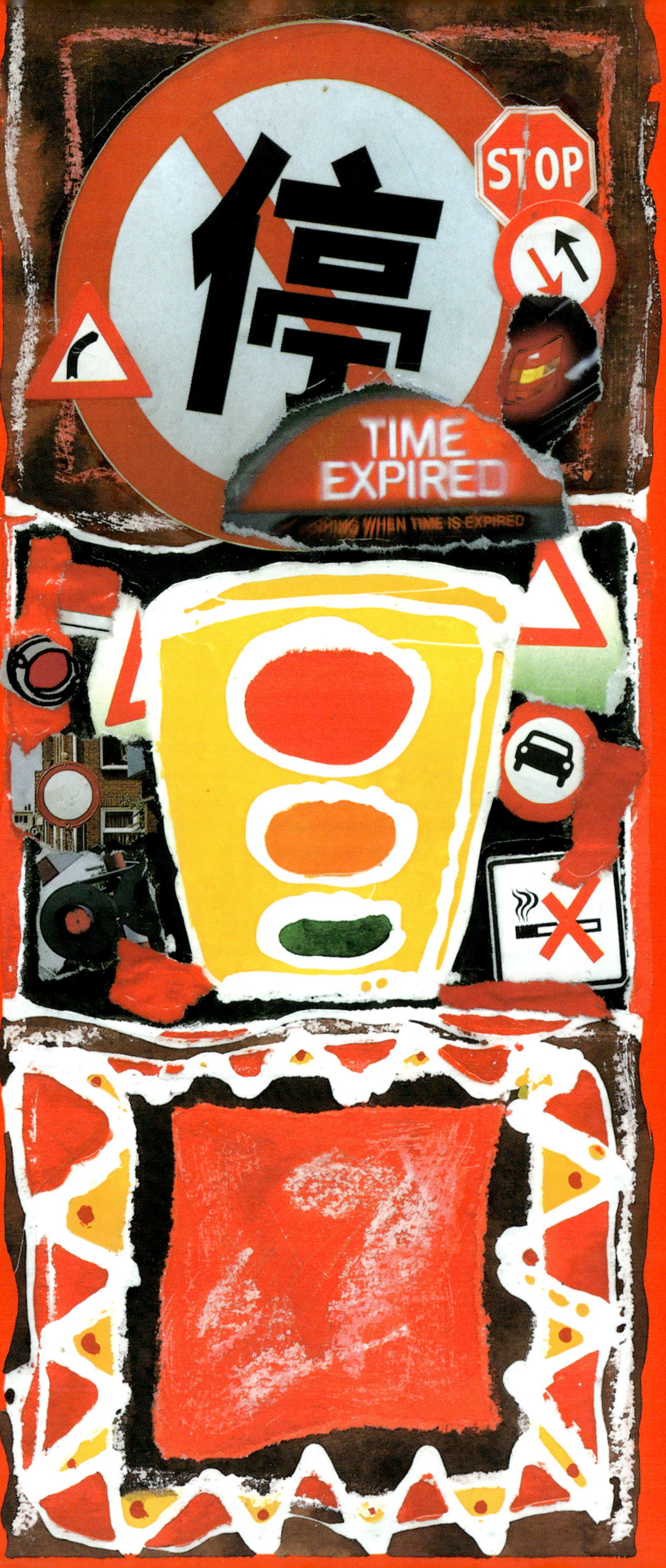

Rood signaal

Rood trekt zo sterk de aandacht dat het wereldwijd gebruikt wordt als signaalkleur. Overal waar waakzaamheid is geboden of waar gevaar dreigt, is het de kleur rood die ons waarschuwt. Verkeersborden die ons gebieden te stoppen of ons attent maken op onveilige situaties, zijn altijd rood of roodomrand. Rode lichten, vlaggen of andere rode markeringen geven aan waar wegwerkzaamheden in uitvoering zijn. Rood zijn ook de achter- en remlichten van voertuigen.

Rode lampen waarschuwen in een radio- of televisiestudio dat er opnames gaande zijn. En voor het rode stoplicht staan we, zonder erbij na te denken, meteen braaf op de rem.

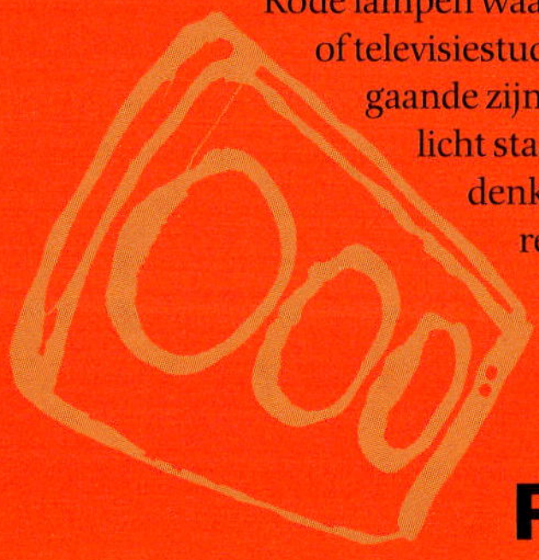

Pas op

Het waren de spoorwegen die als eerste de kleur rood kozen als stopsignaal. De trein bestaat immers langer dan de auto. Men bedacht dat bloedrood het enige juiste signaal was ter voorkoming van bloedige ongelukken. De overige kleuren werden trouwens nogal willekeurig bepaald. Toen rond 1840 de eerste Amerikaanse spoorlijnen werden aangelegd, was groen de kleur voor 'pas op!' en wit voor 'veilig!' Al vlug werd echter duidelijk dat deze kleuren problemen veroorzaakten. Heel gemakkelijk werd bijvoorbeeld een straatlantaarn aangezien voor een 'veilig'-signaal. De spoorwegen besloten toen tot het systeem: rood voor stoppen, groen voor doorgaan en geel voor voorzichtigheid. Later werd hetzelfde systeem toegepast in het autoverkeer. De eerste elektrische stoplichten werden in 1914 in Cleveland geplaatst. Zij hadden alleen maar rode en groene lichten. Pas na een paar jaar werd geel toegevoegd.

Rode stof

Dat rood op alle wereldburgers dezelfde uitwerking heeft, wordt wel bewezen door een anekdote uit Zuid-Amerika. Daar werd bij een bezoek aan een pas ontdekte indianenstam een lap mooie, rode stof aangeboden als geschenk. In plaats van blij en dankbaar te zijn, sloegen de indianen hals over kop op de vlucht. Zo'n schokeffect had het rood op hen!

Warme kleur

Brandweerauto's zijn vuurrood vanwege het alarmerende van die kleur, maar natuurlijk vooral omdat vuur rood is. Vuur is niet alleen rood, maar ook heet. Rood geldt dan ook als een uitgesproken 'warme' kleur. Alles wat heet is of een hoge temperatuur aangeeft wordt daarom van een rode kleur voorzien. De warmwaterkraan heeft een roodgekleurd tekentje, terwijl koud water door blauw wordt gesymboliseerd. Op thermometers staan vaak de graden boven nul in rood en die beneden nul in blauw.

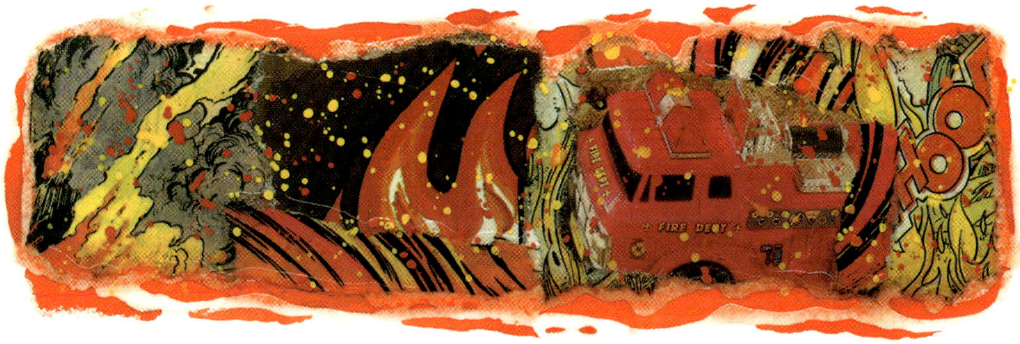

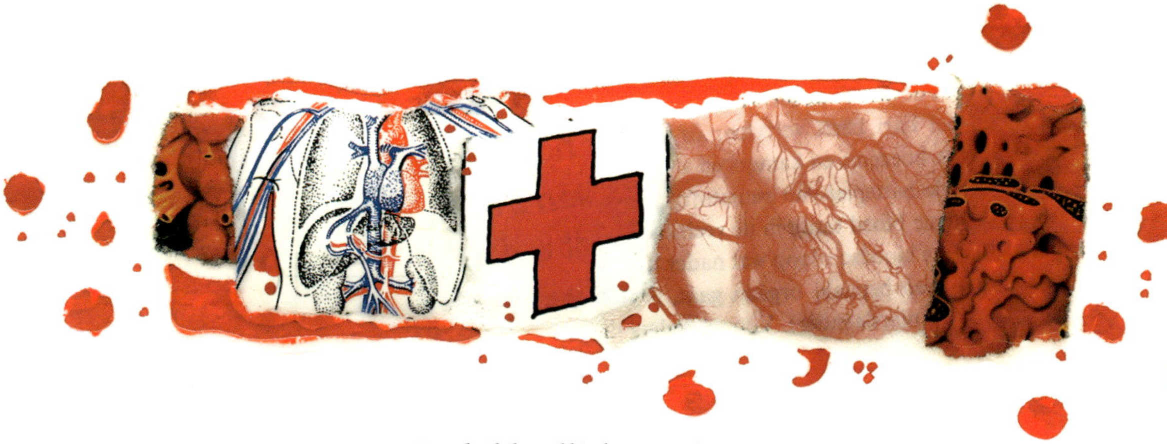

Rode Kruis

Het Sanskriet is een heel oude taal. In die taal heeft het woord 'rudhia' de betekenis van 'bloed'. Van dit woord is ons 'rood' afgeleid. Rood staat taalkundig dus in direct verband met bloed. Met verband heeft natuurlijk ook het Rode Kruis te maken. Het rode kruis op de witte achtergrond is een omkering van de Zwitserse vlag en symboliseert als het ware het rode bloed dat het witte verband doordrenkt. Voor een aantal islamitische landen is het rode kruis overigens een onaanvaardbaar teken. Het kruis is voor hen het symbool van de ongelovigen. In plaats van het kruis hebben zij dan ook een rode halve maan, waarbij het rood natuurlijk weer het bloed voorstelt.

Rode bloedlichaampjes

Ons bloed bestaat voor het grootste gedeelte uit een gelige vloeistof, die bloedplasma wordt genoemd. Het zijn de rode bloedlichaampjes die het de rode kleur geven. In elke kubieke millimeter zitten er wel vijf miljoen. Als we alle rode bloedlichaampjes van één mens op een rijtje leggen, krijgen we een rode lijn met een lengte van viermaal de omtrek van de aarde. Elk bloedlichaampje leeft trouwens maar 120 dagen. Zorgwekkend is dit niet, want per minuut produceert ons rode beenmerg drie miljoen nieuwe bloedlichaampjes.

Wit vlees

Dat het vlees bij de slager rood is door bloed, is een misverstand. Tijdens het slachten loopt immers al het bloed uit het dier. Het rood wordt veroorzaakt door water met myoglobine. Deze stof zorgt voor de zuurstofhuishouding in de spieren. Het vlees van de meeste vissen is wit omdat ze geen myoglobine hebben. Bewegen in water vraagt immers minder krachtsinspanning dan bewegen op land. De spieren van vissen hebben dientengevolge veel minder zuurstof nodig en dus is er geen behoefte aan myoglobine.

Zinnelijke liefde

Men dacht vroeger dat bloed gewoon stilstond en hooguit een beetje heen en weer klotste in het lichaam, maar tegenwoordig weten we beter. Zolang het bloed stroomt leef je. Bloedrood is de kleur van het leven. In het rood van de lippen, in de blos op de wangen en in het roze van de huid is dat leven zichtbaar. Rood is een uiterst lichamelijke kleur. Het is daarom de kleur van de lichamelijke liefde en de hartstocht. Rood is opwindend, sensueel, impulsief, laaiend en driftig. Gecombineerd met de hartvorm is het het meest wezenlijke symbool van de fysieke verbintenis tussen twee mensen. Het klassieke rode hartje staat voor zinnelijke liefde.

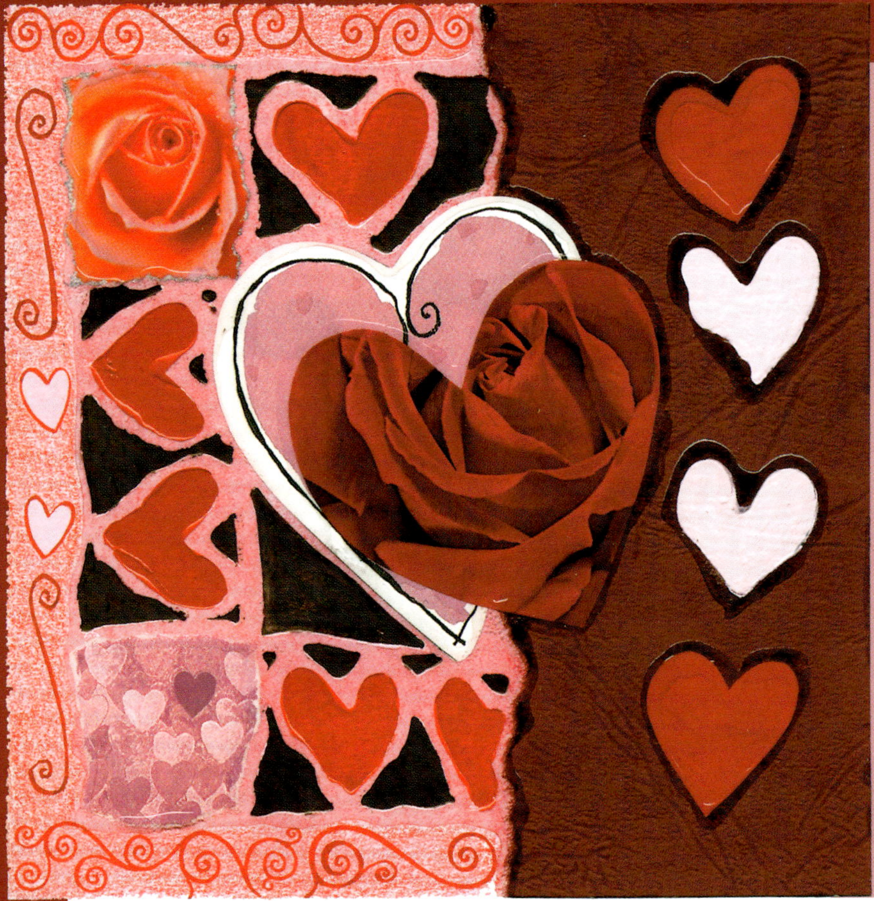

Rosse buurt

Groen geeft een veilig gevoel. Blauw is rustgevend. Rood brengt een stoot adrenaline in het bloed, versnelt de hartslag en verhoogt de bloeddruk. Kleuren doen een heleboel met ons. Rood windt ons op. Het wekt onrust, verlangen en begeerte. Het vermindert de controle van het verstand over het hart. Er is dus geen passender kleur voor de hartstochtelijke liefde dan rood. Alles wat daarmee te maken heeft is rood van kleur. Van Valentijnskaart tot rosse buurt. Rode lampen geven aan waar prostituees te vinden zijn. Rood staat voor erotiek en seks. Het stimuleert de lustgevoelens in hoge mate.

Rood hoofd

Soms wordt het in het lichaam veel te warm. De oorzaak ervan kan een hete zomerdag zijn. Maar ook grote opwinding. Die hitte moet eruit. Hij moet naar buiten worden afgevoerd. Daarom verwijden zich de bloedvaten vlak onder de huid. Zo kunnen ze meer bloed opnemen om dit te laten afkoelen aan de buitenlucht. Als gevolg van deze bloedtoevoer wordt de huid rood. We hebben dan een rood hoofd. Gebeurt dit plotseling, dan blozen we. De mens is het enige schepsel dat bloost. Dat komt doordat we ons bewust zijn van onze gevoelens. Die beïnvloeden onze lichamelijke gesteldheid.

Ondeugend kereltje

Cupido is een dik, roze en ondeugend ventje. Hij gaat rond met pijl en boog. Wie door zijn liefdespijlen wordt getroffen valt aan hevige verliefdheid ten prooi. Hij is dus een eersteklas koppelaar. De oorspronkelijke naam van Cupido is Eros. Deze Griekse god was weliswaar de zoon van de liefdesgodin Aphrodite, maar heel serieus van aard. Hij was namelijk de god van de kosmische liefde. Op hem rustte de verantwoordelijkheid voor de harmonie en orde in de schepping. In het christelijke geloof kreeg Maria deze taak. Daarom wordt haar gewaad op middeleeuwse schilderijen vaak in rood afgebeeld. Want dat was de kleur van Eros.

Duivelse krachten

Vrome mensen beschouwen zinnelijke en hartstochtelijke liefde als zonde. Met name in de van religie doordrenkte Middeleeuwen was rood dus de kleur van de zonde. In verband gebracht met bloed en vuur gold het ook als de kleur van het vernietigende geweld. De duivel moest daarom ook rood zijn. En Judas kon men zich niet anders voorstellen dan met rood haar. Roodharige vrouwen werden om het minste of geringste van hekserij verdacht en op de brandstapel geworpen. Priesters droegen rode gewaden als bescherming tegen duivelse krachten. Men kon de duivel immers het best met diens eigen wapens verslaan. Maar ook buiten Europa had rood deze kwalijke betekenis. In China kregen jongetjes meteen na de geboorte rode kleertjes aan om ze te beschermen tegen demonen.

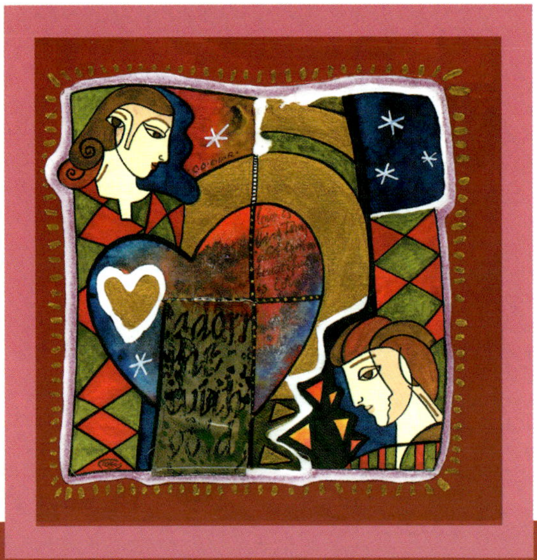

Speciale urn

De Egyptenaren dachten dat de ziel in het hart zetelde. Bij het mummificeren werd het hart dan ook in een speciale urn bewaard. Deze was met rode verf beschilderd. Ook in het christelijke geloof werden ziel en hart vereenzelvigd. Het hart werd beschouwd als het centrum van het lichaam. Daar zou dus ook de liefde ontvlammen. Tegenwoordig wordt het woord 'love' zelfs vaak vervangen door een hartje. Zo sterk is de relatie tussen het hart en de liefde.

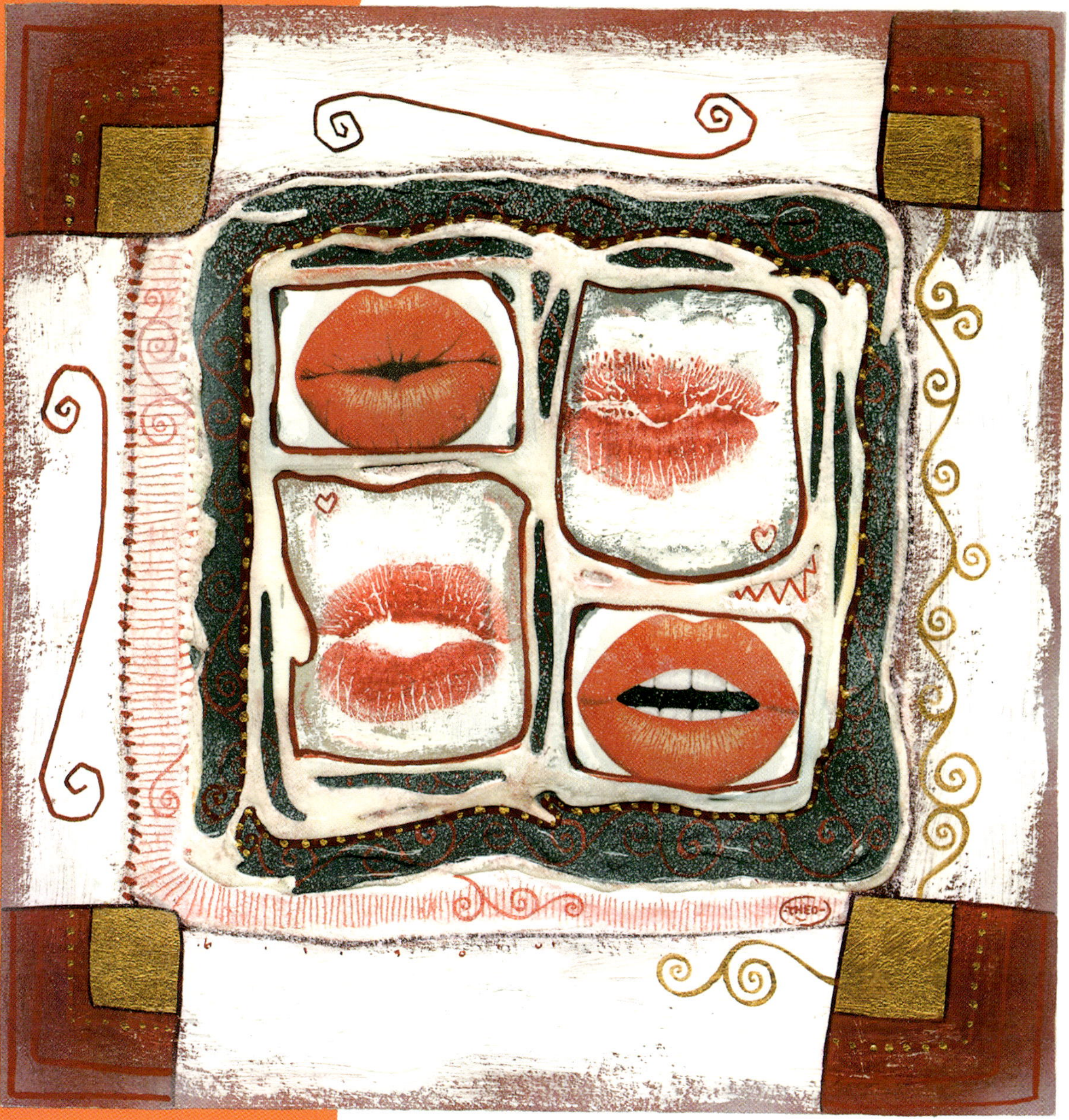

Rode lippen

De continuïteit van het leven op aarde wordt bewerkstelligd door voortplanting. Het leven reproduceert zichzelf. Hiervoor is seks nodig. Hiervoor weer zijn twee individuen nodig die bereid zijn seks te hebben. Deze bereidheid moet duidelijk gemaakt worden. Dit gebeurt door het geven van signalen. Eén van die signalen is het aanbrengen van lipstick. De menselijke lippen zijn uniek. Geen dier heeft zulke lippen. Onze lippen raken sterk doorbloed bij seksuele opwinding. Ze worden roder en voller. Door het rood maken van de lippen suggereren vrouwen dus seksuele opwinding. Hetgeen sterk de aandacht van mannen trekt. En daar gaat het natuurlijk om. Ook al gebeurt het allemaal onbewust.

Gelakte nagels

Rode nagels moeten in wezen hetzelfde signaal geven als rode lippen. De handen beïnvloeden het uiterlijk echter veel minder dan de mond. Met de kleur van de nagels kan dus meer worden geëxperimenteerd dan met die van de lippen. Hij kan bijvoorbeeld worden afgestemd op de kleding. Dit betekent dat nagellak verkrijgbaar is in alle kleuren van de regenboog. Nagels worden slechts als decoratie beschouwd, net als sieraden en andere accessoires. Met oogmake-up is het weer anders gesteld. Alle oogmake-up is erop gericht de ogen groter en sprekender te maken. Net als rode, volle lippen staan ook grote, starende ogen in verband met seksuele opwinding.

Seksuele communicatie

Bloed ontleent zijn kleur aan hemoglobine. Dat is een eiwit met de eigenschappen van een pigment. Dat bloed rood is heeft geen duidelijke reden. Hemoglobine is er slechts om zuurstof te binden, niet om rood licht te reflecteren. Bloed is helderder rood naarmate het meer zuurstof bevat. Het rood is pas achteraf van belang geworden toen het functies kreeg in de relatie tussen levende wezens. Zo speelt het een grote rol in de seksuele communicatie, waardoor het bijdraagt aan het voortbestaan van de soorten. Het bepaalt bij de mens de kleur van lippen, blozende wangen en rode oortjes. En bij dieren de kleur van lellen en kammen en van bijvoorbeeld de achterwerken van apen.

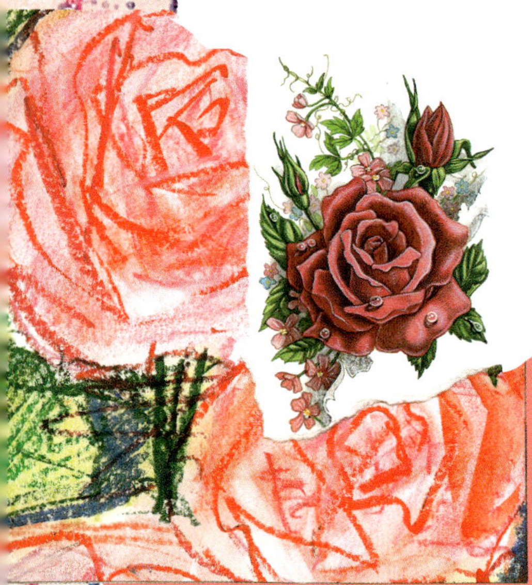

Rode rozen

De rode roos is de bloem van de liefde. Hij zou ontstaan zijn uit het bloed van Aphrodite. De geschiedenis van de roos is zo oud als de geschiedenis van de menselijke beschaving. De keizerlijke bibliotheek van China bevatte lang geleden al meer dan vijfhonderd werken over de rozenteelt. Bij de Grieken en de Romeinen was de roos niet minder populair. Keizer Nero liet voor feestmaaltijden zoveel rozen komen dat hij de gasten op een ware bloemenregen kon onthalen. Een andere keizer, Heliogabalus, schijnt eens uit pure wreedheid zijn bezoekers bedolven te hebben onder zo'n stortvloed van rozen dat ze stikten.

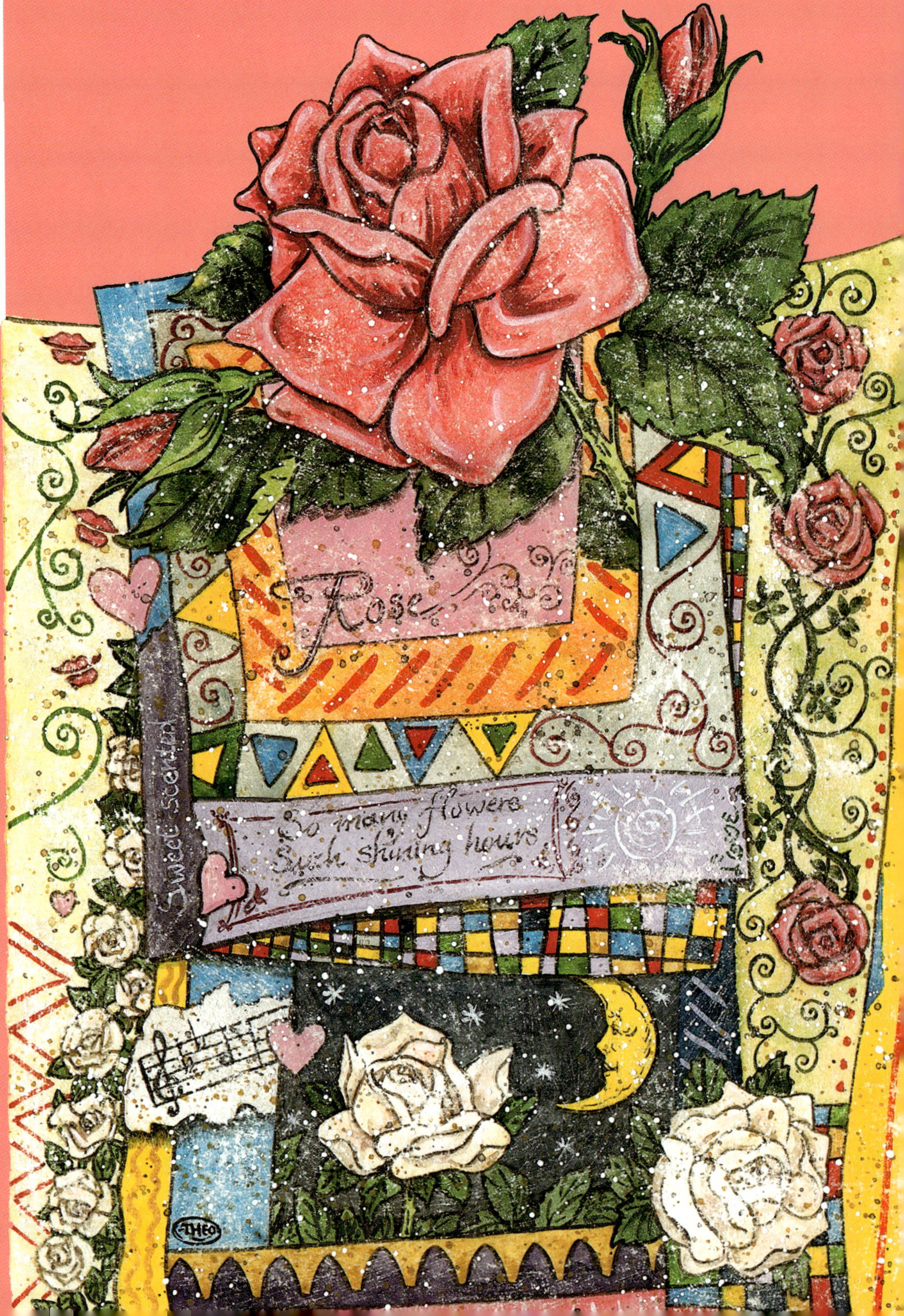

Rode *vruchten*

Vogels kunnen heel goed kleuren zien. Met name rood oefent op hen grote aantrekkingskracht uit. Vandaar dat veel rijpe bessen en vruchten rood zijn. Ze worden door de vogels opgegeten, waarna de onverteerbare zaden weer uitgescheiden worden. Vogelpoep is uitstekende mest. Daarin verpakt maken de zaden goede kans om te ontkiemen. Als gevolg van de beweeglijkheid van vogels gebeurt dit ver van de moederplant. Hierdoor wordt opeenhoping van de kiemplanten voorkomen en verspreiding van de soort bewerkstelligd. Bessen zijn bijzonder voedzaam en gezond. Ze bevatten veel meer dan alleen maar een lekker fris sapje. De bessen van de rode kornoelje bijvoorbeeld bestaan voor dertig procent uit olie.

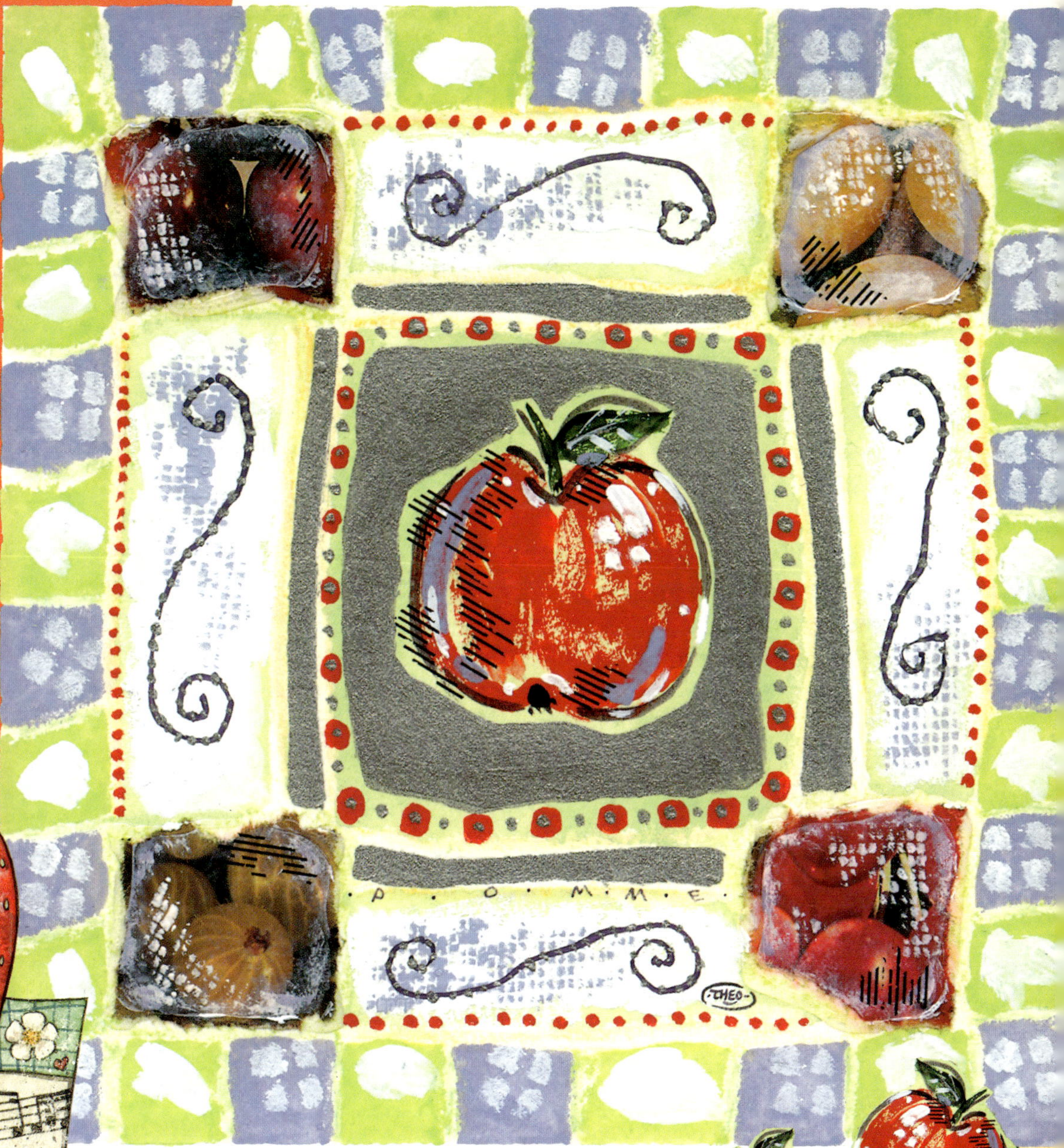

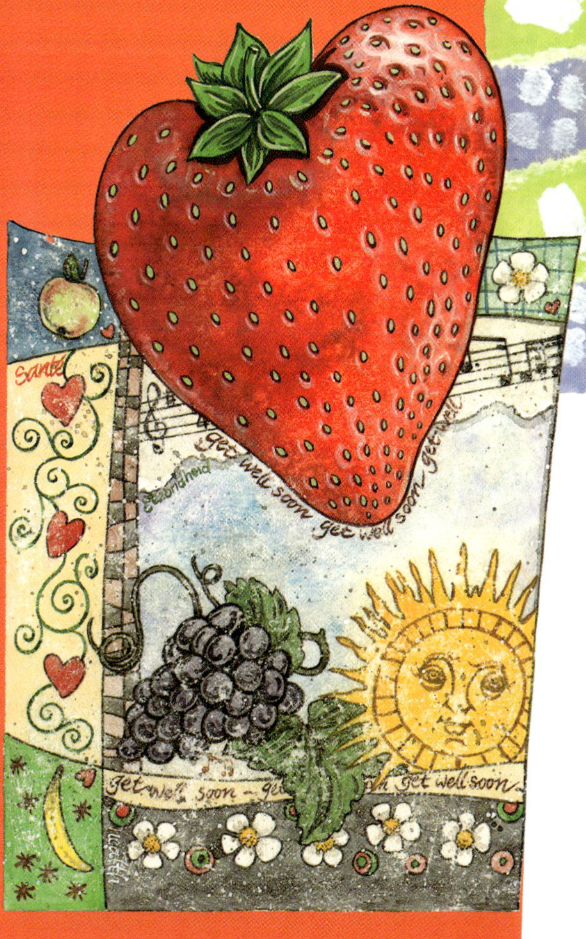

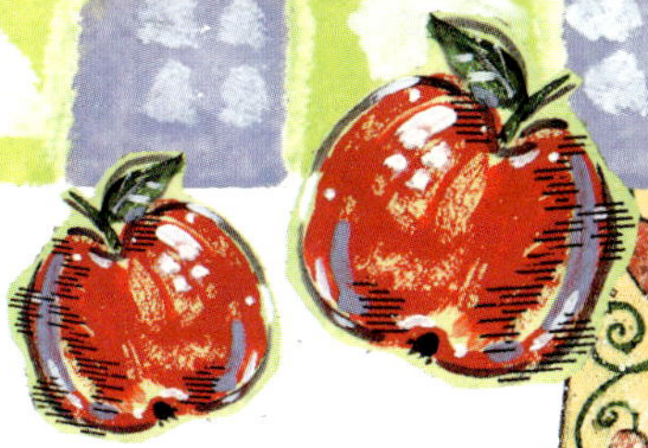

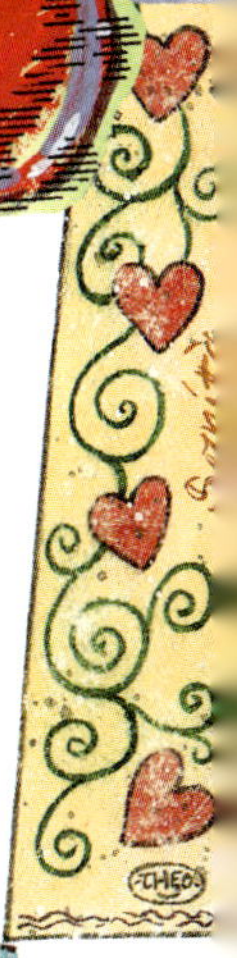

Lekker rijp

Van nature voedt de mens zich voor een belangrijk deel met vruchten. Voor ons betekent rood: rijp en dus lekker. Rood voedsel is smakelijk en voedzaam. Het menselijk organisme is er zeer mee gediend. Daarom houden we van rode appels, rode bessen, tomaten, aardbeien, frambozen, paprika's, vruchtensappen en rode wijn. Rood is in dit verband zo belangrijk dat bijvoorbeeld tomaten allereerst op kleur worden gekweekt. Smaak komt pas op de tweede plaats.

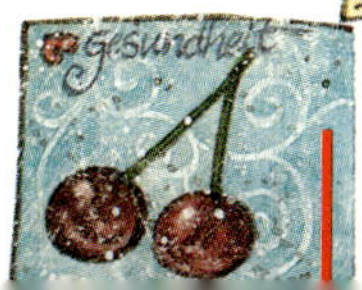

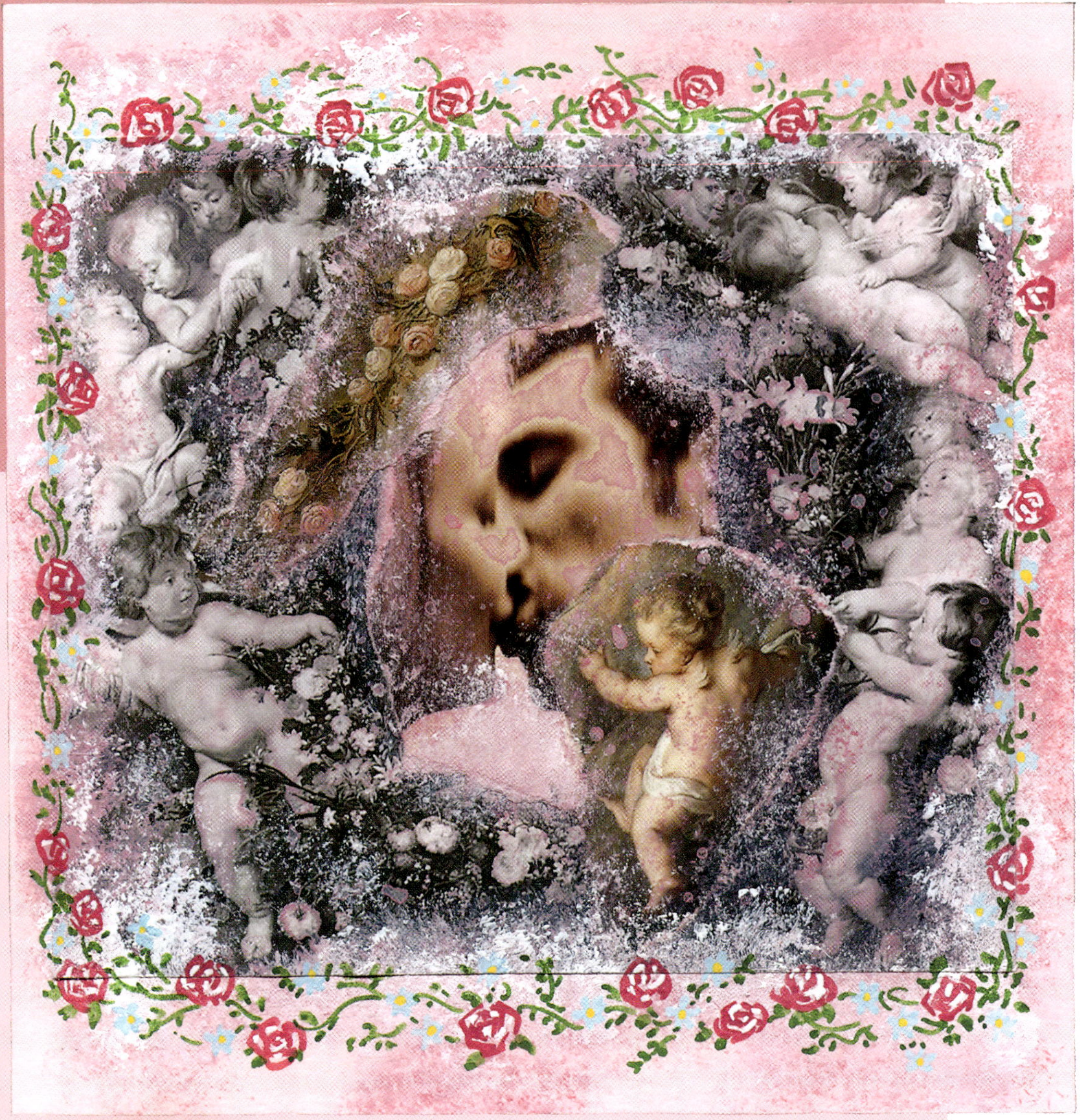

Grootste orgaan

De huid is ons grootste orgaan. Psychologisch gezien ook het belangrijkste. Je krijgt van jezelf en van je medemensen namelijk altijd alleen maar de buitenkant te zien. Dat is de huid. De verpakking waarbinnen zich het leven afspeelt. De functie van verpakking is bescherming bieden aan hetgeen verpakt is. Dat is ook de taak van de huid. Hij laat geen ziekteverwekkers door. Uit het makkelijk geïnfecteerd raken van wonden blijkt wel hoe belangrijk dit is. Ook beschermt de huid tegen overmatig vochtverlies en uitdroging. De typisch roze huidskleur van het blanke ras wordt alleen maar veroorzaakt door het bloed in de haarvaten vlak onder het huidoppervlak. De huid zelf is kleurloos, maar neigt een beetje naar geel.

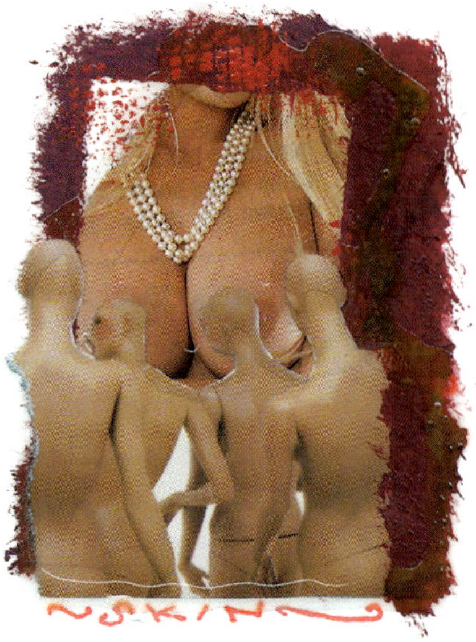

Elegant roze

'Roze' komt van het Latijnse woord 'rosa' dat 'roos' betekent. Net als die bloem wordt roze vereenzelvigd met zachtheid, tederheid, genegenheid, vrouwelijkheid en liefde. Maar wel een ander soort liefde dan die waar de roos de bloem van is. Namelijk liefde zonder zinnelijkheid, genotzucht en hartstocht. Want roze staat voor terughoudendheid. Daarom hebben zachtaardige, gevoelige en dromerige naturen vaak een voorkeur voor roze. Het is de kleur van verfijning, elegantie en sentiment. Soms echter is het braaf, zoet en kitscherig.

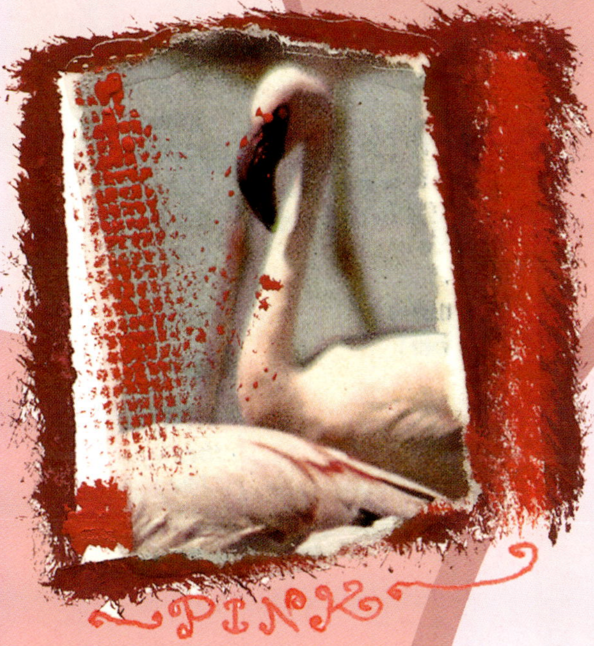

Pekelkreeftjes eten

Flamingo's zijn eigenlijk wit. Voer je ze bij wijze van spreken alleen maar boterhammen met kaas, dan blijven ze hun hele leven wit. In de natuur zijn ze echter prachtig roze. Dat komt doordat ze een roze soort garnalen eten die pekelkreeftjes heten. Deze verschaffen de flamingo's het pigment canthaxanthine, dat de veren mooi roze kleurt. Het roze van flamingoveren ontstaat dus op dezelfde wijze als bijvoorbeeld het geel van een kanarie. Namelijk door natuurlijke pigmenten die uit het voedsel opgenomen worden door de groeiende veren.

Roze bril

Roze is een 'vrouwelijke' kleur. Het roept gedachten op aan zachte huid, zoetheid en tederheid. In veel landen is daarom roze de kleur voor meisjesbaby's. Het is overigens toch een kinderkleurtje bij uitstek. Hoeveel speelgoed voor baby's en peuters is niet roze? Roze is voor hen ook de favoriete kleur van snoepgoed. Uit testen is gebleken dat er zelfs bij volwassenen een relatie bestaat tussen een voorliefde voor roze en een grote behoefte aan snoepen. Een overdreven hang naar roze wijst op een ontvluchten van de werkelijkheid. Men verkeert liever in een onwerkelijke wereld dan in de soms harde realiteit. Alles wordt door een 'roze bril' gezien.

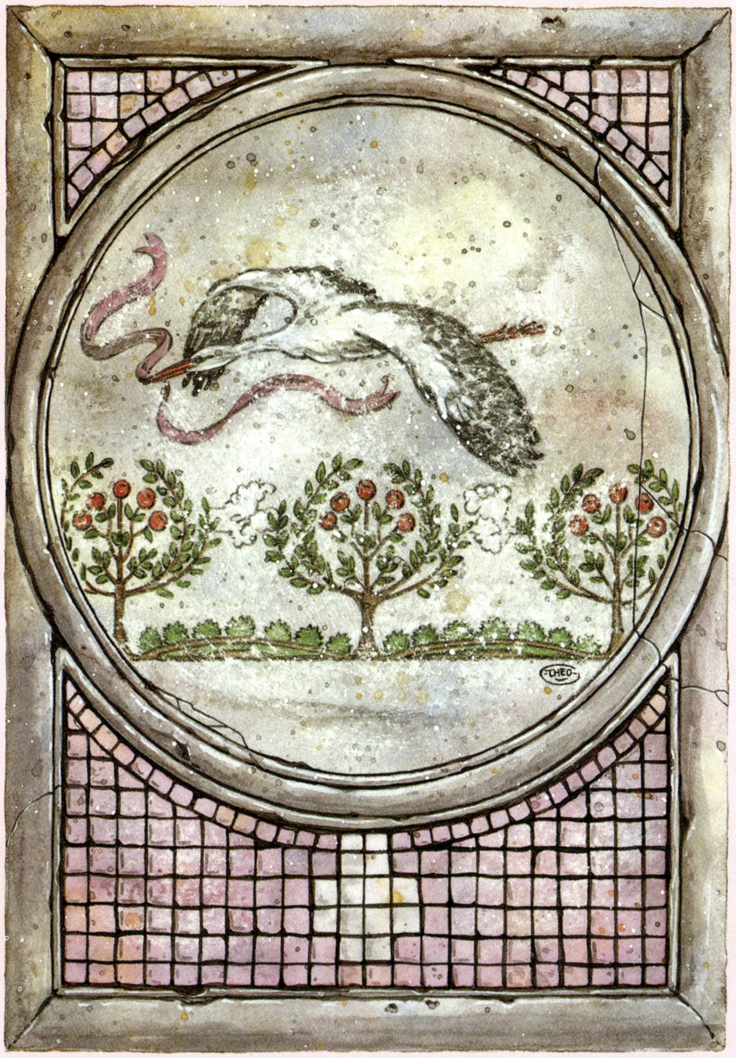

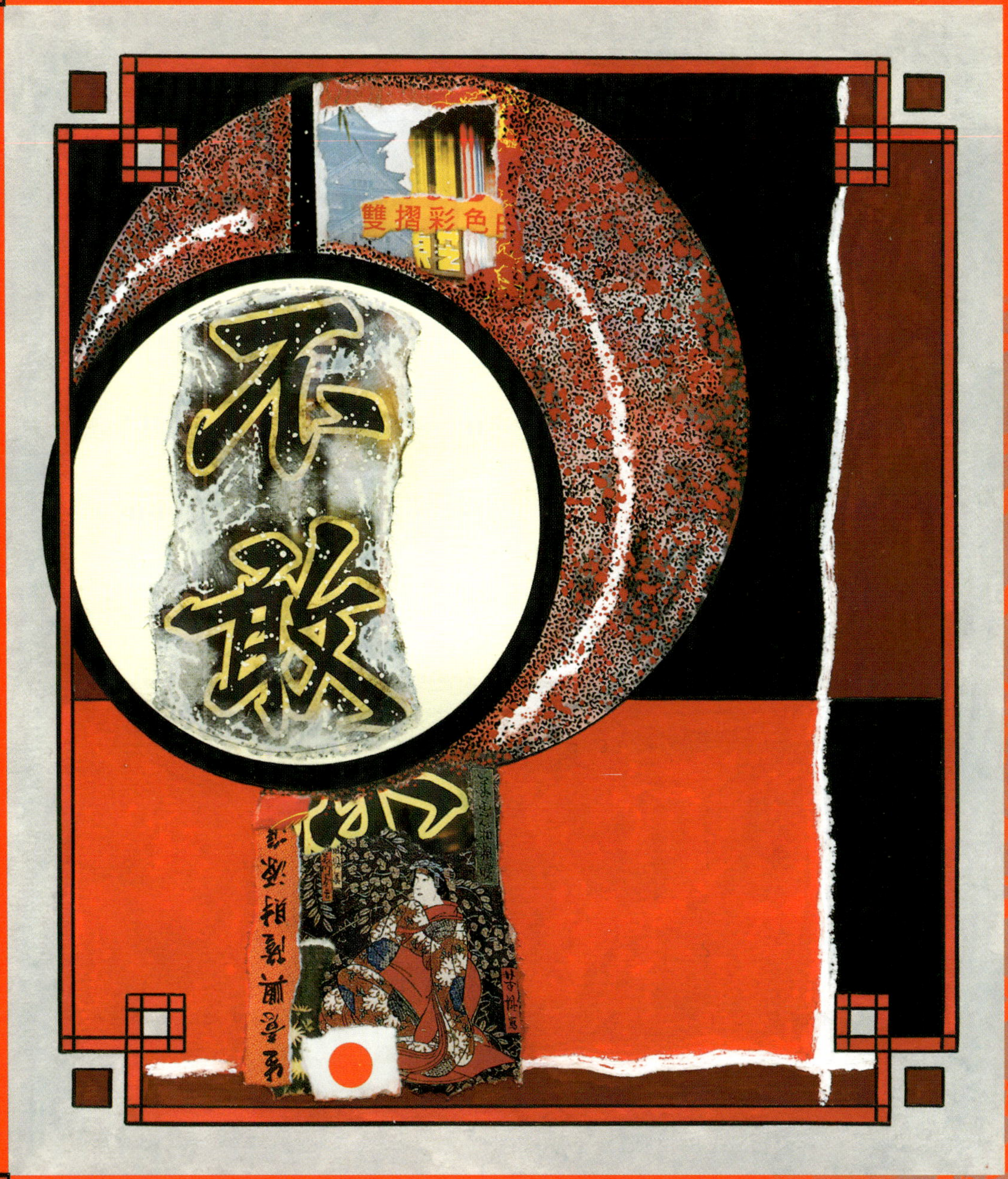

Rijzende zon

's Ochtends is de zon in het algemeen minder oranjerood dan wanneer zij ondergaat. Zij neigt meer naar bloedrood. Deze bloedrode zon siert de Japanse vlag. Japan noemt zichzelf 'het land van de rijzende zon'. Vroeger lag de datumgrens een stuk westelijker dan tegenwoordig. Japan was toen het meest oostelijk gelegen land. Het land waar de zon het eerst opkwam.

Duizenden kilometers

Vijfhonderd kilometer. Zo dik is ongeveer de dampkring. Dat is dus ook de afstand die door het zonlicht moet worden afgelegd wanneer het loodrecht op de aarde valt. Meestal is die hoek echter geen negentig graden. 's Ochtends en 's avonds moet het schuin invallende licht zich door duizenden kilometers atmosfeer voortplanten. Tijdens deze lange tocht wordt het gebroken en verstrooid. Dit heeft tot gevolg dat de kleur van de hemel verandert.

Invallend zonlicht

De dampkring zit boordevol rondzwevende gasmoleculen, stofdeeltjes en waterdruppeltjes. Deze hebben grote invloed op het invallende zonlicht. Ze kaatsen het terug of verstrooien het. In het laatste geval is eerst het licht aan de beurt dat een korte golflengte heeft. Dat is het blauwe gedeelte van het licht. Wanneer de zon hoog aan de hemel staat is het in eerste instantie dus het blauwe licht dat ons oog bereikt. Daarom zien wij de onbewolkte hemel in de kleur blauw.

Rood stralingsgedeelte

Is het licht ontdaan van het blauwe stralingsgedeelte, dan blijft de rode straling over. Wanneer de zon loodrecht boven bijvoorbeeld New York staat is daar de hemel blauw gekleurd. Het licht dat op hetzelfde moment ons bereikt bestaat dan nog slechts uit de rode straling. Valt het op deeltjes in de lucht, dan nemen wij de verstrooiing ervan waar als rood. Over een kort traject wordt het licht dus ontdaan van blauw. Over het duizenden kilometers lange traject, dat het gevolg is van een lage invalshoek van het zonlicht, resteert nog slechts het rood. In de gebieden ver ten westen van New York manifesteert dit licht zich als morgenrood. Boven Amsterdam als avondrood. Het avondrood bij ons wordt dus gevormd door het rode restant van het New Yorkse middaglicht. Maar is het bij ons middag, dan komt boven New York een rode zon op.

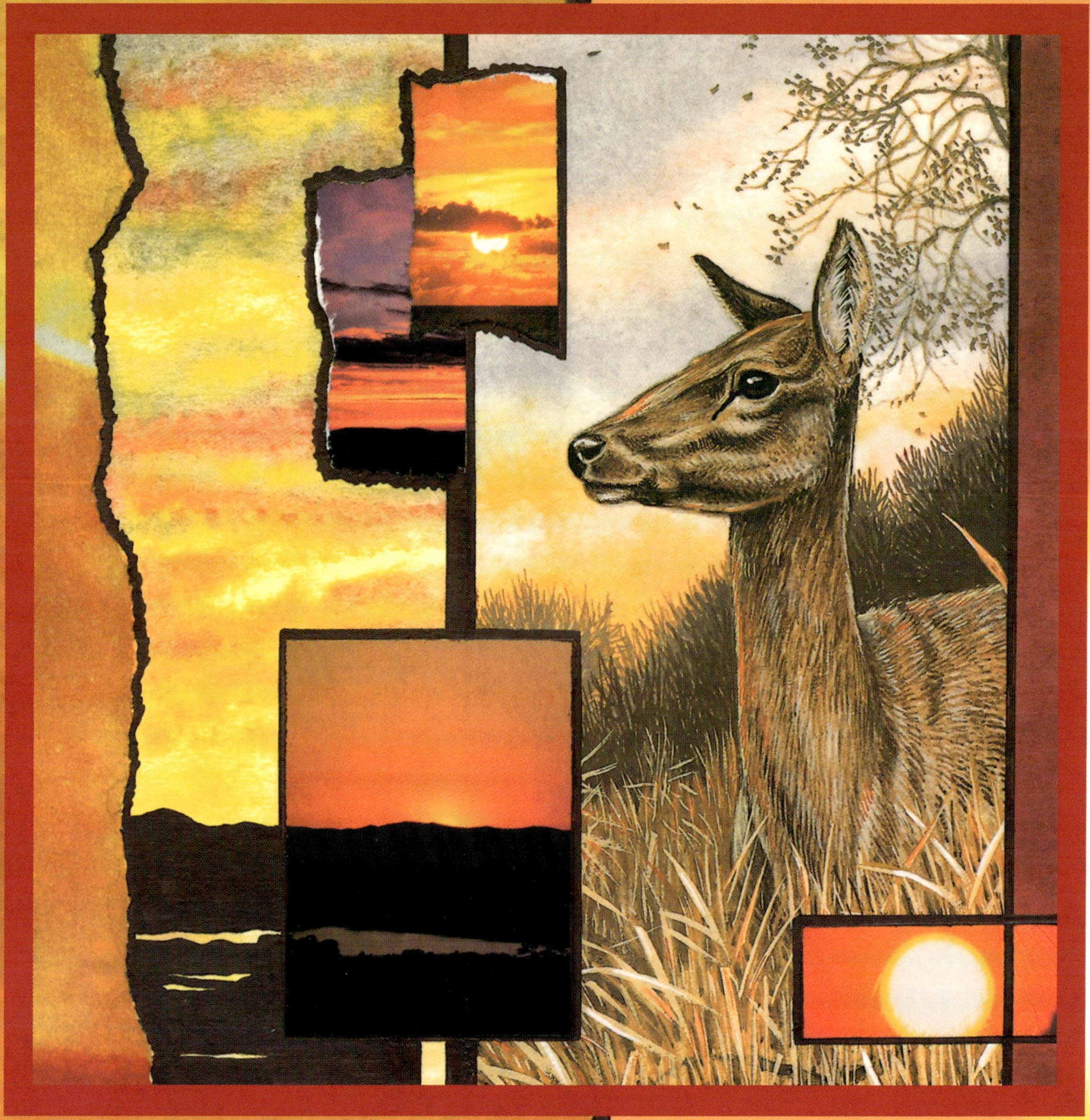

Eenvoudig proefje

Een eenvoudig experiment maakt het hoe en waarom van schemeringskleuren aanschouwelijk. Vul een kom met water en los daarin een beetje melk op. Laat nu de lichtbundel van een sterke zaklantaarn door de oplossing schijnen. Recht tegenover de lantaarn zal de oplossing een roodachtige tint hebben. Links en rechts van de lamp een blauwachtige. Het licht dat op de melkdeeltjes valt wordt namelijk meteen verstrooid tot blauw. Dichtbij de lichtbron is de vloeistof dus blauwachtig. Wat wordt doorgelaten is roodachtig van kleur. Hoe verder het licht verwijderd raakt van de bron, des te roder de kleur. Er worden immers steeds meer blauwe stralen verstrooid. Zo krijgt dus de opkomende en ondergaande zon haar kleur. Zelfs als ze achter de horizon is verdwenen verlichten de rode stralen nog de hemel.

Prachtige *zonsondergang*

Uit dit alles volgt dat het aantal deeltjes in de lucht grote invloed heeft op de intensiteit van de kleur. Hoe 'vuiler' de lucht, hoe meer kleuren. De schoonheid van een zonsopgang of zonsondergang hangt niet alleen af van de hoeveelheid, maar ook van de grootte van de deeltjes. Vooral stofstormen en vulkanische as kunnen nog op zeer veraf gelegen plaatsen voor prachtige zonsondergangen zorgen.

Goed weer

Avondrood wordt voor een belangrijk deel gevormd door stofdeeltjes. Overdag is er veel thermiek. Deze is het gevolg van het feit dat warme lucht lichter is dan koude. Warme lucht stijgt dus op. Met deze opstijgende lucht worden stofdeeltjes tot op grote hoogte in de atmosfeer gebracht. Wanneer 's avonds de verwarming afneemt stopt de luchtstroom en valt het stof terug naar de aarde. Het lage zonlicht breekt dan op de deeltjes in alle roodschakeringen uiteen. Dikwijls worden die deeltjes nog groter dan ze al waren omdat er zich, als gevolg van condensering, waterdruppels omheen vormen. Avondrood betekent echter vaak dat de atmosfeer droog en stabiel is. Dikwijls valt er dan goed weer te verwachten voor de volgende dag.

Intens avondrood

Ochtendrood wijst daarentegen wel op een grote hoeveelheid waterdamp in de lucht. Er is dan weinig stof in de atmosfeer. Als de lucht rood is komt dat dus door waterdamp. Is er 's avonds al zoveel vocht in de atmosfeer, dan is de regenkans groot. Als gevolg van de luchtvervuiling worden zonsondergangen trouwens steeds indrukwekkender. Vroeger was de lucht zuiverder dan nu. Tegenwoordig wordt het licht meteen al zo drastisch verstrooid dat de invloed van rood steeds groter wordt. In de toekomst zal dus het avondrood intenser en vooral langduriger zijn dan nu. Als de luchtvervuiling toeneemt zal de hemel misschien 's middags al vol rode kleuren zijn.

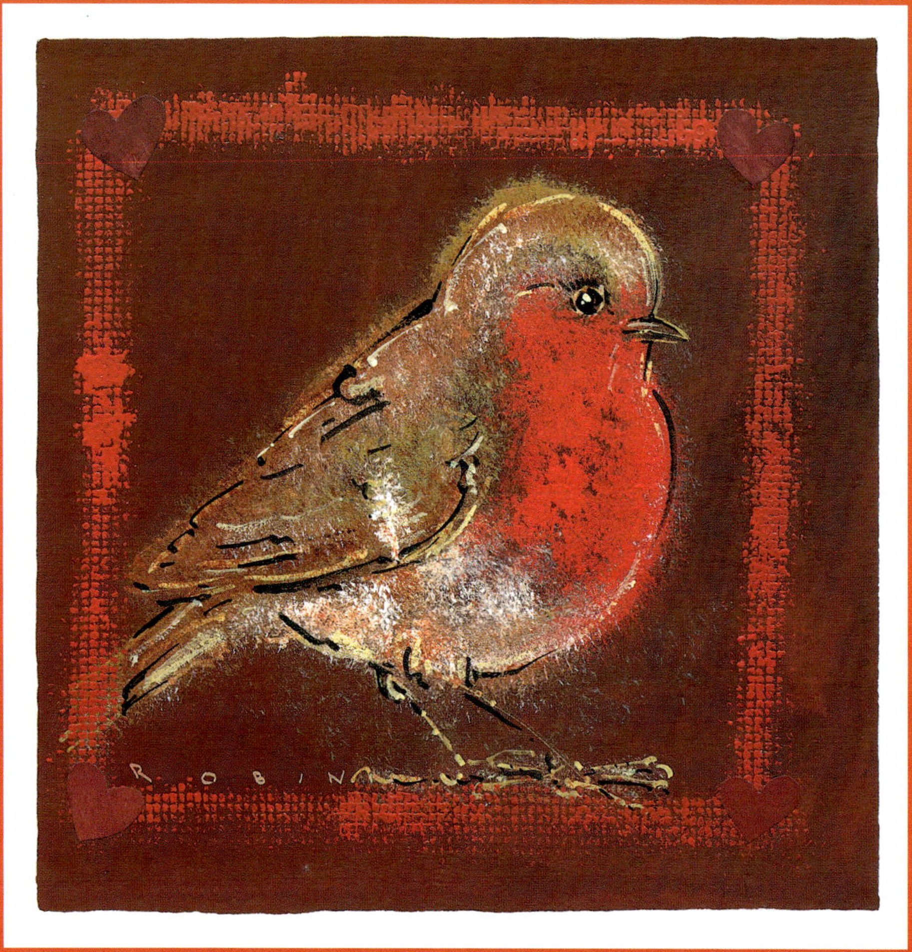

Voortreffelijke daad

Het roodborstje is beroemd vanwege zijn rode borstje. Een oude legende vertelt ons dat het roodborstje indertijd uit alle macht de doornen uit de kroon van de gekruisigde Christus probeerde te trekken, waarbij het bloed hem over de borstveren stroomde. Zijn borst, die voorheen even grauw was als de rest van zijn lijf, is nog steeds rood als bloed, ter nagedachtenis aan die voortreffelijke daad.

Rode borst

Een lieverdje is het roodborstje eigenlijk niet. Het is een vechtlustig, bazig en onverdraagzaam vogeltje. Hij lijkt een grondige hekel te hebben aan andere vogels. Je ziet hem dan ook meestal in z'n eentje rondscharrelen. Het is beslist geen sociaal wezen, integendeel: ruziezoeken maakt een groot gedeelte van zijn dag uit. Hij is daarom voortdurend uitgedost met oorlogskleuren. Het rode borstje is een vurig vaandel. Het is de vlag die het te vuur en te zwaard verdedigde territorium afbakent. Wee het andere roodborstje dat dit signaal negeert! De eigenaar van het terrein zal ogenblikkelijk tot de aanval overgaan. Hij zingt de belager een strijdlied toe en verklaart hem de oorlog wanneer deze niet meteen maakt dat hij wegkomt. Een paar tellen later stuiven de veren al in het rond.

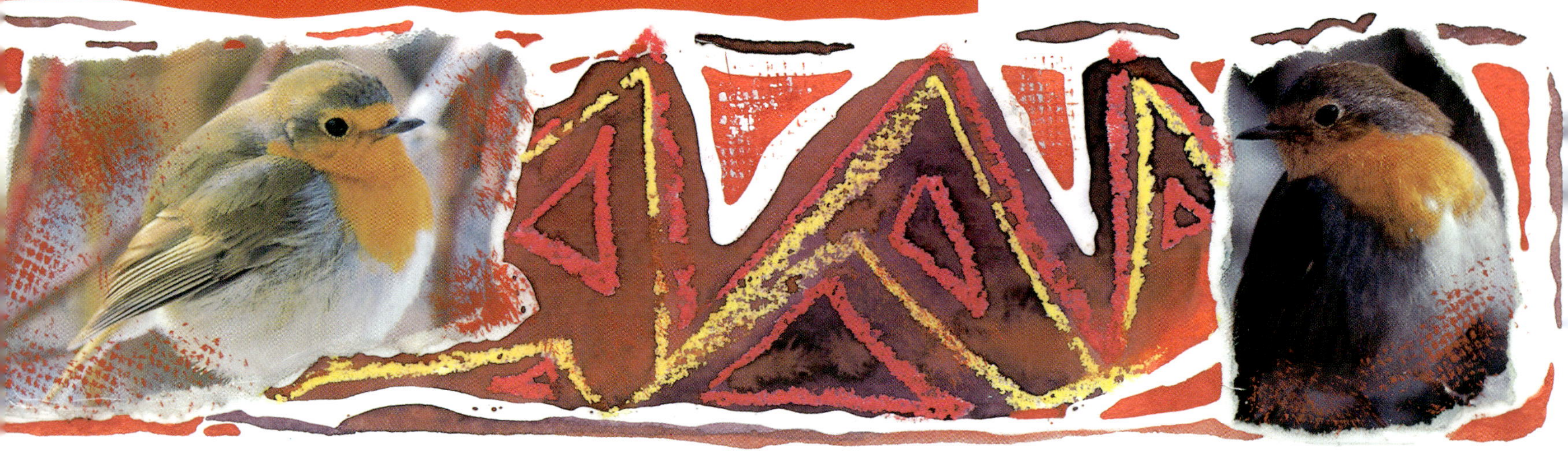

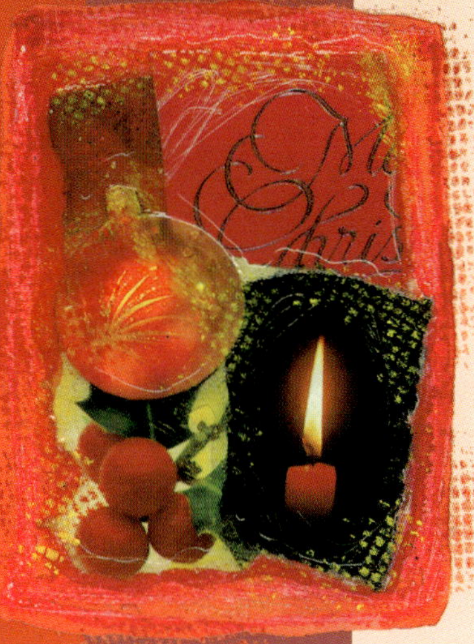

Donkere dagen

Het is juist het rood van zijn borstje dat het roodborstje zo geliefd maakt. Vooral gedurende de donkerste dagen van het jaar spreekt dat rood ons aan. In die tijd zien we ook graag rode hulstbessen, rode kaarsen, rode kerstballen en allerlei andere rode versierselen. Rood is de kleur van vuur en vuur is warmte en naar warmte hunkeren we in dat barre jaargetijde. Warmte is leven. Leven is de boodschap van Kerstmis: de terugkeer van het licht na de duisternis van midwinter.

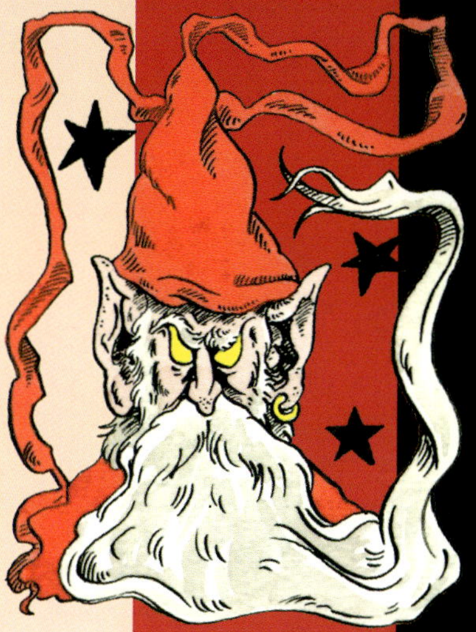

Zwarte kunst

Vroeger waren kabouters bepaald niet de gezellige, goedgemutste kereltjes die we tegenwoordig voor ogen hebben. Nee, het waren slecht gehumeurde, soms zelfs kwaadaardige schepselen, die zich bezighielden met zwarte kunst. Ze bezaten magische krachten en omringden zich met geheimzinnige wezens en voorwerpen.

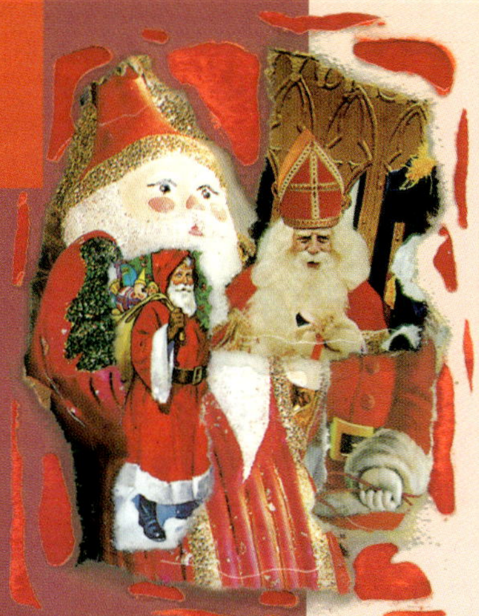

Oppergod Wodan

In kerstrood is natuurlijk ook de Kerstman gekleed. Net als zijn collega/concurrent Sinterklaas heeft hij zilverwitte haren en een dito baard. De twee decembermannen vertonen nog meer opvallende overeenkomsten. Zo dragen ze allebei een puntmuts en rijden ze beiden over de daken of zelfs door de lucht. Deze overeenkomsten zijn niet toevallig, want de twee heren hebben dezelfde stamvader. Dat is de Germaanse oppergod Wodan. Van oorsprong zijn Sinterklaas en de Kerstman dus één en dezelfde figuur. Ook Wodan had een lange witte baard en ook hij droeg dikwijls een puntmuts. Op zijn schimmel Sleipnir reed hij door de lucht om de mensen geschenken te brengen. Vaak daalde hij via de schoorsteen in hun huizen af, wat door zowel Sinterklaas als de Kerstman klakkeloos werd nageaapt.

Rood paard

Kabouters horen bij paddestoelen. Vooral paddestoelen van de rood-met-witte-stippen soort. De vliegenzwam dus. Ofschoon hij niet extreem giftig is, is men nog altijd heel bevreesd voor deze paddestoel. Het is het rood dat ons bang maakt, hoewel we ons daar niet van bewust zijn. Rood is vanouds een gevaarlijke kleur. In de denkwereld van onze verre voorouders was het zelfs de kleur van de dood. Magere Hein bereed – in het rood gekleed – een rood paard.

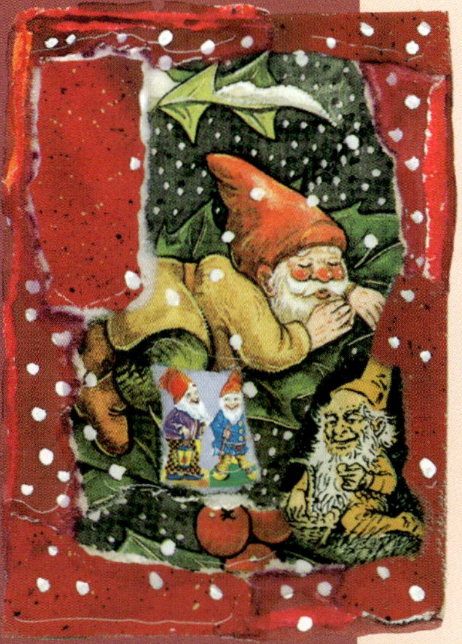

Klein mannetje

Een kabouter is een miniatuuruitvoering van Sinterklaas en de Kerstman. Hij ziet er precies hetzelfde uit, maar is alleen een heel stuk kleiner. De ware kabouter is een piepklein mannetje met een grote puntmuts op het blozende hoofd. Hij heeft een lange witte baard, draagt laarsjes en heeft vaak een stokje in de hand. De kabouter is een soort speelgoed-Wodannetje.

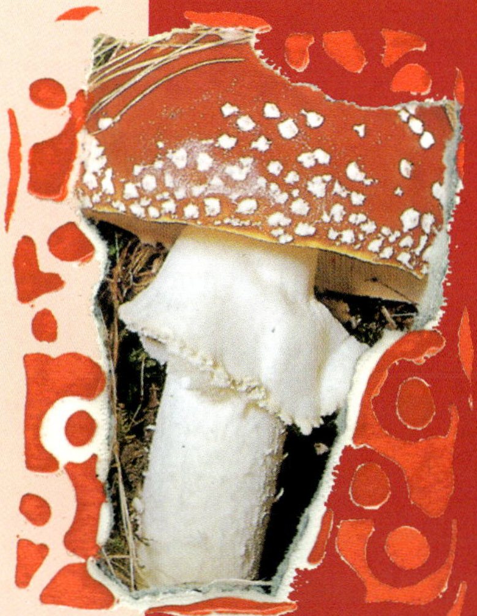

Giftige stoffen

Sinterklaas een rode hoed, de Kerstman een rode hoed, de kabouter een rode hoed, dan heeft dus ook de vliegenzwam een rode hoed! Rood met witte stippen. De huid van de vliegenzwamhoed bevat giftige stoffen, te weten atropine en muscarine. Voldoende om, gedrenkt in een beetje melk, lastige vliegen van kant te maken. Vandaar de naam vliegenzwam. Bij de mens veroorzaakt het eten van het rode vlies slechts een fikse vergiftiging, die zelden de dood, maar dikwijls een forse stoornis van de hersenfuncties en het zenuwstelsel ten gevolge heeft. De Vikingen nuttigden vliegenzwammen om in een toestand van razernij te geraken en ook de Germanen aten deze paddestoelen omwille van de roes.

Lieve Heer

De Germanen hadden ontzag voor alles wat rood is. Zelfs het lieveheersbeestje werd door hen als heilig beschouwd. Ze wijdden het kevertje aan Freya, de godin van de liefde en het huwelijksgeluk. Later hebben de christenen deze verering klakkeloos overgenomen. En het diertje de naam van de 'Lieve Heer' gegeven. Een naam die het echter absoluut niet verdient, aangezien het een meedogenloos rovertje is: het verslindt dagelijks zestig tot honderd bladluizen!

Vies luchtje

Lieveheersbeestjes vallen erg op door hun rode kleur. Daarmee waarschuwen ze hongerige insecten en vogels ervoor dat ze beslist niet lekker smaken. En wordt een lieveheersbeestje toch belaagd, dan geeft hij een bittere, stinkende vloeistof af. Dat brengt vijanden wel op andere gedachten.

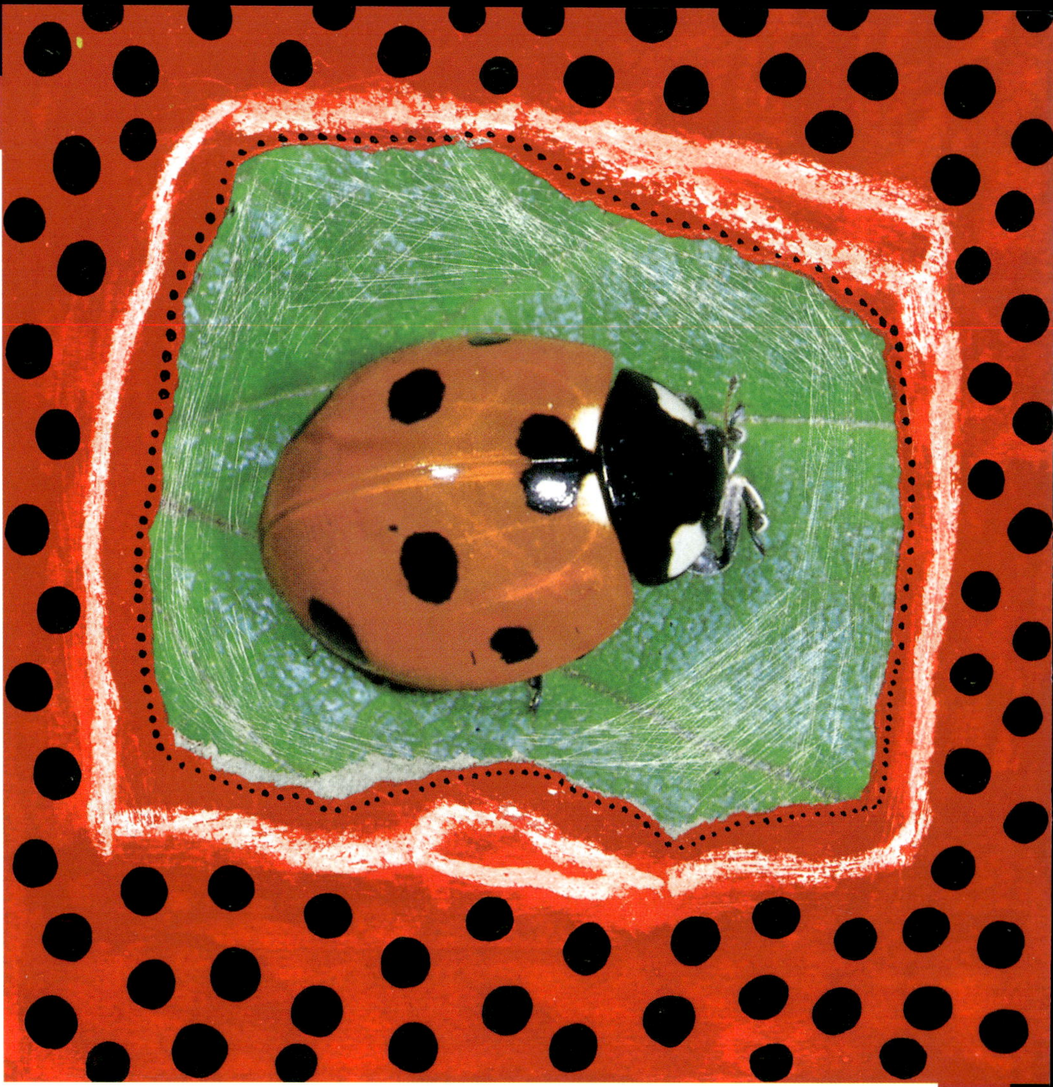

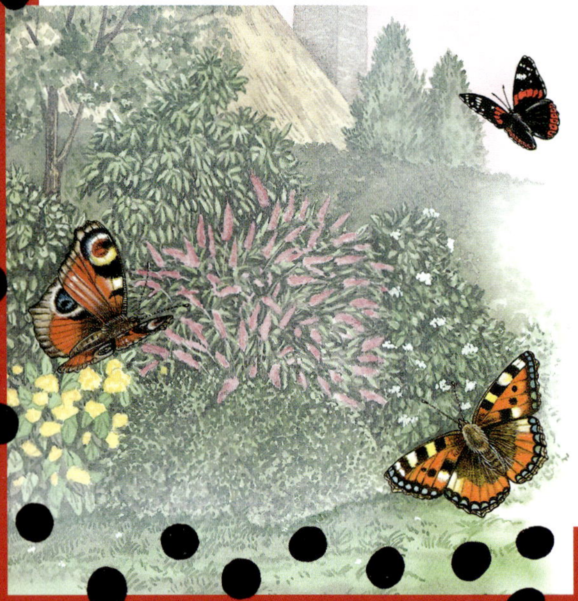

Zeer onsmakelijk

Kleuren zijn er om gezien te worden door schepselen die kleuren kunnen zien, zoals vogels en insecten. Is een beestje felrood of hardgeel, dan zijn roofdieren gewaarschuwd dat het bijzonder vies zal smaken. Zo zijn er nogal wat vlinders die stoffen in hun lichaam hebben die hen voor belagers – vogels bijvoorbeeld – oneetbaar maken. Deze boodschap wordt door die vlinders te kennen gegeven door niet mis te verstane vleugeltekeningen en bonte kleuren.

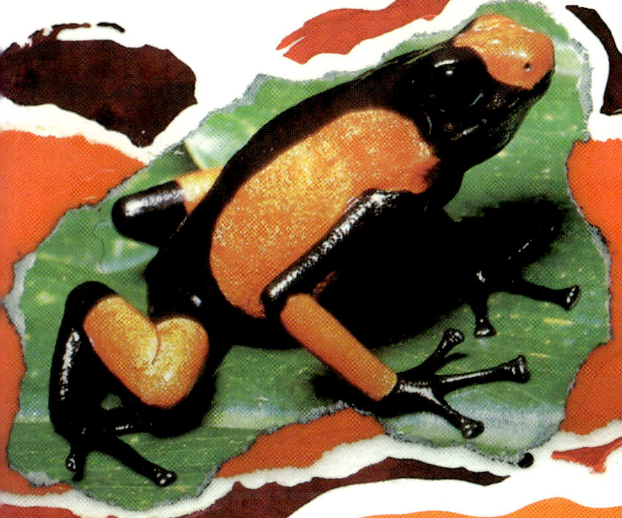

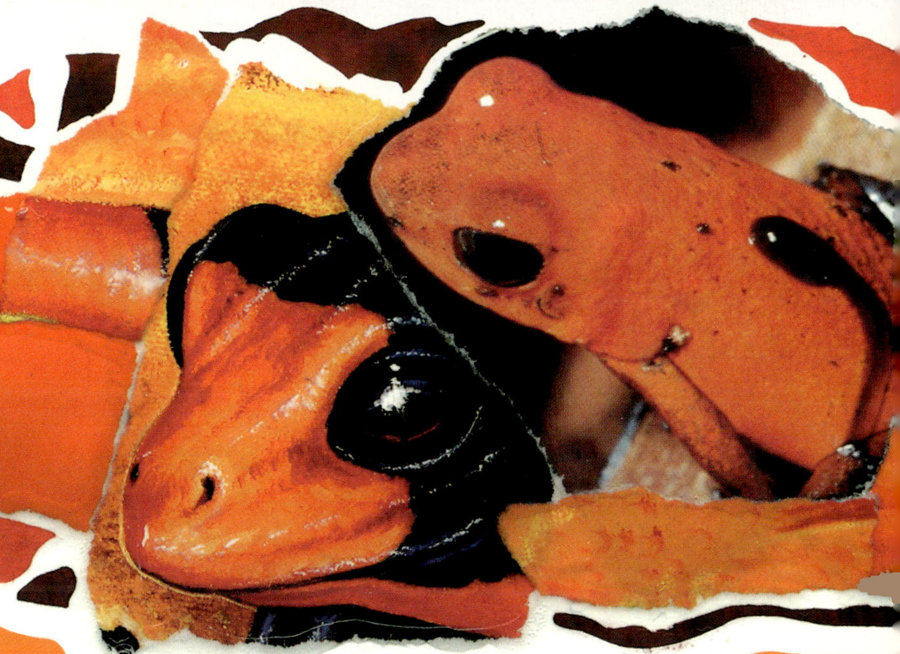

Giftige kikkers

Om te ontkomen aan roofvijanden kan een dier zich verstoppen. Maar wat hij ook kan doen is zich in alle pracht en praal vertonen. Opvallende kleuren jagen een aanvaller schrik aan. Er moet wel wat met dat bonte beest aan de hand zijn! Inderdaad zijn het vaak giftige dieren die felle kleuren hebben. Contrasterende zwarte of witte strepen geven de kleuren nog meer kracht. De knalrode kleur van diverse Zuid-Amerikaanse boomkikkersoorten is beslist niet mis te verstaan. Het zijn kleuren die wat betreft rood veroorzaakt worden door carotenoïde pigmenten en wat betreft zwart door melanine. Vluchten kunnen de kikkertjes nauwelijks, maar door hun signaalkleuren houden ze zich iedere vijand van het lijf.

Opengesperde bekken

Jonge vogeltjes zijn uiterst kwetsbaar. Als ze nog in het nest zitten, zijn ze als het ware voor het oprapen. Roofdieren weten er wel weg mee. Kou en regen maken al even rigoureus korte metten met de kleine kale beestjes. Het is voor hen van levensbelang zo snel mogelijk groot en sterk te worden. Daarvoor zijn bergen voedsel nodig. De ouders slepen dus onophoudelijk rupsen en andere voedzame hapjes aan. Ze hebben geen seconde rust. Het is niet alleen het vader- of moederinstinct dat hen aanzet tot onafgebroken werken. Het zijn ook de bekjes van de jongen waar ze letterlijk niet omheen kunnen. De snaveltjes zijn verhoudingsgewijs erg groot en aan de binnenzijde bovendien fel gekleurd. Vaak zijn ze vuurrood. Het is dit rood dat de ouders stimuleert tot voortdurend voeren. Dit zogenoemde ontgrendelingssignaal is zo sterk dat oudervogels zelfs voedsel proppen in de opengesperde snaveltjes van totaal wildvreemde vogeltjes.

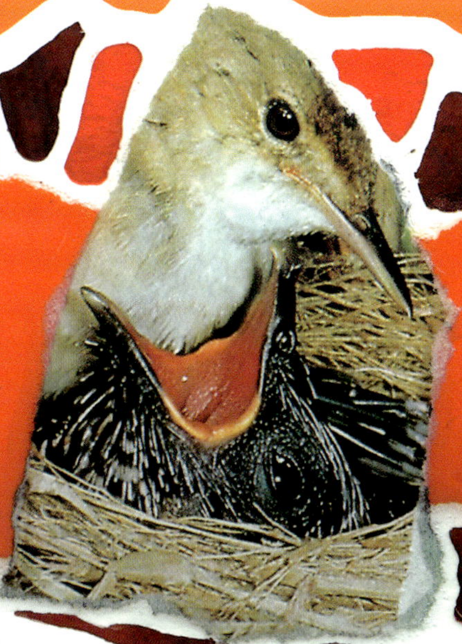

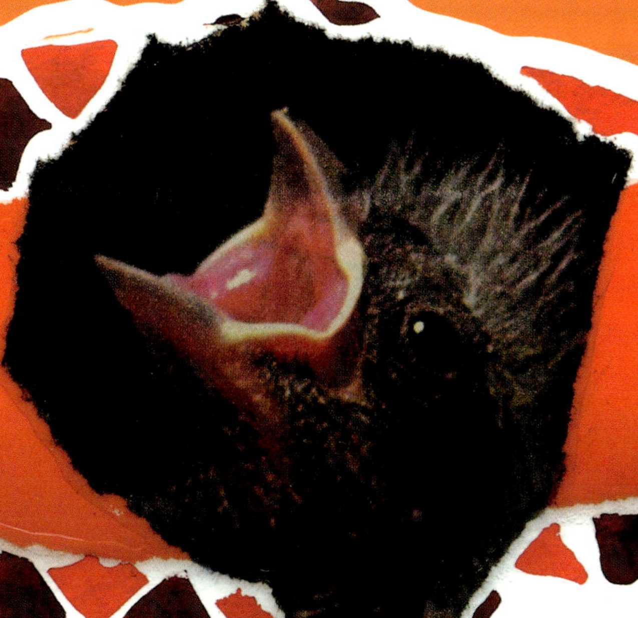

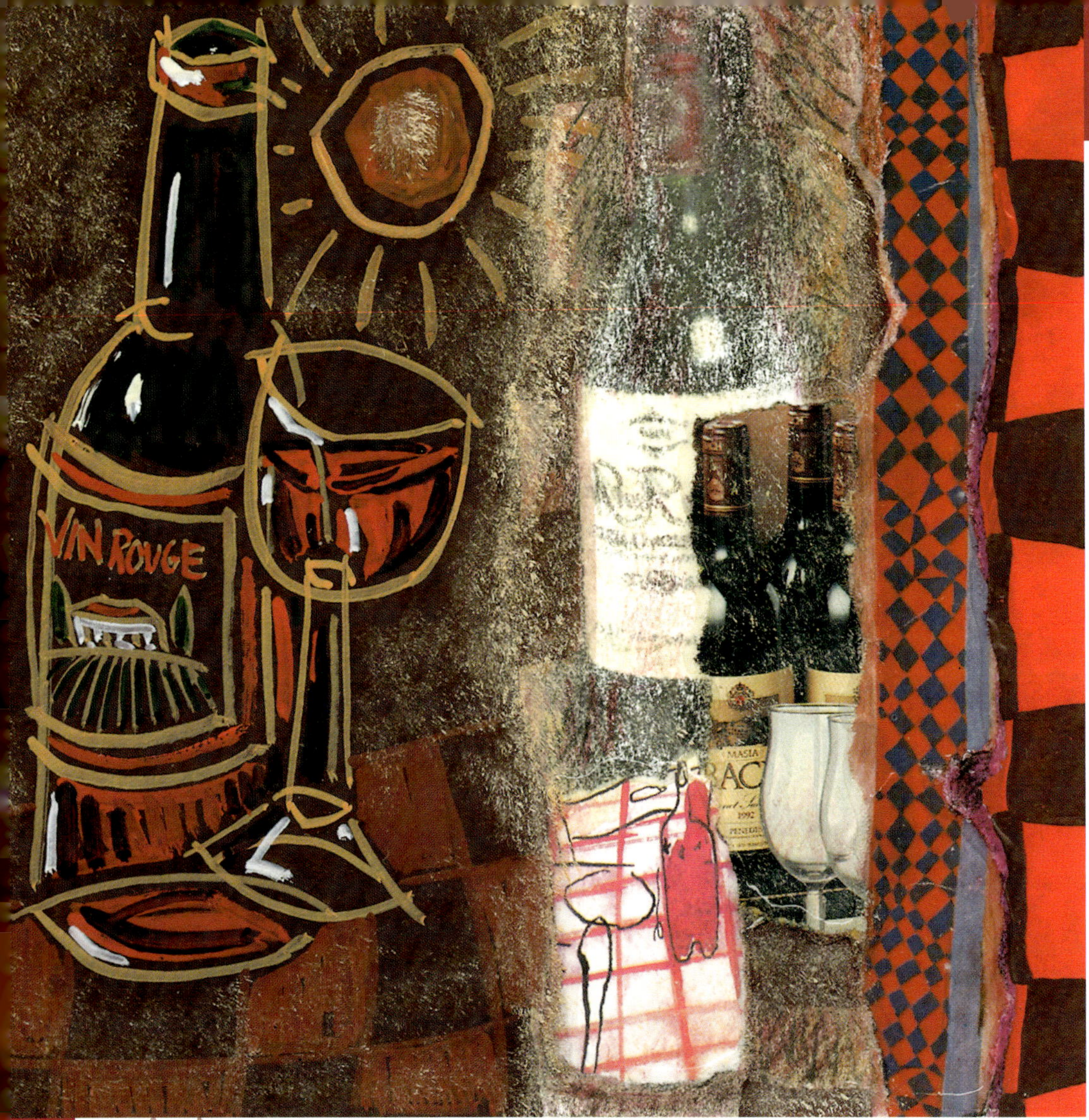

Rode wijn

Rode wijn lijkt wel wat op bloed. Hij wordt er in ieder geval mee geassocieerd. De wijn die tijdens de katholieke eucharistie wordt gedronken is symbolisch voor het bloed van Jezus Christus. Wat in de katholieke Kerk gebeurt is in wezen het drinken van bloed. Door het drinken van bloed zou de levenskracht van de geslachtofferde worden doorgegeven. Bloed is magisch. Bekend is de indiaanse bloedband. Indianenmannen vermengden elkaars bloed. Daardoor werden ze bloedbroeders. Wie die band niet in ere hield wachtte de dood. Naarmate de beschaving voortschreed werd wijn de plaatsvervanger van bloed. Tijdens dit proces kreeg wijn ook de magische krachten van bloed. Nog altijd heeft wijn een speciale status en een eigen mystiek. Aan geen enkele andere drank zijn zoveel rituelen en genootschappen verbonden.

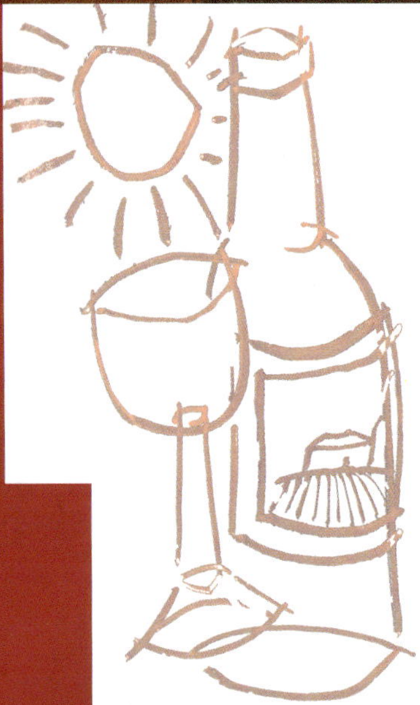

Vitis vinifera

Wijn is natuurlijk slechts druivensap. In feite dus regenwater. Het is de wijnstok die dit water uit de grond haalt en het in druiven stopt. De wijnstok behoort tot een zeer grote plantenfamilie, waartoe ook bijvoorbeel de wilde wingerd gerekend wordt. De wetenschappelijke naam is 'Vitis vinifera'. Men kent er zeker vijfduizend variëteiten van. Maar de wijnliefhebber heeft met hoogstens vijftig te maken. Bijvoorbeeld met de 'syrah', die ook wel 'sérine' wordt genoemd en de beste druif van de Rhône is. En de 'sangiovese' uit Toscane, de enige echte chiantidruif. En natuurlijk de alom bekende 'merlot'. Druiven worden geplukt, gekneusd en in gistkuipen gedaan. Daarin gaan ze samen met de schillen in gisting. De wijn ontleent de rode kleur en de tannine aan de schillen. Men laat de gisting doorgaan tot alle druivensuiker is omgezet in alcohol.

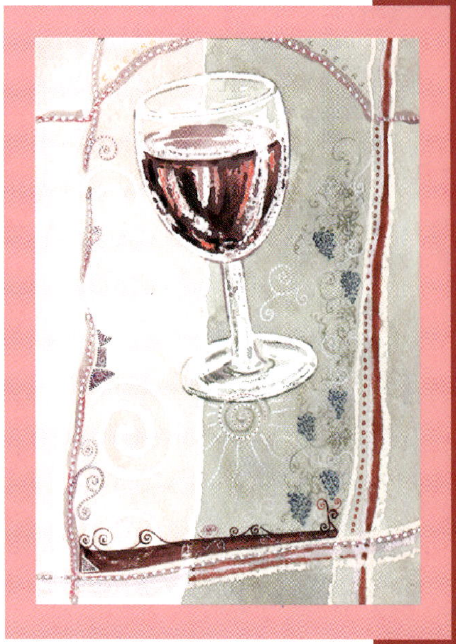

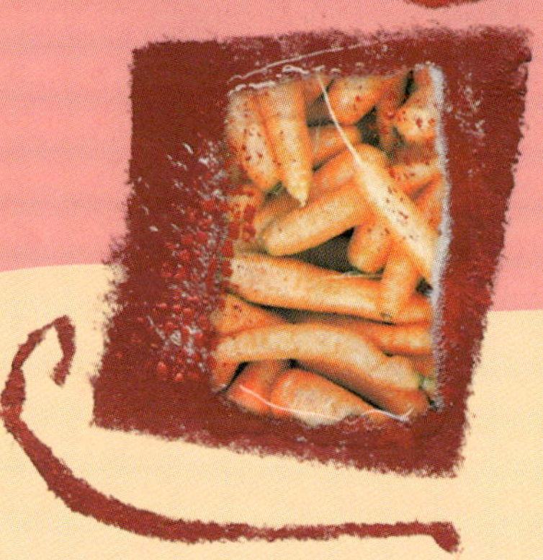

Nachtelijk zien

Door veel worteltjes te eten ga je beter zien. Dat klopt. Worteltjes zijn oranjerood door het caroteen dat ze bevatten. Carotenen zijn rode, gele, oranje en bruine kleurstoffen die algemeen in het plantenrijk voorkomen. Zowel in bladeren als in vruchten en wortels. Ook in gisten, schimmels en bacteriën dragen zij bij tot de kleur. Caroteen bevat veel vitamine A. Deze vitamine is noodzakelijk voor het goed functioneren van de zogenaamde staafjes, die in de ogen voorkomen naast de 'kegeltjes'. De staafjes maken het ons mogelijk om bij duisternis toch nog wat te kunnen zien.

Rode Zee

Algen behoren tot de alleroudste levensvormen. Maar ze doen het nog prima. Zoals Trichodesmium erythraeum. Deze algensoort bevat een pigment dat bijna alle kleuren van het licht absorbeert. Hij doet dit om in zijn energiebehoefte te voorzien. Alleen met rood licht kan hij niets. Dat wordt dus teruggekaatst. Door de massale aanwezigheid van de alg heeft de zee waarin hij voorkomt soms een rosse tint. Die zee heet dan ook de Rode Zee.

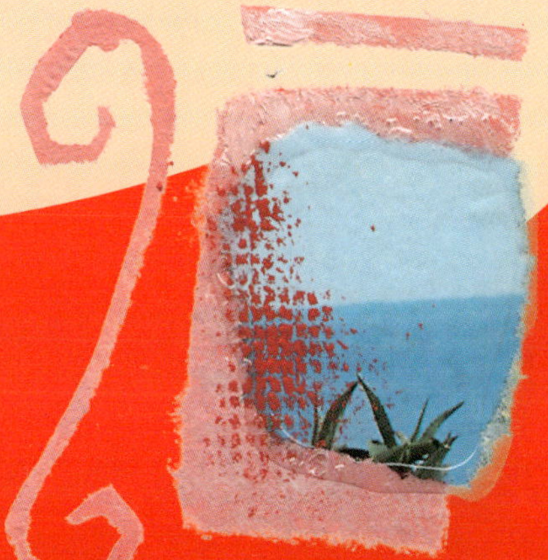

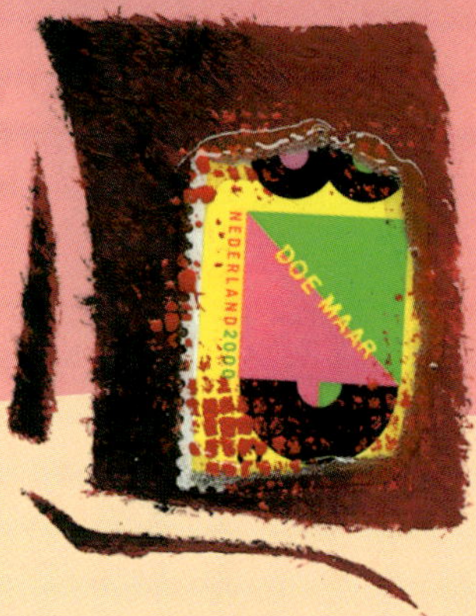

Lichtgevoelige cellen

De kegeltjes in onze ogen zorgen ervoor dat wij kleuren kunnen zien. Kegeltjes zijn lichtgevoelige cellen die of rood, of groen, of blauw waarnemen. Uit menging van deze drie primaire kleuren ontstaan alle andere kleuren. Is er een stoornis in het functioneren van deze kegeltjes, dan is kleurenblindheid het gevolg. Kleurenblindheid is voornamelijk een manlijk probleem. Acht procent van de blanke mannen is ermee behept. Slechts een half procent van de vrouwen heeft het. Verreweg de meeste kleurenblinden kunnen geen onderscheid maken tussen rood en groen.

Rood waas

Krijg je een rood hoofd, dan schaam je je. Of je bent woedend. De toestroom van bloed naar het gezicht is oncontroleerbaar. Woede kan ontaarden in een uitbarsting van razernij. Krijg je een 'rood waas voor de ogen', dan wordt de situatie gevaarlijk. Rood is de kleur van moordlust, gewelddadigheid en bloeddorst. Rood leidt tot bloedvergieten.

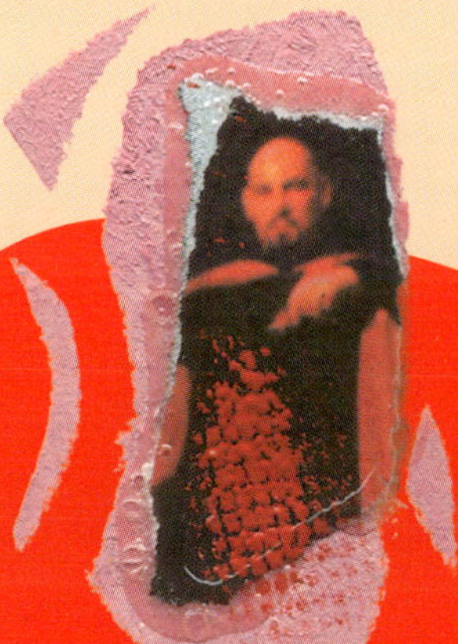

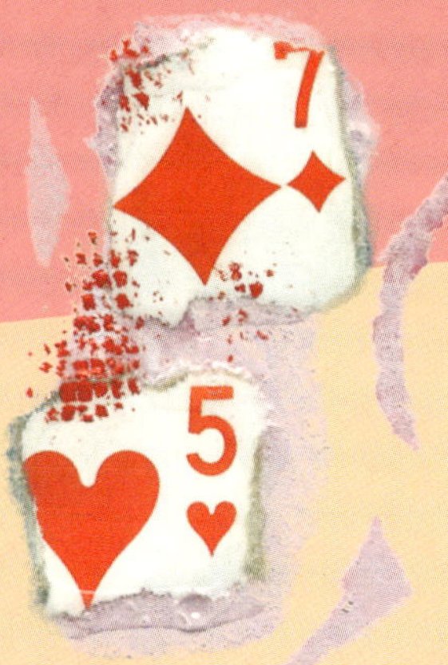

Twee symbolen

De symbolen op speelkaarten hebben elk een eigen betekenis. En ook de kleuren hebben iets te zeggen. 'Harten' komt overeen met het element vuur. Het rood staat voor strijdlust en hartstocht. 'Ruiten' betekent de lucht. Het rood is hier het symbool van het geestelijke en het beweeglijke.

Prachtige edelsteen

De robijn is een zeldzame edelsteen. Daarom is hij kostbaar. Hij is het symbool van liefde en macht. Het is dan ook geen wonder dat hij zeer gewild was bij koningen en keizers. In bijna alle scepters en kronen zijn wel robijnen verwerkt. Oude koningsschatten fonkelen overal van het rood. Omdat de man geacht werd in huis de koning te zijn kregen schoonzonen in het verleden vaak een robijn cadeau.

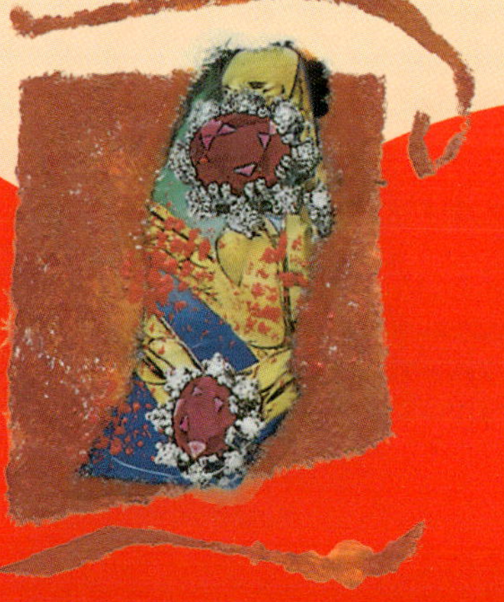

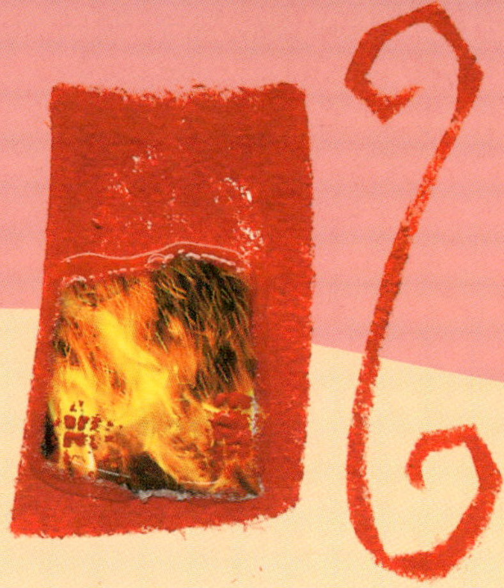

Gloeiend ijzer

Infrarood licht is warm. Als ijzer wordt verhit straalt het infrarood licht uit en dus warmte. Naarmate de temperatuur toeneemt wordt het licht witter. Totdat het ijzer witgloeiend is. Het is dan vergelijkbaar met de gloeidraad van een lamp.

Rode vlag

Mars wordt wel de 'rode planeet' genoemd. Omdat hij een roodachtige tint heeft en rood de kleur was van de oorlogsgod Mars. Rood is manlijk, agressief en strijdbaar. Rood is vuur, bloed, oorlog en revolutie. De vlag van de Russische en Chinese communisten was rood. Heel veel revoluties zijn onder een rode vlag uitgevochten. Vanaf het moment dat er voor het eerst een bloeddoordrenkte lap omhoog werd gestoken als teken dat de vijand was verslagen. Opstand is rood. Daarom: het Rode boekje, het Rode leger, het Rode Plein.

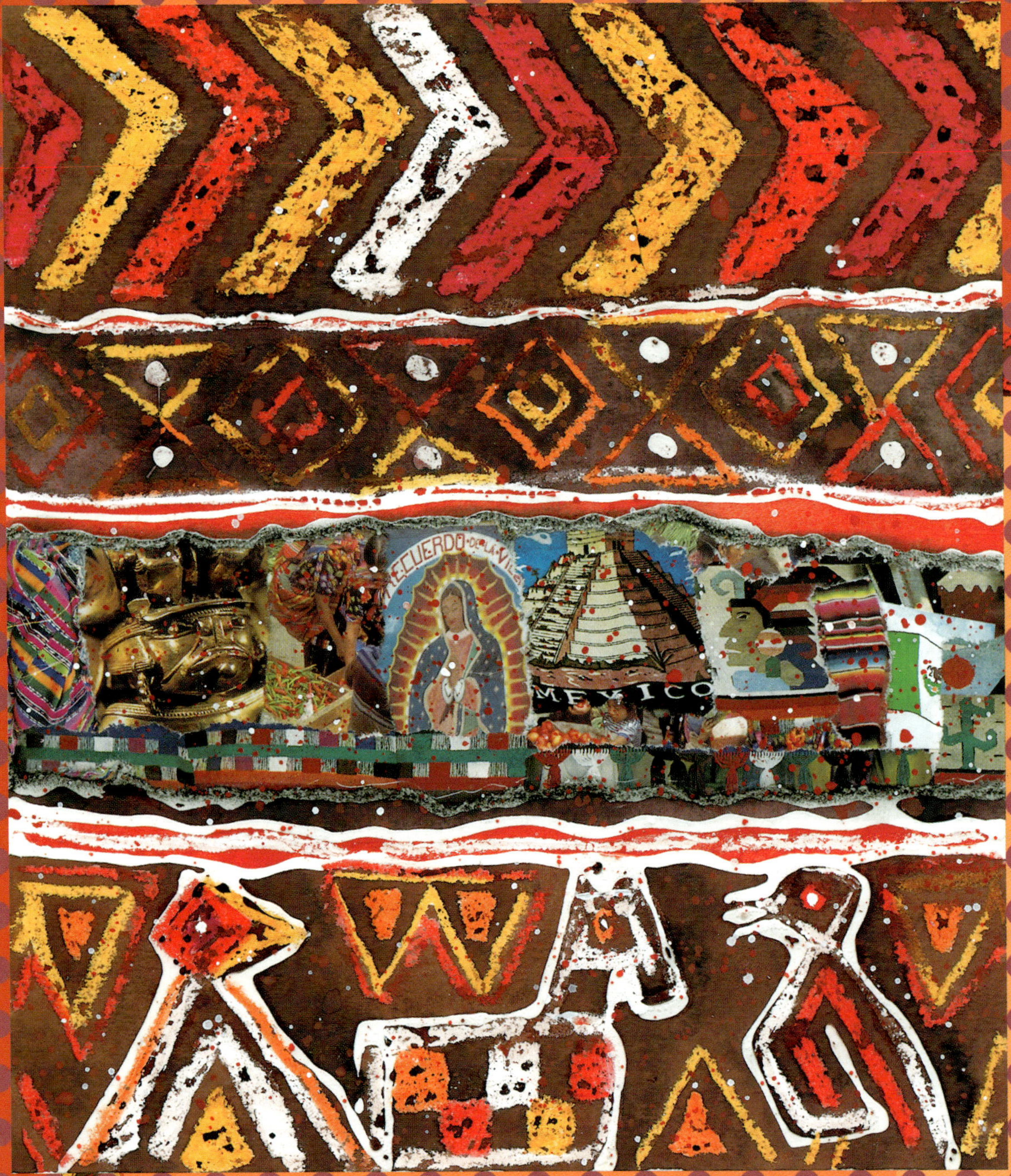

Wormpjes krabben

Kermes was vroeger een van de belangrijkste kleurstoffen. Hij werd gemaakt van schildluizen. Die zaten in het Midden-Oosten in groten getale op de bast van een soort eik. Kermes is het Armeense woord voor 'wormpje'. Daar leken die beestjes blijkbaar op. Het Latijnse woord voor 'wormpje' is 'vermiculus'. Daar is de naam vermiljoen van afgeleid. Die 'wormpjes' moesten van de boombast afgekrabd worden. Dit werk werd door vrouwen gedaan. Die lieten speciaal daarvoor heel lange nagels groeien.

Mexicaanse kleur

Karmijn is verwant aan vermiljoen. Het werd in Mexico gevonden. Het verdrong het aloude vermiljoen van de markt nadat de Spanjaarden Midden-Amerika in bezit hadden genomen. Pas in de negentiende eeuw kwam vermiljoen weer terug. Dit werd mogelijk gemaakt door de opkomst van synthetisch vervaardigde kleurstoffen.

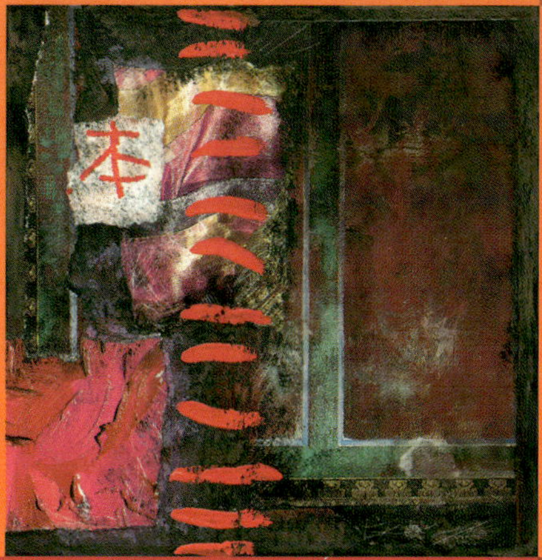

Lievelingskleur *rood*

De voorliefde voor rood gaat volgens kleurpsychologen terug op de behoefte om geweldig en krachtdadig te lijken. Liefhebbers van die kleur willen indruk maken. Ze vinden prestatie en inzet van het allergrootste belang. Ze houden van activiteit en afwisseling. Snel gewonnen geven ze zich beslist niet. Ze zijn strijdlustig, moedig en geestdriftig. In moeilijke omstandigheden kan dit soms overdreven enthousiasme ontaarden in agressiviteit. Jaloersheid kan het gevolg zijn van de wil om in het middelpunt van de belangstelling te staan. Rivalen hebben het dan niet gemakkelijk. Uit dit alles blijkt dat zowel alle handelingen als de oordeelvorming sterk gevoelsmatig bepaald zijn. Wie van rood houdt reageert impulsief, temperamentvol en krachtig.

Vrouwelijke liefhebbers

Over de vrouwelijke liefhebbers van rood zeggen kleurkundigen geen aardige dingen. Zo zouden ze van mannen houden die hen de baas zijn. Ze zouden zich namelijk niet zo prettig voelen als actieve partij. Omdat ze zelf krachtig en vurig van aard zijn, zouden ze behoefte hebben aan partners die zich nog sterker opstellen. Daarom zou een vrouw die van rood houdt beslist geen relatie kunnen hebben met een liefhebber van groen. Zoals sommige dierenriemtekens zich niet laten combineren, zo zouden dus ook verschillende kleurtypen niet bij elkaar passen.

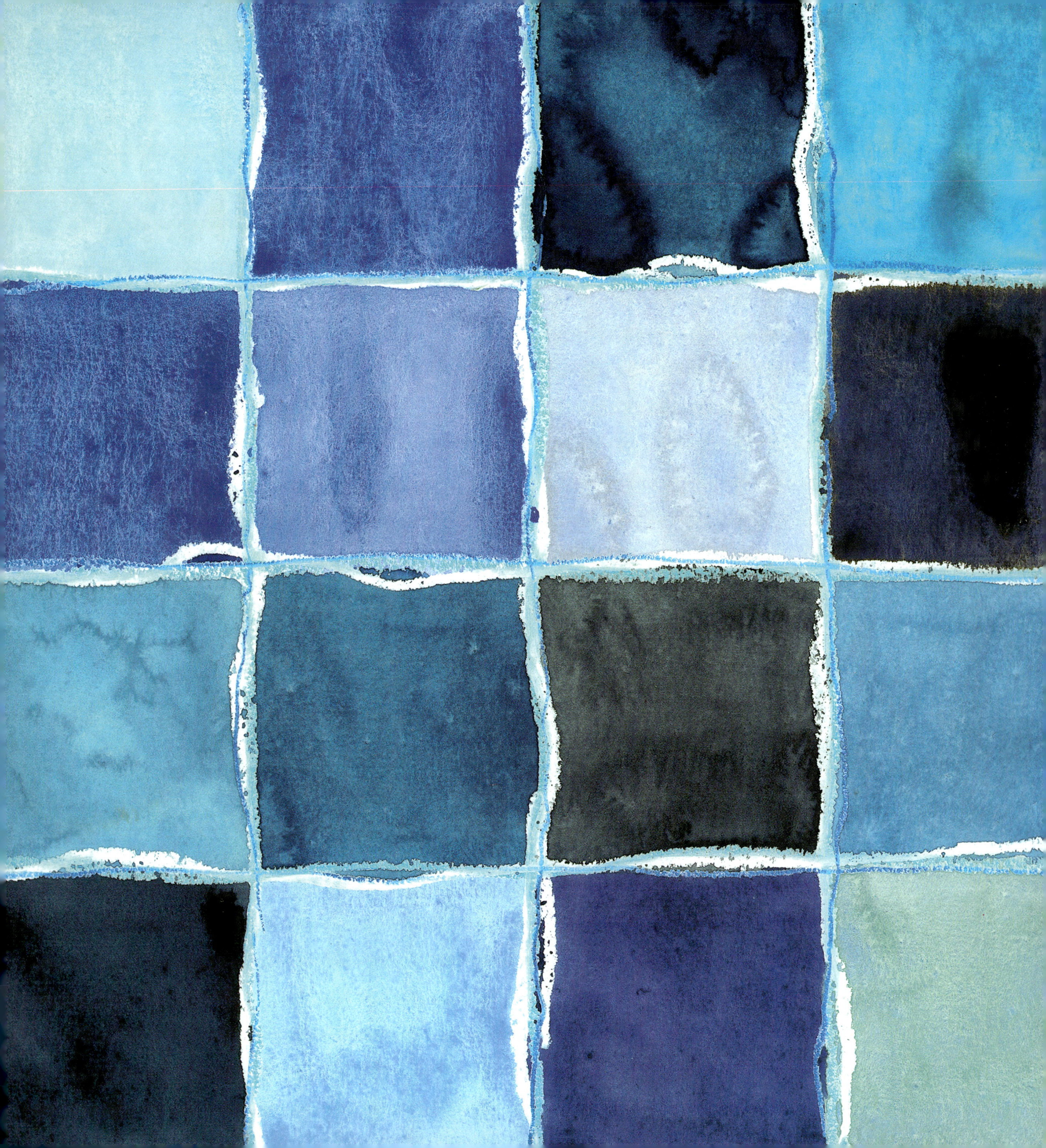

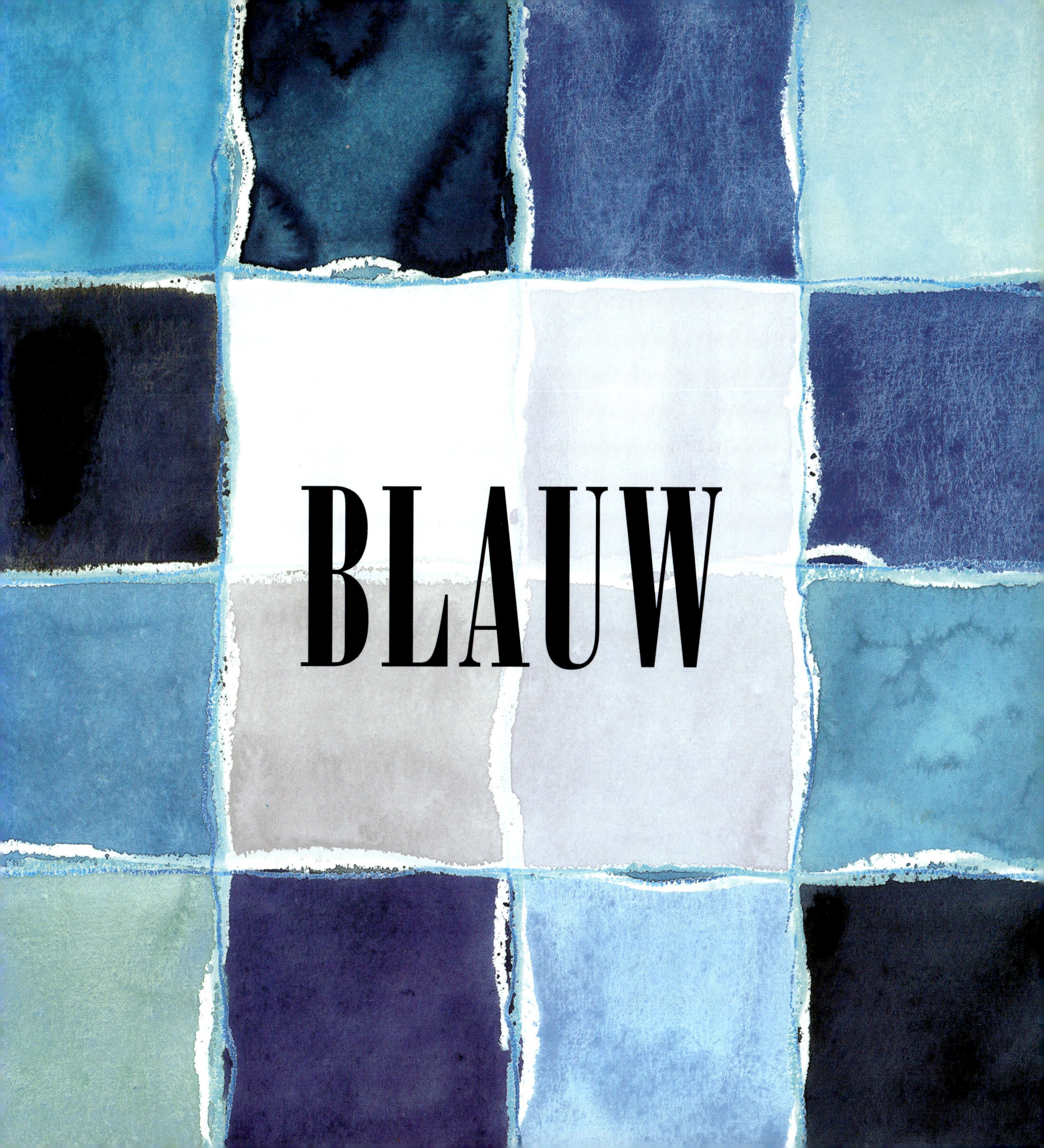
BLAUW

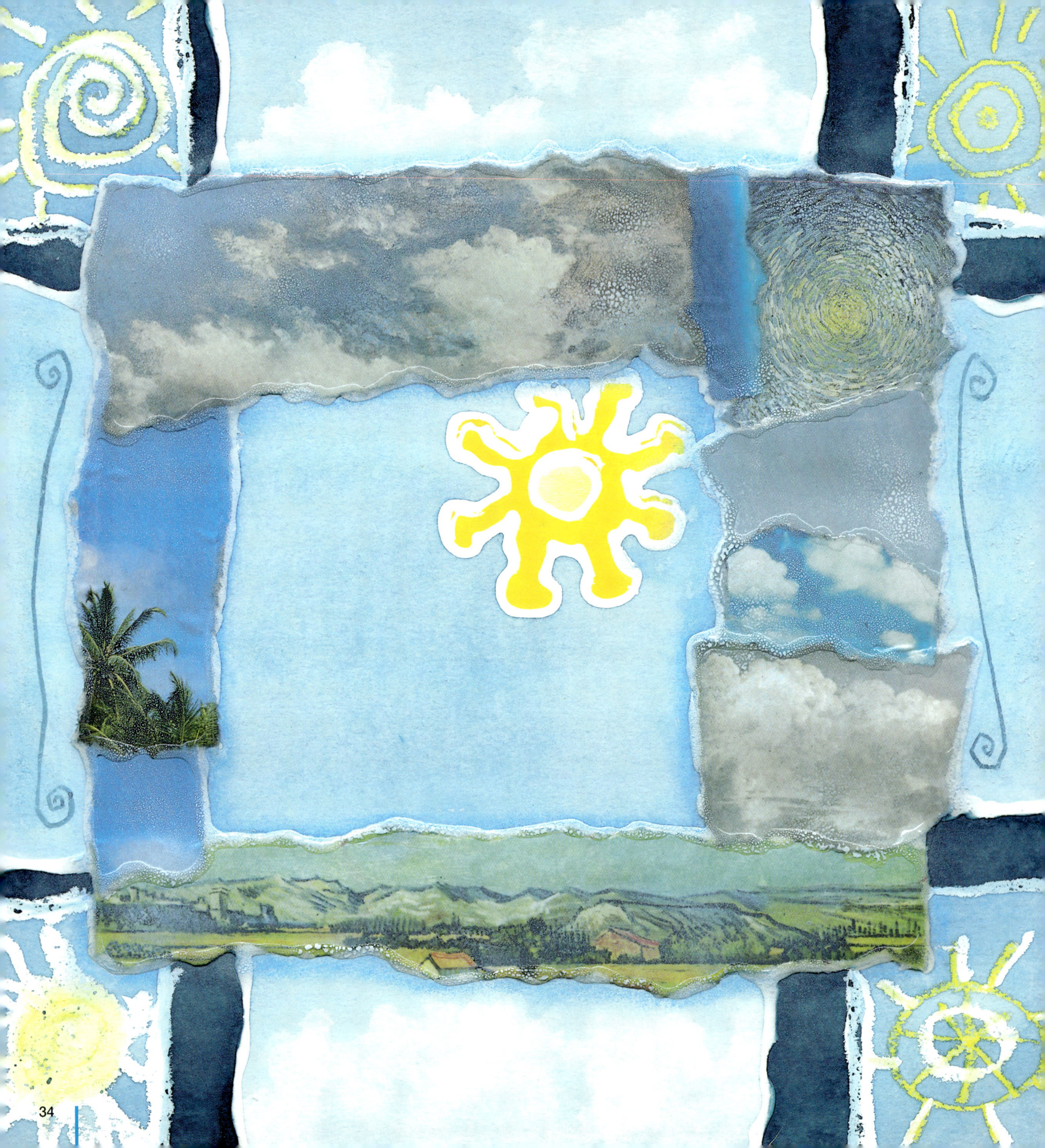

Rustige kleur

Blauw is een koele kleur. Rustig en neutraal. Het maakt geen adrenaline los, zoals rood. Het geeft ons geen gevoel van veiligheid, zoals groen. Het schenkt ons geen comfortabele warmte, zoals bruin. Het is alleen maar de kleur van lucht en water. Ver en diep. Lucht en water zijn weliswaar van levensbelang, maar min of meer vanzelfsprekend aanwezig. Ze roepen geen sterke emoties op. Behalve natuurlijk in droge en dorre gebieden. Het rustgevende effect van blauw ontaardt soms in saaiheid en verveling. Dan is blauw te passief. Dan laat blauw ons maar blauwblauw.

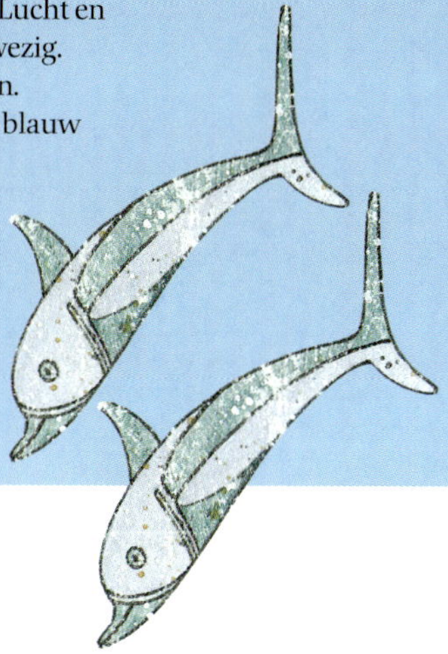

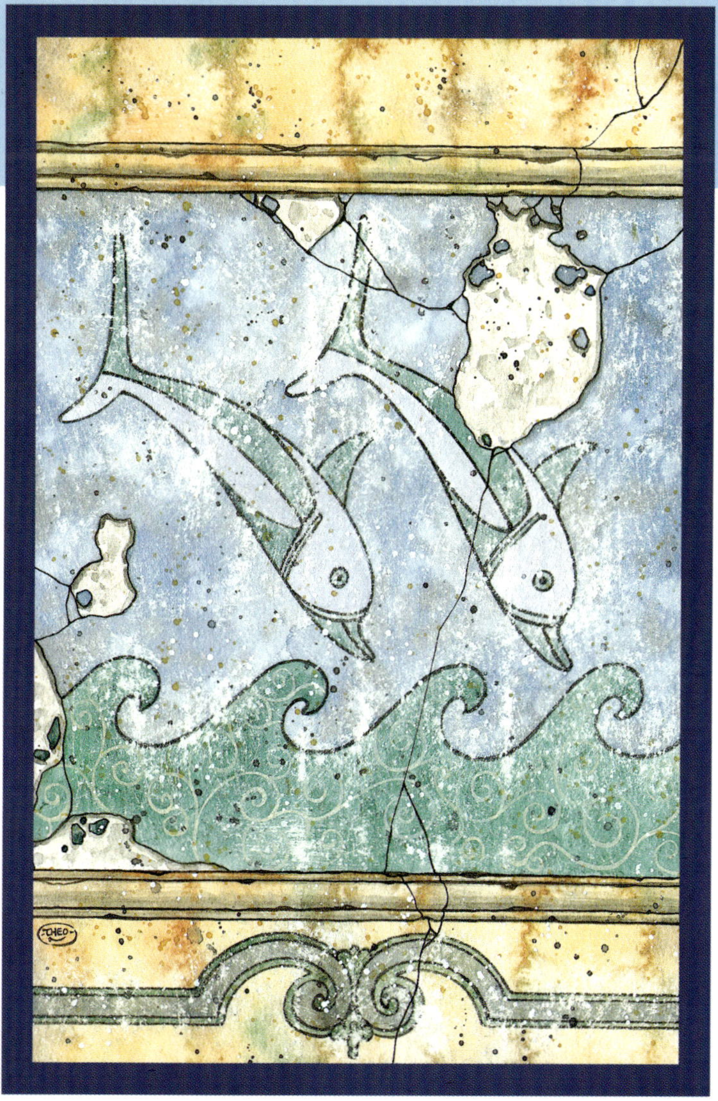

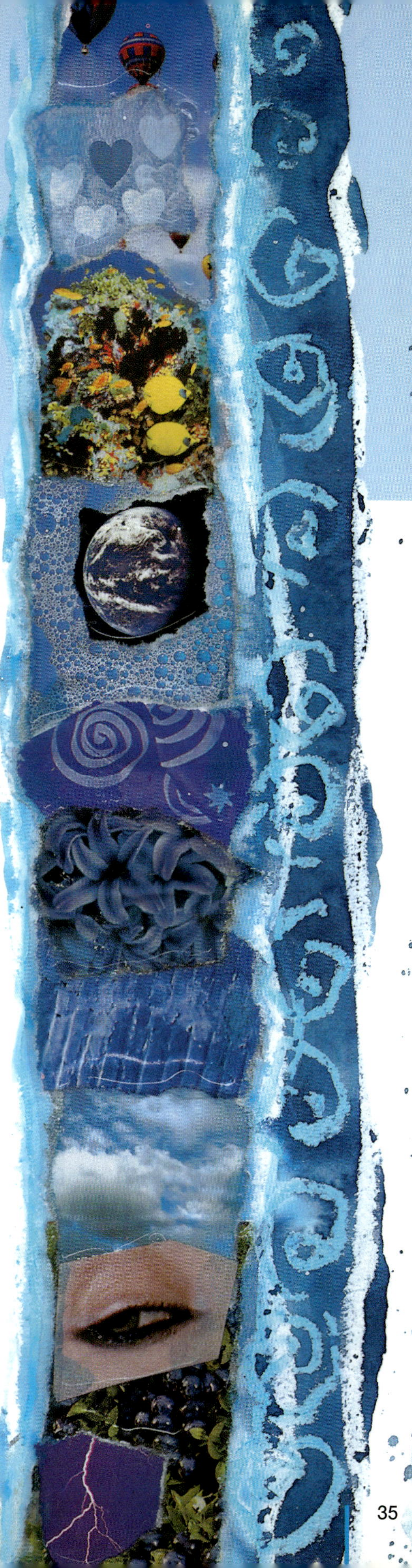

Duistere kleur

Donkerblauw kan symbolisch zijn voor gevoelens van neerslachtigheid en eenzaamheid. Het kan zelfs tot zulke gevoelens leiden. Dan is blauw een duistere en ondoorgrondelijke kleur. Met name nachtblauw is de kleur van de donkere kant van de menselijke geest. De kant waar dromen, hallucinaties, ziekelijke fantasieën, nachtmerries en kwade machten greep op hebben.

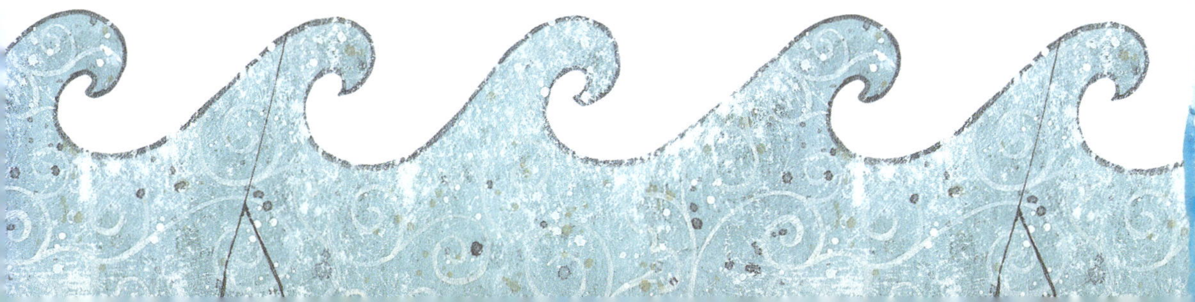

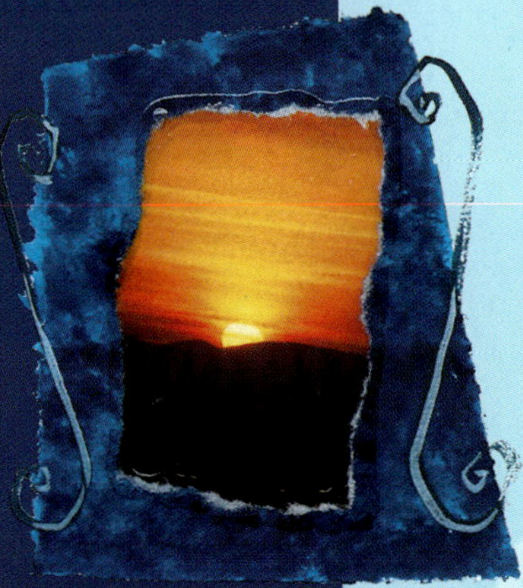

Romantische zonsondergang

In de lucht om ons heen wemelt het van de stofdeeltjes. Het zijn er onvoorstelbaar veel. Ze zijn zo klein dat we ze met het blote oog niet of nauwelijks kunnen zien. We merken echter wel degelijk dat ze er zijn. Als er een paar wat al te ver in onze neus komen, zetten we het op een niezen. En wie met stofzuigen en stofdoek in de weer is weet er ook van mee te praten. Ondanks deze onprettige bijkomstigheden zouden we het stof dat in de lucht zweeft niet graag willen missen. Zonder stof zou de hemel niet meer blauw zijn. Er zouden geen wolken meer zijn, geen sneeuw en geen regen. Romantische lieden, dichters en schilders zouden niet meer in vervoering kunnen raken door de fantastische kleuren van een zonsondergang.

Verstrooid zonlicht

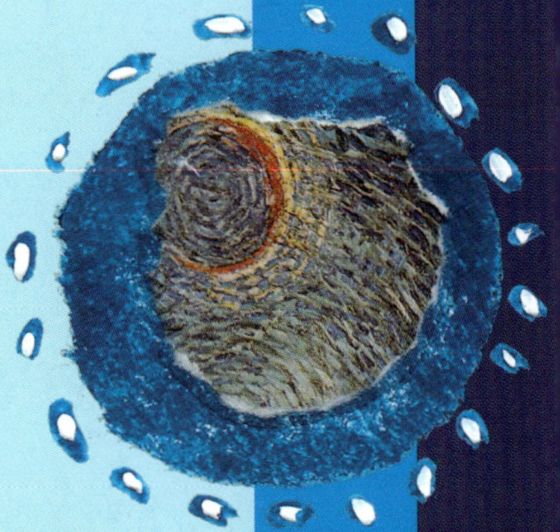

Van de blauwe hemel zou je niet vermoeden dat hij vol stof en gas zit. Hij ziet er zo schoon, fris en helder uit. Toch zijn het juist die talloze minuscule deeltjes die hem blauw doen lijken. Dat het zonlicht hierbij een belangrijke rol speelt is iedereen wel duidelijk. Maar slechts weinig mensen staan er bij stil waarom het juist de kleur blauw is. Om hierachter te komen moeten we nagaan wat er gebeurt wanneer zonlicht de aarde bereikt en onze dampkring binnenkomt. Het wordt daar opgevangen en in alle richtingen gereflecteerd door de stofdeeltjes, waterdruppels en gasmoleculen. Een andere naam voor deze reflectie is verstrooiing.

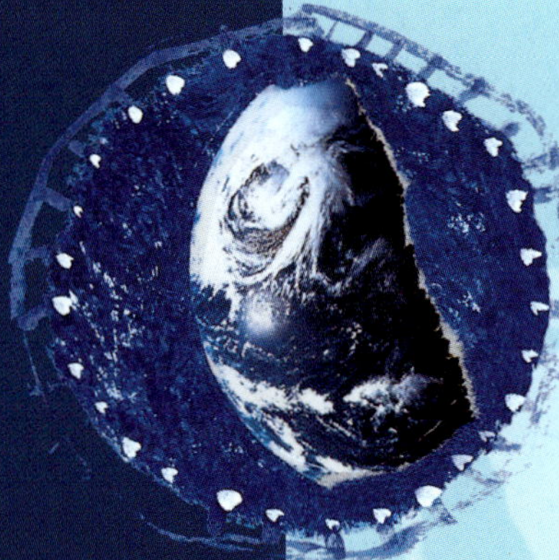

Vijfhonderd kilometer

Vergeleken met de grootte van de aarde vormt de lucht die onze planeet omgeeft slechts een heel dun laagje. Deze dampkring heeft geen duidelijk afgebakende bovenste grens, maar is ongeveer vijfhonderd kilometer dik. De onderste laag is voor ons uiteraard het belangrijkst. Dat is de troposfeer, die een dikte heeft van gemiddeld zestien kilometer. Daarin is de voor het leven onontbeerlijke zuurstof aanwezig. Daarin ook spelen zich de voortdurend wisselende weersomstandigheden af.

Blauwe hemel

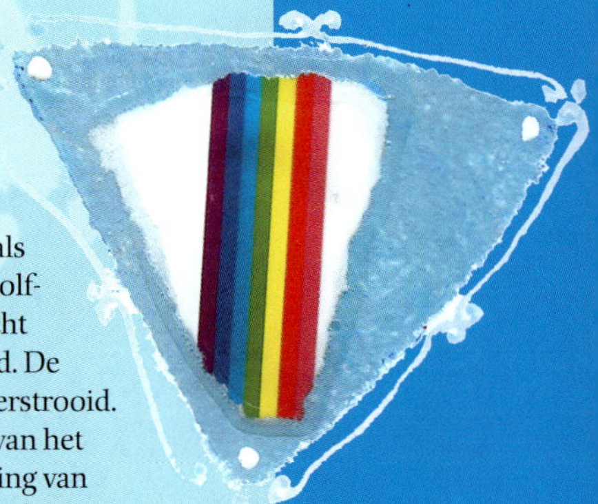

Het felle, kleurloze zonlicht is in feite een mengsel van alle kleuren van de regenboog. Deze ontstaat immers uit breking van zonlicht. Omgekeerd zijn alle kleuren weer terug te bundelen tot wit, dat wil zeggen: kleurloos licht. Net als elk geluid heeft iedere kleur een eigen golflengte. Verschillende golflengten van licht worden in verschillende mate verstrooid. De kortste golflengten worden het meest verstrooid. Deze zijn te vinden aan de blauwe kant van het spectrum. Blauw licht dus. De verstrooiing van blauw licht is tien keer groter dan die van bijvoorbeeld rood licht. Blauw overtroeft dus in de lucht alle andere kleuren. Door het geweldig grote aantal deeltjes komen de blauwe lichtgolven vanuit alle richtingen van de hemel. Al dat blauw bij elkaar zorgt ervoor dat wij de lucht blauw zien.

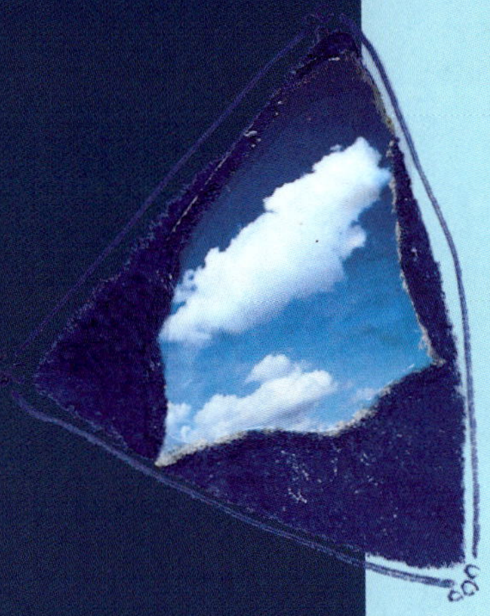

Geen *regen*

Van volledig droge lucht wordt maar eenentwintig procent gevormd door zuurstof. Achtenzeventig procent bestaat uit stikstof. De resterende één procent is een mengsel van koolzuur, ozon en andere gassen. Verder zijn er altijd massa's stof en sporenelementen in de lucht. Maar lucht is natuurlijk zelden droog. Ze bevat waterdamp. Zonder dit gas zou er geen bewolking zijn. Want wolken bestaan uit waterdruppeltjes die zich om stofdeeltjes en andere vaste kernen vormen. Rondom zulke vaste kernen vallen ook druppels naar beneden. Zonder waterdamp geen regen. Zonder regen geen leven.

Blauwe koepel

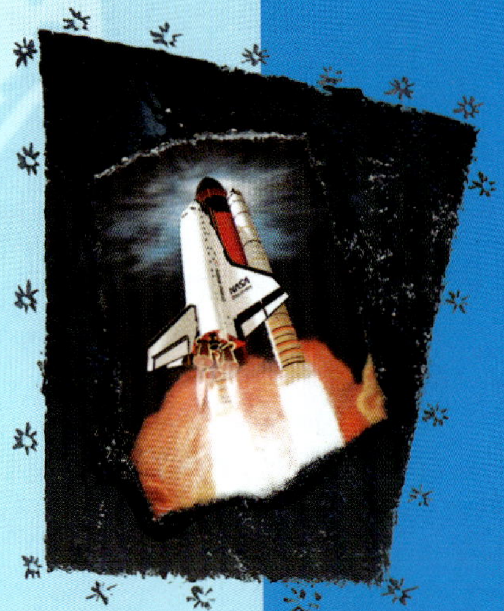

De hemel lijkt een gesloten blauwe koepel, maar feitelijk zien we slechts een dunne laag gas dat blauw oplicht tegen de inktzwarte duisternis van de ons omringende ruimte. Als er geen sprake was van verstrooiing van licht zou een wolkenloze lucht zwart zijn. Wanneer je in een vliegtuig opstijgt en hoger in de atmosfeer komt, zie je heel goed dat de lucht ijler wordt. Er zijn naar boven toe steeds minder deeltjes zodat de verstrooiing van het licht allengs geringer wordt. De lucht wordt donkerder blauw. Ruimtevaarders bewegen zich in een volledig zwarte omgeving. Daar wordt het zonlicht door niets gereflecteerd. Behalve door de astronauten en hun ruimtevaartuig zelf.

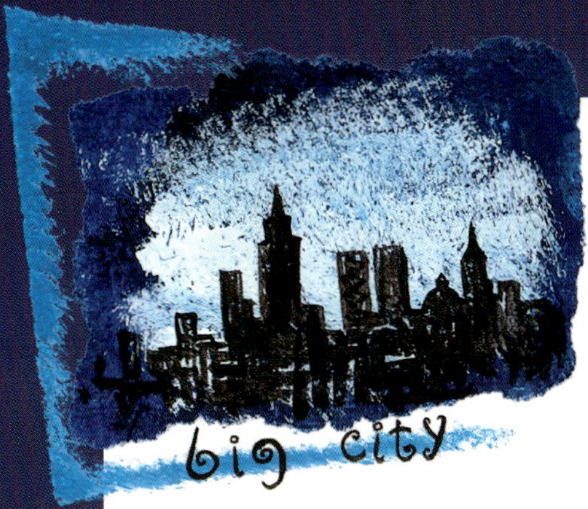

Grote stad

Het zijn voornamelijk de kleinste deeltjes in de dampkring die kortgolvig blauw licht verstrooien. Grotere deeltjes verstrooien zowel de korte als de lange golven. Zijn er als gevolg van vervuiling veel grotere deeltjes in de lucht, dan oefenen andere kleuren hun invloed uit op het blauw. Dat wordt minder intens. Boven steden en industriegebieden is de lucht vaak bleekblauw of zelfs melkwit.

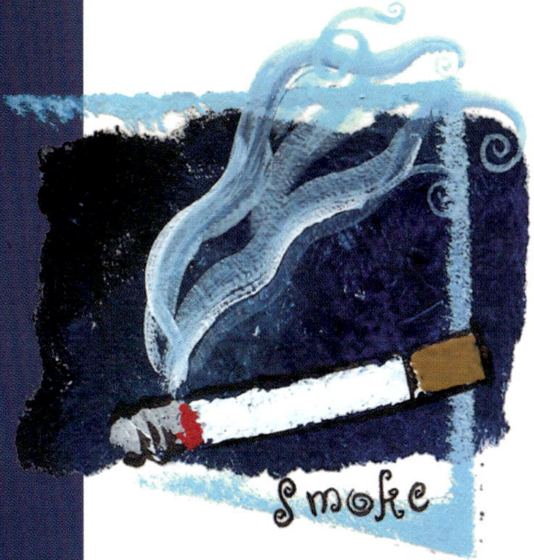

Sigaret roken

In het leven van alledag is de verstrooiing van helder, kleurloos licht soms goed te zien. Iemand die een sigaret rookt stuurt bij elke keer dat hij rook uitblaast ongeveer vier miljoen deeltjes van allerlei aard de lucht in. Als je er met de zon in de rug naar kijkt zie je het licht door de rookdeeltjes verstrooid worden. De rook ziet er dan blauw uit. Vooral tegen een donkere achtergrond. Net als de blauwe lucht tegen het zwarte decor van het heelal.

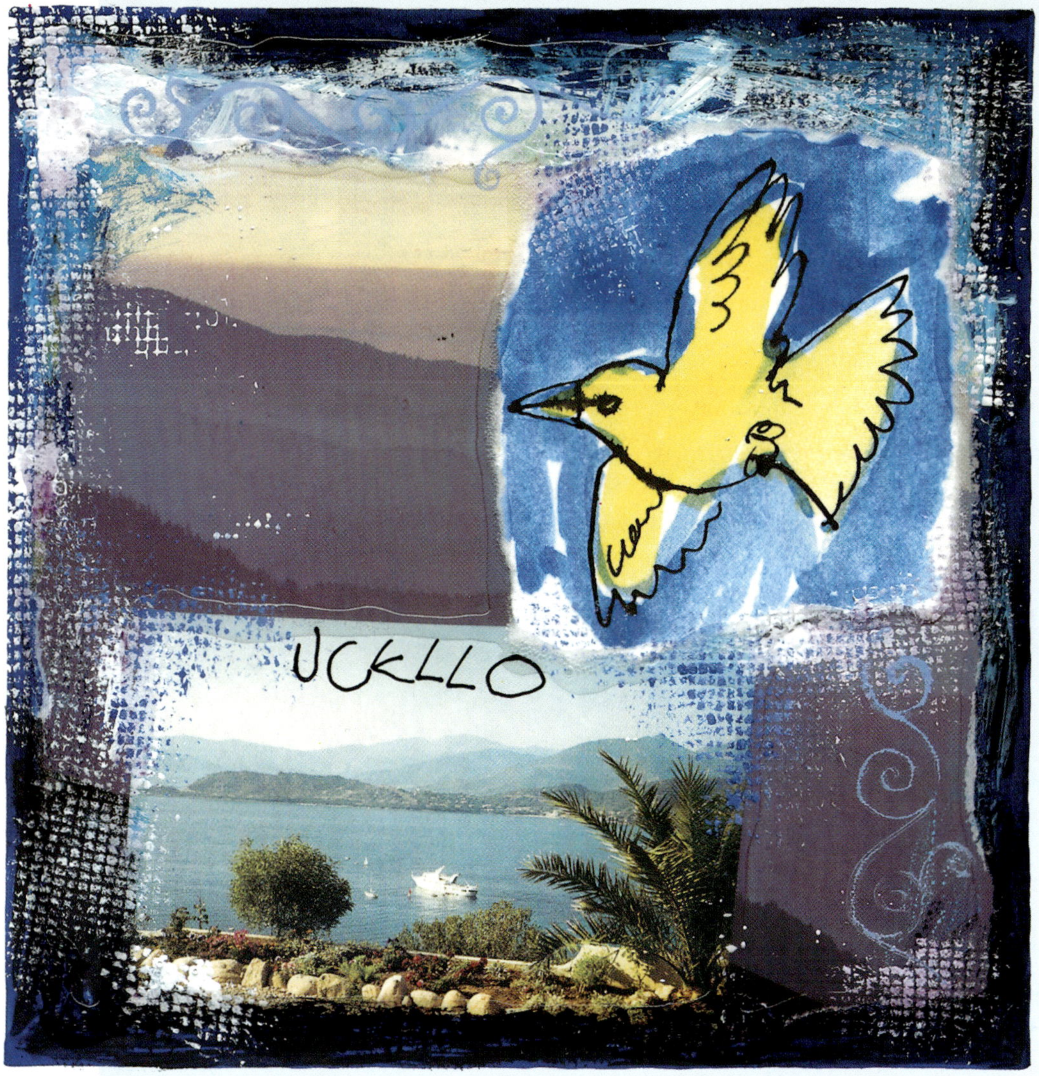

Nevelige verte

Kijk je omhoog, dan zie je blauwe lucht. Maar je ziet ook blauwe lucht wanneer je gewoon recht voor je uit kijkt. Er is namelijk altijd een blauw waas tussen jezelf en de dingen. Dit komt op dezelfde wijze tot stand als het blauw van de hemel. Dus door stof- en andere kleine deeltjes die de blauwe stralen van het zonlicht verstrooien. Zijn de dingen dichtbij, dan is het blauwe waas te dun om waargenomen te kunnen worden. Maar naarmate de dingen verder weg zijn worden ze steeds blauwer en vager. Op zeker moment versmelten ze met het blauw van de hemel.

Gelukzalige zielen

Blauw is de kleur van de hemel. In alle tijden en alle culturen is de blauwe hemel de verblijfplaats van goden en godinnen. Het is ook de bestemming van de zielen die de gelukzaligheid deelachtig zijn geworden. De hemel is de tegenpool van de duisternis waarin geesten en demonen huizen. Hij staat lijnrecht tegenover de hel.

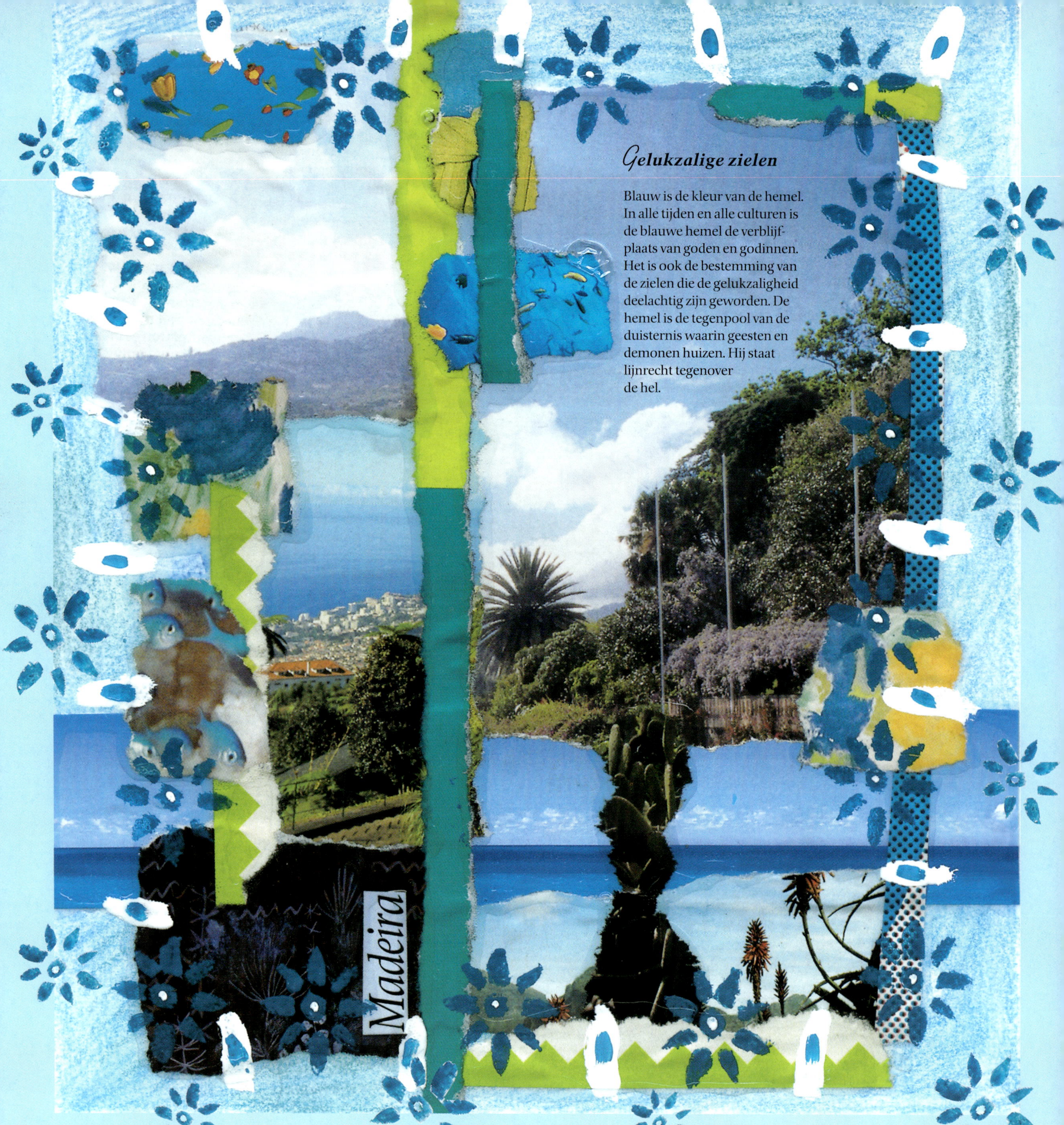

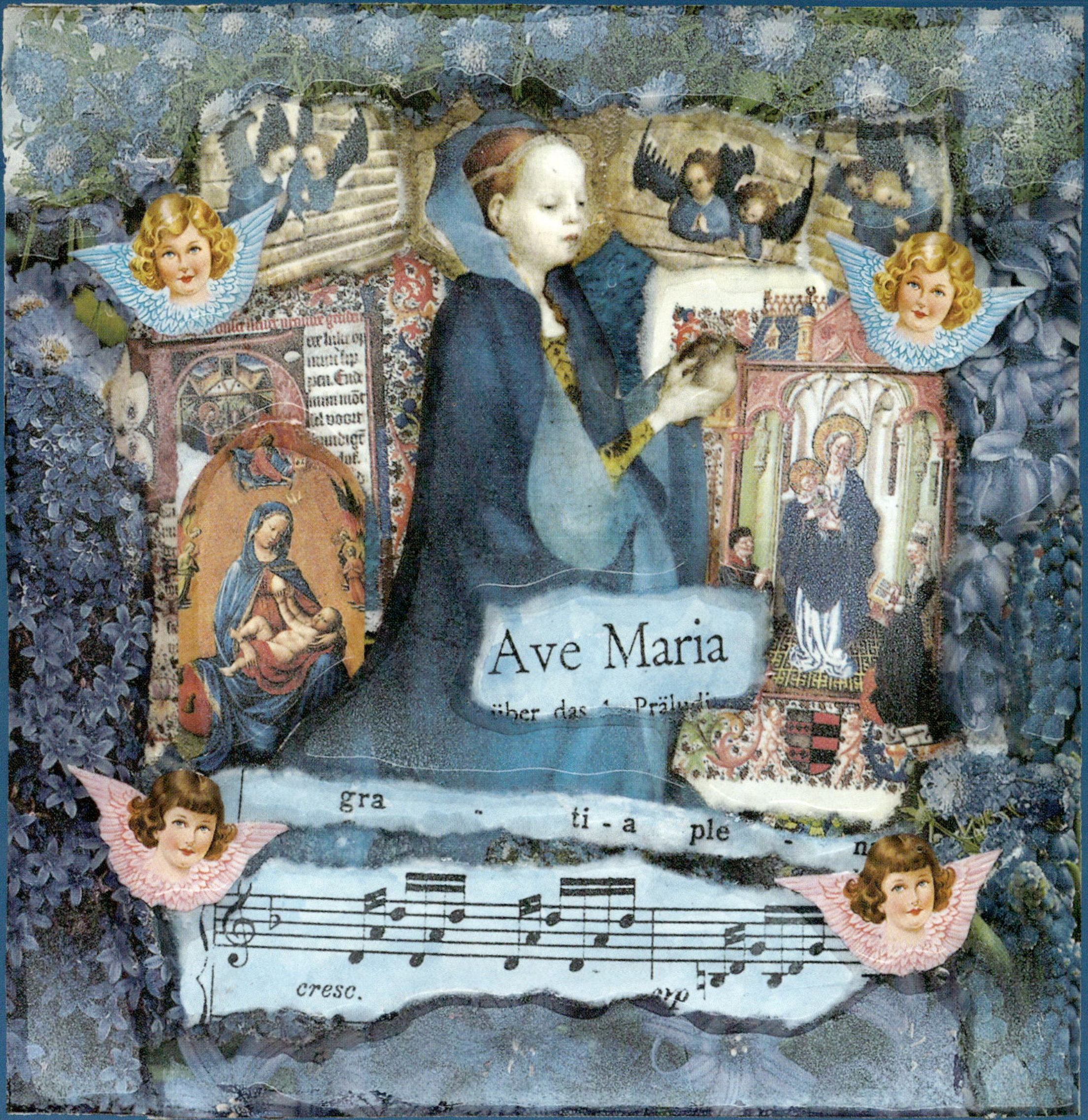

Hemelsblauwe mantel

Maria is de moeder van Jezus. Volgens de rooms-katholieke Kerk is zij de poort waardoor de Zoon van God de menselijke geschiedenis is binnengetreden. Na haar dood werd ze uitgeroepen tot 'Koningin van de Hemel'. Om deze status aan te geven is haar mantel hemelsblauw van kleur. Dit blauw straalt bovenmenselijke voornaamheid en hemelse rust uit.

Blauw *bloed*

In de Klassieke Oudheid was blauw de kleur van de oppergod. Dat was voor de Grieken Zeus en bij de Romeinen Jupiter. Ook voor deze twee volkeren was blauw een bovenaardse kleur. Geen wonder dat het later de kleur van de adel werd. Naar ieders mening was deze eveneens ver verheven boven het gewone volk en het alledaagse leven. Nog altijd wordt van adellijke personen gezegd dat ze blauw bloed hebben. Deze uitdrukking komt uit Spanje. Na een eeuwenlange bezetting door de Arabieren was het daar heel chic om van volledig blanke afkomst te zijn. Bij iemand met een blanke huid zijn de aderen blauw gekleurd. Onder de donkere huid van de Noord-Afrikanen lijken de aderen veel minder blauw. Wie dus in Spanje blauw bloed had was van heel voorname, authentieke Spaanse adel.

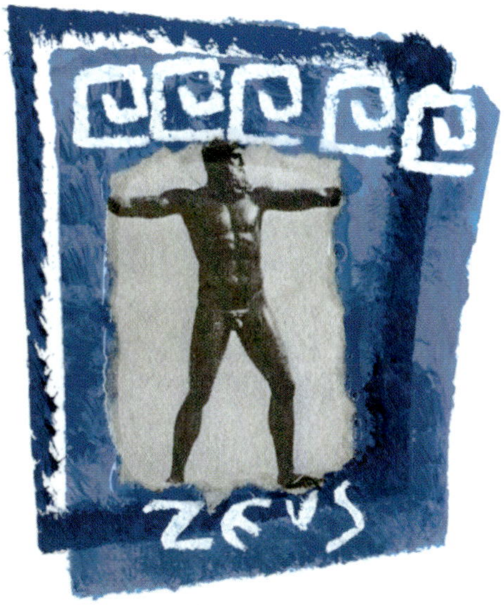

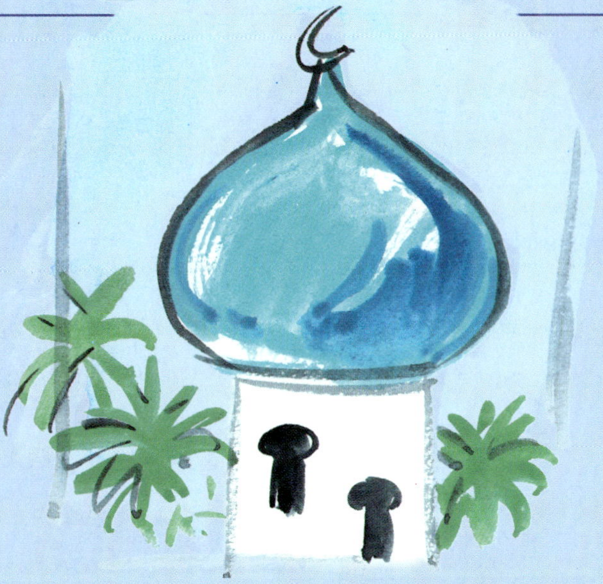

Populaire kleur

Bij de Oude Egyptenaren was blauw heel geliefd. Ze gebruikten het overal waar ruimte of eeuwigheid moest worden verbeeld. In tempels dus en natuurlijk vooral in graven. Turkooizen edelstenen werden heel veel in zowel heilige als wereldse voorwerpen verwerkt, maar men verstond ook de kunst om imitaties te maken van een soort glazuur, dat later bekend werd onder de naam faience. Toen de islamitische wereld de plaats innam van de Egyptische bleef blauw populair. Nog altijd is het de favoriete kleur van de islam.

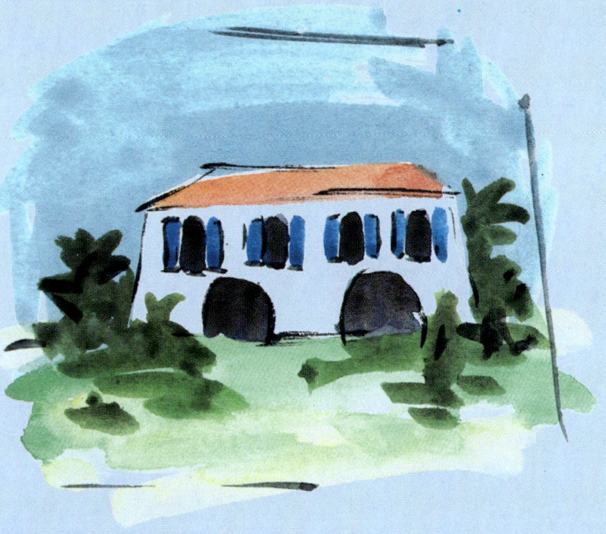

Vliegen verjagen

Als blauw de kleur van de hemel is, dan heeft het ongetwijfeld de kracht om kwade machten te verdrijven. Zo dacht men vroeger. Daarom werden de deuren en de luiken van de huizen vaak helblauw geverfd. Zo konden de duivel en zijn trawanten niet binnenkomen. In Zuid-Europa, zoals in Portugal en in Griekenland, zien we nog veel van die blauwe luiken. Tegenwoordig wordt dikwijls als verklaring voor dat blauw gegeven dat het vliegen buiten de deur houdt. Het verhaal is er niet anders om. Want vliegen zijn kleine demoontjes, die viezigheid en ziekten met zich meebrengen.

Geschrokken kikker

Als experiment werd van een paardenstal de ene helft rood geschilderd en de andere blauw. En jawel… in het blauwe gedeelte zaten nauwelijks vliegen, terwijl het rode ervan vergeven was. Vliegen houden dus niet van blauw. Kikkers wel. Zet je een kikker naast een vel blauw papier en maak je hem vervolgens aan het schrikken, dan springt hij pardoes op het blauw. Daar blijft hij rustig zitten, want hij denkt dat hij in het water zit.

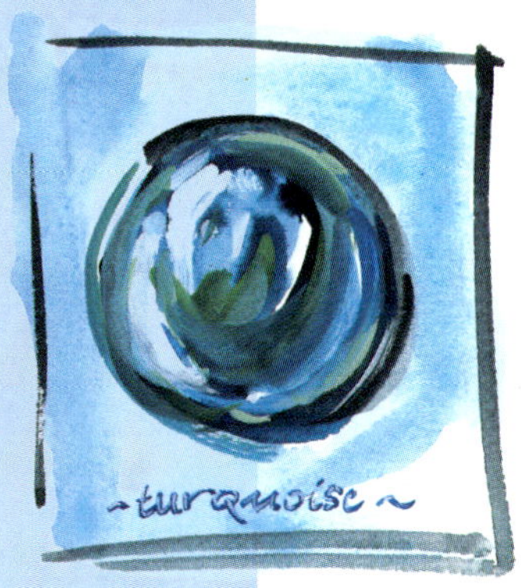

Turkse steen

De turkooois wordt ook wel 'Turkse steen' genoemd. Hoe dieper het blauw, hoe kostbaarder hij is. Bij ziekte van de drager zou de steen verbleken. Veel helderder dan deze steen is de aquamarijn. Hij krijgt zijn prachtige blauwe kleur door de vermenging met ijzer. Deze edelsteen zou het geluk binnen het huwelijk bewaken. Ook de saffier heeft te maken met relaties. Hij geldt als teken van trouw en kuisheid. Wie een blauwe saffier draagt heeft een vredelievend karakter en wordt beschermd tegen haat en echtscheiding. Saffier is er in meerdere tinten. Maar korenbloemblauw is de meest gewilde.

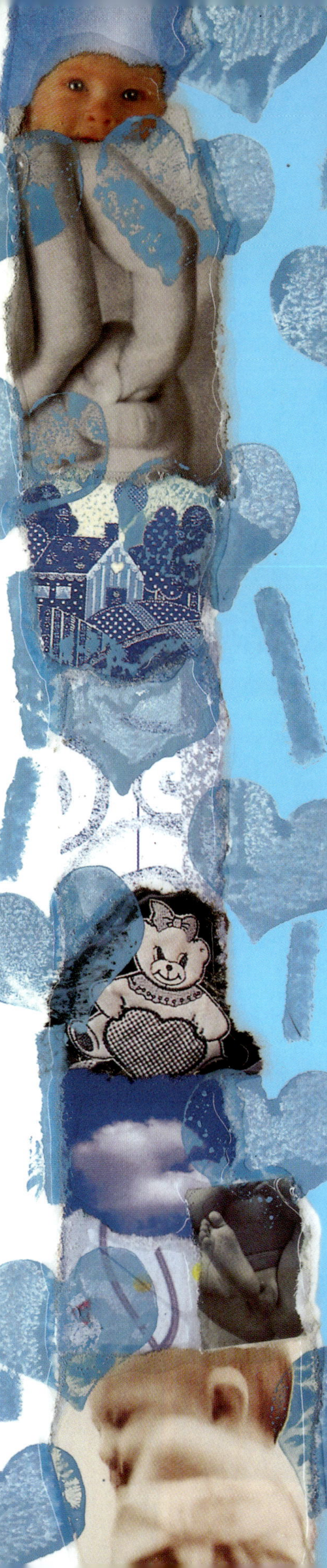

Koel kleurtje

Blauw is een koele kleur. Daarom is de koudwaterkraan gemerkt met blauw. Koel is mannelijk, zegt men. Vandaar dat blauw bij jongensbaby's hoort. Anderen beweren dat het blauw van de hemel boze geesten zou beletten de jongetjes kwaad te doen. Net zoals in Zuid-Europa blauwe deuren en luiken demonen moeten afschrikken. Hieruit blijkt dat jongetjes hoger gewaardeerd werden dan meisjes. Die moesten het maar doen met het zoete, nietszeggende babykleurtje roze. Blauw is voor zoontjes. Die zijn immers hemels.

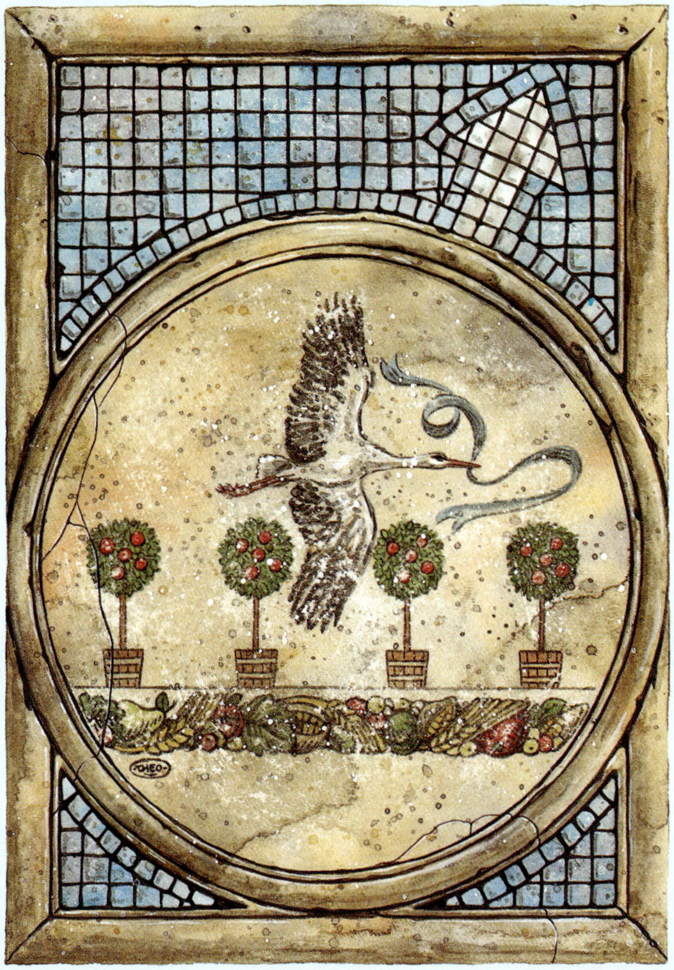

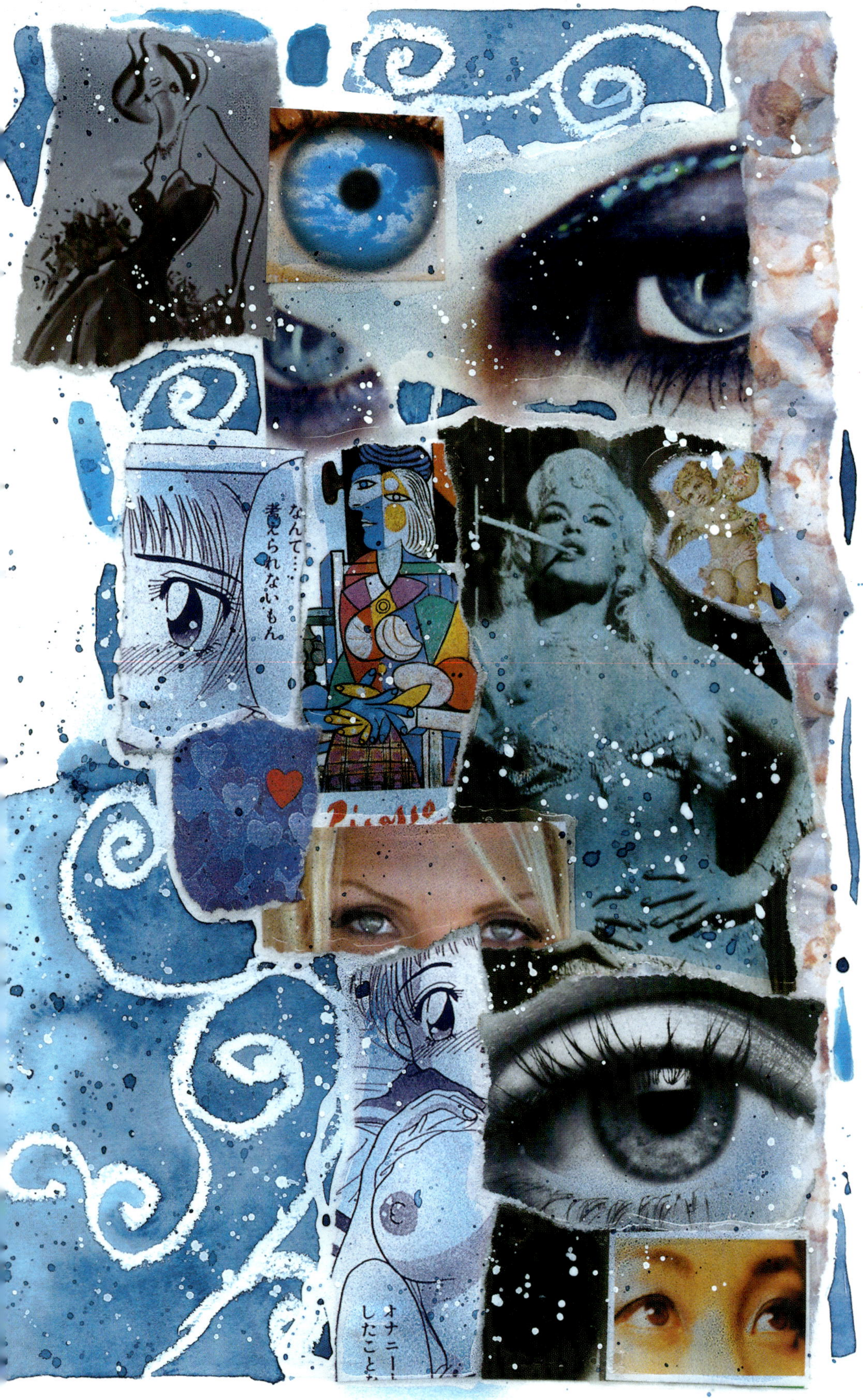

Mooie ogen

Ogen zijn mooi. Dat komt door de iris. De iris wordt ook wel het regenboogvlies genoemd. Ze omsluit de pupil en bevat fijne spiervezels die deze kunnen verwijden en vernauwen. Zo regelt ze het diafragma van het oog. Ze bepaalt de hoeveelheid licht die het oog binnenkomt. De pupil is een gaatje. Je kijkt er zo de donkere ooghholte door in. Wanneer je iemand recht in de ogen kijkt, zie je slechts duisternis. Je denkt in het hart van de ander te kijken, maar je ziet in feite helemaal niets.

Oplichtende iris

Blauwe ogen zijn om dezelfde reden blauw als de blauwe lucht. Kleurloos licht wordt door eiwitmoleculen en andere kleine deeltjes zodanig verstrooid dat wij het als blauw waarnemen. Om dit verstrooide blauwe licht goed te kunnen zien moet de achtergrond donker zijn. Zoals de hemel blauw oplicht tegen het zwarte heelal, zo tekent de blauwe iris zich af tegen de duisternis van het inwendige oog.

Lichtzinnige naïviteit

Vooral van sommige vrouwen wordt gezegd dat ze onschuldige blauwe ogen hebben. Het is ook nooit goed. Heb je geen dromerige reebruine ogen, dan heb je wel onschuldige blauwe! Dat komt doordat blauw wordt beschouwd als de kleur van het idealistische, argeloze denken. Blauw is immers de kleur van de hemel en die is onbereikbaar. Even onbereikbaar als veel idealen. Blauwe ogen kunnen dus getuigen van lichtzinnige naïviteit. Voor veel mannen is het blauwogige blondje het toppunt van onnozelheid. Maar tevens het meest begeerlijke en heerlijke op aarde.

Speciale gevallen

Er zijn mensen van wie de ogen verschillend van kleur zijn. Als één oog blauw is en het andere bruin heet dit 'Heterochronia iridis'. Het komt voor bij twee op de duizend mensen. Qua karakter moeten deze heel speciale gevallen wel bijzonder gecompliceerd in elkaar steken. Bij een Amerikaans onderzoek kwam men namelijk tot de slotsom dat donkerogige mensen snel en alert in hun reacties zijn, terwijl blauwogigen geneigd zijn geduldig af te wachten. Iemand met bruine ogen reageert 'warm' op een directe benadering, terwijl een blauwogige omzichtiger dient te worden aangesproken. Wie Heterochronia heeft wordt dus geestelijk voortdurend heen en weer geslingerd. Moet hij nu spontaan reageren of weldoordacht?

Blauwe plekken

Blauw bloed bestaat niet. Blauw haar evenmin. Blauwe ogen bestaan wel. Blauwe plekken ook. Blauwe plekken worden veroorzaakt door gebarsten haarvaten vlak onder het huidoppervlak. De uitgestroomde bloedcellen gaan meteen dood. Vervolgens worden ze donker als gevolg van ontbinding. Geleidelijk zorgt het bloed voor de afvoer van de dode cellen.

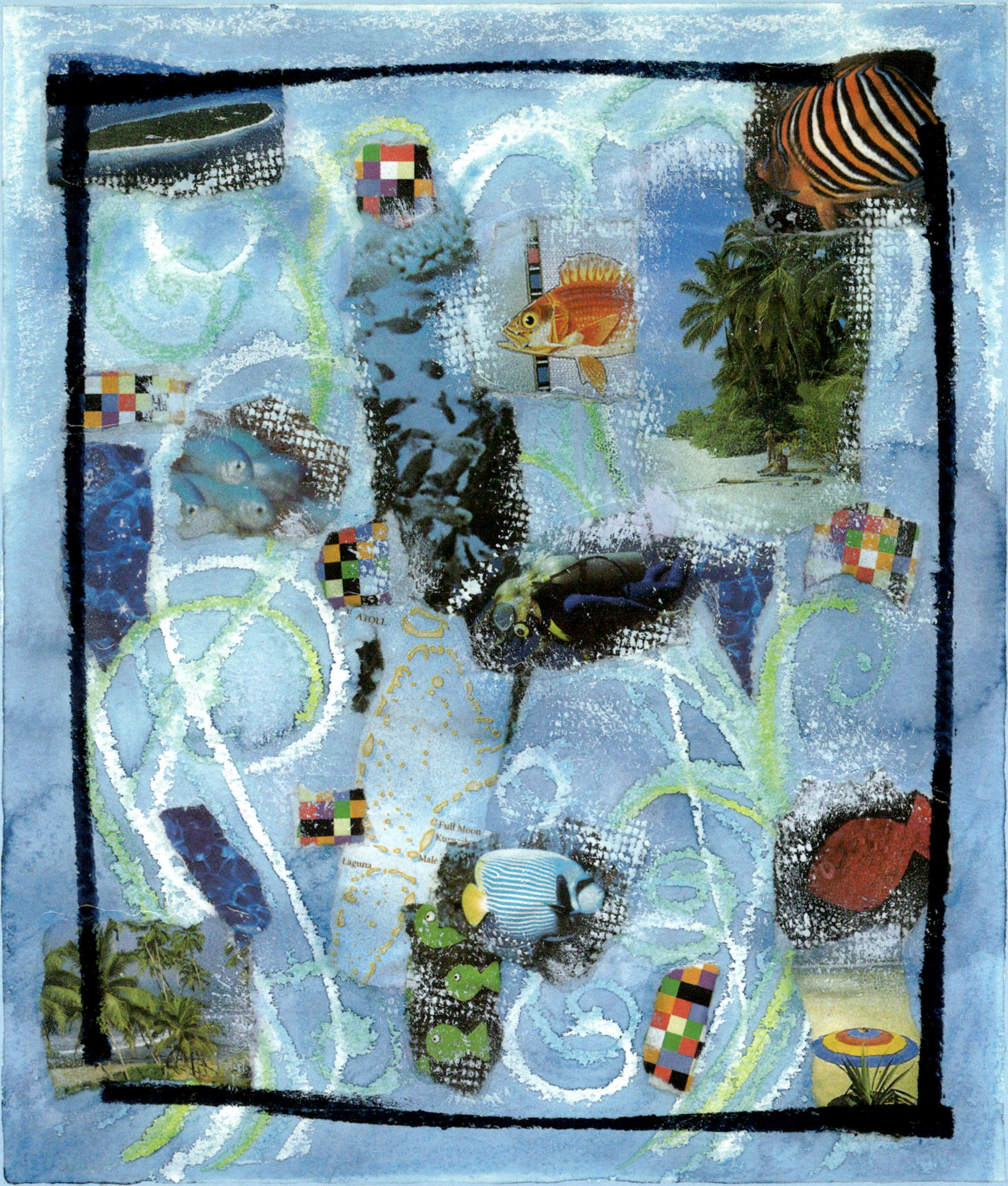

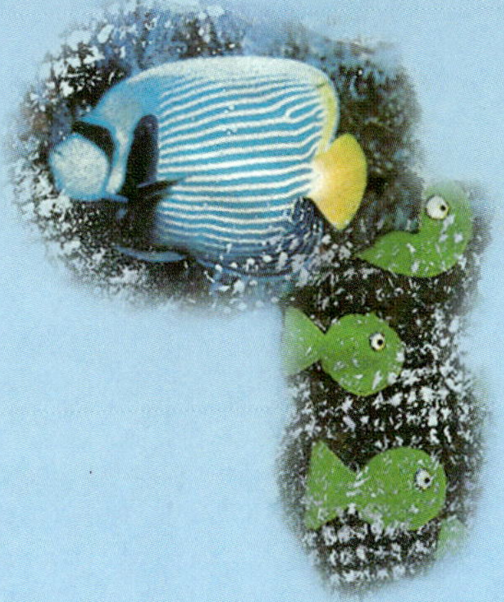

*F*onkelende golven

Als licht op water valt, wordt het grootste gedeelte ervan ogenblikkelijk teruggekaatst. Dit veroorzaakt een verblindende schittering. Het restant zonlicht dat in het water weet door te dringen heeft zijn meeste kracht verloren. Zelfs in het helderste water neemt het menselijke oog op een diepte van ongeveer tweehonderd meter geen licht meer waar. Ook de warmte van de zonnestralen wordt door de bovenste waterlagen opgenomen. De temperaturen in de diepte zijn dan ook zeer laag. Tot bijna het vriespunt zelfs. Ondanks de eeuwige duisternis en het weinige voedsel herbergen de diepten van de zee een verrassend groot aantal diersoorten. Maar het leven gedijt natuurlijk het beste in ondiepe zeeën. Vooral de tropische koraalriffen krioelen van het leven. Met uitzondering van zoogdieren en insecten is bijna elke belangrijke diergroep er vertegenwoordigd.

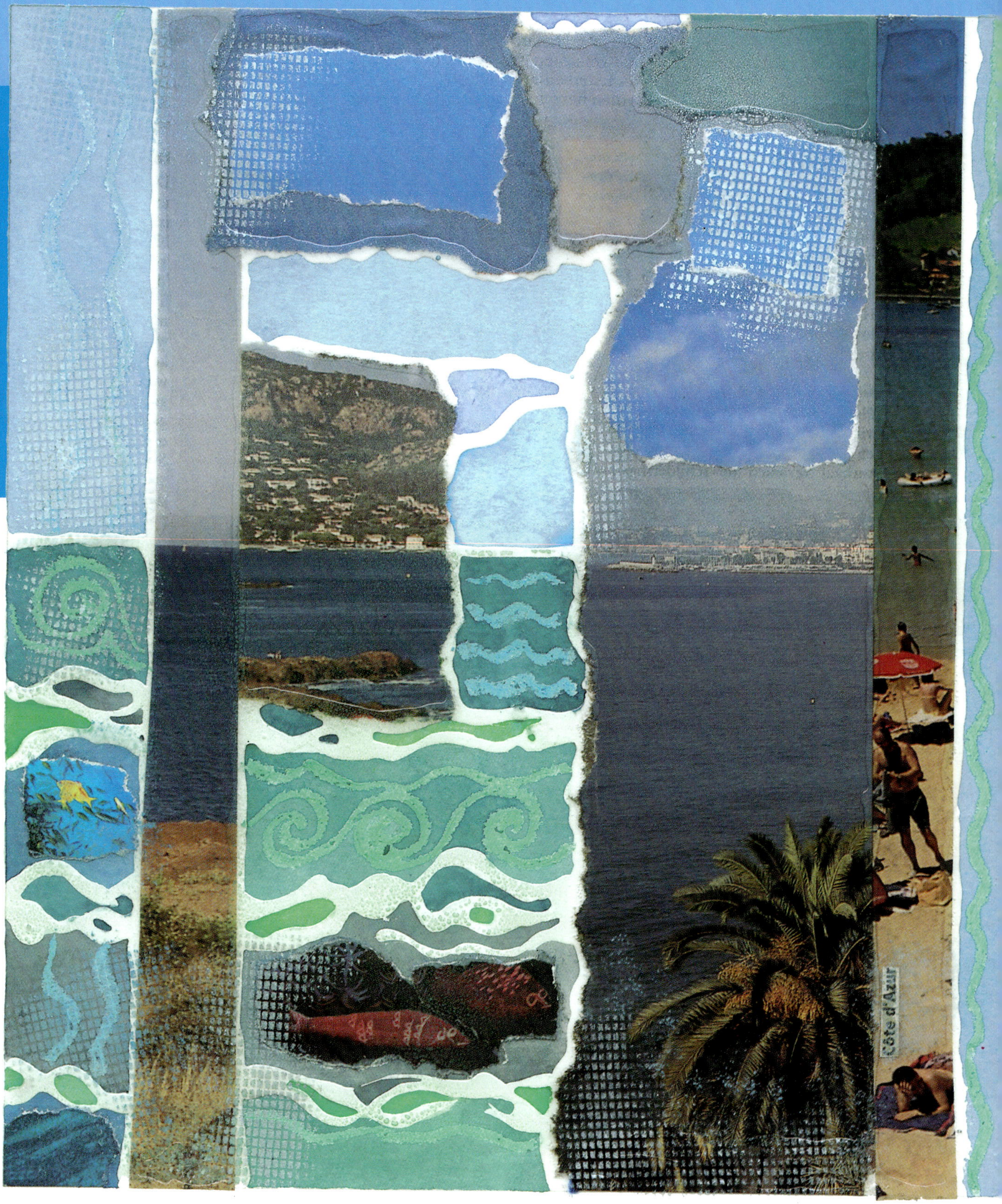

Blauwe zee

Ga naar een tropisch eiland en schep een glas water uit de zee. Is het water blauw? Nee, het is doorzichtig en als het al een kleurtje van zichzelf heeft, dan is dat hooguit een groenig of bruinachtig tintje. Maar meestal is het glashelder, wat echter niet wil zeggen dat het alle licht op dezelfde manier doorlaat. Het rode gedeelte van het licht wordt namelijk sterker opgenomen dan het blauwe. Rood verdwijnt als het ware in de diepte van het water, terwijl blauw aan het oppervlak blijft. Daarom lijkt de zee blauw. Hij is natuurlijk nog blauwer wanneer hij een onbewolkte hemel weerspiegelt.

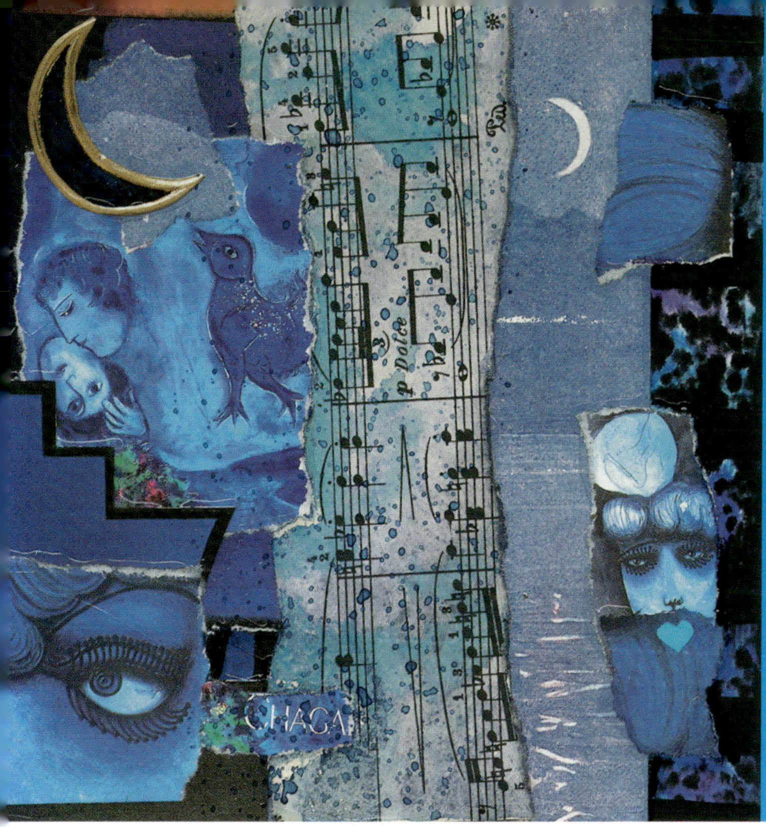

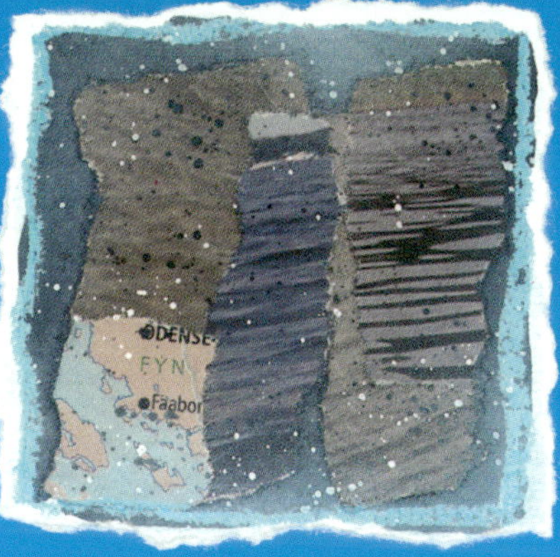

Troebel water

Natuurlijk is water niet altijd en overal blauw. Dikwijls zit het zo vol met slib of algen, of is het dermate vervuild, dat het groen, grijs of bruin is. Water uit een moddersloot of uit een grote haven is dus wel degelijk gekleurd.

Pure romantiek

Voor nachtblauw wordt wel eens de term 'zichtbare duisternis' gebruikt. Omdat maan en sterren licht geven, is de hemel niet zwart, maar van het donkerst denkbare blauw. Dit blauw is de diepste en meest geheimzinnige van alle kleuren. Het is de kleur van de duistere zwoelheid van zomernachten. Het is de kleur van pure romantiek.

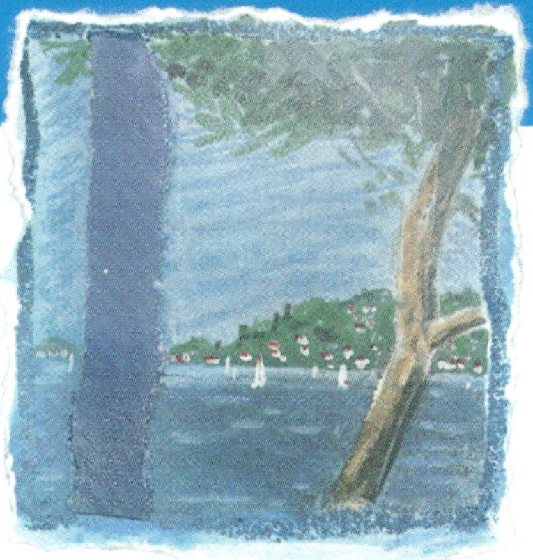

Open zee

Blauw is de kleur van de onbewolkte hemel en de open zee. Het is de kleur van de verte en van de drang naar verre landen. Blauw staat voor oneindigheid en uitgestrektheid en versterkt hierdoor onze neiging tot dromen en oeverloos fantaseren.

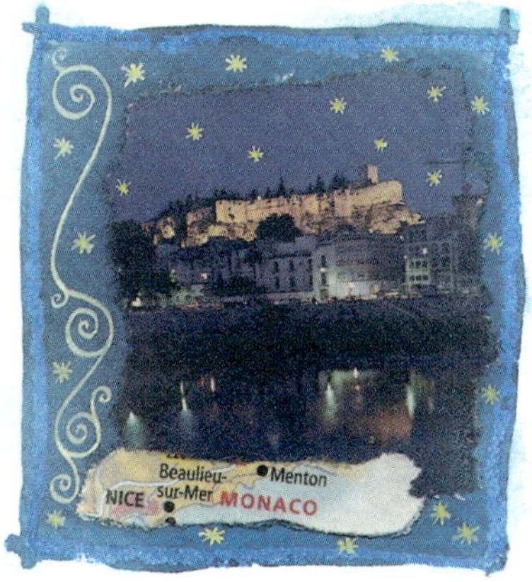

Nachtelijke hemel

De Oude Egyptenaren waren heel gevoelig voor de uitwerking van de kleur blauw. Zij schilderden de plafonds van hun tempels graag in deze kleur om daarmee de grenzeloosheid van de wijde hemel op te roepen. In graven werden soms nachtelijke hemels geschilderd, vol sterren. De mens had immers een lange reis door de nacht te gaan, alvorens aan te komen in het leven na de dood.

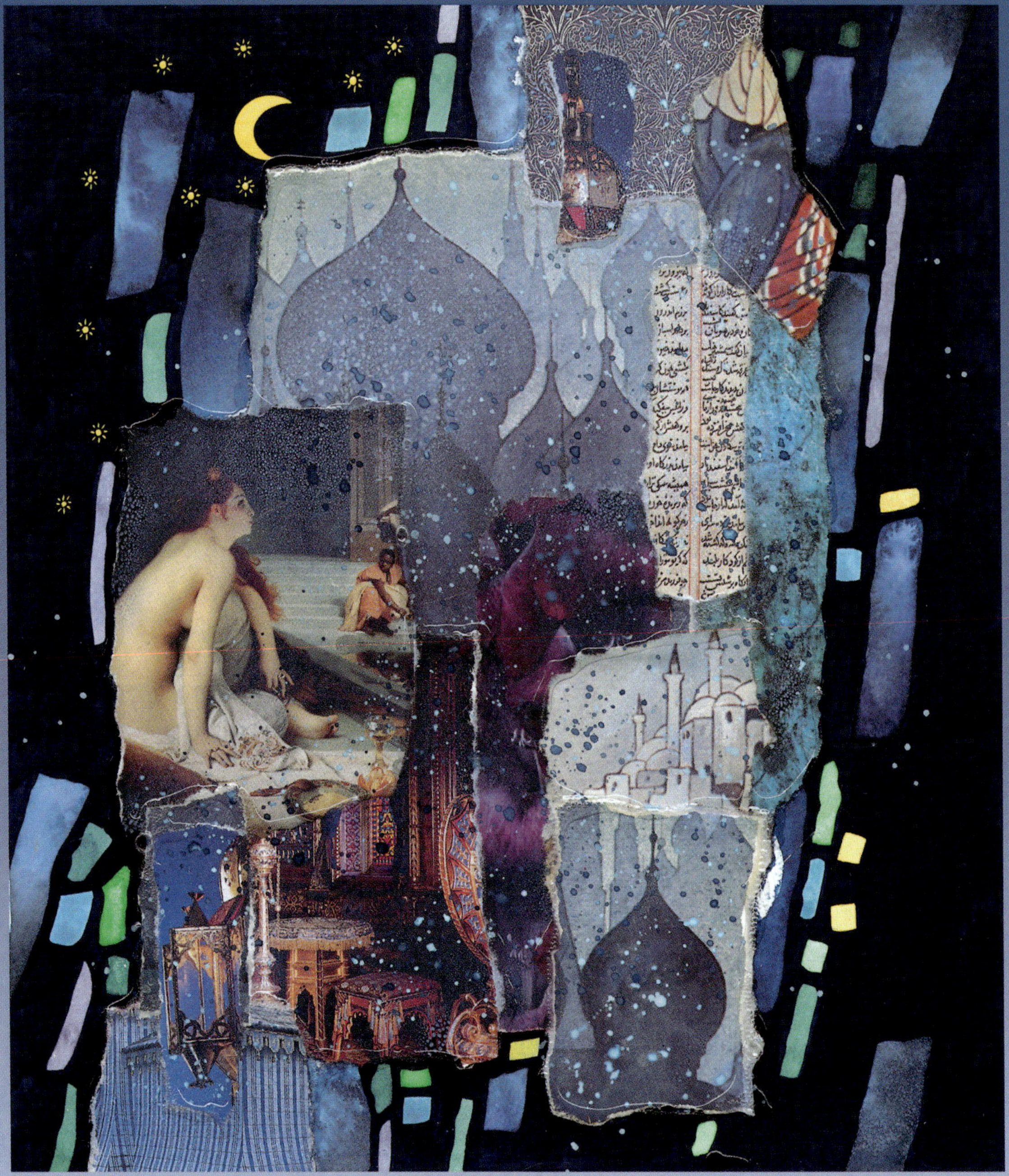

Ander niveau

De algemene betekenis van de kleur blauw is rust, vrede, ontspanning en harmonie. Blauw werkt kalmerend, verzachtend en verkoelend. Het vergroot daardoor de ontvankelijkheid en de gevoeligheid. Het opent de geest voor intuïtie en associatie. En voor indrukken op een hoger of in ieder geval ander niveau. Blauw is dan ook de kleur van sprookjes, fabels en legenden. Bij de 'Sprookjes van duizend-en-een-nacht' bijvoorbeeld hoort een diep nachtblauw. Schilders en illustratoren gebruiken dikwijls blauw om een sprookjesachtige, onwerkelijke sfeer op te roepen.

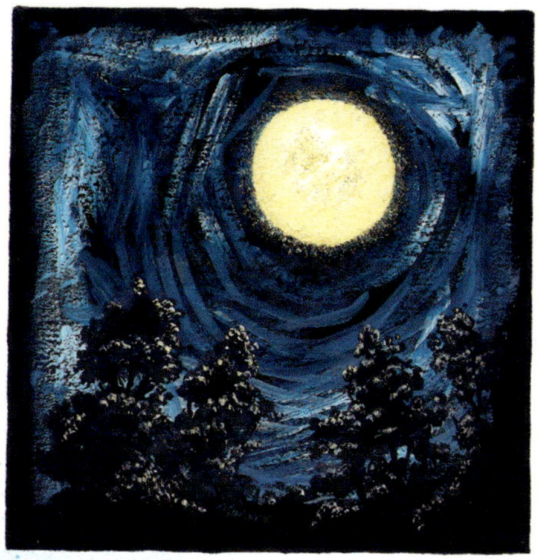

Romantisch muziekstuk

Kleur wordt vaak vergeleken met muziek. Zonder van concrete beelden gebruik te maken roept het allerlei stemmingen op. Zo tovert donkerblauw associaties te voorschijn met nacht en liefde. Zoals een nocturne dat op muzikale wijze doet. Een nocturne is een muziekstuk dat de hogere sferen van de romantische zomernacht tot uitdrukking brengt. Maar wanneer blauw heel donker wordt is het ook een afstandelijke, in zichzelf gekeerde kleur. Ze neigt tot kilheid, eenzaamheid en melancholie. Dat is natuurlijk vooral het geval bij donker grijsblauw, de kleur van de noordelijke zeeën en luchten, dat zeer onbehaaglijk kan zijn. Blauw is dan bijzonder droefgeestig. In veel streken is het zelfs de kleur van de dood. Daar is de rouwkleur blauw.

'Feeling blue'

In het Engels wordt het gevoel van neerslachtigheid en verlatenheid kernachtig uitgedrukt in het woord 'blue'. Het betekent meer dan alleen maar 'verdrietig'. Het gaat in de richting van 'desolaat', 'hopeloos'. Het begrip 'blues' had al eeuwen geleden die lading, maar kreeg wereldwijd betekenis door de jazz uit New Orleans. Vandaaruit heeft deze melancholische muziekvorm de wereld veroverd.

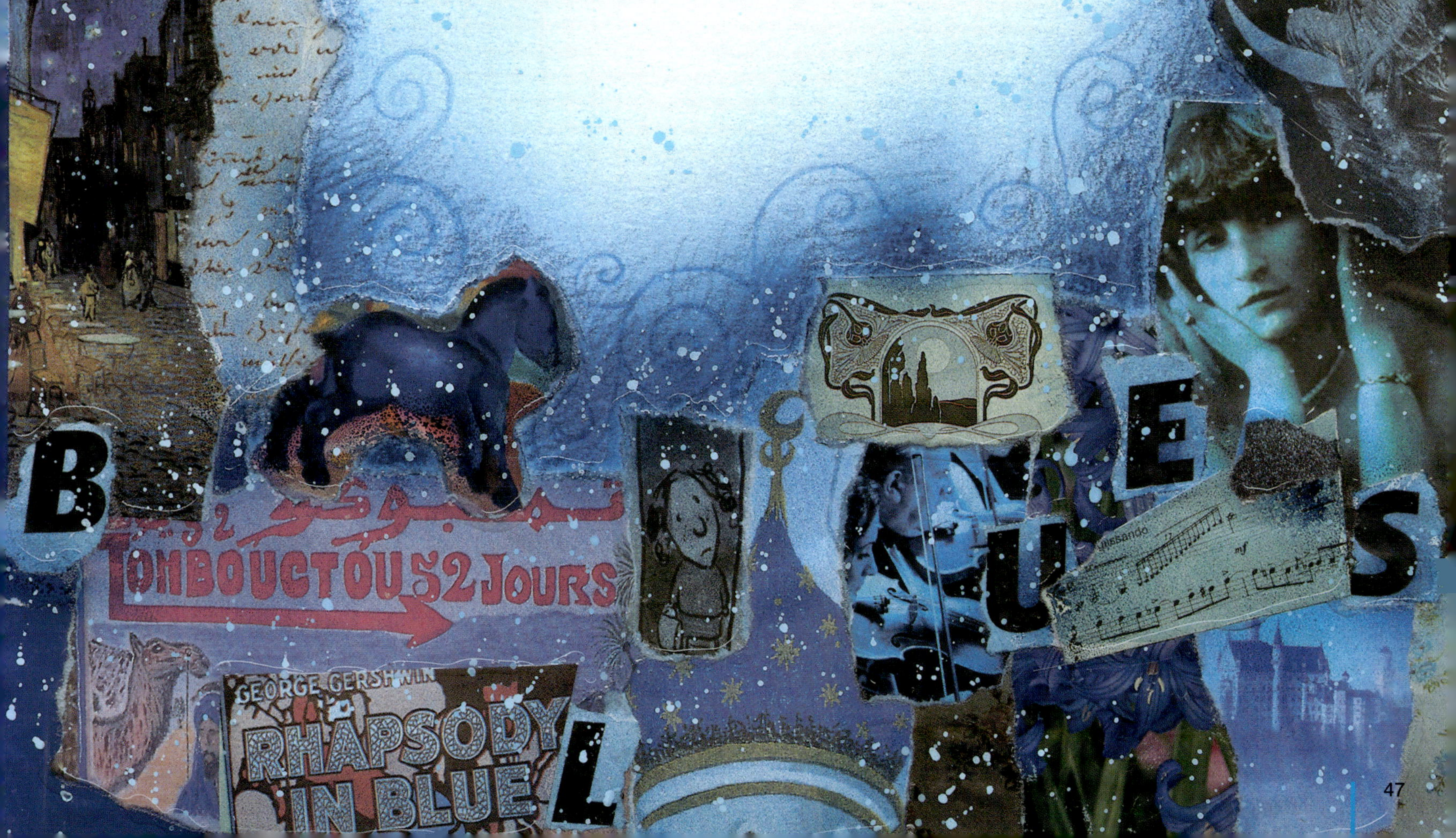

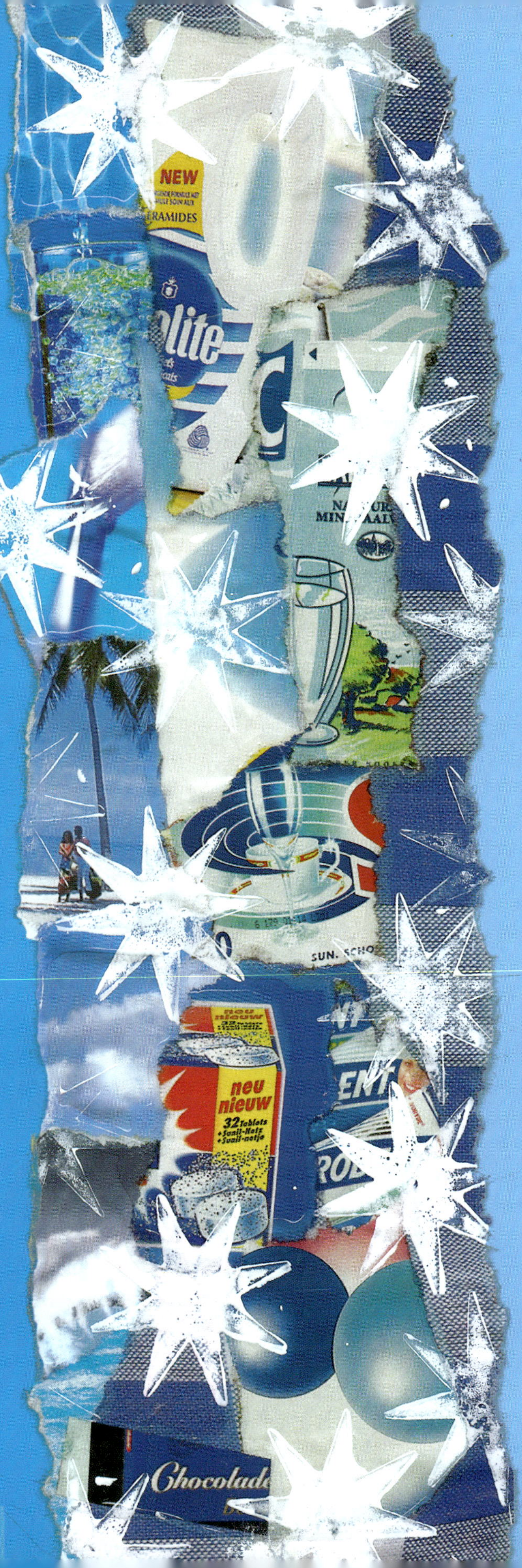

Grote concentratie

Kleuren hebben vaak verrassende effecten op de mens. Zo blijken lichtblauwe ruimtes bijzonder geschikt te zijn voor werk dat grote concentratie vereist. De kleur leidt inderdaad de aandacht niet af. Ze werkt bovendien koel en verfrissend. En heel ruimtelijk. Kleine vertrekken lijken groter als ze lichtblauw zijn geschilderd. Lichtblauwe voorwerpen schijnen minder zwaar dan wanneer ze een andere kleur hadden. Vanwege al deze eigenschappen wordt blauw graag gekozen voor onder andere verpakkingen.

Fris boerenland

Producten die te maken hebben met huishoudelijk werk, verzorging en hygiëne hebben dikwijls een overwegend blauwe verpakking. Dit blauw wekt natuurlijk associaties met het blauw van de heldere hemel en van het koele water. Wasmiddelen en badartikelen kunnen dus al helemaal niet om blauw heen. Ook verfrissende dranken als mineraalwater willen graag vereenzelvigd worden met bruisende bronnen, bergbeekjes en wolkenloze luchten. Op de verpakking van zout moet blauw ons doen denken aan de zee. Het blauw op de verpakkingen van melkproducten roept gedachten op aan enerzijds de frisheid van het boerenland, anderzijds aan de hygiëne van de melkfabriek en de supermarkt.

Zoete kleur

Terwijl blauw in wezen hoort bij alles wat fris, koel en helder is, worden vaak ook zoetigheden in deze kleur verpakt. Suikerzakjes zijn in overwegend blauw-wit. Net als de grotere pakken suiker. Ook de wikkels van chocoladerepen zijn vaak blauw. Vooral natuurlijk die van melkchocolade. Veel bonbondozen zijn eveneens blauw. Lichtblauw is een 'zoete' kleur. Maar het blauw op de verpakkingen van melkchocolade is uiteraard ook een verwijzing naar melk.

Bedorven voedsel

Blauw is fris en schoon. Sommige etenswaren en bepaalde dranken komen in een blauwe verpakking volledig tot hun recht. Maar van blauw voedsel hebben we instinctief een afkeer. Eten moet rode, bruine en gele kleuren hebben, terwijl groenten en fruit groen mogen zijn. Met uitzondering van een aantal vruchten, gaan zwarte, paarse en blauwe gerechten er bij ons niet gemakkelijk in. Ze worden onbewust in verband gebracht met bederf. Vlees dat in ontbinding verkeert wordt immers blauwig. Schimmels en blauwe plekken hebben evenmin een gezond kleurtje.

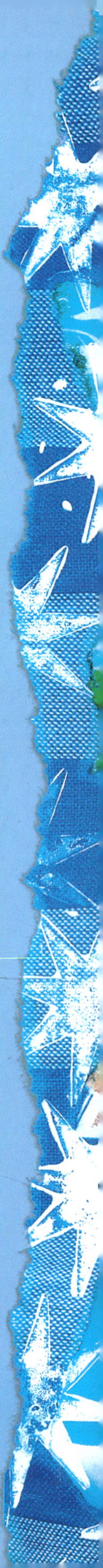

Ernstige zakelijkheid

Blauw is gevaarloos. Het brengt geen sterke emoties in ons teweeg. Het wekt geen vluchtreactie op. Het trekt niet aan. Maakt geen hartstocht los en wordt evenmin in verband gebracht met seks. Blauw is koel, afstandelijk en sereen. Blauw is neutraal. Het is een zakelijke kleur. Een kleur die geen aandacht vraagt, maar rust geeft. Daarom is blauw heel geschikt als kleur voor banken, instellingen en bedrijven. Niet alleen voor de huisstijl en dergelijke, maar ook voor de inrichting van ruimtes en vertrekken. Blauw roept een gevoel van ernst, zakelijkheid en traditie op.

Koele afstandelijkheid

Vanwege zijn neutrale en serieuze karakter leent donkerblauw zich uitstekend voor de uniformen van gezagsdragers en ordebewaarders. Politieagenten, brandweermannen, veiligheidsbeambten en personeel van beveiligingsdiensten zijn vaak in het blauw. Alleen al door deze kleur wordt afstand geschapen tussen hen en de burger. Om precies dezelfde redenen is donkerblauw dus ook de kleur bij uitstek voor het traditionele kostuum van de zakenman.

Verre reizen

Verre reizen voeren door de blauwe lucht en over het blauwe water. Veel luchtvaartmaatschappijen hebben dan ook blauw als kleur. Blauwe uniformen zien we niet alleen bij piloten en stewardessen, maar ook elders in het verkeer. Zeelieden, treinmachinisten en buschauffeurs: blauw is dikwijls hun kleur. In deze kleurkeuze speelt natuurlijk ook de zakelijke en gezaghebbende uitstraling van blauw een belangrijke rol. In hete landen is men echter meer gediend met wit. Donkerblauw zou er te veel zonnewarmte opnemen.

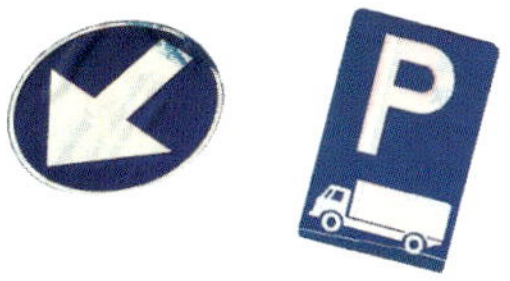

Prima combinatie

Het neutrale en rustige blauw wordt over de hele wereld gebruikt als kleur voor openbare mededelingen, visuele aanwijzingen, pictogrammen en verkeersborden. In het verkeer staat blauw voor dienstverlening. Niet voor geboden of verboden. Parkeeraanwijzingen bijvoorbeeld zijn bijna overal blauw. Blauw als achtergrond van witte letters of van een wit pictogram. Wit op blauw is de allerbeste combinatie voor teksten en mededelingen die op afstand gelezen moeten kunnen worden. Witte tekens op een blauwe achtergrond zijn beter leesbaar dan wit op zwart, zwart op wit of welke andere combinatie dan ook.

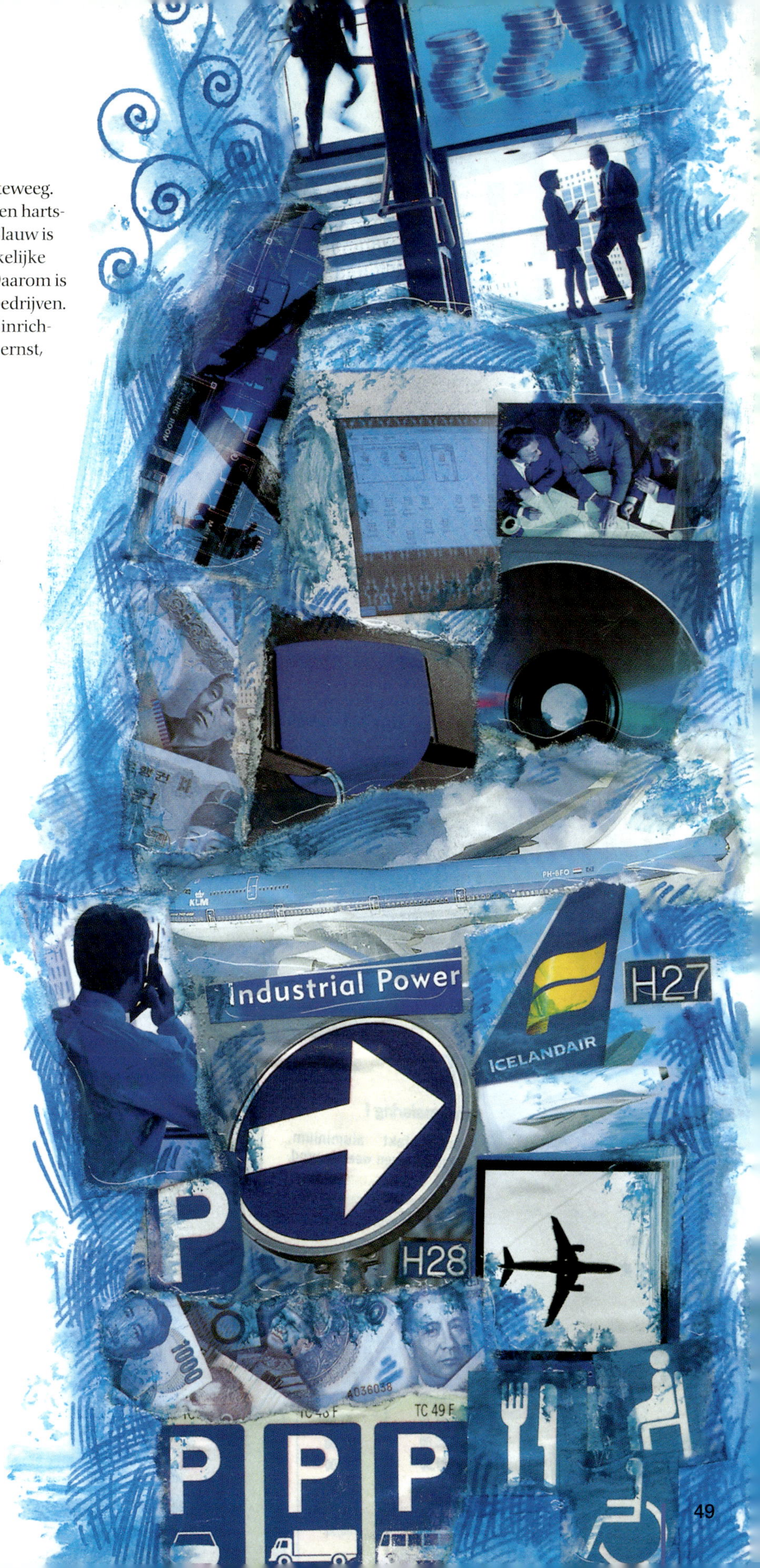

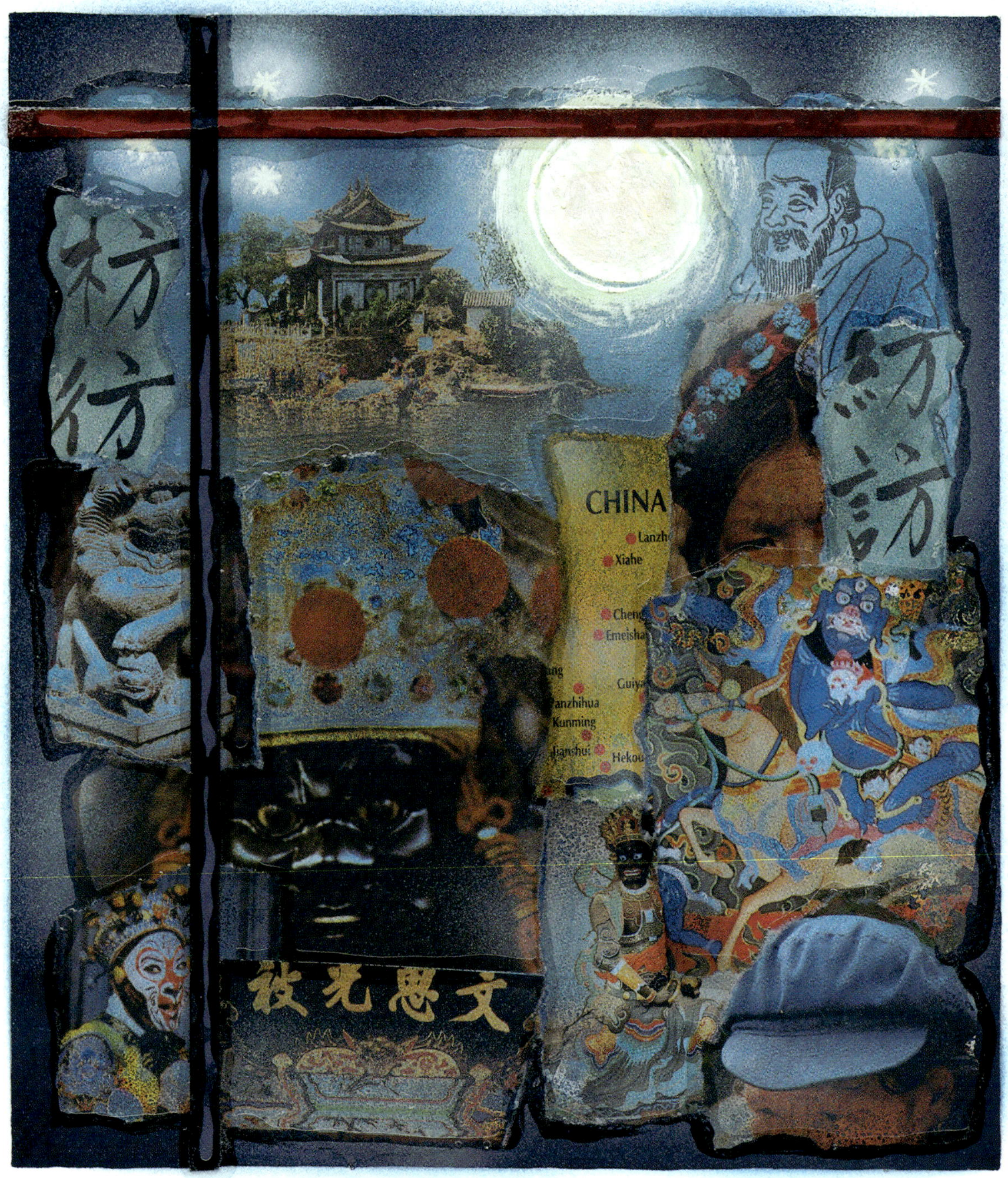

Blauwe *barrière*

Bij mooi weer is de hemel overdag blauw.
Maar 's nachts is hij altijd donker. Uiteraard is ook dan de lucht boordevol met de minuscule rondzwevende deeltjes die overdag voor de lichtverstrooiing zorgen.
's Nachts is er alleen veel te weinig licht om tot hemelsblauw verstrooid te kunnen worden. Een heldere nacht is weliswaar blauwer dan wanneer er diepe duisternis is, maar nooit zal de hemel zo mooi blauw oplichten als overdag. Zonder die blauwe barrière kijken we regelrecht het heelal in. We zien dan de sterren die ook overdag aan de hemel staan, maar die onzichtbaar zijn omdat ze overstraald worden door het blauw van de dampkring.

Blauwe tronie

In het voorjaar droeg de Chinese keizer steevast blauwe gewaden. Hij was niet voor niets de 'Zoon van de Hemel'. Ook de vlaggen en de tuigages van de paarden waren dan blauw. Alsof stukjes hemel op aarde waren neergedaald hadden ook de daken van sommige tempels blauw als kleur. Maar diep donkerblauw was in China, zoals overal elders, de kleur van de nacht, van de demonen en van de dood. Afschrikwekkende wezens, geesten en kwade machten werden er in de beeldende kunst en op het toneel voorgesteld met donkerblauwe tronies en maskers.

Blauwe knoop

De donkerblauwe nacht brengt zwarte gedachten en waanvoorstellingen met zich mee. Blauw is de kleur van de droom, de onwerkelijkheid en de roes. Iemand die 'blauw' is, is dronken. Op de schilderijen van Jeroen Bosch wordt de ondeugd van de drankzucht steevast verbeeld door een dronken kerel in een blauwe kiel. Alcoholverslaving was vroeger vooral een probleem van de gewone man. Arme boeren en arbeiders zochten troost in de drank. Ze dachten zo te ontsnappen aan hun uitzichtloze situatie. Drankbestrijders maakten zich in de negentiende eeuw kenbaar met een blauw insigne. Vandaar de term 'blauwe knoop'. Wie 'van de blauwe knoop' is, is geheelonthouder.

Vrouwenbeul Blauwbaard

Het onheilspellende en demonische van donkerblauw klinkt nog in allerlei uitdrukkingen, gezegden en benamingen door. Een 'blauwe maandag' staat voor een betekenisloze tijd. 'Blauw' had vroeger de betekenis van 'nietig' en 'waardeloos'. Een pornofilm wordt wel 'blue movie' genoemd. Een 'blauwbaard' is een wreedaard. De vrouwenbeul uit het sprookje heet Blauwbaard. Iets 'blauwblauw laten' betekent: het laten zoals het is. Min of meer verslavende producten zijn, vreemd genoeg, opvallend vaak verpakt in donkerblauw. Chocolade bijvoorbeeld, suiker, snoep en sigaretten.

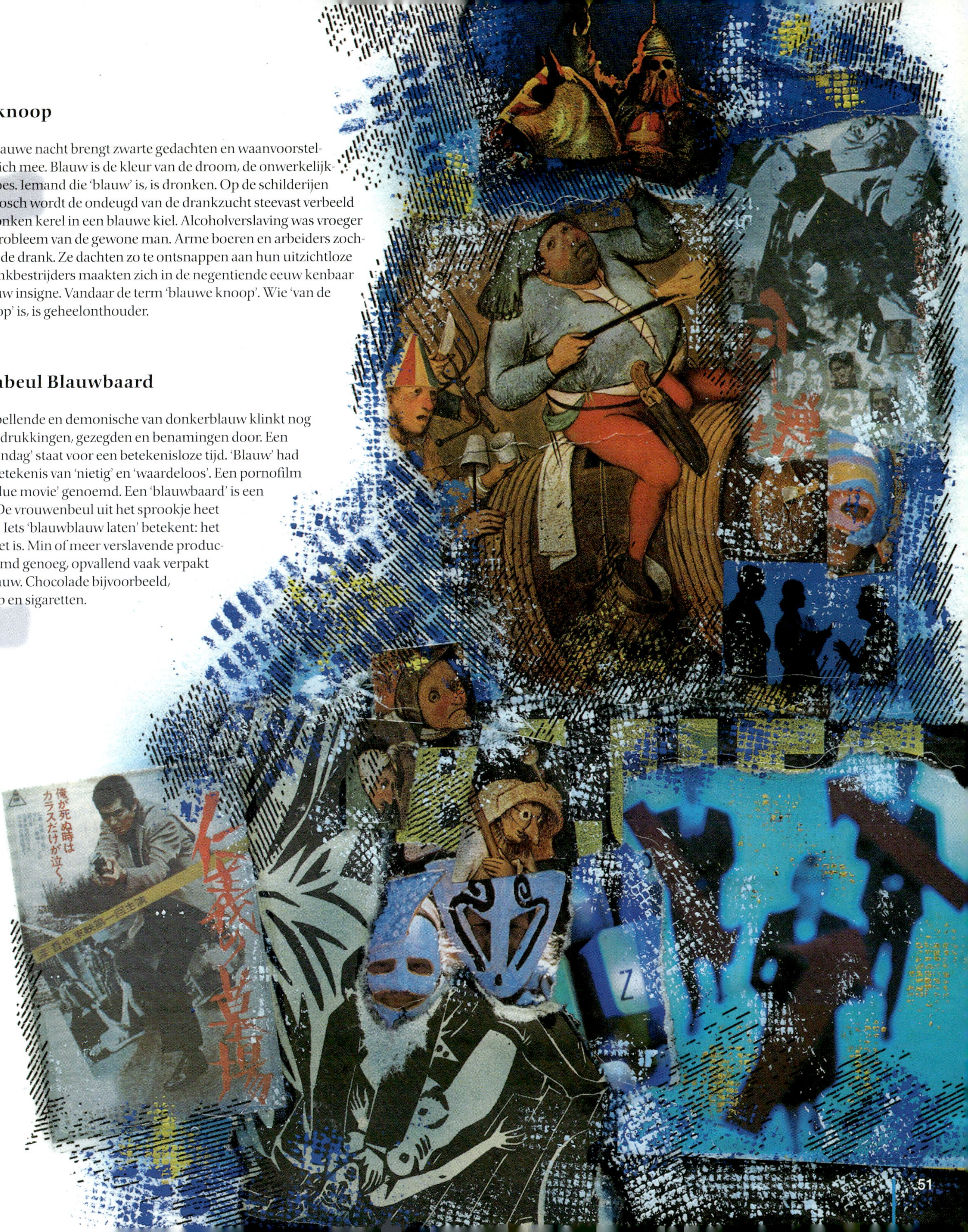

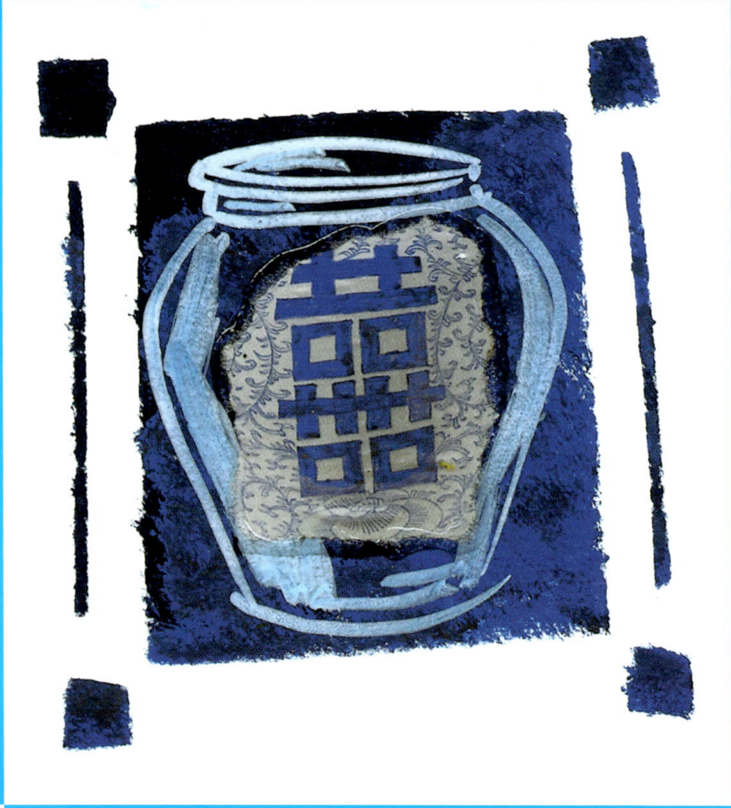

Dubbel geluk

In de porseleinkunst zijn de Chinezen onovertroffen. Chinees aardewerk dateert al van circa tweeduizend jaar voor het begin van onze jaartelling. Vijftienhonderd jaar later werd het glazuur ontdekt. De Chinezen begonnen toen porselein te bakken. De eerste blauwe vazen die gemaakt werden, waren alleen voor de keizer bestemd. Dit oude blauw had de dichterlijke naam 'hemelsblauw als de regen voorbij is'. Het wordt alleen nog maar in de voormalige keizerlijke collecties gevonden. Maar later werd blauw ook heel populair bij de adel en de gegoede burgerij. Tijdens huwelijksceremonies werd aan het bruidspaar een traditionele aardewerken huwelijkspot geschonken. Op deze potten staat in Chinese karakters: 'dubbel geluk' geschreven.

Turkooizen glazuur

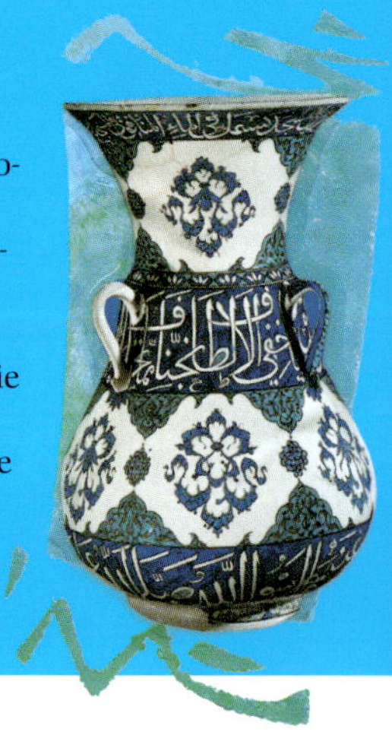

Turkoois is de kleur van de islam. Het is met name de nationale kleur van Iran, het voormalige Perzië. Een turkoois is eigenlijk een hemelsblauwe edelsteen waaraan het vermogen werd toegeschreven dat hij bescherming bood tegen boze machten. Door zijn geringe hardheid verandert een turkoois onder invloed van lichaamswarmte of transpiratie soms van kleur. Het is een mineraal dat uit koperijzer- en aluminiumfosfaat bestaat. Het geoxideerde koper levert de mooie blauwgroene kleur op. De Perzen hebben altijd al een grote liefde voor turkooiskleurig glazuur gehad. Veel prachtig Perzisch aardewerk is hemelsblauw van kleur.

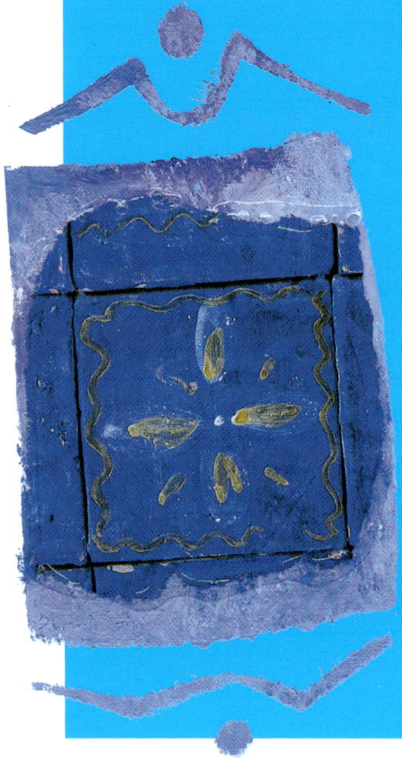

Lapis lazuli

Het Spaanse woord 'azul' betekent 'blauw'. Het is afgeleid van het Arabische woord voor blauw: 'al azurd'. Dit komt weer van het Perziche 'lazhward' dat voor 'blauwe steen' staat. 'Lazward' is de bekende lapis lazuli. 'Azulejos' zijn blauwe wand- en vloertegels naar islamitische voorbeelden die nog altijd in Spanje en Portugal worden gemaakt. Deze keramische techniek wordt 'arte do azulejo' genoemd.

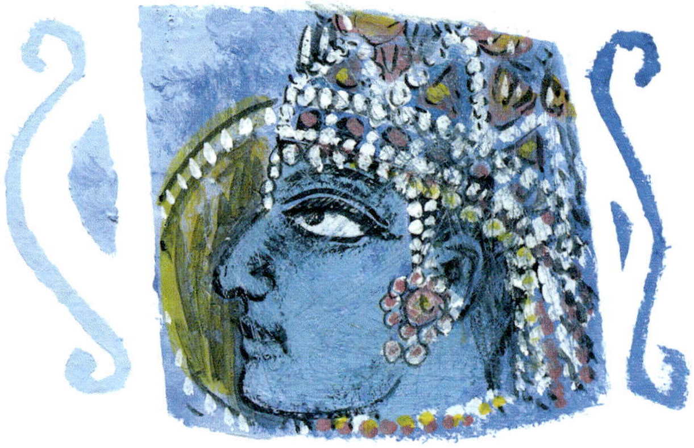

Tien incarnaties

De Indische godenleer is bijzonder fraai en rijk, maar erg ingewikkeld. Vishnu is de god van het licht, van de hemel en van de wateren. Daarom is hij blauw van kleur. Hij is in tien incarnaties de behoeder van de schepping. In bijvoorbeeld zijn derde vleeswording is hij een blauw everzwijn. In deze gedaante doodt hij de demon die de hele aarde naar de zeebodem had gesleept. Zijn bekendste incarnatie is die in Krishna. Deze overwint de gevaarlijke slangendemon Kalia door op zijn kop te dansen. Ook deze incarnatie is hemelsblauw van kleur.

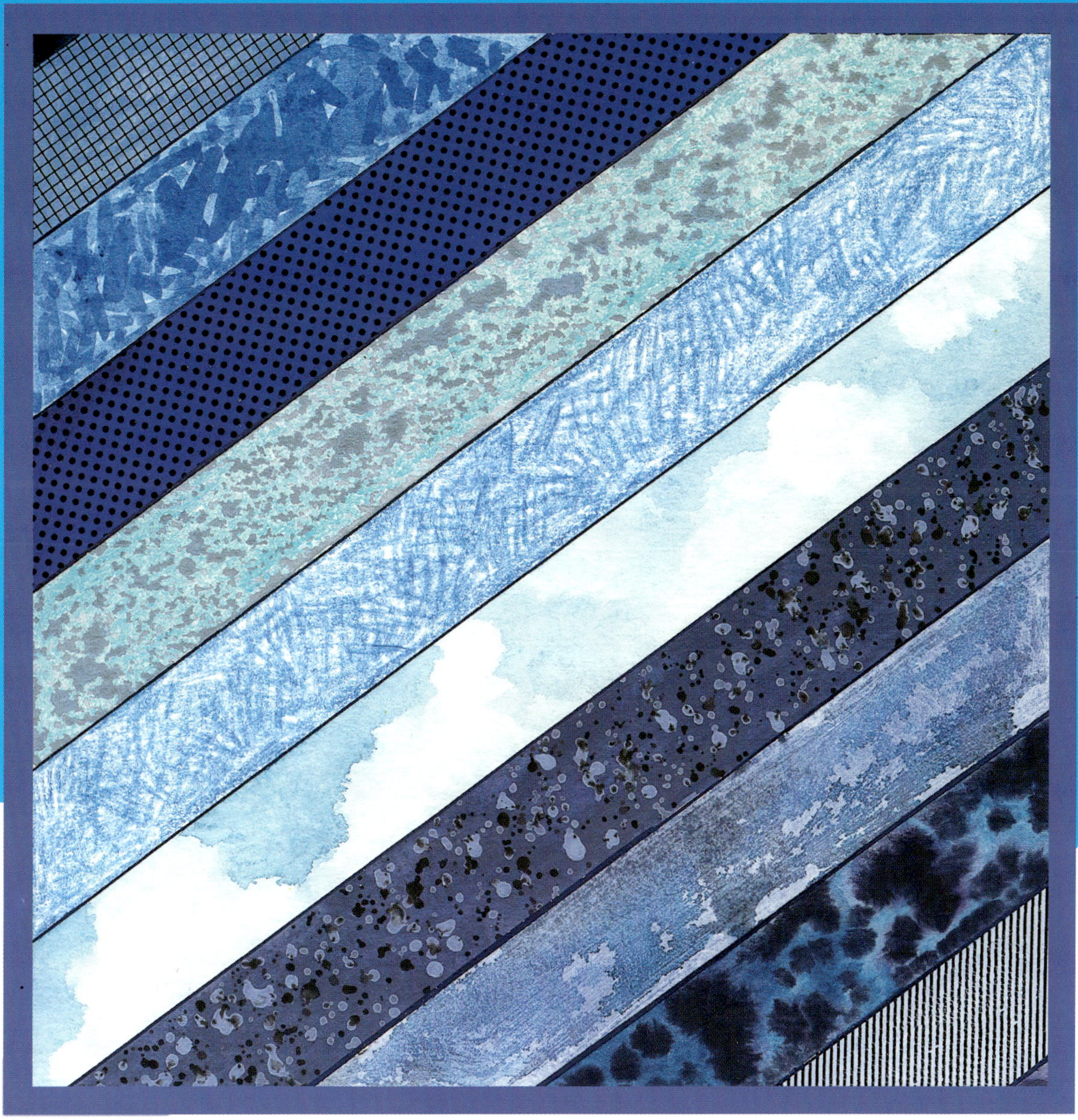

Stralende aura

De mens is meer dan slechts een lichaam dat door hersenen wordt bestuurd. Wat zijn diepste wezen is, zijn zelf en de bron van zijn talenten, krachten en energieën wordt zijn ziel genoemd. Dit onstoffelijke en onsterfelijke aspect is grenzeloos en overschrijdt als een soort straling de contouren van het lichaam. Dit met het gewone oog onzichtbare energieveld is de aura. Aura's schijnen helder gekleurd te zijn. Ieder heeft zijn eigen kleur aura. Maar ook binnen de aura verandert de kleur telkens, want ze is niet alleen afhankelijk van het karakter, maar ook van de gemoedsgesteldheid van het ogenblik.

*H*ogere bewustzijnsniveaus

Helderblauw in de aura zou wijzen op inspiratie en gerichtheid op hogere bewustzijnsniveaus. Als het blauw donker wordt, getuigt dit van grote godsdienstigheid en sterke binding met de hemel en met God. Maar treden er bruine of zwarte tinten in de aura op, dan verraden deze een neiging tot de duistere kant van de geestelijke wereld. Auralezers zijn er stellig van overtuigd dat ze er op deze wijze achter kunnen komen wat een mens zoal bezielt.

*S*aai mens

Wie blauw als favoriete kleur heeft blijft onder alle omstandigheden kalm, nuchter en objectief. Hij heeft een evenwichtig en vreedzaam karakter. Confrontaties en meningsverschillen worden uit de weg gegaan. De blauwliefhebber bezit een sterk gevoel voor verantwoordelijkheid, is trouw en oprecht, verstandig en hardwerkend. Hij heeft zichzelf uitstekend in de hand. Kan daardoor soms wel een beetje saai zijn. Een keurig mens dus. Dit alles is geheel in overeenstemming met de aard en de kracht van blauw. Blauw zou namelijk de afweer versterken en de agressiviteit intomen. Het is een hygiënische kleur die niet alleen vliegen, maar ook parasieten, microben en alle overige kwaadwillende wezens op veilige afstand houdt.

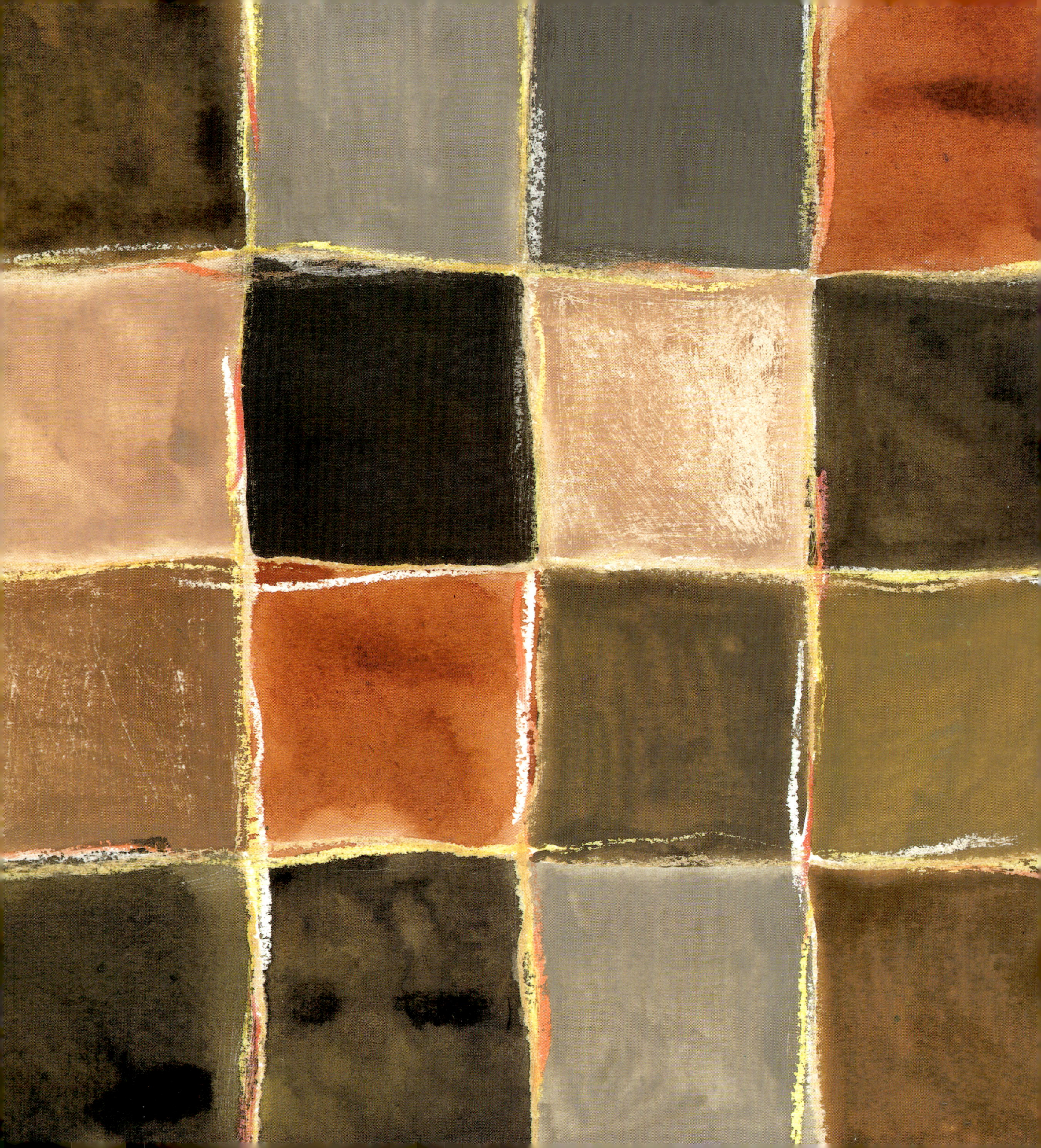

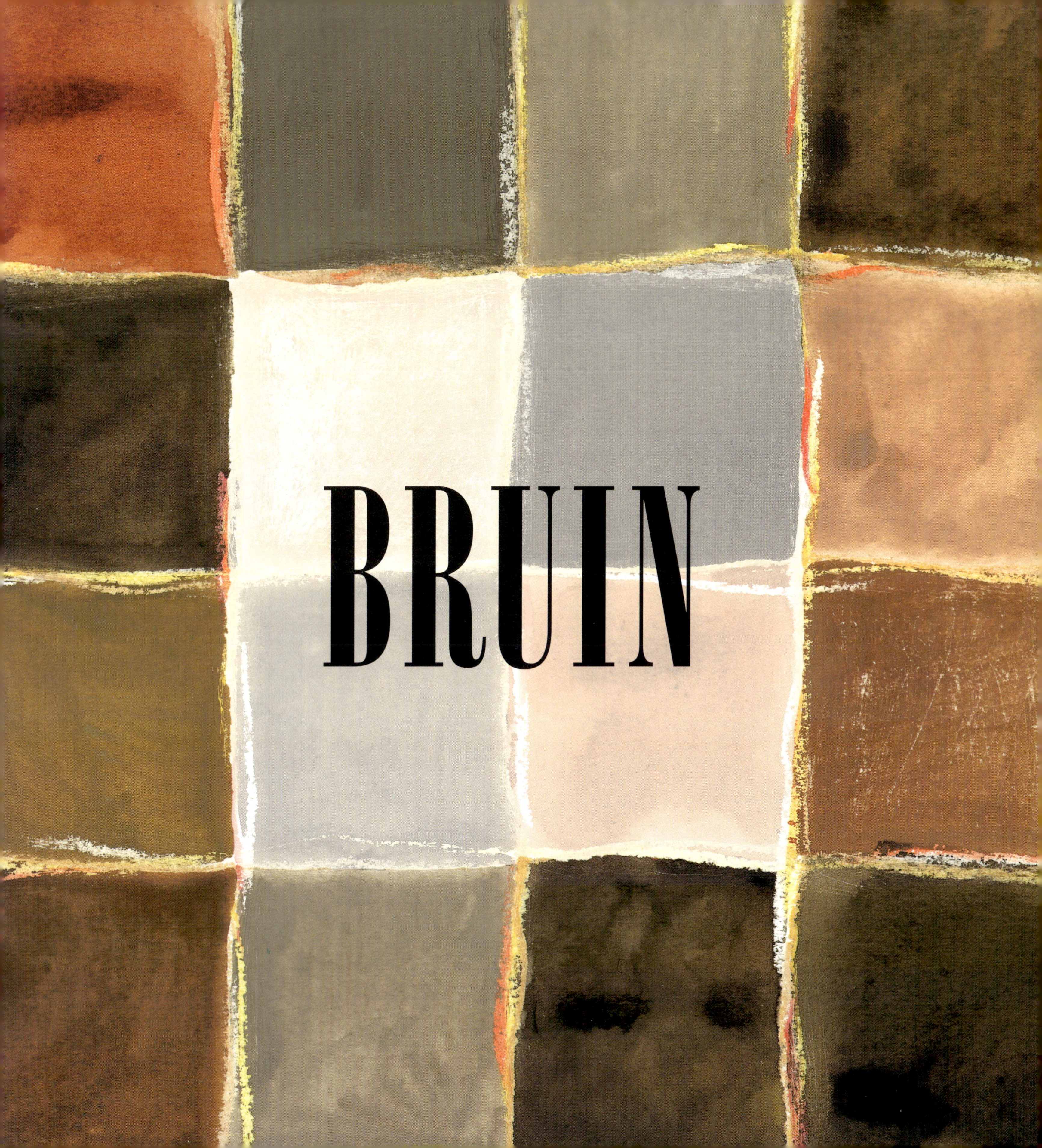
BRUIN

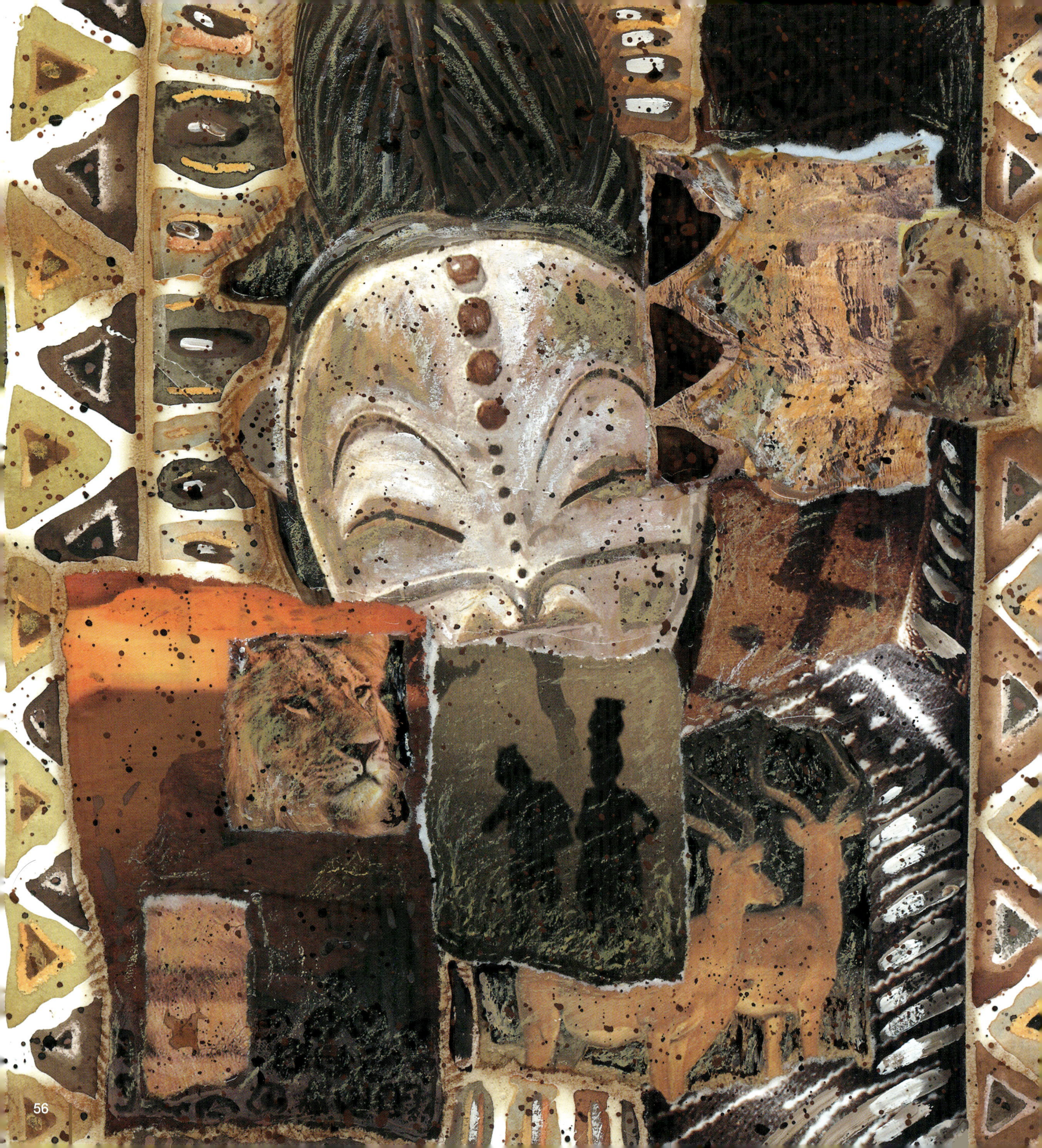

Basic bruin

Bruin is de kleur van de ongecultiveerde natuur. Het is de kleur van wilde dieren en vogels. Van uitgebloeide, dorre gewassen. Van takken en stammen. Van mest en modder. Van beenderen en fossielen. Van steen en stof, zand en aarde. Bruin is een ruwe, primitieve kleur. Elementair en vitaal. Aards en vruchtbaar. Overal aanwezig, maar nergens opvallend. Nooit opdringerig en schreeuwerig. Het is de basiskleur van onze planeet. De grondkleur van de schepping, zoals een muziekstuk een grondtoon heeft. Vanuit de ruimte zijn de continenten bruin. Bruin is basic.

Goed geplant

Van de liefhebber van bruin wordt gezegd dat hij met beide voeten op de grond staat. Hij is verknocht aan zijn thuis. Hij houdt van een eenvoudig, rustig leven in harmonie met de natuur. Hij is behoudend en spaarzaam. Standvastig, lichamelijk en zinnelijk. Hij is goed geplant. Als een boom. Net zo elementair en aards als hijzelf zijn de bruine verfstoffen waarvan hij houdt. Mummie, oker, omber, terracotta, Keulse aarde, feuille morte, asfalt, dodekop, siena. Namen die met grond te maken hebben.

Sobere pij

Bruin is sober en eenvoudig. Het is de kleur van de aarde. Alledaags en van iedereen. Alles komt uit de grond en keert er weer in terug. Leven en dood. Paters en broeders dragen een bruine pij om duidelijk te maken dat ze zich zich aan deze oerwetten onderwerpen. Ze stellen zich ondergeschikt op. De pij laat zien dat ze hun leven aan God wijden. In armoede en deemoed. In grote ascese.

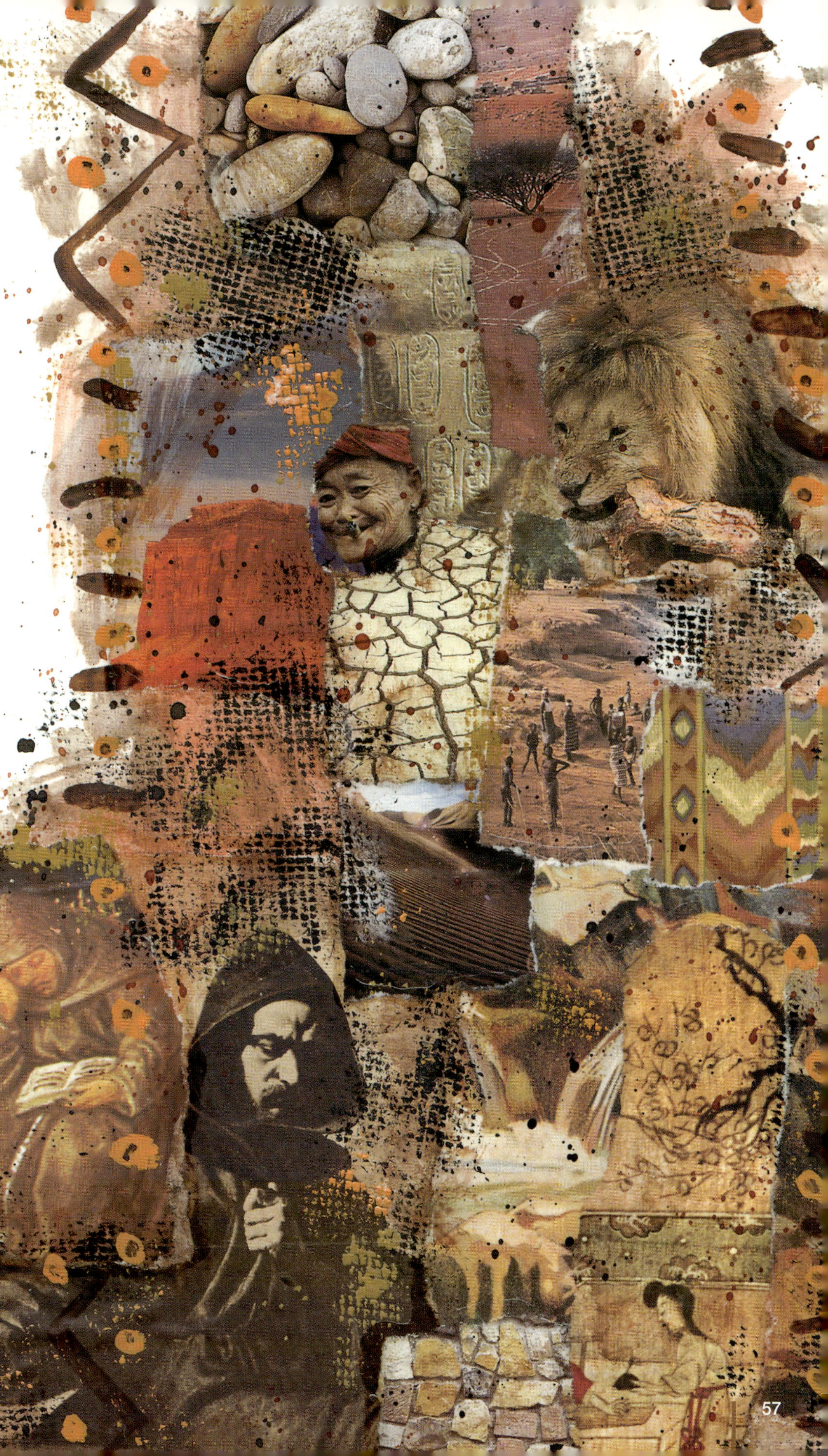

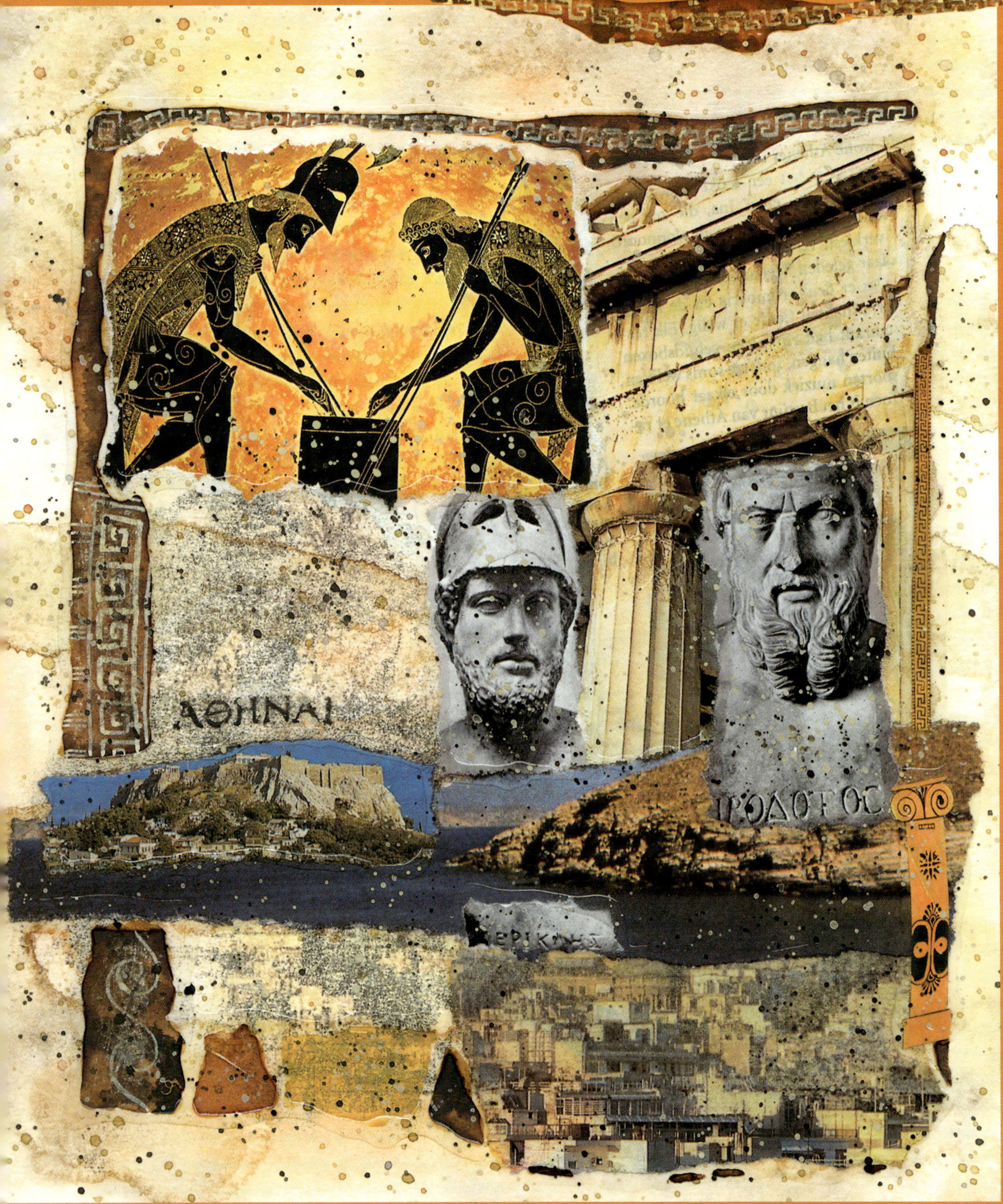

Gebakken klei

Vochtige klei is goed kneedbaar. Maar bij sterke verhitting wordt zij keihard. Door het bakken verandert ze van kleur. De Oude Grieken maakten hier gebruik van. Zij werkten met klei die rijk was aan ijzeroxide. Werd tijdens het bakken veel zuurstof aangevoerd, dan kleurde het aardewerk roodbruin. Gebakken in een zuurstofarme ruimte werd het echter zwart. In de Griekse kunst onderscheiden we dan ook zwartfigurig en roodfigurig aardewerk.

Rode baksteen

De oudste kleur van bakstenen is bruinrood. Steenrood dus. De Romeinen maakten al echte bakstenen. Deze werden op grote schaal gebruikt. Maar slechts weinig aan de buitenkant van gebouwen. Dit veranderde in de Middeleeuwen. Toen werd baksteen verreweg het meest gangbare bouwmateriaal. Het leende zich uitstekend voor alle doeleinden en iedere bouwstijl. De rode baksteen is de bekendste. Hij wordt op ongeveer duizend graden Celsius gebakken in een zuurstofrijke oven. Bruine, grijze en paarsbruine bakstenen komen uit een nog hetere of uit een slecht geventileerde oven.

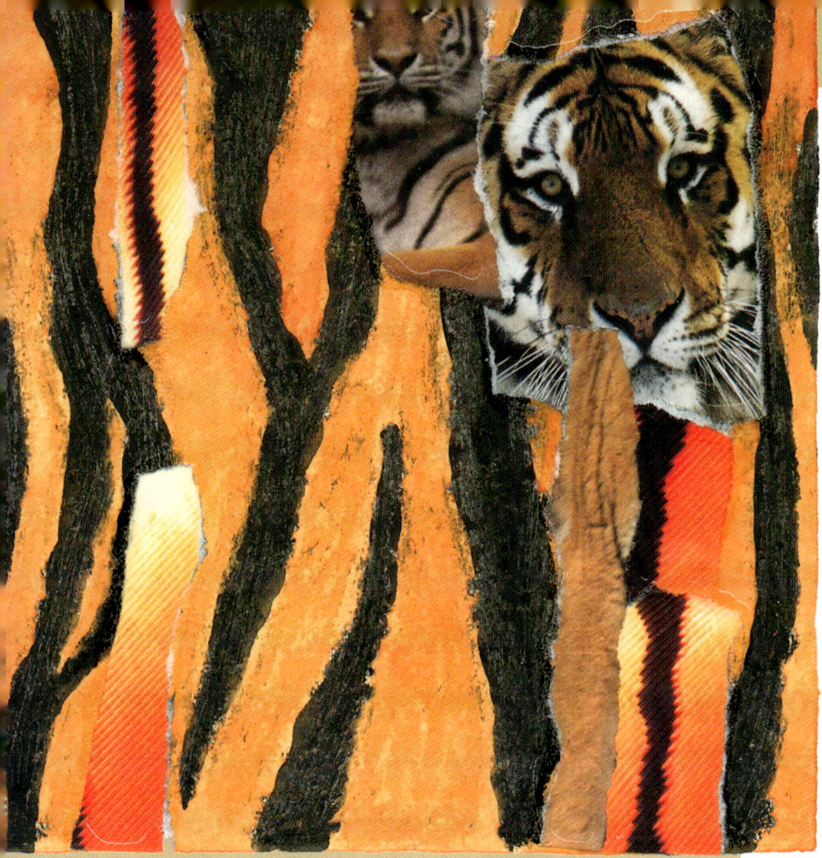

Gracieuze schoonheid

Een tijger is roodbruin met zwarte strepen. In de dierentuin is hij daardoor een opvallende verschijning. In de natuur beslist niet. De vacht vertoont hetzelfde patroon van lichte en donkere strepen als het lange dorre gras dat zijn natuurlijke omgeving vormt. Dankzij deze camouflage kan hij zijn prooi ongemerkt besluipen en bespringen. Hij heeft een voorkeur voor herten, zwijnen en buffels. Een tijger met een gezonde eetlust kan wel dertig buffels per jaar buitmaken. Dertig kilo vlees in één keer achter de kiezen werken is voor hem heel gewoon. De tijger is niet voor niets de grootste kat ter wereld. Hij is van een zeldzame gratie en schoonheid. Mede door dit prachtige uiterlijk werd er zoveel jacht op hem gemaakt dat er bijvoorbeeld in India nog maar vijfduizend tijgers leven.

Transparante **dieren**

De allerbeste manier van onzichtbaar-zijn is doorzichtig-zijn. Transparante dieren kunnen immers niet worden gezien. Slechts bij een paar diersoorten is dit min of meer gelukt. Er bestaan bijna doorzichtige vissen. Maar in verreweg de meeste gevallen zal een dier zichtbaar zijn als een aparte kleurvlek met een herkenbare omtrek. De natuur is echter uitermate vindingrijk. Ze heeft ervoor gezorgd dat bij veel dieren de eenheid van oppervlak en omtrek wordt doorbroken. Dit wordt meestal bewerkstelligd doordat de vacht of de huid is voorzien van onregelmatige strepen of vlekken in contrasterende kleuren. De vorm ervan heeft niets te maken met de vorm van het dier zelf en suggereert daardoor dat er helemaal geen dier is. Omdat de vlekken of strepen in tekening, patroon en kleur overeenstemmen met de kleur en de structuur van de directe omgeving, lijkt het dier daar geheel in op te gaan. Je ziet hem simpelweg niet. Hij is er wel, maar is onzichtbaar.

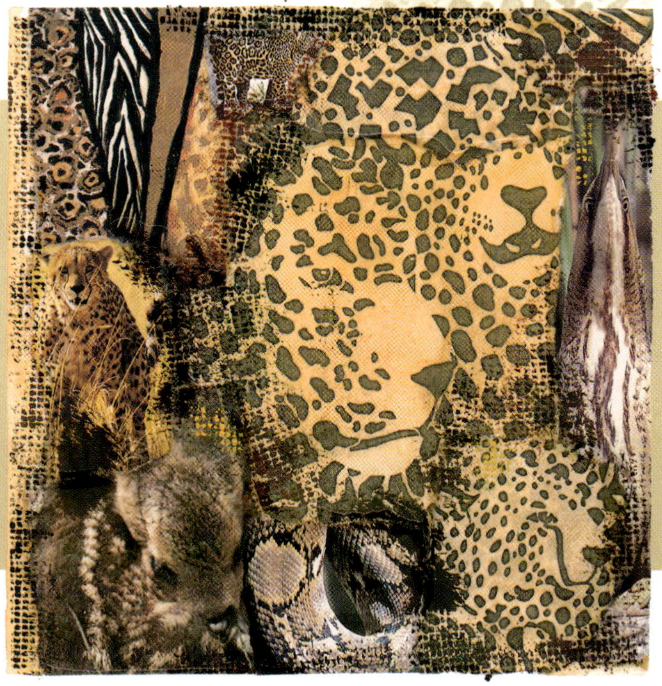

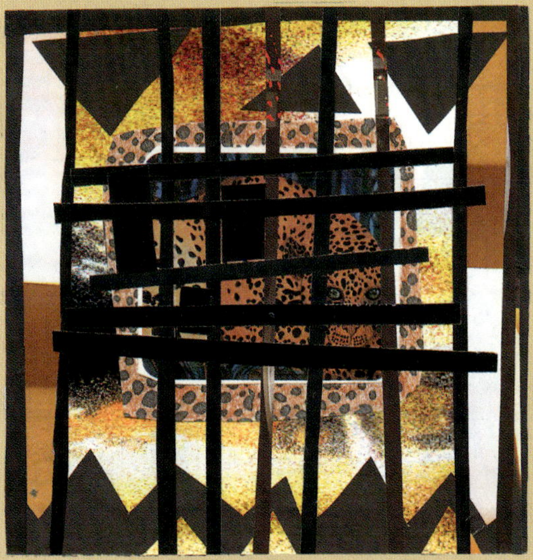

Verscholen luipaard

Een adder valt tegen een egale achtergrond sterk op. Maar te midden van dorre bladeren en vegetatie is hij nauwelijks zichtbaar door zijn grillige en contrastrijke patroon van lichte en bruinzwarte tinten. Bruine reekalfjes zijn bespikkeld met witte vlekken. Leeuwenwelpen zijn eveneens gevlekt. Vlekken en strepen verdoezelen de omtrek van een dier. De vlekken van de in een boomkruin verscholen luipaard maken zijn vorm minder opvallend. Hij lijkt daardoor veel meer op een dikke tak dan op een superkat.

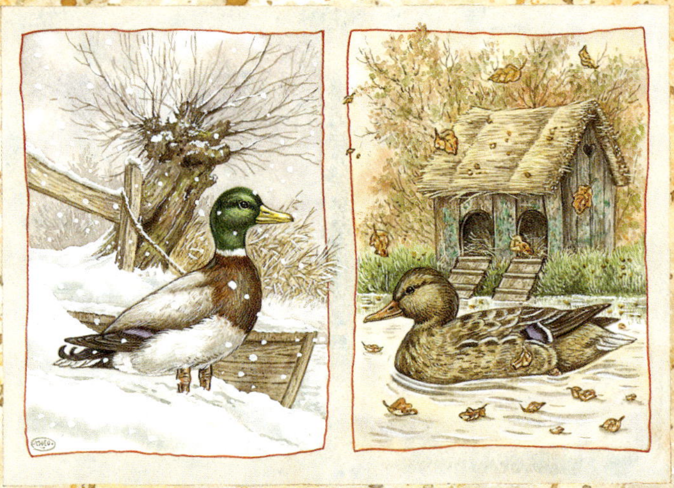

Alleen vrouwtjes

Bij eenden, hoenderen en fazanten heeft het vrouwtje een bruine schutkleur. Zij is het namelijk die de eieren bebroedt. Door deze camouflage onttrekt zij niet alleen zichzelf aan het zicht, maar ook de eieren. Bij snippen en nachtzwaluwen broedt zowel het mannetje als het vrouwtje. Van deze soorten hebben beide geslachten geraffineerde schutkleuren.

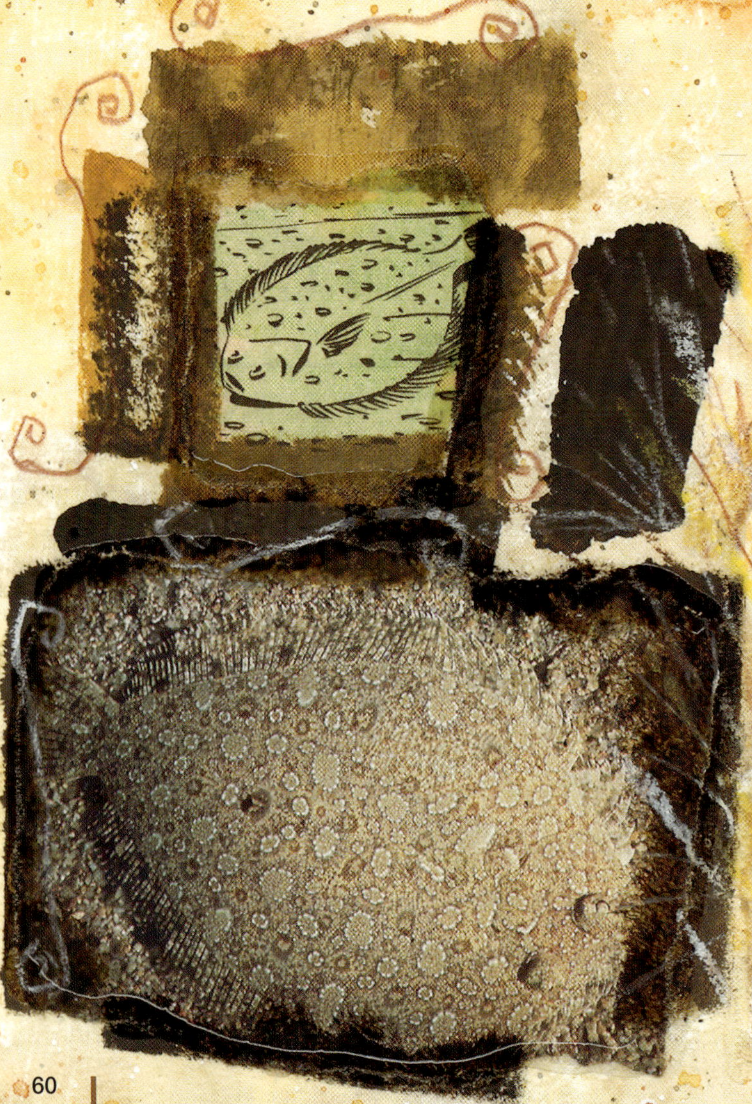

Zonder wapens

Sommige dieren nemen de kleur aan van hun omgeving om aan de aandacht van roofdieren te ontsnappen. Vooral voor beesten die niet over klauwen of scherpe tanden beschikken om zich tegen hun vijanden te verdedigen, is zo'n schutkleur een uitkomst. Beschikten zij niet over dit verdedigingsmiddel, dan zouden zij al lang geleden zijn uitgestorven. Ook in zee wordt van camouflage handig gebruikgemaakt. Wanneer een schol of een andere platvis in het volle licht zwemt is hij gemakkelijk te zien. Maar als hij op de bodem gaat liggen is hij op slag vrijwel onzichtbaar geworden. Van zijn zilverachtige kleur is niets meer te bekennen. Hij heeft de kleur van het zand aangenomen.

Merkwaardige proef

In een aquarium te Monaco werd eens een merkwaardige proef genomen. Men had de bodem niet met zand bedekt, maar er een schaakbord op gelegd. Binnen een halfuur zag de schol er net zo uit, alsof hij een deel van het bord vormde. De vakjes op zijn rug waren wel geen nauwkeurige vierkantjes, maar pasten toch zó goed bij de witte en zwarte velden van het bord dat de vis er bijna onzichtbaar op was.

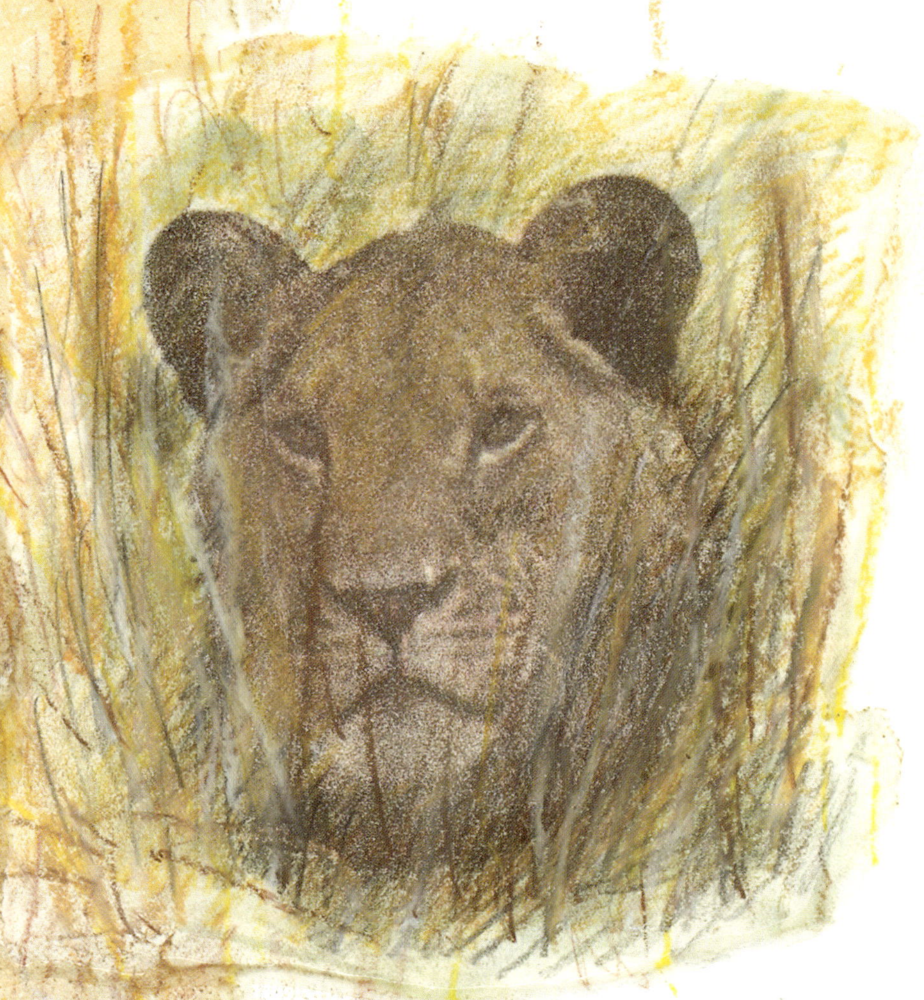

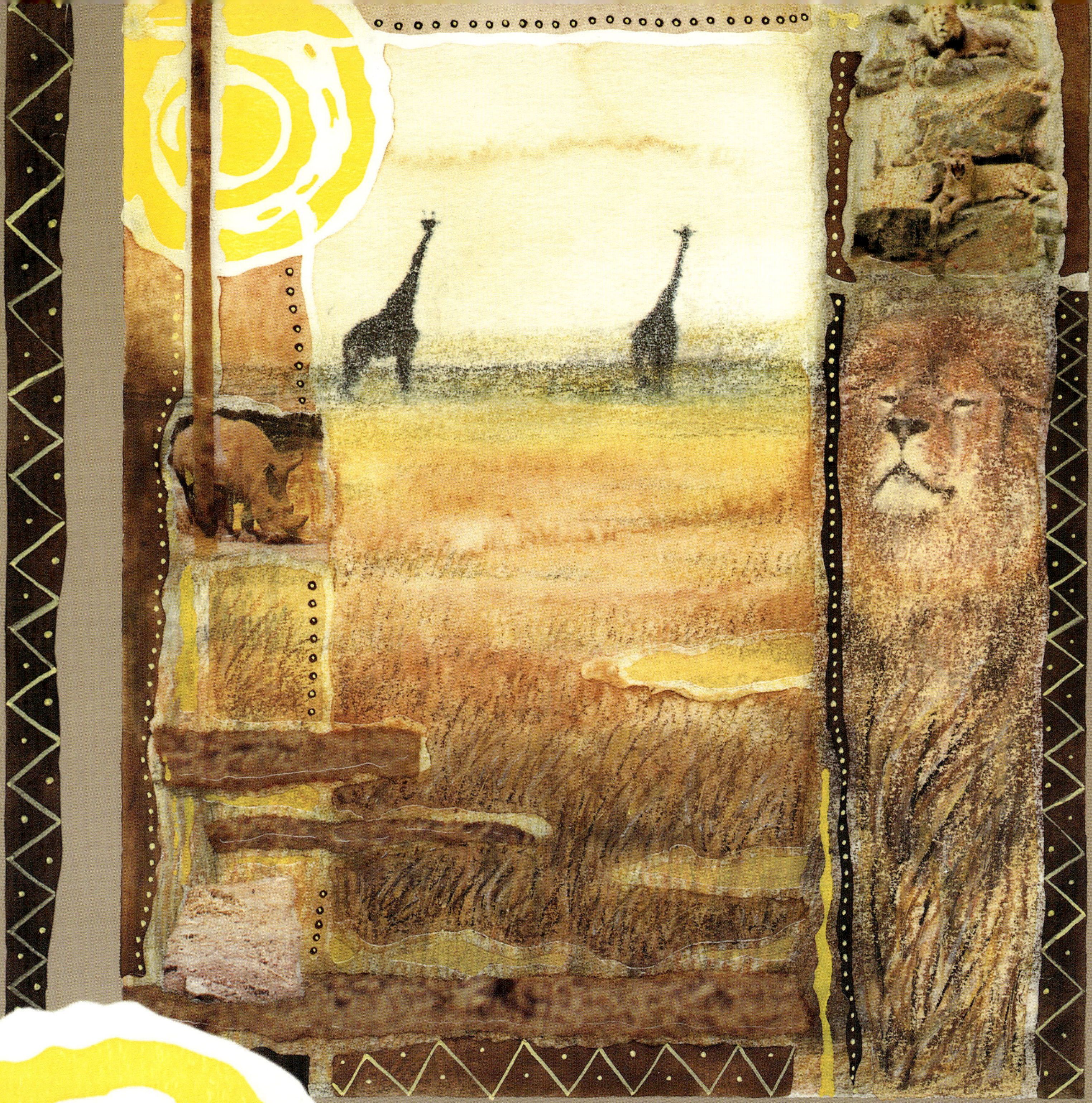

Afrikaanse savanne

Veel dieren van de Afrikaanse savanne zijn bleek grijsbruin of geelbruin van kleur. Deze kleuren dienen uiteraard ter camouflage en zorgen ervoor dat de dieren niet contrasteren met het zand en het dorre gras. Maar ze maken ook deel uit van het afkoelingsmechanisme van de dieren. Lichte kleuren reflecteren namelijk de zonnestralen het best, waardoor de vacht weinig warmte opneemt.

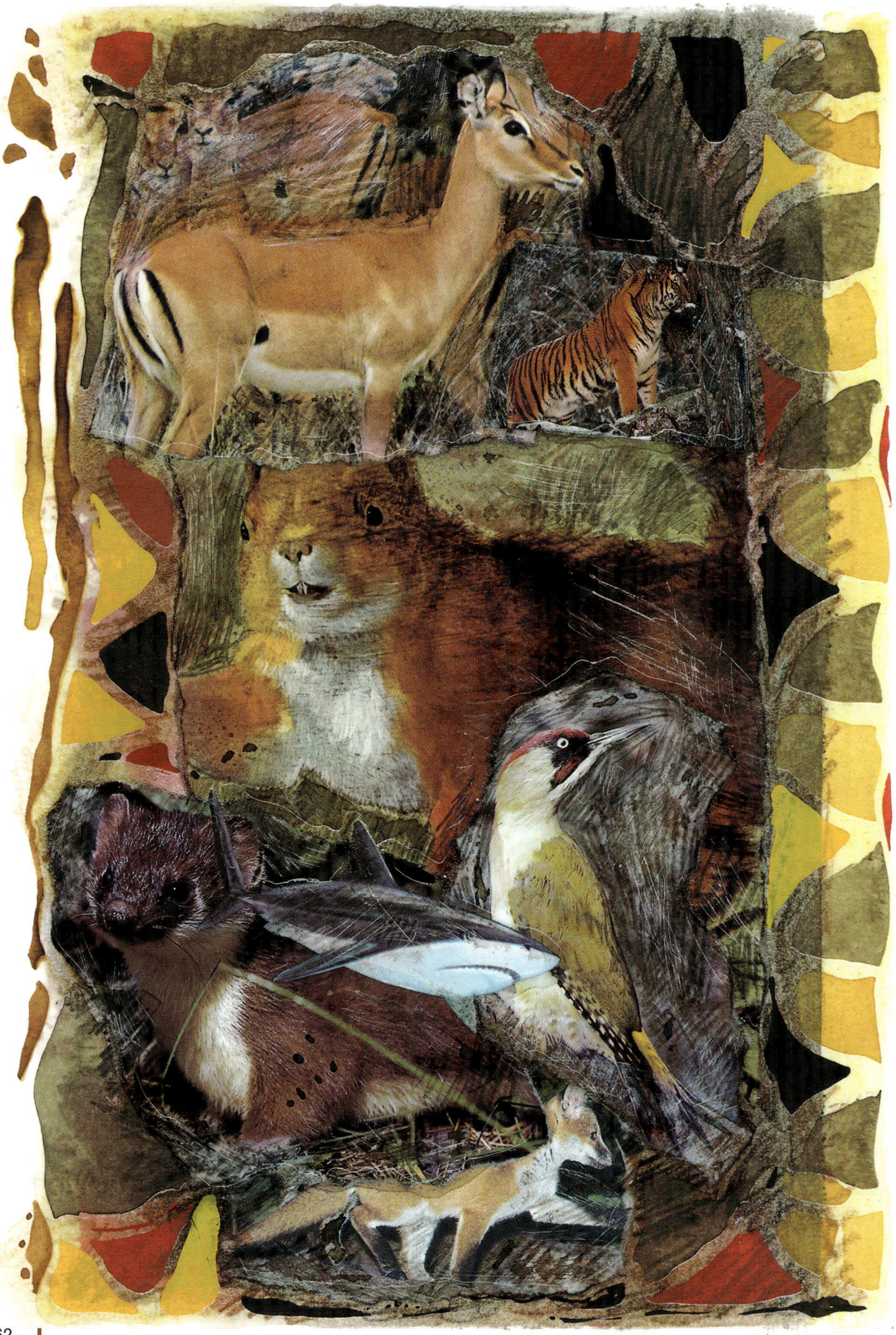

Onzichtbaar-zijn

In tegenstelling tot mensen vallen dieren niet graag op. Ze maken zich het liefst onzichtbaar en vele slagen hierin uitstekend. Ze doen dit om niet gepakt te worden door andere dieren. Of juist om daardoor andere dieren te kunnen pakken. Door zijn strepen is de tijger in het lange gras net zo onopvallend als het met witte vlekjes bespikkelde hertenkalfje in het struikgewas.

Licht-donker

Veel dieren zijn aan de onderzijde lichter dan aan de bovenkant. Omdat het zonlicht van boven komt, wordt de rug van een dier altijd sterker belicht dan de buik. De donkere rug licht op, terwijl de lichte buik de schaduwkant vormt, zodat beide delen gelijkmatig van tint worden. Het gevolg is dat het dier effen en dus plat lijkt en in zijn omgeving niet opvalt als ruimtelijk object. Dit verschijnsel wordt 'tegenschaduw' genoemd.

Donkere rug

Vissen maken van net zo'n tegenschaduw gebruik. Ze zijn donker van boven en licht van onderen. Van bovenaf gezien lijkt de vis te versmelten met de donkere ondergrond van water of bodem; van onderaf valt zijn lichte buikzijde weg tegen het zonverlichte wateroppervlak. Bij vogels is het al niet anders. Hun lichte buik versmelt met de lichte hemel, terwijl de donkerder rugzijde de kleuren van de natuur heeft.

Witte buik

De lichte buikzijde van dieren heeft nog een andere functie. Hoe lichter een kleur is hoe meer licht – en dus warmte – hij terugkaatst. Wit weerkaatst zelfs álle lichtstralen. Er is dus geen beter isolerende kleur dan wit. Een witte vacht beschermt het lichaam niet alleen tegen kou en hitte van buitenaf, maar beperkt ook de warmte-uitstraling van binnenuit. Het is dus belangrijk voor dieren die op hun buik rusten of slapen, om een zo licht mogelijk gekleurde onderzijde te hebben. Deze behoedt hen prima voor een koude buik.

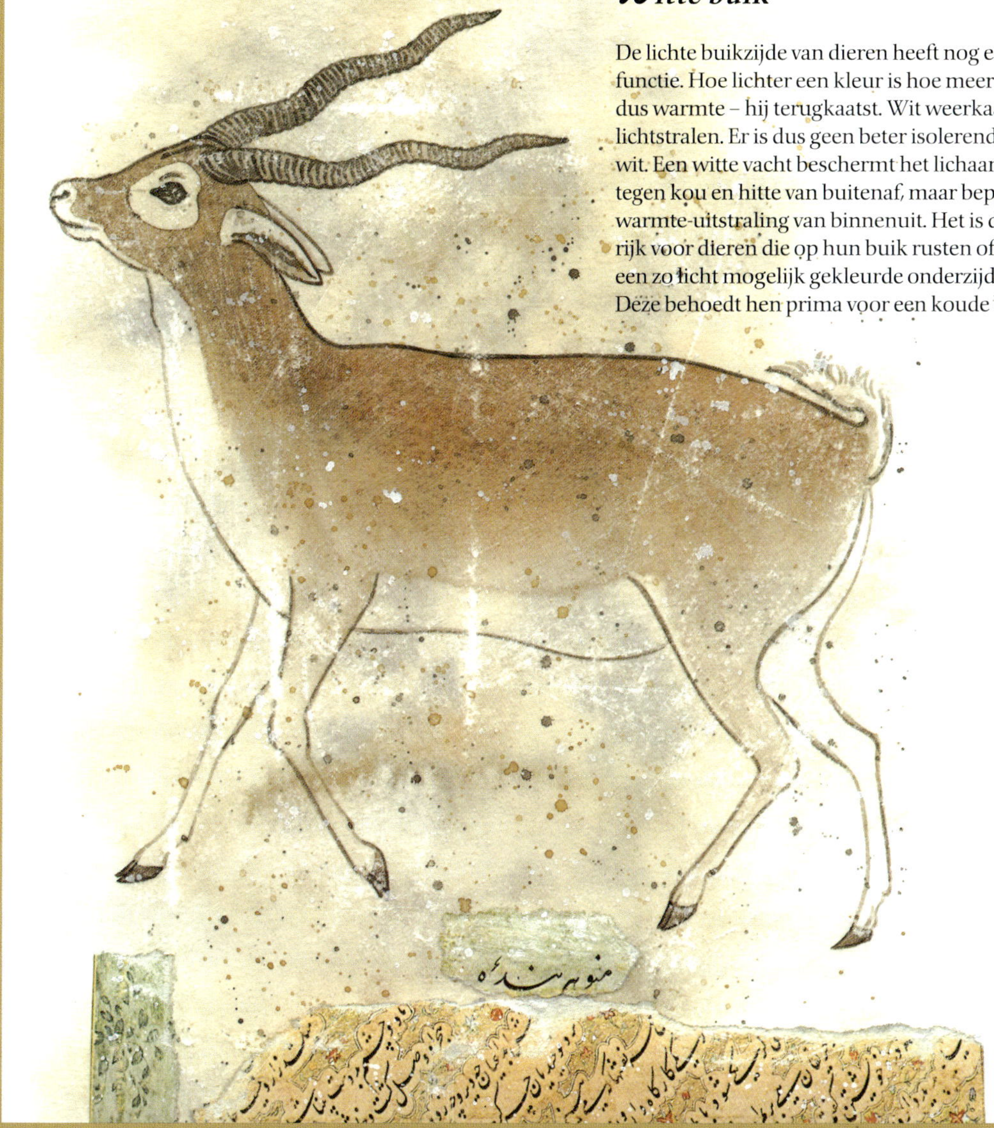

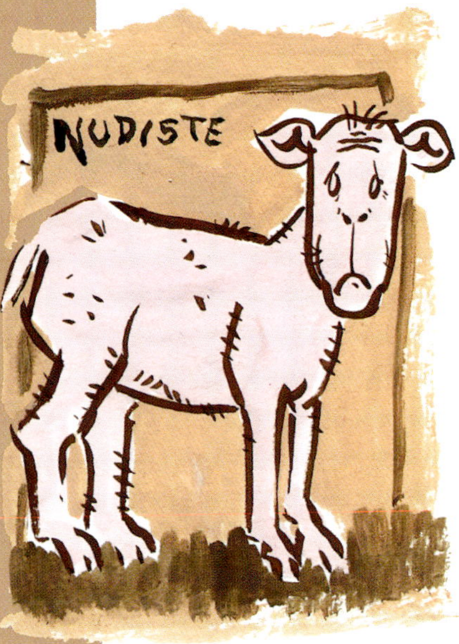

Naakt dier

Een warmbloedig dier kan maar moeilijk zonder zijn vacht. Regen, wind en kou zouden de arme, naakte drommel vellen. Vooral nattigheid zou hem parten spelen. Het is juist de vacht die hiertegen prima bescherming biedt. De haren staan namelijk gerangschikt in een uitgekiend patroon. Ze richten zich op die delen van het lichaam waar afdruippunten zijn. De hals en de liesstreek bijvoorbeeld. De haren zijn direct of schuin gericht naar de grond. Kruinen zorgen voor de verdeling van het regenwater over de afdruippunten. Wordt de vacht flink nat, dan klitten de haren aaneen tot driehoekjes. Deze liggen als dakpannen over elkaar. Zo krijgt de regen geen kans om door te dringen in de onderste lagen van de vacht en tenslotte op de huid. Hoe genadeloos de buien ook neerplenzen, echt nat wordt een gezond dier nooit. Pas als hij dood is wordt hij in een ommezien kletsnat. Dat is heel opmerkelijk.

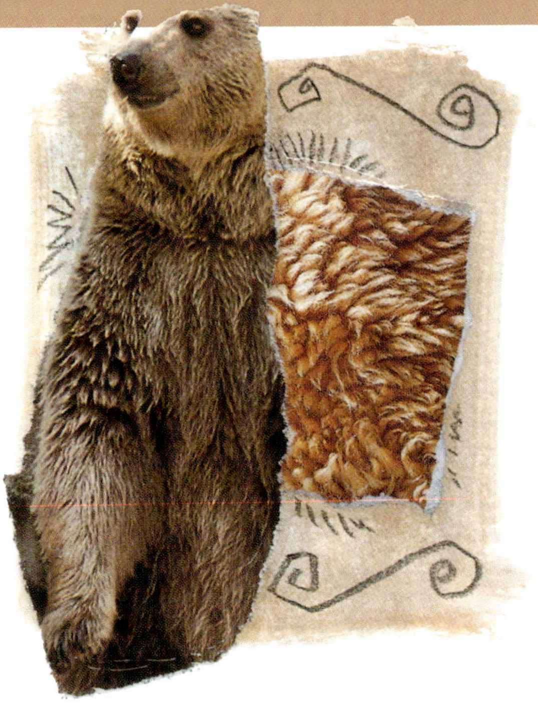

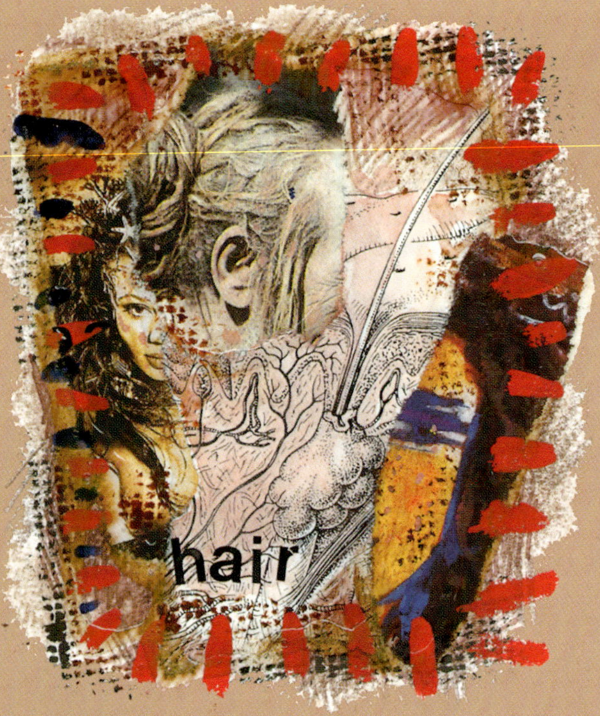

Dubbele beglazing

De vacht is een soort buffer. Tegen vocht, kou en hitte. Het zijn feitelijk niet de haren zelf die deze buffer vormen. Het is de lucht ertussen. Lucht geleidt slecht en isoleert goed. Vandaar dat dubbele beglazing in ramen zo doelmatig is. 's Zomers en 's winters. Hoe dicht een vacht ook is, slechts twee procent ervan bestaat uit haren. De rest is lucht. Waarbij opgemerkt moet worden dat haren hol zijn en lucht bevatten. Wordt het echt koud, dan zetten dieren hun haren op. Er komt zo nóg meer lucht tussen. De bufferzone wordt dus dikker. Ons kippenvel is hier een schamel en lachwekkend overblijfsel van. We proberen bij kou of bij schrik onze lang verdwenen vacht op te zetten. Zelfs pooldieren handhaven op deze manier hun lichaamswarmte. De vacht zorgt ervoor dat het temperatuurverschil met hun omgeving soms wel tachtig graden is.

Dood spul

Wat is haar eigenlijk? Het is dood spul. Het leeft niet en het groeit niet. Het is levenloos eiwit dat door de haarzakjes uit de huid wordt geperst, zoals tandpasta uit een tube. Die haarzakjes zijn echter wel degelijk springlevend. Over het hele lichaam hebben we er zo'n vijf miljoen van. Ze produceren dagelijks dertig meter eiwit. Tien kilometer per jaar. Een dikke tweehonderd kilometer in een mensenleven. Alles bij elkaar zou je het een geweldig lange buis kunnen noemen. Want haar is hol. En toch heel sterk. Een plukje haar van één centimeter kan een gewicht van tien kilo dragen.

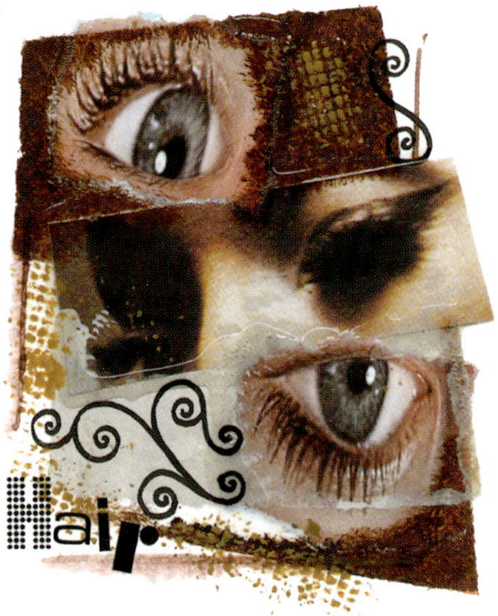

Nieuwe wimpers

De gemiddelde haar groeit één centimeter per maand. Natuurlijk worden er ook telkens nieuwe haren bijgemaakt. We verliezen er namelijk elke dag een stuk of zeventig. Onze wimpers worden ieder kwartaal vervangen. Dit betekent dat we tijdens ons leven ongeveer zeshonderd stel nieuwe wimpers krijgen.

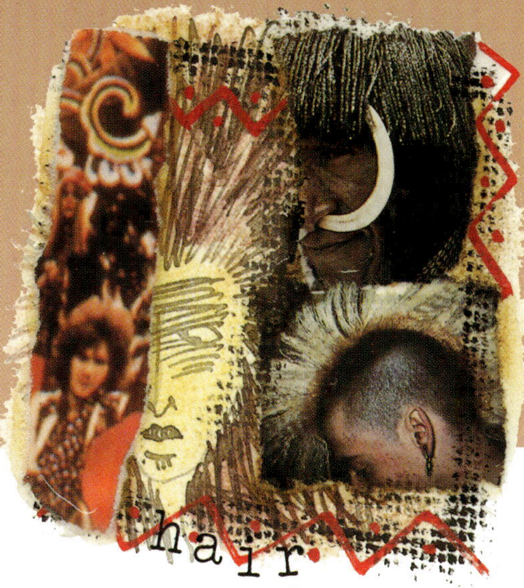

Communicatieve coiffure

Onze haren vormen een bron van voortdurende zorg. Dat we er grote waarde aan hechten wordt bewezen door het enorme bedrag dat we besteden aan kappers, shampoos en haarverzorgingsmiddelen. Dat doen we niet zomaar. Haardracht is een heel belangrijke manier om uitdrukking te geven aan sociale, godsdienstige of politieke stellingname. Het kapsel zegt een heleboel over de drager ervan. Het speelt een grote rol in onze communicatie.

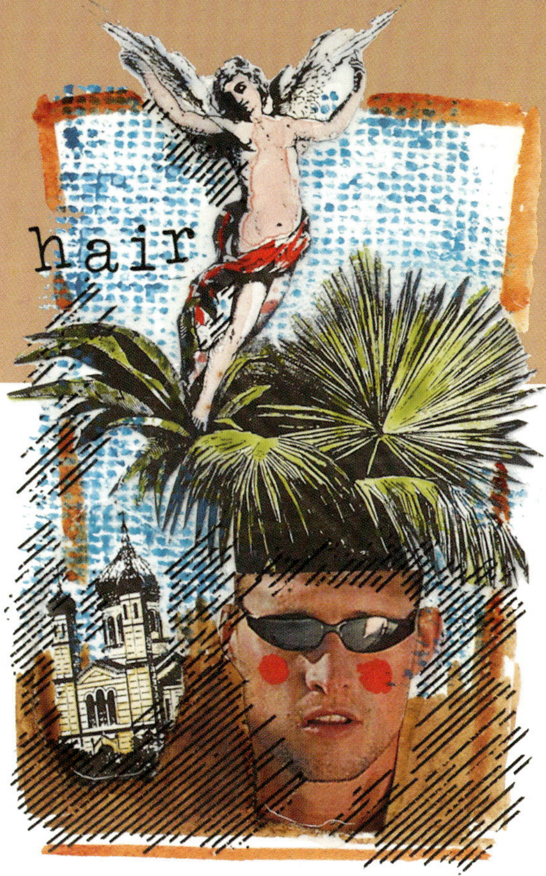

Rete mirabile

Miljoenen jaren geleden gingen in Oost-Afrika de eerste mensachtige wezens rechtop lopen. Ze deden dit waarschijnlijk om de handen vrij te hebben voor het vasthouden van stokken en andere primitieve werktuigen. Maar misschien ook om een zo klein mogelijk gedeelte van hun lichaam bloot te stellen aan de zon. Want bij het rechtop lopen worden alleen hoofd en schouders door de tropenzon beschenen. In deze positie worden de hersenen door het hoofdhaar beschermd tegen de hitte. Veel dieren hebben een koelsysteem in de hersenen dat 'rete mirabile' heet, maar apen en mensen hebben dat niet. Een flinke bos haar moet oververhitting van de hersenen voorkomen. Kaalhoofdigen boffen dus niet.

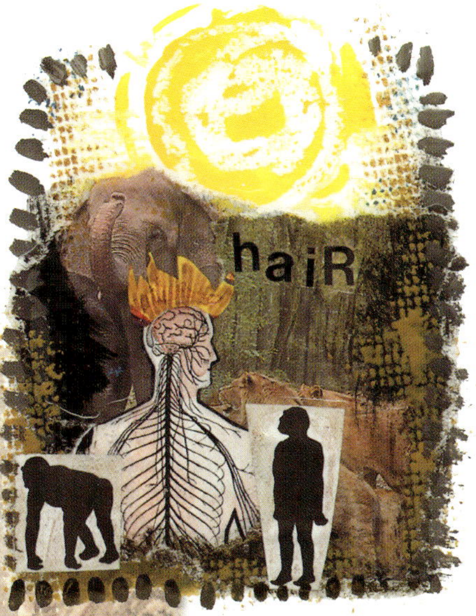

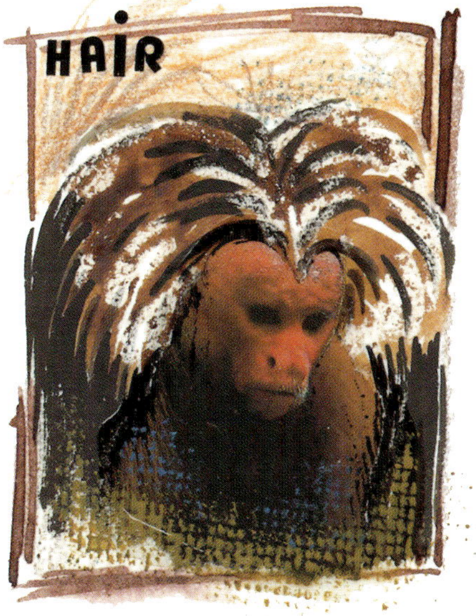

Heilig haar

Bij sommige volkeren is het haar heilig of zelfs taboe. Het wordt beslist niet zomaar even geknipt. Sioux-indianen zijn zo bang voor het bijknippen van het haar dat ze het allemaal op hetzelfde tijdstip doen. De krijgers van de Samburu-stam in Noordwest-Kenia knippen hun haar alleen wanneer er iemand sterft. Een stamhoofd op de Fiji Eilanden at altijd eerst een man op voordat hij zijn haar liet knippen. Hij dacht hierdoor voldoende extra kracht op te doen om de knipbeurt gevaarloos te doorstaan. In hoofdhaar schijnt inderdaad een zelfstandige kracht te schuilen. Het lijkt op de gewassen van het veld. Want haar kan worden geoogst. Net als graan. Waarna het uit zichzelf gewoon weer aangroeit.

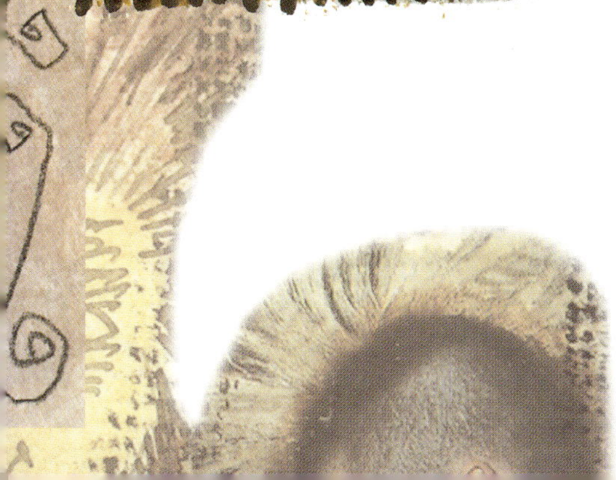

Gekuifde aap

Alleen bij een paar van onze directe familieleden in het dierenrijk zien we hoofdhaar dat op het onze lijkt. Er zijn apen met heel buitenissige kapsels. Die versterken het uitgebreide repertoire van gezichtsuitdrukkingen waarover apen beschikken ten behoeve van de communicatie. Kuiven, toeven, haarplukken en hanenkammen zetten de uitingen van stemmingen kracht bij. Ook snorren en baarden komen voor. Er is een aap die een snor heeft waarvan zelfs de Duitse keizer Wilhelm I onder de indruk zou zijn geraakt. Het dier heet dan ook 'keizertamarin'. De witte oekari heeft een roze gezicht met een hoog, kaal voorhoofd. Zijn haar is wit en wordt met een middenscheiding gedragen. Alle bosdieren hebben een hekel aan hem omdat hij op een mens lijkt.

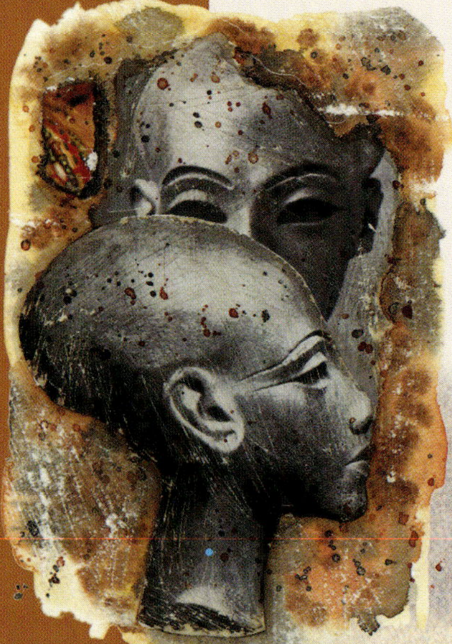

Kale Egyptenaren

Bij veel mannen is het hoofdhaar geen blijvertje. Ze worden kaal. De mannelijke hormonen – de androgenen – zijn de boosdoeners. Eunuchs hebben deze hormonen niet meer. Ze zijn immers gecastreerd. Dus worden ze ook niet kaal. Tegen kaalheid bestaan allerlei kuren. Er werkt er geen een van. Nu niet en vroeger niet. Kale Oude Egyptenaren legden sla op hun hoofd. Mongolen smeerden het in met yoghurt. Tevergeefs.

Amerikaanse vrouwen

Roodharige vrouwen zouden anders ruiken dan blondines en brunettes. Dit is natuurlijk net zo'n onzin als de bewering dat blonde vrouwen dom zijn. Haarkleur zegt niets. Zeker niet nu veel mensen niet langer hun eigen kleur hebben. In 1950 verfde zeven procent van de Amerikaanse vrouwen hun haar. Nu is dat bijna tachtig procent.

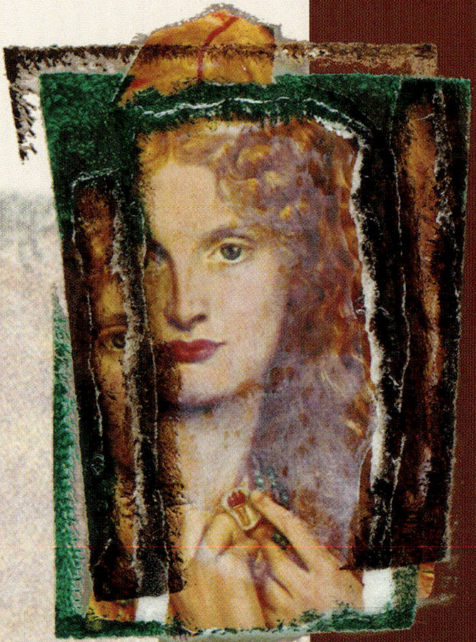

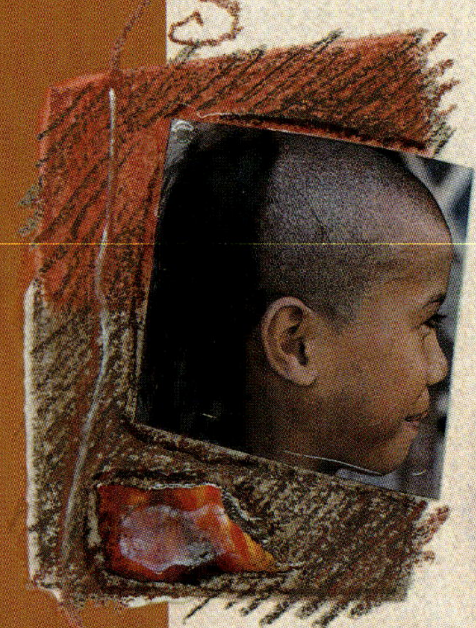

Lange lokken

De Indonesische Toradja's knippen het haar van hun kinderen nooit helemaal af. Ze laten altijd een pluk staan. Naar hun mening verblijft daarin de ziel van het kind. Ook de kinderen van de Frankische vorsten werden niet geknipt. Je kon pas koning zijn als je lang haar had. Wat er met Samson gebeurde toen zijn haar werd afgeknipt weten we allemaal. Hij verloor zijn kracht. Lang haar staat gelijk aan macht. De woorden 'tsaar', 'keizer' en 'caesar' betekenen in oorsprong 'langharig'.

Lawsonia inermis

Henna is een van de oudste haarkleurmiddelen. Het wordt gemaakt van de plant Lawsonia inermis. Het wordt als een papje in het haar gesmeerd. Maar ook op de handen, de voeten, de borsten en de navel. In Marokko verven de Berbervrouwen hun handen en voeten om het boze oog af te weren. De Marokkaanse en Egyptische henna geeft een oranje gloed. Henna uit Iran levert een donkerrode kleur op.

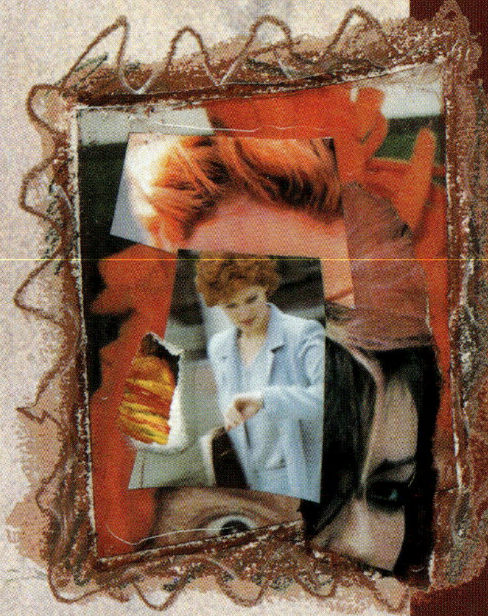

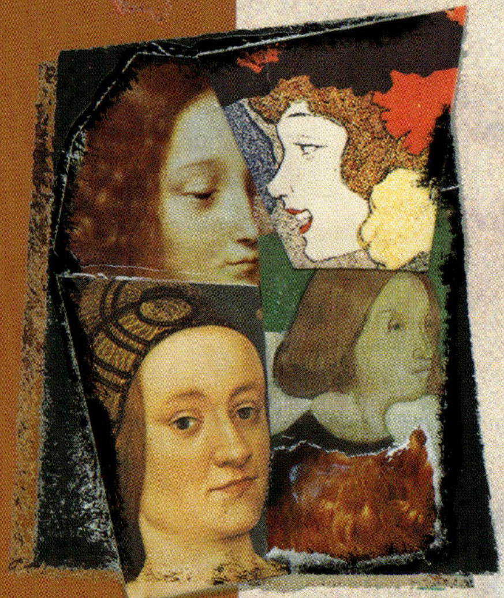

Rood haar

Volgens Caesar hadden de Germanen in Saksen blauw haar. Het kleuren van het haar is zo oud als de mensheid. In de zestiende eeuw probeerden de Venetiaanse vrouwen haar te krijgen met de kleur van roodkoper. Dat was het metaal van de liefdesgodin Venus. Ze smeerden caustische soda in het haar en gingen daarmee de hele dag in de zon zitten. Velen liepen een zonnesteek op. Rood haar werd in Engeland een rage toen Elisabeth I koningin werd. Modebewuste vrouwen deden zwavelpoeder en saffraan in het haar. Dat werd inderdaad rood. Hoofdpijn en misselijkheid waren lastige neveneffecten. Eigenlijk was het vreemd dat rood haar in de mode kwam. Tot het einde van de Middeleeuwen werd deze haarkleur vereenzelvigd met verraad. Judas zou immers rood haar hebben gehad.

Turks bad

Haren wassen was er vroeger niet bij. In de achttiende eeuw droegen vrouwen antiseptische vloeistoffen in hun decolleté om de luizen te doden die uit hun haar vielen. Shampoo kwam pas in de tweede helft van de negentiende eeuw op de markt. Het woord is afgeleid van 'châmpnâ' het hindiwoord voor 'kneden'. Het duidde op een soort massage die in het zogenoemde Turks bad gegeven werd. Trendy Engelse kappers gebruikten het voor het wassen en masseren van hoofdhuid en haar.

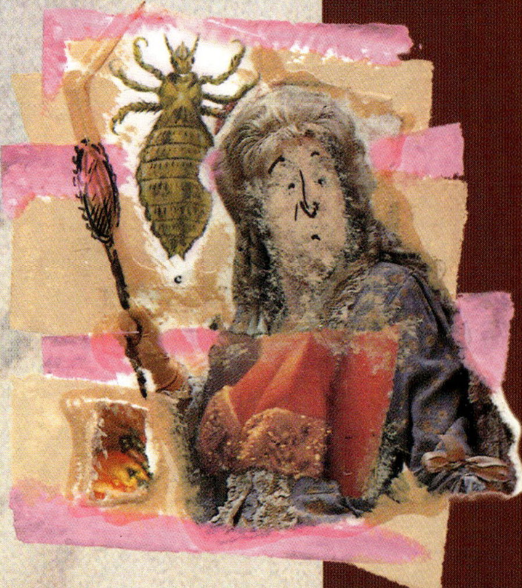

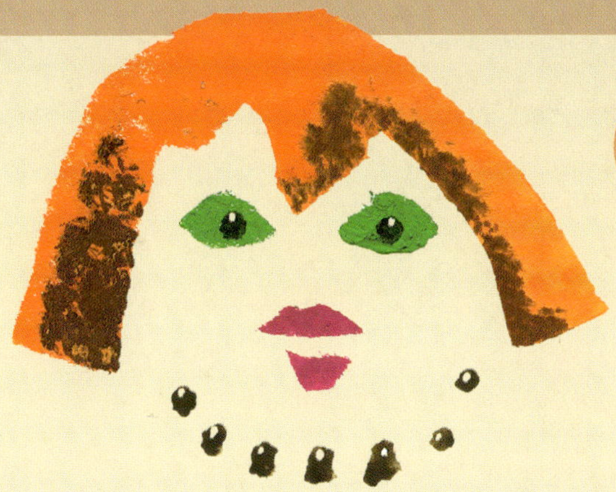

Zeven schoonheden

Rood haar met groene ogen schijnt één van de zeven schoonheden te zijn. Terwijl bruinzwart haar veroorzaakt wordt door melanine, produceert het pigment feomelanine rood, kastanjebruin of goudbruin haar. Al deze kleuren waren zeer in de mode in het zestiende-eeuwse Italië. Rood haar werd 'imbalconata' genoemd. Naar de rode rozen die men in die tijd graag op de balkons zette om ermee te pronken.

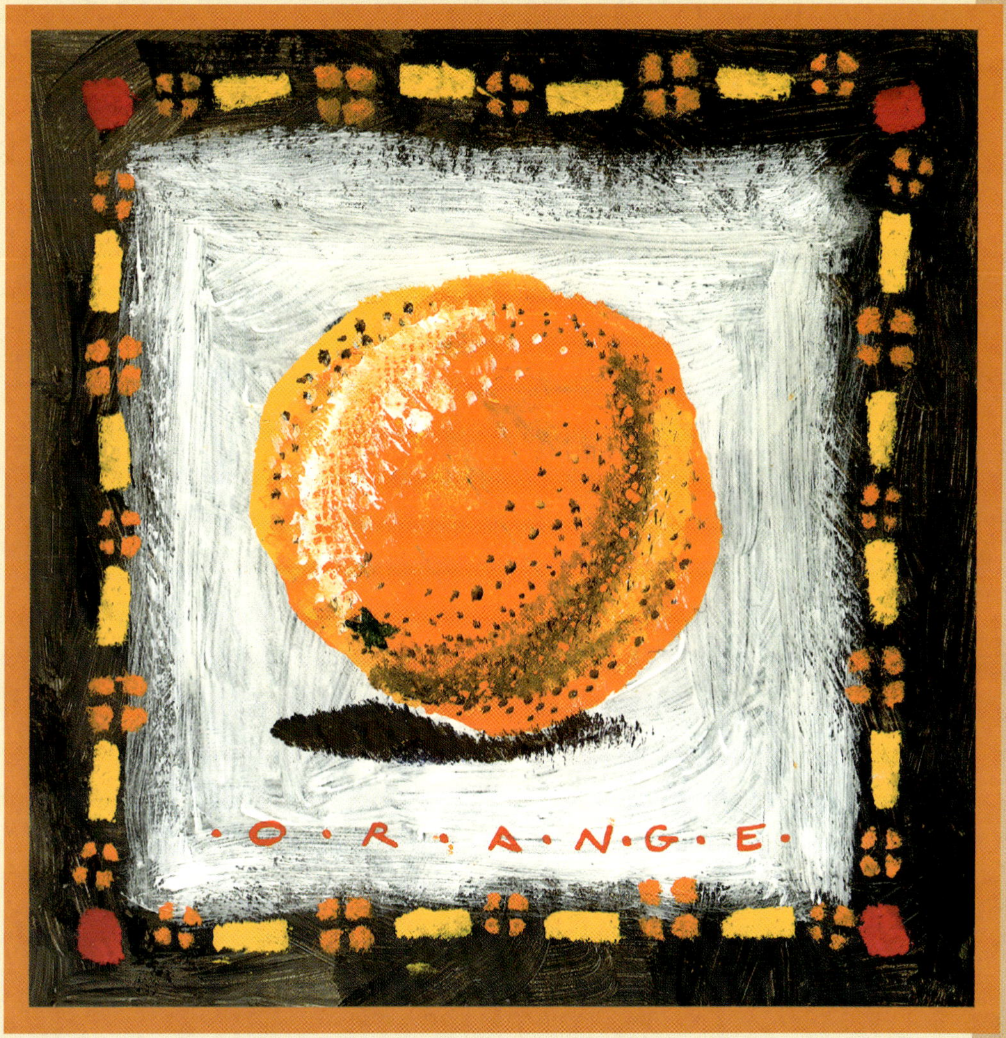

Zeldzame verschijning

Het Arabische woord 'naranj' is te herleiden tot een woord uit het Sanskriet dat 'vrucht die door olifanten wordt goedgekeurd' betekende. Van 'naranj' is het Spaanse woord voor sinaasappel 'naranja' afgeleid. Wij hebben er de limonade naar genoemd die 'ranja' heet. 'Ranja met een rietje'. Ook het Franse 'orange' stamt ervan af. De sinaasappel komt uit Zuidoost-Azië. Het waren de Arabieren die hem naar Europa brachten. Tot in de achttiende eeuw bleef hij echter een zeldzame vrucht. De oranje kleur wordt veroorzaakt door de kleurstof caroteen. Uiteraard is hij oranje omdat hij daardoor goed zichtbaar is voor apen en vogels, die zijn zaden verspreiden na zijn vruchtvlees te hebben verteerd.

Soort bruin

Het woord oranje was onbekend totdat de 'orange' was ingeburgerd. Voordien werd de kleur gerekend tot rood of tot geel. Ze werd soms aangeduid met de naam 'geelrood'. Maar eigenlijk is oranje een soort bruin. Roodbruin is namelijk de meest verwante kleur. Ook van bruin wordt trouwens beweerd dat het geen echte kleur is. Het zou slechts een oranje zijn dat weinig licht weerkaatst. Oranje zelf reflecteert echter heel veel licht, wat een vrolijk en stimulerend effect geeft. Het trekt ogenblikkelijk onze aandacht. Daarom hebben verkeerslichten tussen rood en groen een oranje signaal.

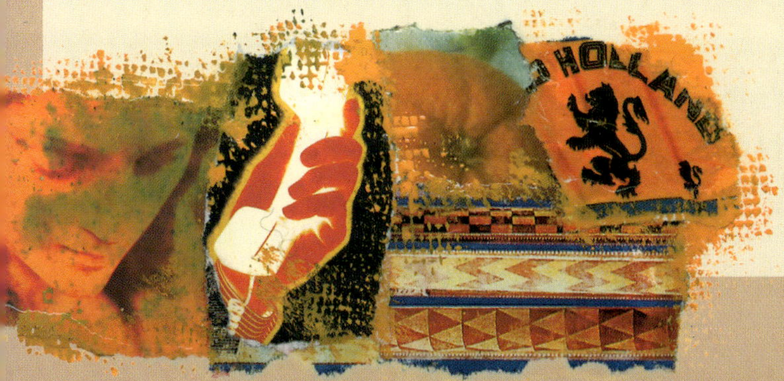

Thee-kleur

In veel talen komt het woord bruin niet eens voor. Het ontbreekt bijvoorbeeld in het Tamil, het Grieks en het Chinees. Ook de Japanners hebben er geen woord voor. Ze omschrijven de kleur als 'thee-kleur' en 'vossen-kleur'. In het Frans heeft 'brun' de bijbetekenis van somber. Het is vergelijkbaar met het Engelse 'blue'. Bruin als kleur kan inderdaad deprimerend werken. Het is namelijk de kleur van rottenis en uitwerpselen.

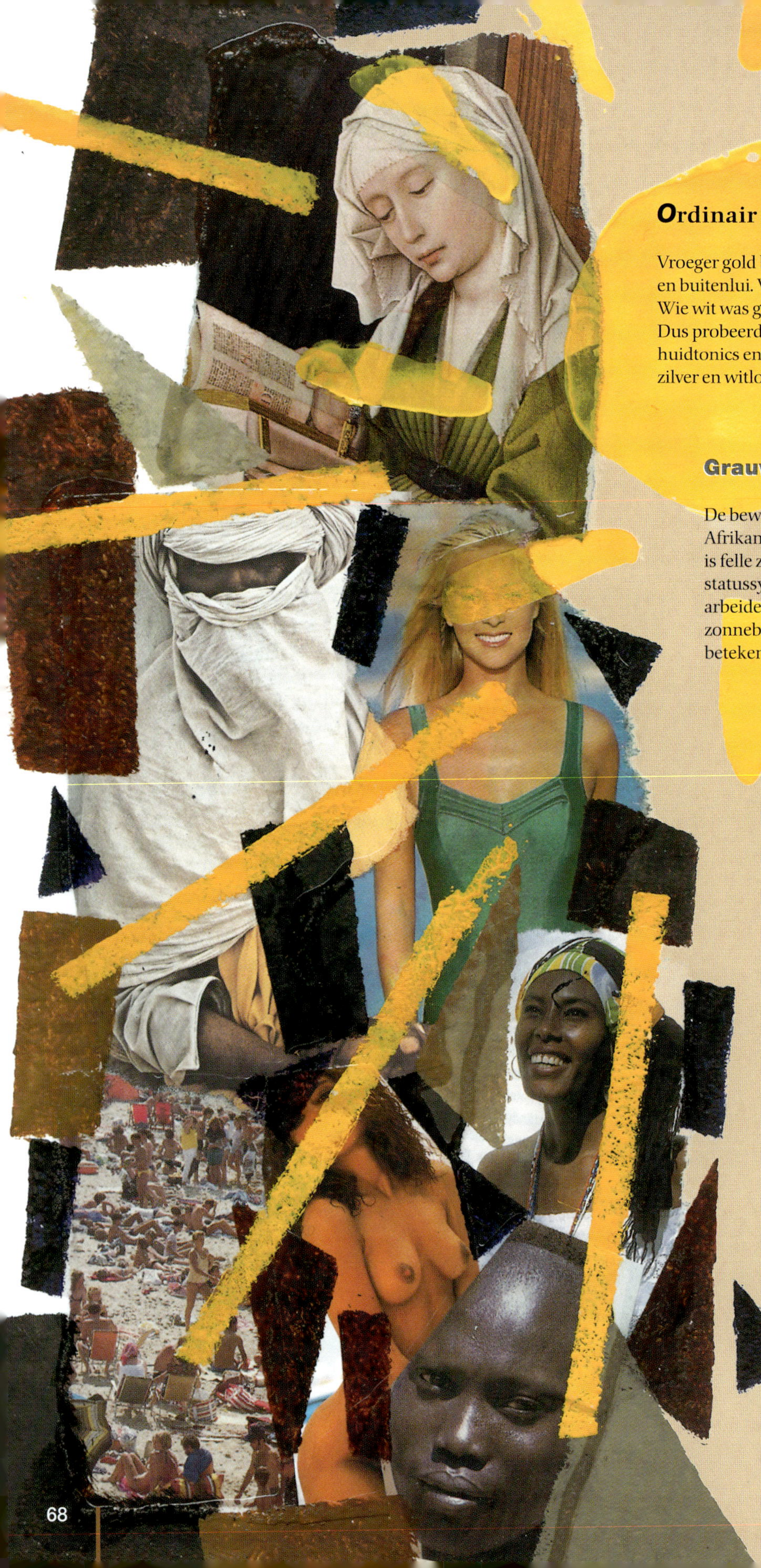

Ordinair bruin

Vroeger gold bruin als ordinair. Een zonverbrande huid hoorde bij boeren en buitenlui. Werken gebeurde toen nog grotendeels in de buitenlucht. Wie wit was gaf daarmee aan dat hij niet hoefde te werken. Dat was chic. Dus probeerde iedereen er zo bleek mogelijk uit te zien. Daartoe werden huidtonics en poeders gebruikt die dikwijls giftig waren. Ze bevatten kwikzilver en witlood. Daar gingen nogal wat mensen aan dood.

Grauwe fabrieken

De bewoners van warme landen blijven zoveel mogelijk uit de zon. Noord-Afrikanen bedekken zelfs bijna hun hele lichaam. Gelijk hebben ze! Zo gezond is felle zonneschijn niet. Maar in het Westen werd een bruine huid plotsklaps statussymbool. In de grauwe industriegebieden was een bleek uiterlijk bij arbeiders gaan horen. Wie bruin was kon het zich blijkbaar permitteren om te zonnebaden. Zo iemand werkte beslist niet in de fabriek of op kantoor. Bruin betekende dus rijkdom, vrije tijd en gezondheid.

Bruine barrière

De huid wordt bruin omdat hij zich verdedigt tegen het ultraviolette bestanddeel van het licht. Wanneer hij aan fel zonlicht wordt blootgesteld komen cellen in actie die melanocyten worden genoemd. Zij produceren melanine. Dat is een donker pigment dat een barrière vormt tegen de gevaarlijke ultraviolette straling. De Europese huid heeft een dag of drie nodig om die verdedigingslinie aan te leggen. Zo lang duurt het dus voordat hij echt bruin begint te worden. De hoeveelheid geproduceerde melanine verschilt trouwens per individu. Maar met lotions of crèmes kan hierop geen invloed worden uitgeoefend. Goede zonnebrandproducten hebben geen andere taak dan bescherming bieden tegen de zon. Ultraviolette stralen zijn zo slecht voor de huid dat ze zelfs huidkanker kunnen veroorzaken.

Donkere mensen

De huid van donker gekleurde mensen heeft een zeer hoog melaninegehalte. Hierdoor zijn ze uitstekend beschermd tegen de ultraviolette stralen van het zonlicht. Huidkanker komt bij hen bijna niet voor. Maar een donkere huid heeft ook een belangrijk nadeel. Hij neemt veel warmte op. Terwijl wit alle zonlicht en dus de warmte terugkaatst, absorbeert zwart alles. Hoe donkerder iets is, des te warmer wordt het in de zon. De donkere bewoners van de tropen zouden dus snel oververhit raken als niet zwart even zo snel de warmte weer zou afgeven. Zwart neemt op, maar straalt ook uit. Dit vermogen om warmte uit te stralen, plus het feit dat zwart beschermt tegen ultraviolet licht is er de reden van dat mensen donkerder worden naarmate ze dichter bij de evenaar wonen.

Beschaafde wereld

Jagers zwerven rusteloos rond. Zij zijn altijd daar waar het wild te vinden is. Landbouwers daarentegen hebben een vaste woonplaats. Zij binden zich aan de grond die door hen bewerkt wordt. Zij vestigen zich. In eenvoudige nederzettingen. Daaruit ontstaan dorpen en steden. Ruilhandel komt op gang. Men verbouwt meer dan men zelf opeet. Wat te veel is wordt geruild tegen producten die anderen over hebben. Handel vereist gebruiken, afspraken en ten slotte voorschriften. Wetten worden uitgedacht en uitgevoerd. Een geordende samenleving ontstaat. Een cultuur wordt geboren.

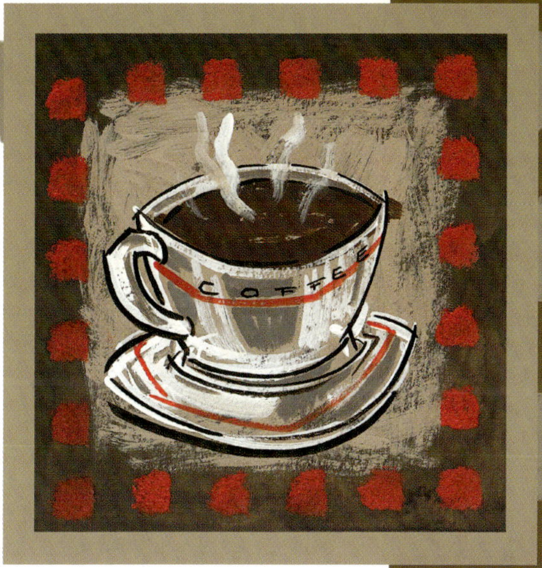

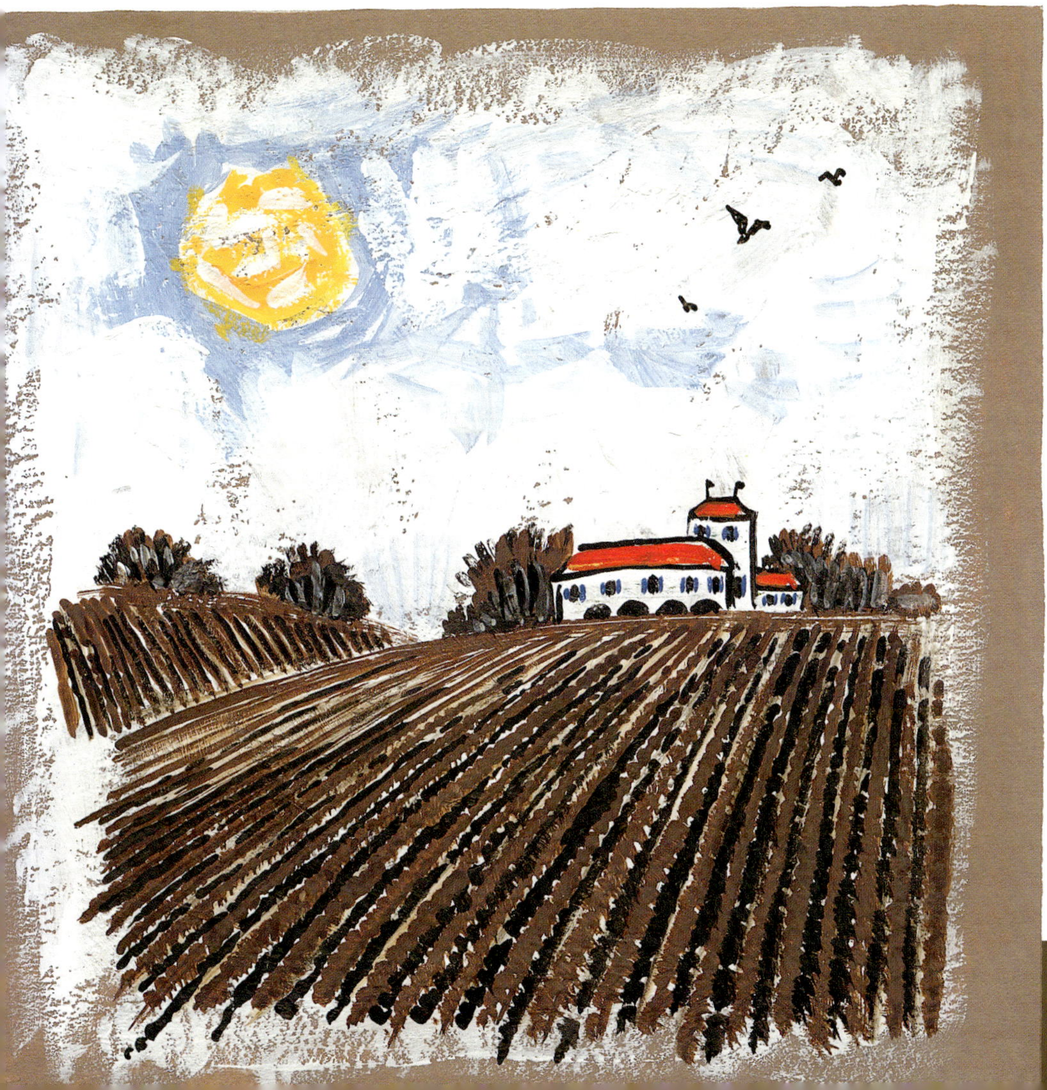

Bruin café

De akker is de basis van de beschavingen. Ook de wortels van de westerse cultuur liggen in de aarde. We zijn allemaal als boeren begonnen. Daarom zijn we de kleur van het door ons bewerkte land gaan vereenzelvigen met onze veilige woonplaats. Daar zijn liefde, licht en voedsel. Waar wij ons lekker voelen is bruin nog vaak een heel belangrijke kleur. Voor velen van ons is de woonkamer pas echt comfortabel wanneer de kleuren er rustig, natuurlijk en warm zijn. We kiezen graag voor de traditionele bruine tinten. Bruin is gezellig. Het werkt rustgevend. Niet voor niets zijn ook de dranken bruin die men samen drinkt om een ogenblik te ontspannen. Zoals koffie en thee.

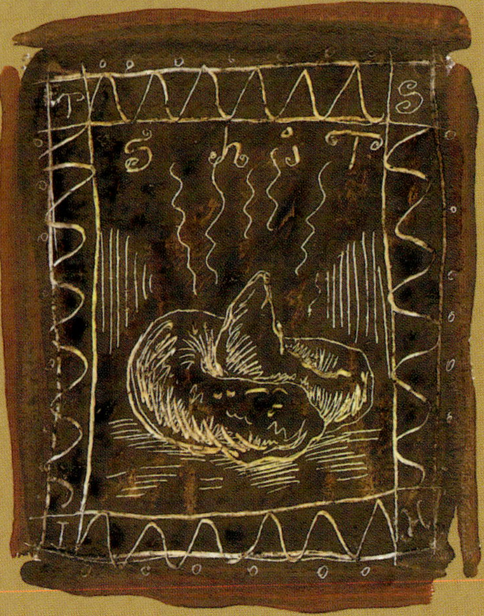

Vies item

Gal is een door de lever afgescheiden geelgroene vloeistof. Ze wordt in de dunne darm uitgestort en speelt een belangrijke rol bij de vertering van vetten. De kleur van gal wordt veroorzaakt door de oranjegele kleurstof bilirubine. Dit is een afbraakproduct van de rode bloedkleurstof. In de darm wordt de bilirubine vermengd met andere kleurstoffen. Het gevolg is bruin. Dit bruin geeft aan ontlasting de kenmerkende kleur.

Gebakken biefstuk

Veel voedsel is bruin. Zowel uitgesproken hartig als mierzoet wordt door deze kleur gekenmerkt. Gebakken biefstuk en chocolade bijvoorbeeld. Donkere kleuren suggereren een sterke smaak. Vooral volwassenen houden daarvan. Bruin wordt trouwens meer gewaardeerd door mannen dan door vrouwen. Producten die bedoeld zijn voor gebruik door mannen hebben vaak een bruine verpakking of een bruin etiket. Maar brood en chips worden door iedereen gegeten. Daarom moeten ze goudbruin zijn. Niet te licht dus en niet te donker.

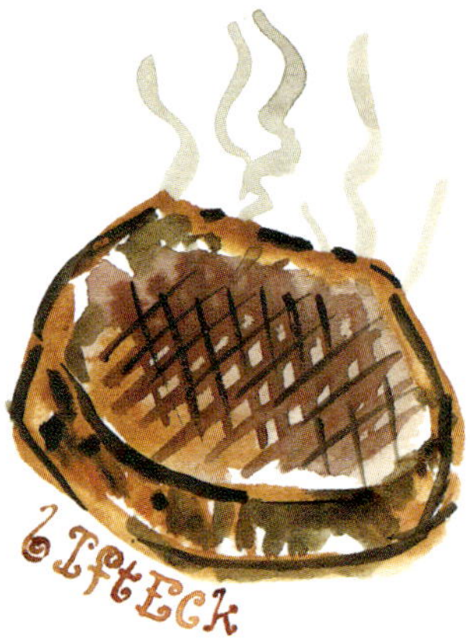

Verbrand vlees

Vlees, vis en bijvoorbeeld pannenkoeken worden bij het bakken bruin. Bij alle producten die eiwit en suikers bevatten treedt deze verkleuring op als gevolg van de zogenoemde Maillard-reactie: bij verhitting gaan suikers en eiwit op elkaar reageren. De stoffen die hierbij ontstaan zijn bruin. Als het erg ver gaat wordt het baksel zwart. Dan bakt het aan. Of het verbrandt zelfs. Het wordt dan zwart omdat al het water eraan onttrokken wordt. Uiteindelijk blijft er alleen nog koolstof over. En dat is roetzwart. Water is blank en transparant. Ontwaterde stof is het tegengestelde: zwart en ondoorzichtig.

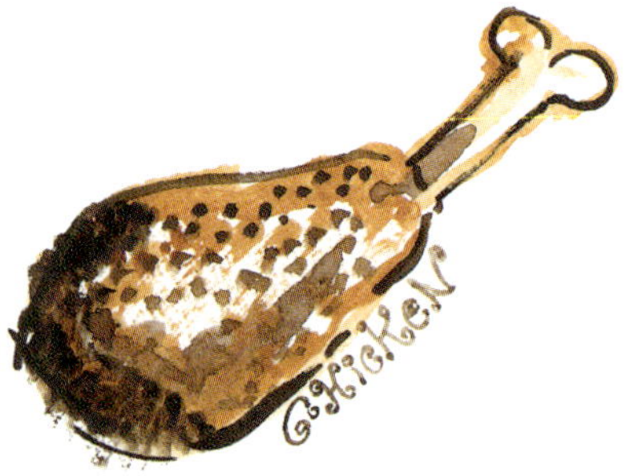

Pijp opsteken

Je hoort wel beweren dat de meeste wonderen uit Amerika komen. Uit de Verenigde Staten wel te verstaan. Ook vroeger al werd opgekeken tegen Amerika. Driehonderd jaar geleden stonden producten uit de nieuwe wereld, zoals tomaten en aardappelen, in hoog aanzien. Men raakte niet uitgepraat over hun geneeskrachtige kwaliteiten. Zelfs tabak werd als een probaat geneesmiddel beschouwd tegen allerlei nare ziekten en kwalen. In de zeventiende eeuw werden in Engeland tijdens een pestepidemie schoolkinderen op straffe van een flinke portie stokslagen gedwongen om minstens eenmaal per dag een pijp te roken. Dit moest de gevreesde ziekte voorkomen.

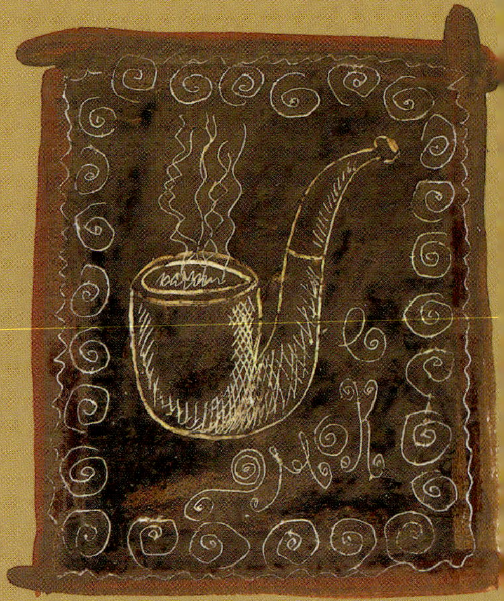

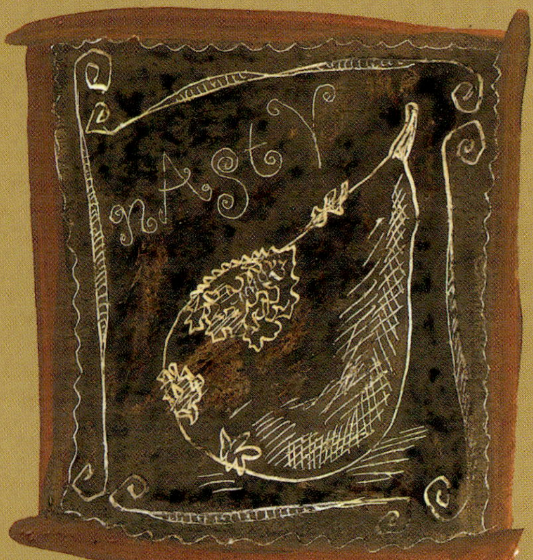

Rottend fruit

De celwanden van appels, peren en andere vruchten bevatten polyfenolen. Dat zijn stoffen die onder andere voor de kleur van de schil zorgen. In de cellen zelf zit een enzym, polyfenoloxidase. Normaal komen deze twee stoffen niet bij elkaar. Snijd je bijvoorbeeld een appel door, dan komen ze wel bij elkaar. Er treedt dan een reactie op. De polyfenolen worden omgezet in polymeren. En die zijn bruin. Daarom wordt een doorgesneden appel bruin. Om dezelfde reden worden fruit en groenten bruin als ze gaan rotten. Alleen worden de cellen dan niet kapotgemaakt door een mes of door tanden maar door bacteriën of schimmels.

Cyd Perres

Het is al bijna honderdvijftig jaar geleden dat Cyd Perres in een sigarenfabriek werkte. Op een dag zei ze tegen haar chef: 'U krijgt bruine vingers van het sigaren roken. Dat staat vies. Als u nu eens een strookje papier om uw sigaren draait. Dat zal zeker helpen.' De chef vond het geen gek idee. Hij volgde haar raad op en kreeg geen bruine vingers meer. Het sigarenbandje was uitgevonden.

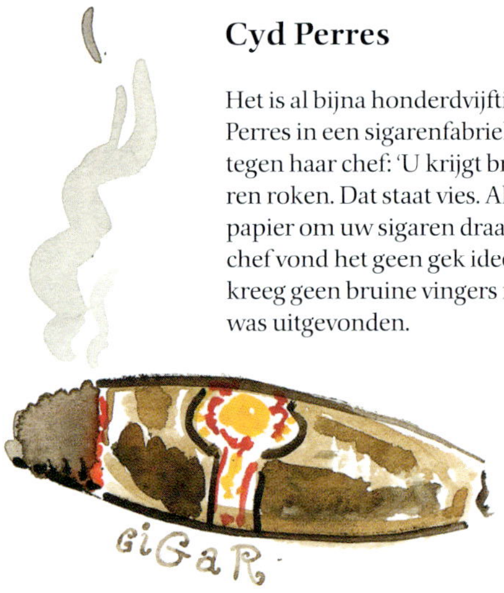

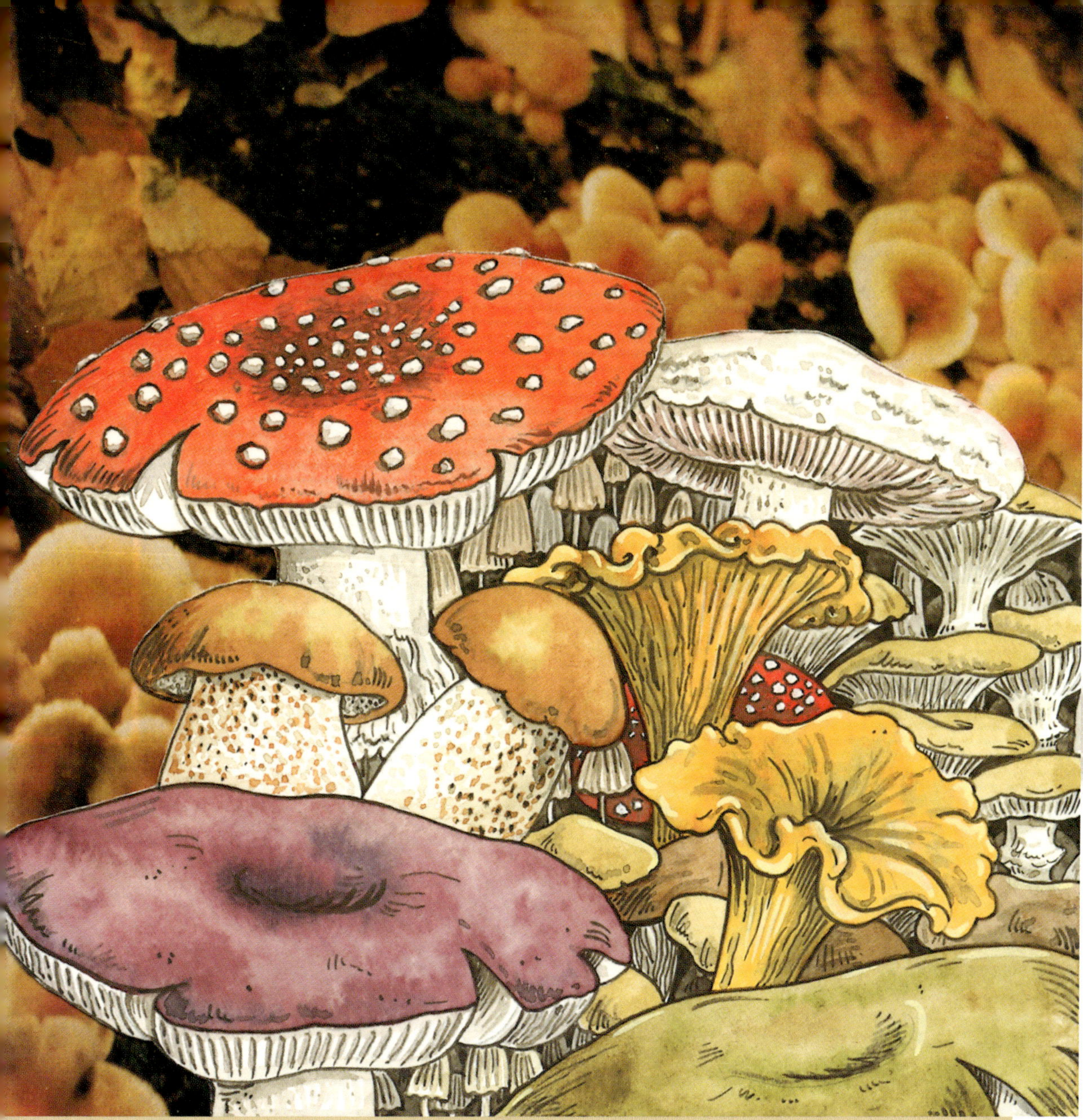

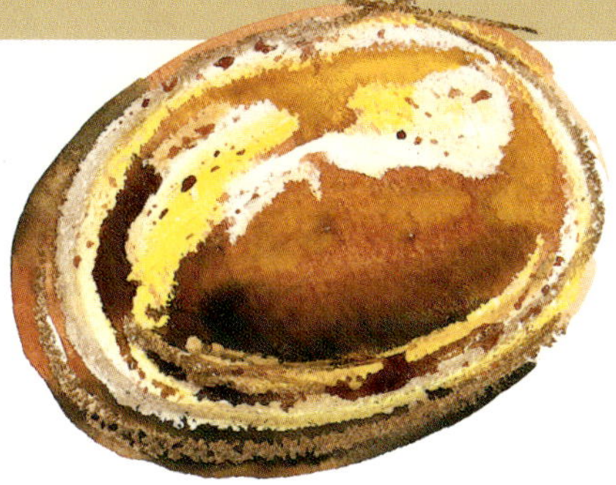

Statische lading

De doorzichtige goudbruine hars van voorhistorische bomen heet amber of barnsteen. Het was een van de eerste 'edelstenen'. Het werd gebruikt als amulet. Of in poedervorm als medicijn. Het Griekse woord voor barnsteen is 'elektron'. Daar is het woord 'elektrisch' van afgeleid. Barnsteen wordt door wrijving namelijk statisch geladen.

Sepia rookgordijn

De octopus is een soort inktvis. Hij heeft acht armen. En een inktzak. Daaruit spuit hij bij gevaar een donkerbruine vloeistof in het water. Deze inkt heet 'sepia'. Hiermee onttrekt hij zijn bewegingen aan het oog van de vijand. Het rookgordijn waarvan wel gebruik wordt gemaakt bij gevechten op land en ter zee, is er misschien wel van afgekeken.

Nuttig werk

Schimmels behoren tot het plantenrijk. Met ruim vijfenzeventigduizend soorten vormen ze er zelfs een belangrijke afdeling van. Maar ze zijn heel oud en primitief. Ze hebben geen bladeren, geen stengels en geen wortels. Ze zijn bleek en bevatten dus geen bladgroen. Ze zijn hierdoor niet in staat hun eigen voedsel te maken, zoals hogere planten doen. Ze moeten zich voeden met wat andere organismen in de aanbieding hebben. Dode planten en dieren vormen meestal hun voedselbron. De schimmels hechten zich erop, laten hun lange draden erin doordringen en laven zich aan de aangeboorde bronnen. Ze verrichten bijzonder nuttig werk omdat ze het proces van afbraak van dood materiaal versnellen. Ze zijn vuilnisverwerkers.

Vreemde bloemen

Niet alleen mensen en dieren planten zich voort. Planten ook. Schimmel vormt ondergronds of in dood hout een grote wirwar van draden: het mycelium. Dit brengt uitstulpsels voort die wij paddestoelen noemen. Paddestoelen zijn eigenlijk een soort bloemen, die zaad dragen, dat ze meegeven aan de wind of aan insecten en zoogdieren. Die zaadjes worden 'sporen' genoemd. Zijn deze vrijgekomen dan verschrompelen en vergaan de bloemen. De schimmeldraden leven gewoon verder. Ze blijven zich een weg zoeken naar het afval van de natuur. Paddestoelen zijn dus bloemen. De bloemen van het bederf.

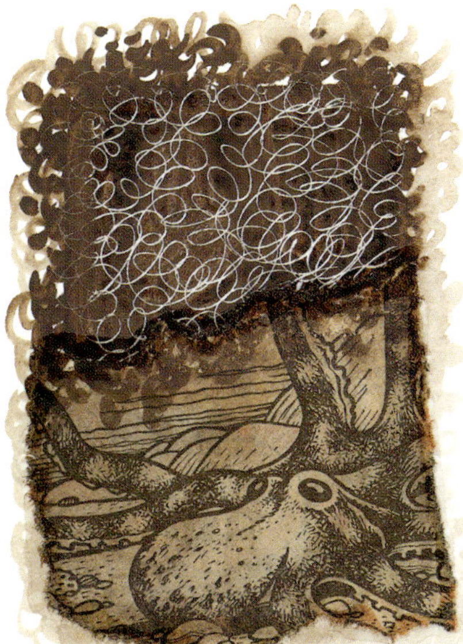

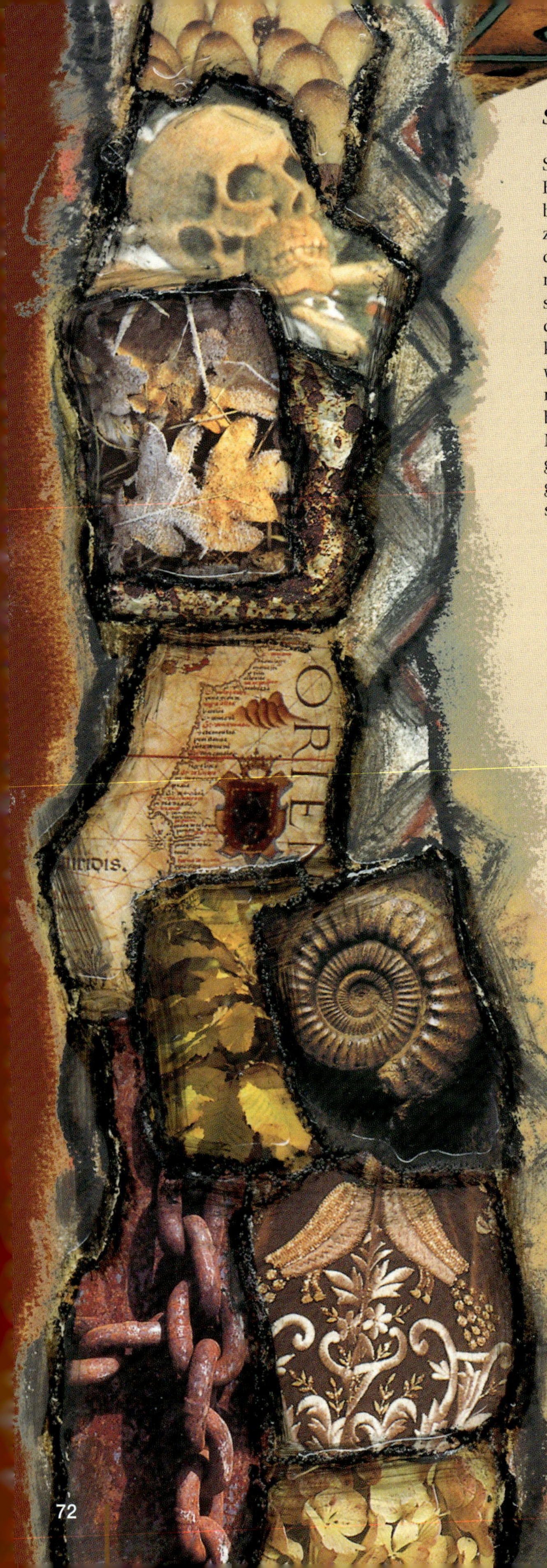

Schimmels eten

Sommige schimmels lusten graag mensen. Bijvoorbeeld voetschimmel en dauwworm. Maar bijna alle mensen houden van schimmels. Ze vormen zelfs ons dagelijkse brood. Want het gist dat brood doet rijzen is een schimmel. Ook het biertje waar menigeen de hele dag naar uitkijkt, had niet zonder schimmels gebrouwen kunnen worden. Het kaasje dat bij een glaasje gegeten wordt is vaak schimmelkaas. De blauwe adertjes in Gorgonzola en Roquefort worden door schimmels gevormd. Truffels, champignons, cantharellen, oesterzwammen en eekhoorntjesbrood zijn eveneens schimmels. Of liever: zwammen. Maar niet alle paddestoelen worden door ons lekker gevonden en prettig verteerd. Vele zijn zelfs uitermate giftig. Het eten van verkeerde paddestoelen kan mensen nog altijd het leven kosten.

Doodse kleuren

Wat oud, vies of afgestorven is verkleurt. Het wordt bruingeel. Bloemen verleppen. Gewassen verdorren. Witte beenderen nemen langzaam maar zeker de kleur aan van oud hout. Om daarna te vermolmen en tot aarde te vergaan. Er zijn resten van levende wezens die door allerlei omstandigheden zijn versteend. Dat zijn fossielen. Fossielen zijn nooit frisgroen of helderrood. Ze zijn altijd grijs, bruin of zwart. Donkere kleuren zijn doodse kleuren. Bruin mag dan de kleur van de vruchtbare aarde zijn, het is ook de kleur van de dood die het leven teruggeeft aan de aarde en haar daardoor vruchtbaarheid schenkt.

Vallende bladeren

In de herfst verliezen loofbomen hun bladeren. Alleen op die manier kunnen ze de winter overleven. Voordat ze de bladeren afstoten trekken ze er eerst alle nuttige stoffen uit terug om deze opnieuw te gebruiken. Onderdeel van dit proces is dat de bladgroenkorrels worden opgelost. Hierdoor krijgen de andere kleurstoffen die zich in de bladcellen bevinden de overhand. De bladeren gaan geel, bruin en bruinrood kleuren. Terwijl de bladertooi van kleur verschiet vormen zich tussen de bladstelen en de takken dunne, breekbare kurklaagjes. Deze snijden de watertoevoer af zodat er geen verdamping via het blad meer plaatsvindt. Het herfstblad wordt droog en bros. Het minste zuchtje wind verbreekt de verbinding tussen blad en tak. De bladeren vallen.

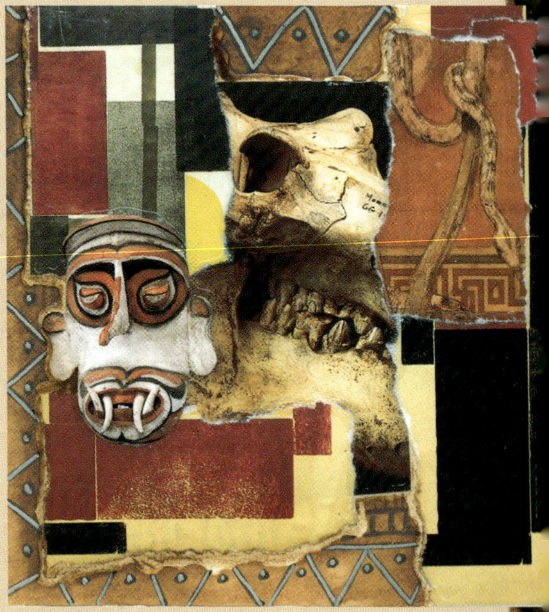

Doodgewone aarde

Een groepje geleerden kwam op het idee om gevallen herfstbladeren te gaan tellen. Ze kozen een kastanje uit. Na drie weken stelden ze vast dat de boom niet minder dan zevenentwintigduizendzevenhonderd bladeren had verloren. Die wogen tezamen honderdvijftig kilo. Eén derde deel ervan viel in één dag af. De rest deed er drie weken over. Alle bladeren kwamen terecht op de grond. Allemaal schenen ze na verloop van tijd opgelost te zijn in de bodem. Toen de geleerden deze doodgewone aarde gingen onderzoeken kwamen ze tot de opzienbarende ontdekking dat er in vier kubieke meter net zoveel levende wezentjes woonden als er mensen op de aardbol zijn. Met z'n allen hadden die schepseltjes de bladeren omgezet in humus.

Roestig ijzer

Roest vormt zich als een bladderige massa wanneer onbeschermd ijzer aan vochtige lucht is blootgesteld. Doordat de roest geen samenhangende laag vormt wordt het onderliggende metaal niet beschermd. Het proces gaat dus geleidelijk verder tot aan de algehele omzetting van het metaal. IJzerroest is een bruin poeder. Het bestaat uit ijzeroxide. Net als ijzererts.

Intieme **kleur**

Hout varieert in kleur van beige tot bijna zwart. Het mag dus bruin genoemd worden. Hout voelt nooit steenkoud aan. Het is een warm materiaal. Bruin is een warme kleur. Geen wonder dat hout in het interieur gevoelens van warmte en geborgenheid geeft. Deze associatie van kleur en gevoel vinden we terug in de uitdrukking 'een bruin café'. Bruin staat voor gezelligheid en ontspanning.

Daarom zijn ook veel sterke dranken bruin, goudbruin of roodbruin. Ook koekjes, bonbons en zoutjes zijn bruin van kleur. Net als het vlees of de vis die het hoofdgerecht van het diner vormt. Bruin is intiem. Bruin is een glas cognac. Bruin is klassieke muziek. De tijdloze muziek die opklinkt uit violen en celli en alle andere bruinhouten en goudbruine instrumenten.

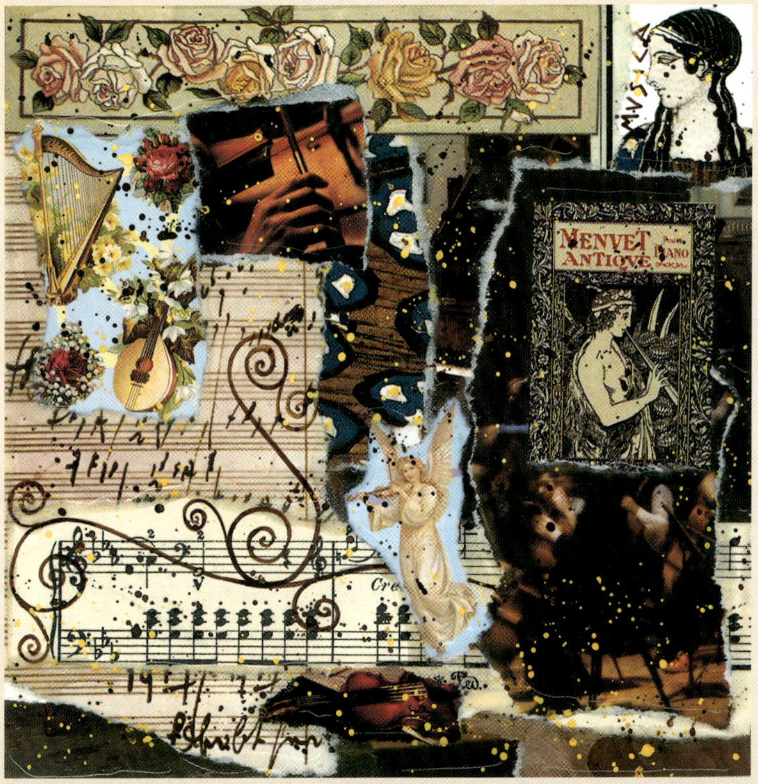

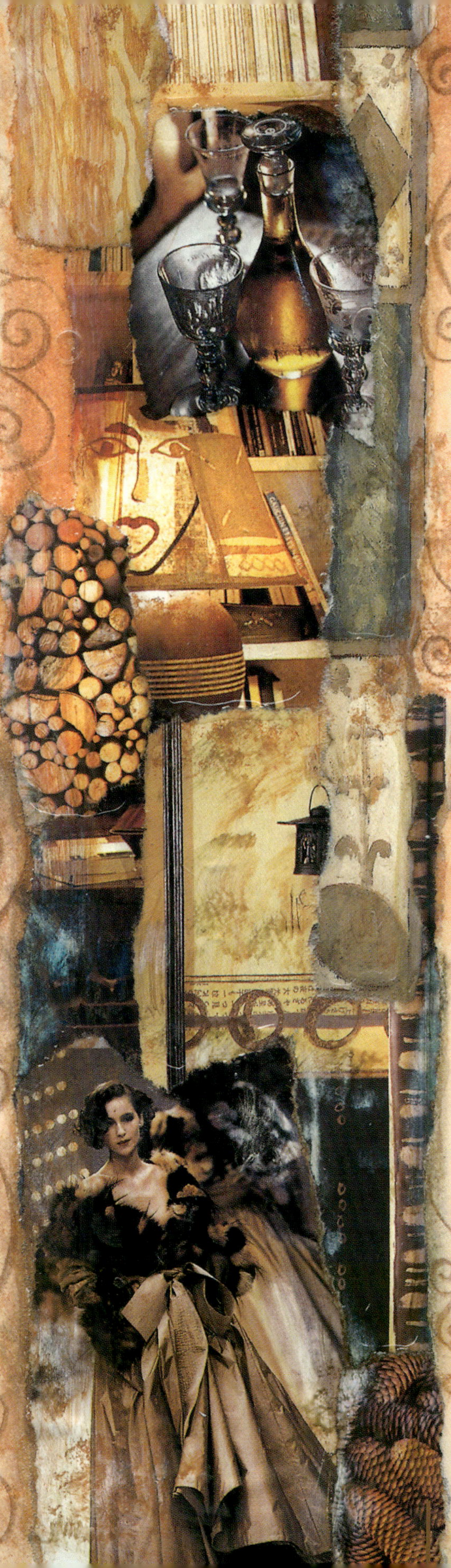

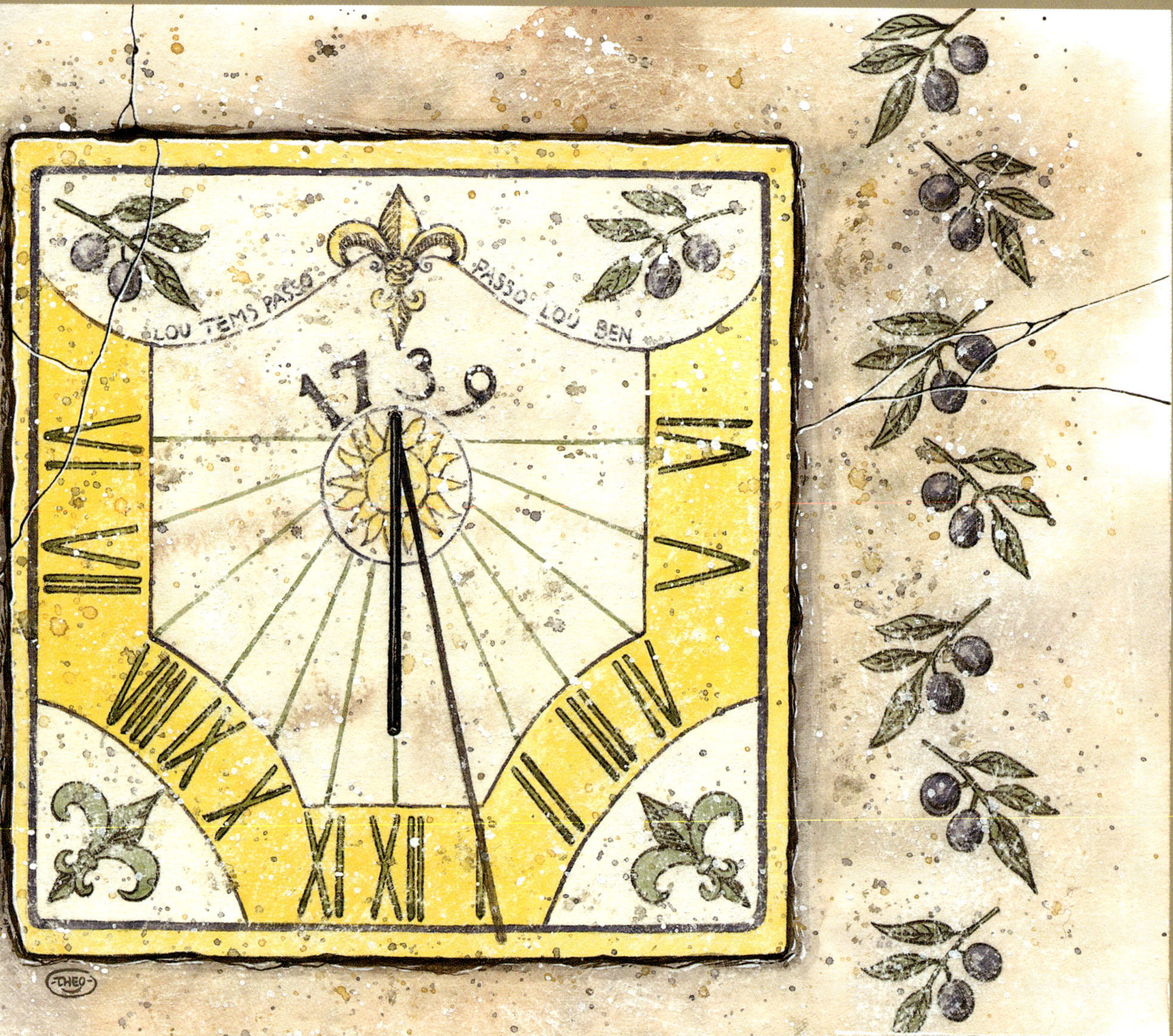

Al fresco

Prachtige bruine tinten zie je op oude muurschilderingen. In weerwil van hun vervaagde en bezonken kleuren worden die schilderingen fresco's genoemd. De juiste benaming is trouwens 'al fresco'. 'Fresco' is een Italiaans woord. Het betekent 'fris'. Dit slaat natuurlijk niet op de kleuren. Het heeft betrekking op de schildertechniek. De verf wordt namelijk aangebracht op verse, nog natte kalk. Samen drogen deze twee bestanddelen op tot ze keihard zijn. Veel eeuwenoude fresco's zijn dan ook in uitstekende staat gebleven. De Griekse en Romeinse zijn wereldberoemd. Maar die uit de Italiaanse Renaissance zijn niet minder bekend. Vooral in Zuid-Europa, waar de huizen vanouds gepleisterde muren hebben, was de frescotechniek populair. Je ziet daar ook op de muren van heel gewone huizen overal fresco's.

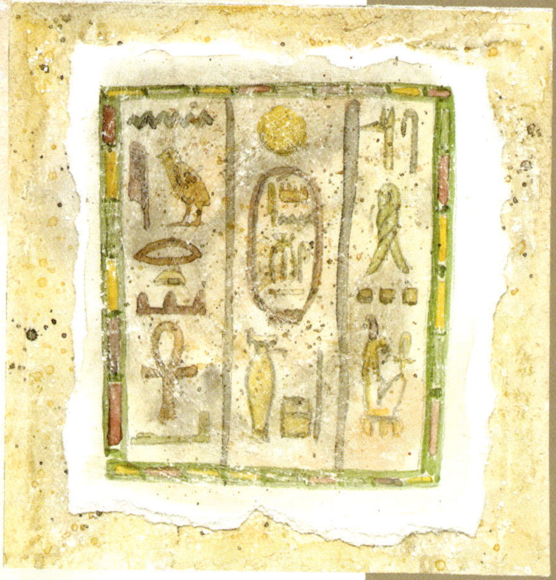

Terracotta dakpannen

In de landen rond de Middellandse Zee wordt muurkalk vaak vermengd met aardpigmenten. Gele of rode oker bijvoorbeeld. Of siena en omber. De muren hebben daardoor warme kleuren. Zon en wind geven ze op den duur prachtige, verweerde tinten. Die gaan heel mooi samen met de terracotta dakpannen die er meestal worden gebruikt. De klei waarvan deze gebakken worden bevat ijzeroxide. De kleur varieert daardoor van helder oranje tot diep bruinrood.
In Egypte zijn dergelijke kleurencombinaties al duizenden jaren in zwang. Het zijn de kleuren van de woestijn. Ze werden in het Oude Egypte al toegepast in muurschilderingen en op reliëfs. Ze zijn karakteristiek voor de nog overal te bewonderen hiëroglyfenteksten.

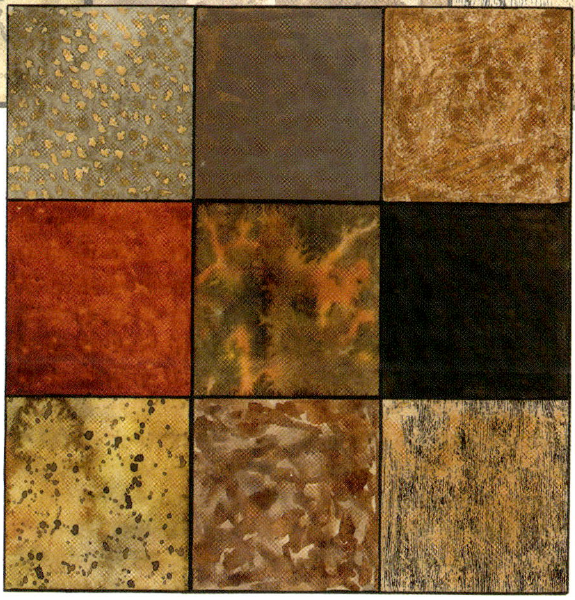

Favourite colour

Volgens velen zegt kleurkeuze iets over de persoonlijkheid. Iemand is bijvoorbeeld heel goed bestand tegen de zorgen en tegenslagen van het leven als bruin zijn favoriete kleur is. Hij staat onbewogen tegenover zijn lot. Met grote zekerheid gaat hij regelrecht af op de doelen die hij zich heeft gesteld. Een fantast is hij beslist niet. Hij houdt van zelfstandigheid en een eigen werkterrein. Hij is een ernstig en degelijk mens. Wat hij zegt is meestal zo serieus als een oude tempeltekst. Maar soms kan er zelfs bij de doorgewinterde bruinliefhebber wel een grapje af. Ook naar hem geeft het leven zo nu en dan een knipoog.

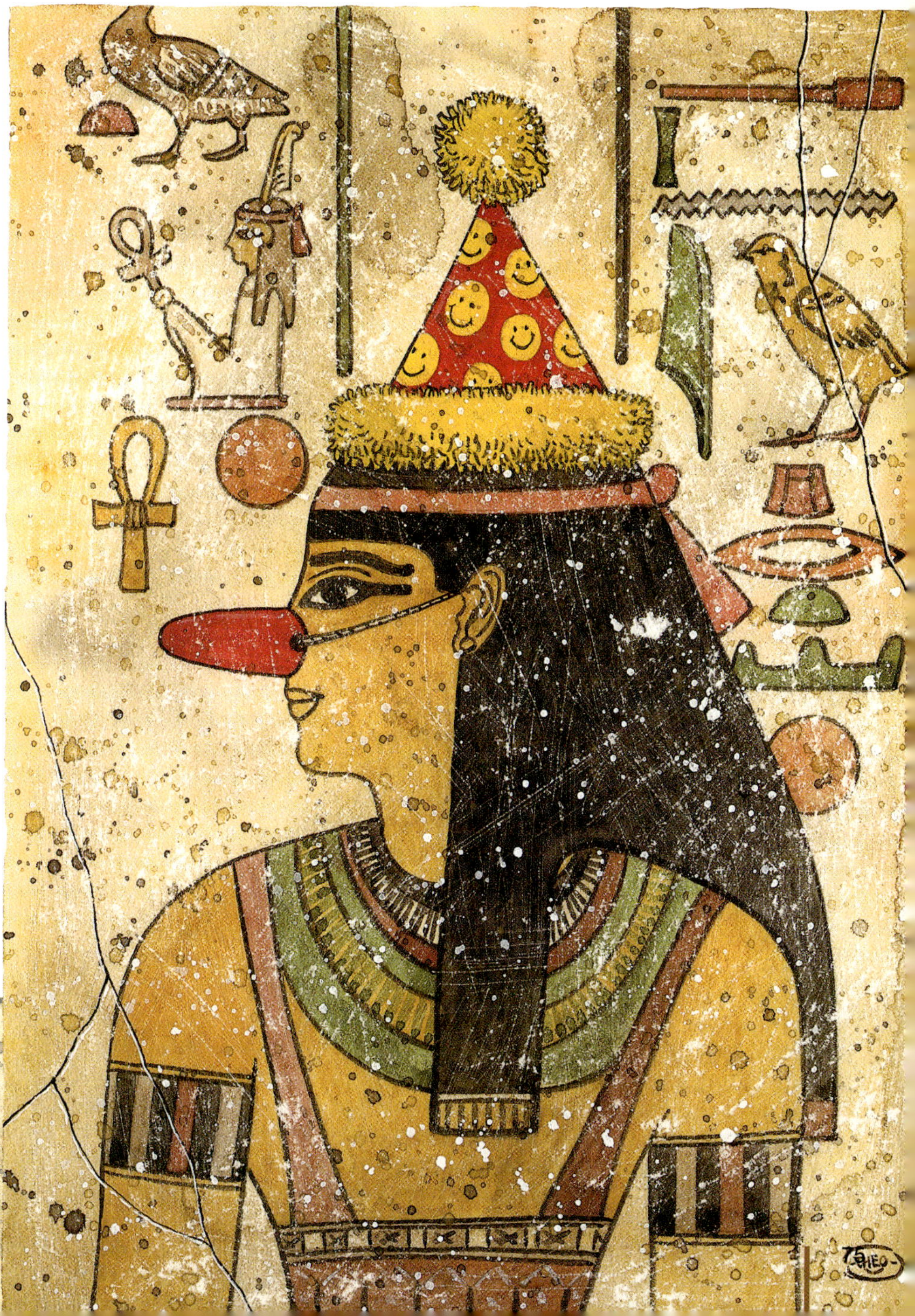

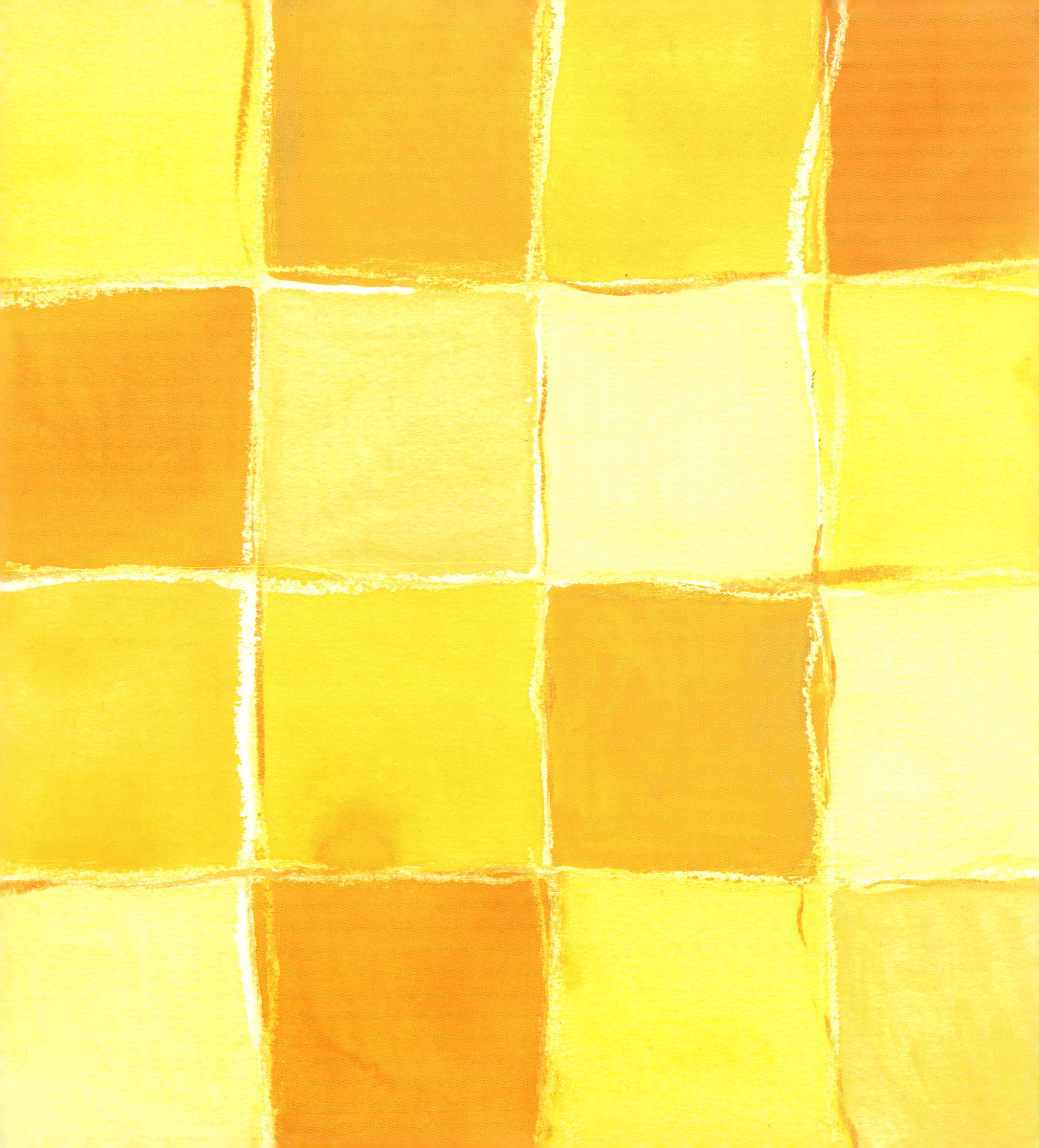

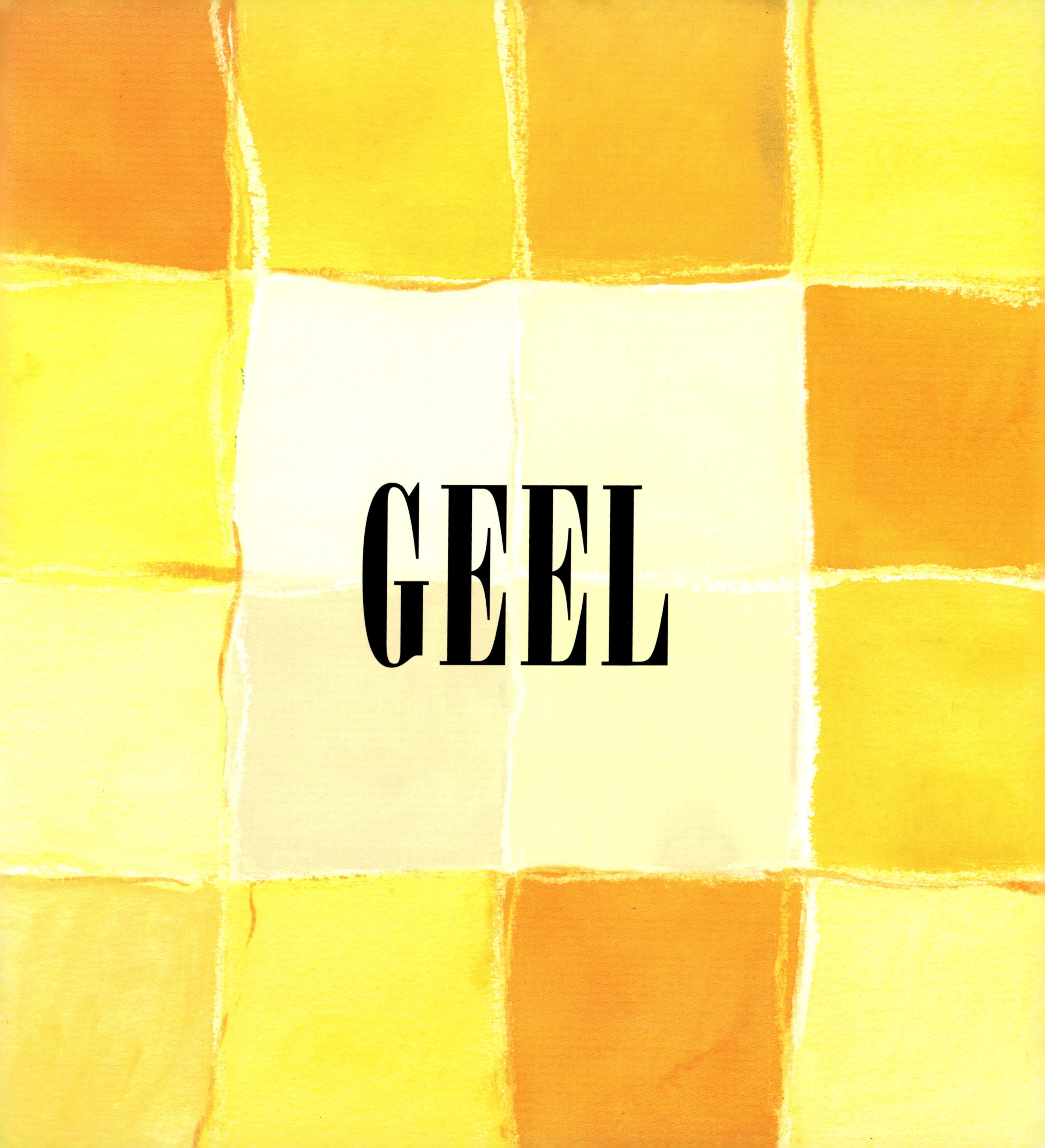

GEEL

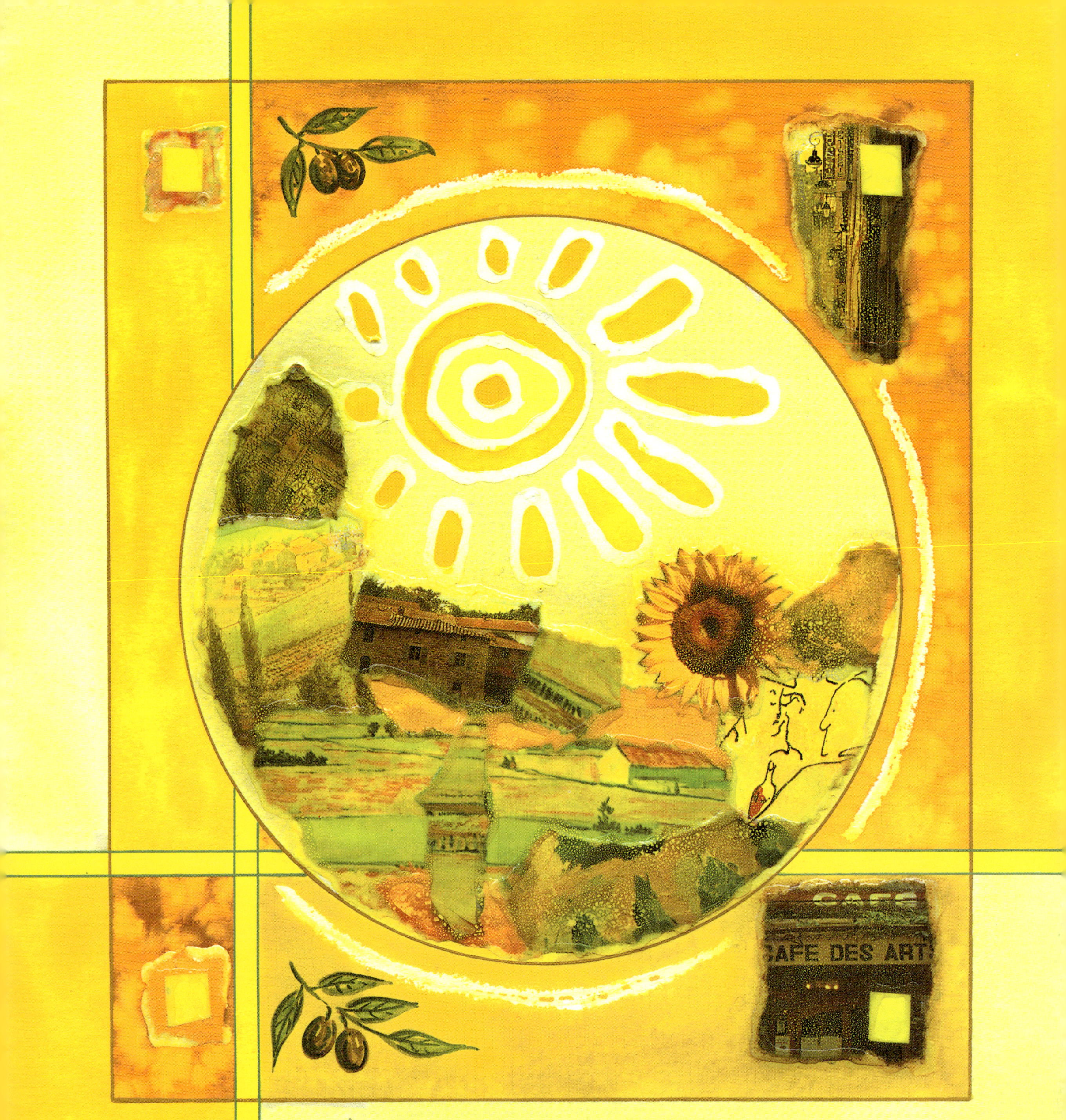
CAFE DES ART

Goddelijke zon

Al zolang de mensheid bestaat wordt de zon vereerd als de onuitputtelijke bron van licht en leven. De zon brengt leven voort met zijn warmte, voedt het met zijn licht en vernietigt het met zijn verzengende kracht. Hij is het begin en het einde. Hij is overal en dringt in alles door. Over zijn ontstaan en wezen bestaan talloze mythen. Deze maken deel uit van de enorme schat aan godenverhalen waarmee de mensen het onverklaarbare trachtten te verklaren.

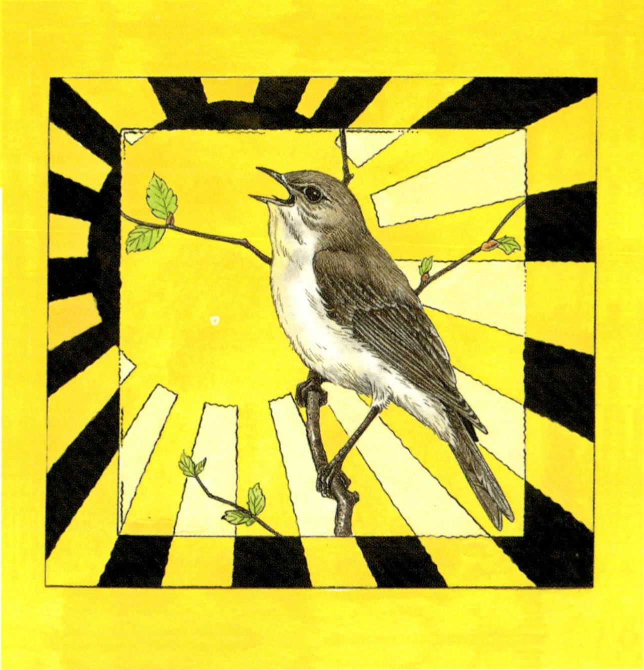

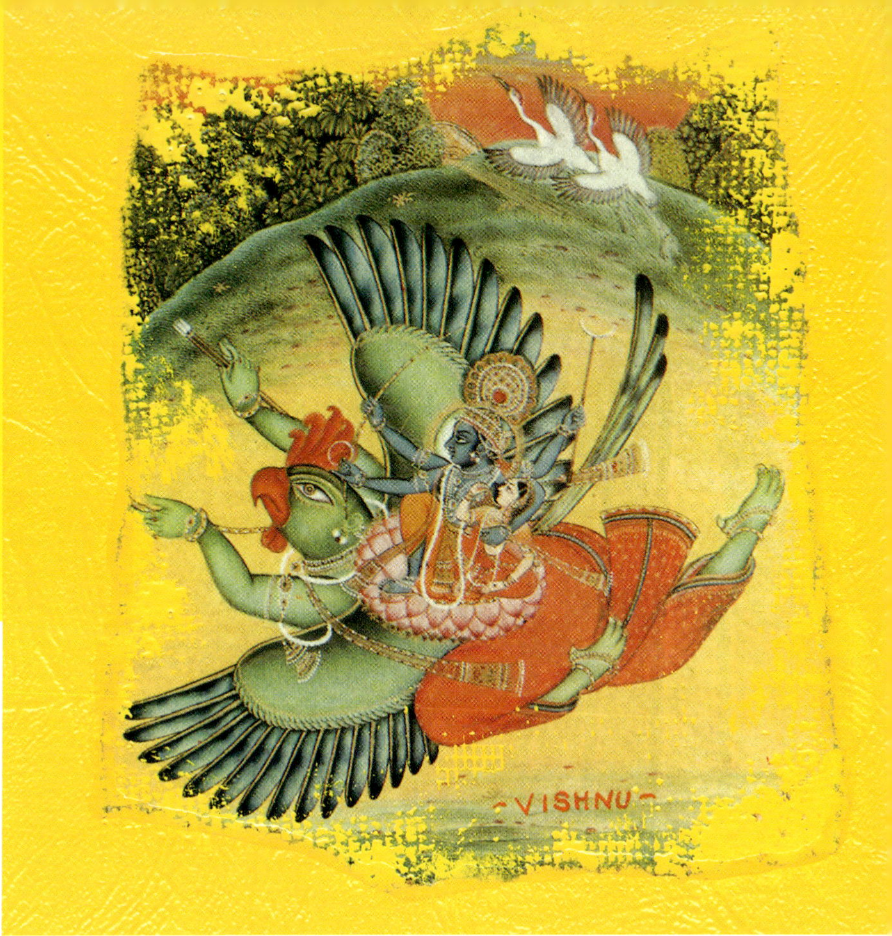

Gouden harnas

Verreweg de meeste zonnegoden zijn mannelijk, terwijl de maan vrijwel altijd als een godin beschouwd wordt. De bekendste zonnegod is Helios. Deze Griekse godheid reed iedere ochtend met zijn met vurige paarden bespannen wagen uit om de dagelijkse tocht door de hemel te beginnen. Verblindend licht scheen uit zijn ogen. Zijn gouden harnas fonkelde. 's Avonds daalde hij naar zee af om in een boot terug te varen naar het vertrekpunt. De hindoegod Vishnu maakte elke dag dezelfde reis langs het hemelgewelf, maar deed dit op de rug van de vogelmens Garuda.
Amaterasu is een van de weinige vrouwen in de wereld van de zonnegoden. Zij is de oogverblindend mooie Japanse zonnegodin. Ook het Oude Egypte had een zonnegodin. Zij heette Nut en baarde iedere ochtend de zonnegod Re. Om hem 's avonds weer te verzwelgen.

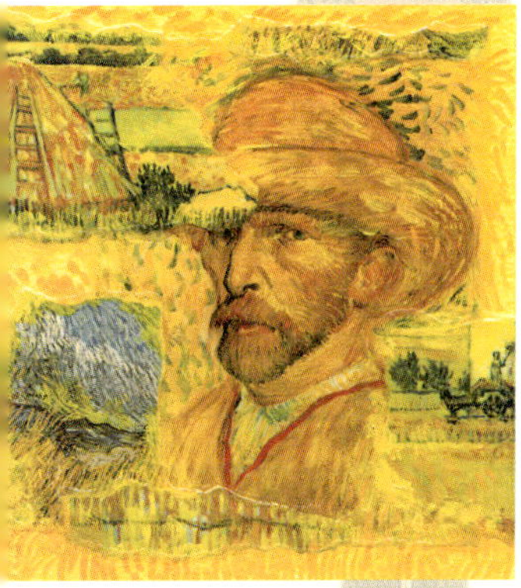

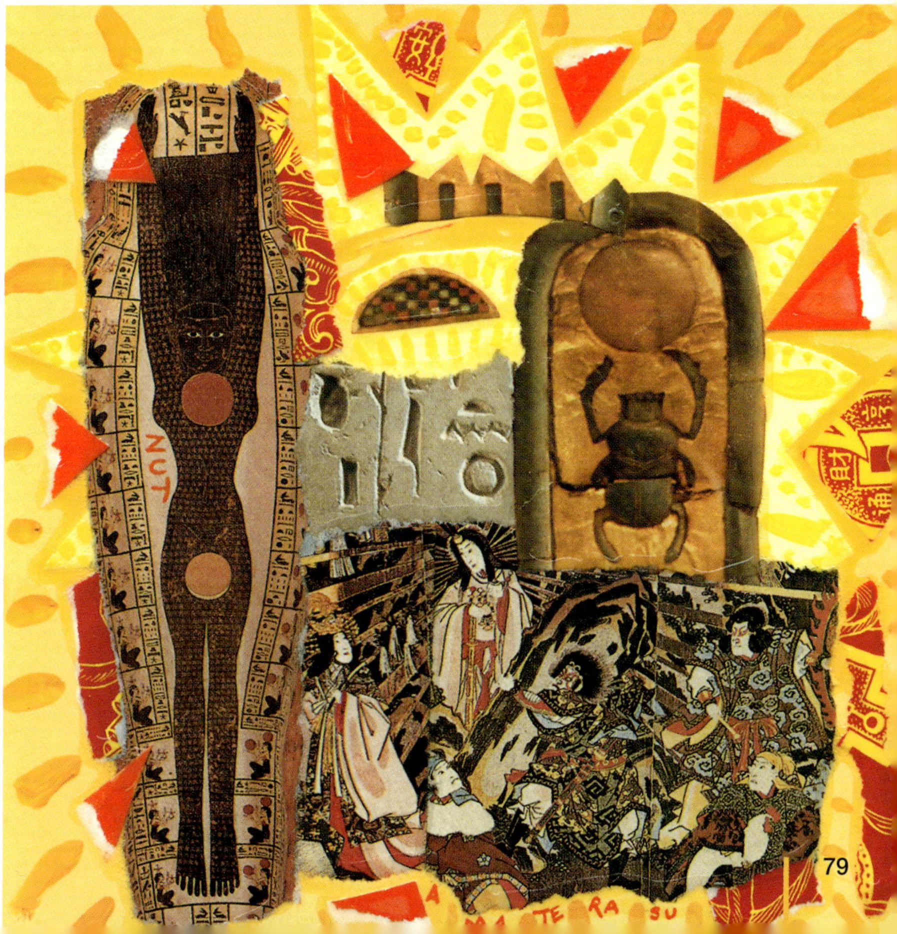

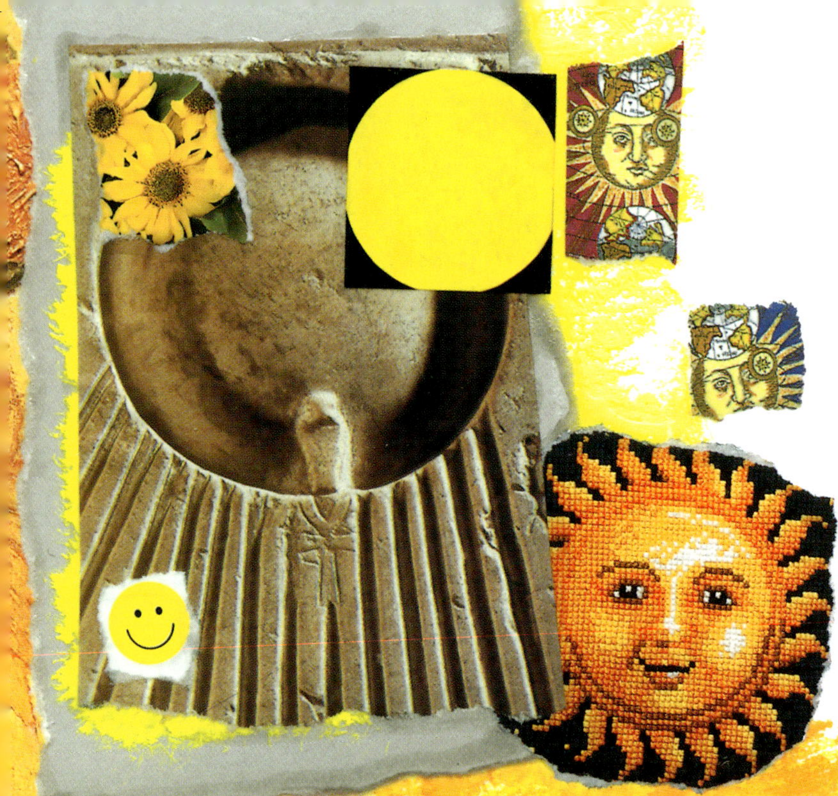

Witgloeiend gas

De zon is de meest nabijgelegen ster. Vergeleken met andere sterren is hij van gemiddelde omvang. Indien hij hol was zouden er meer dan een miljoen aardbollen nodig zijn om hem te vullen. Zijn diameter bedraagt 1.392.000 km. Hij draait in minder dan een maand om zijn as. De zon is een massa witgloeiend gas. Hij is feitelijk een enorme kernreactor waarin waterstof bij temperaturen van miljoenen graden wordt omgezet in helium. Vier miljoen ton van de zonnemassa wordt elke seconde in energie omgezet. Dat proces duurt reeds miljarden jaren en zal nog miljarden jaren voortduren.

Helderste kleur

Zonlicht is kleurloos. Maar toch is geel de traditionele kleur van de zon wanneer hij op tekeningen en schilderijen wordt afgebeeld. Hij lijkt inderdaad soms geel te zijn. Dat komt doordat de kleur geel het minst verstrooid wordt door de aardse dampkring. In het zonlicht liggen alle kleuren besloten en die worden door de atmosfeer allemaal gebroken terwijl geel vrijwel onveranderd ons oog bereikt.

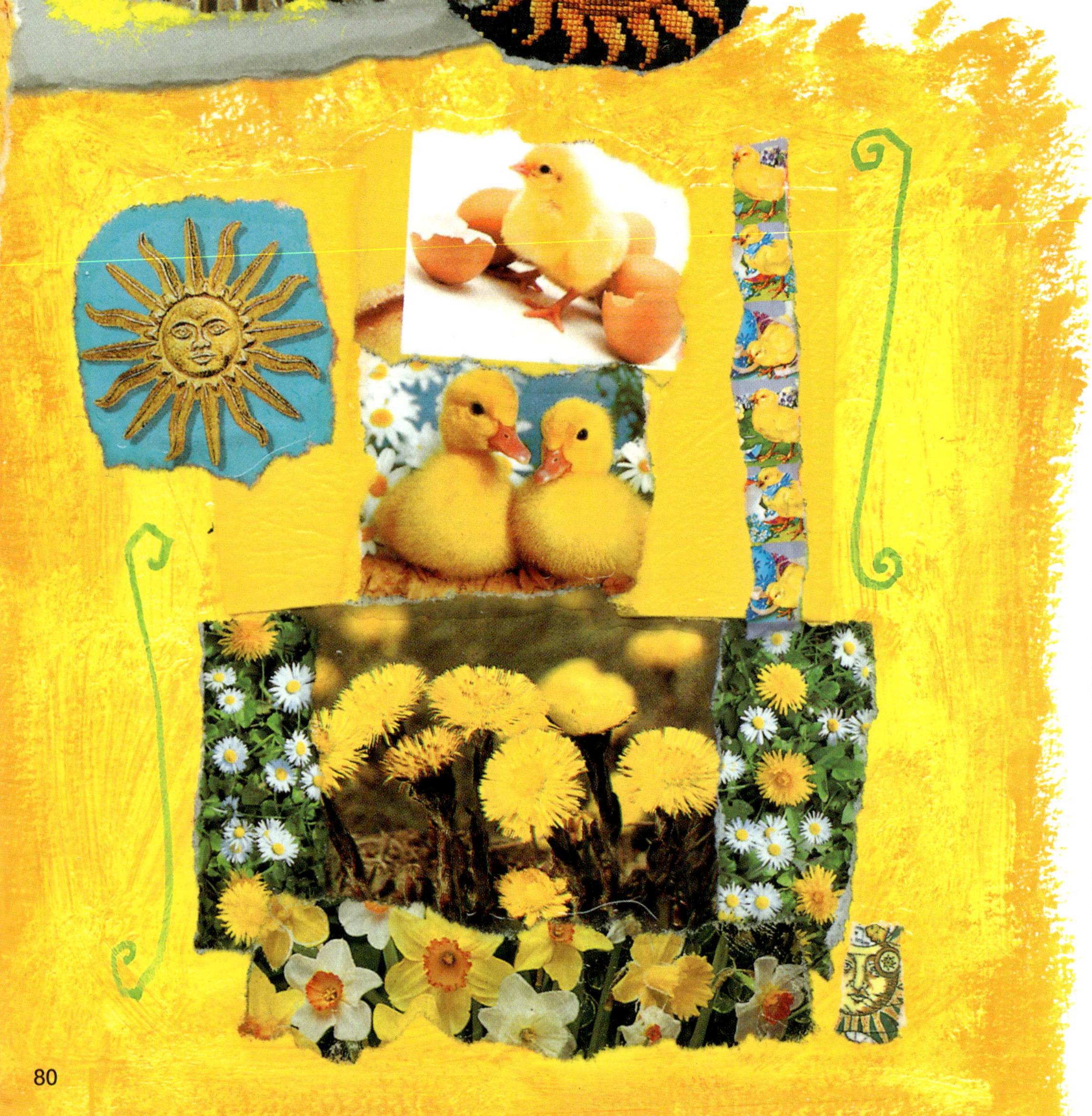

Hoogste zonnestand

De zonnebloem heeft zijn naam te danken aan zijn uiterlijk. Hij lijkt op de zon zoals deze in zijn simpelste vorm kan worden afgebeeld: als een cirkel met vlammende stralen. Van de zonnebloem wordt gezegd dat hij meedraait met de zon. Hij zou de dag naar het oosten gekeerd beginnen en daarna de zon op diens tocht naar de westelijke horizon volgen. Daarom noemen de Fransen hem 'tournesol'. Plantenkenners beweren echter dat zonnebloemen allemaal altijd dezelfde kant uitkijken en wel naar de plek van de hoogste zonnestand.

Lentefeest Pasen

Lentebloemen hebben de kleur van de zon. Narcissen, krokussen, forsythia's, sleutelbloemen, paardebloemen en boterbloemen, ze zijn allemaal geel. Het schijnt dat ze met deze kleur het meeste profijt trekken van het ultraviolette gedeelte van het zonlicht. Kuikentjes zijn al even geel. Ze hebben dezelfde kleur als de dooier die hen in het ei tot voedsel heeft gediend. Lente is: gele zon, gele bloemen en gele kuikentjes. Zonnig geel is hierdoor de kleur van het voorjaar en het nieuwe leven. Het is dus ook de paaskleur bij uitstek.

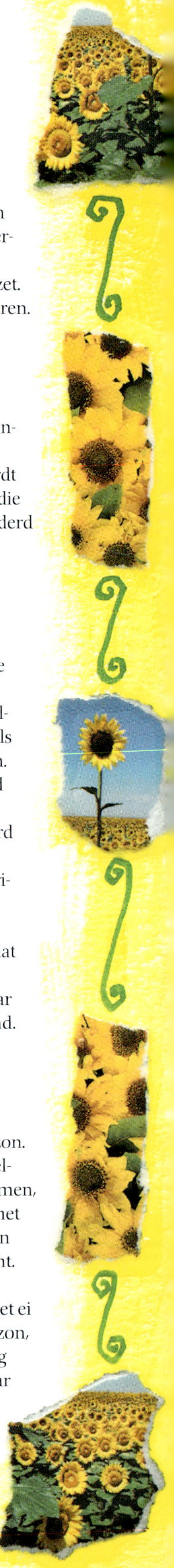

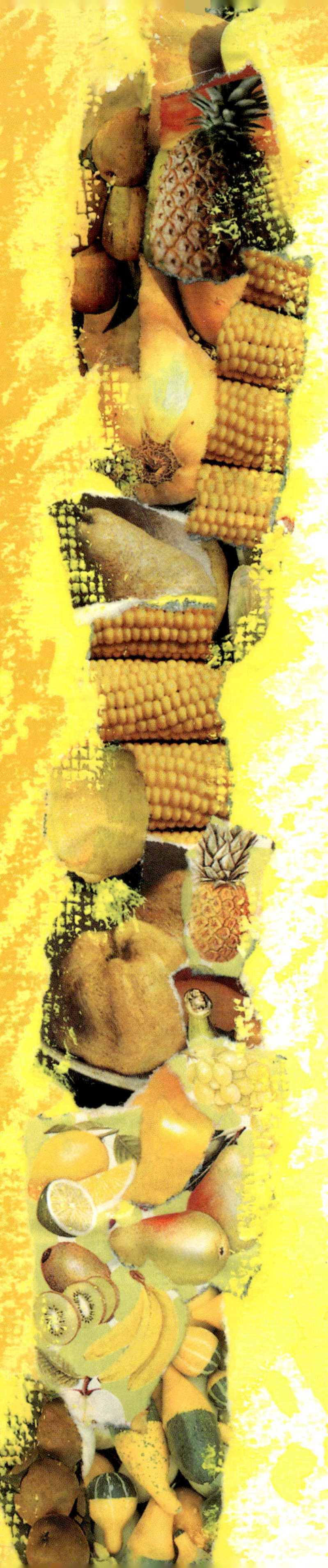

Volle rijkdom

Vruchten en granen rijpen in de zon en het lijkt alsof ze dan het gouden zonlicht in zich opnemen. Ze verkleuren in ieder geval van groen naar geel. Koren, maïs, bananen, citroenen, pompoenen, appels en peren: ze zijn allemaal geel. In vruchten wijst deze kleur op een hoog gehalte aan vitamine A en C.

Kilo saffraan

Het bloemgedeelte dat het stuifmeel van andere bloemen opvangt en waaruit zich later de vrucht ontwikkelt heet stamper. Deze kan uit één of meerdere zogenoemde stempels bestaan. Bij krokussen zijn deze helder oranjegeel. Een bijzondere soort is de saffraankrokus die uit Azië stamt en veel in Zuid-Europa wordt gekweekt. Van zijn knalgele stempels wordt saffraan gemaakt. Saffraan is een peperduur keukenkruid dat gebruikt wordt voor het kruiden en kleuren van gerechten. Er zijn ongeveer zevenhonderdduizend krokussen nodig voor één kilo saffraangeel saffraanpoeder!

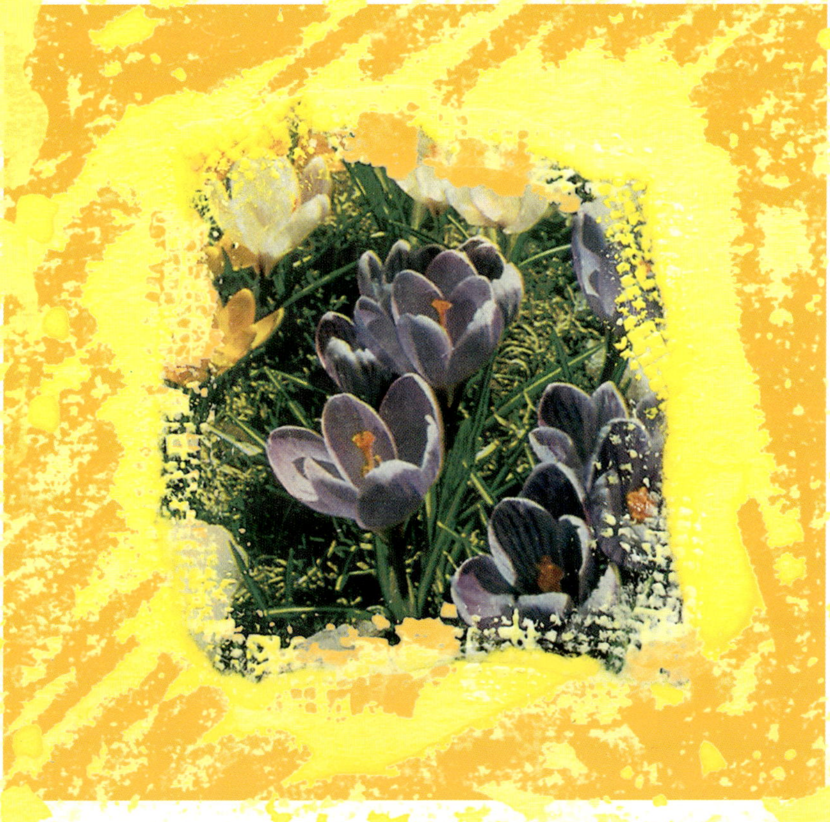

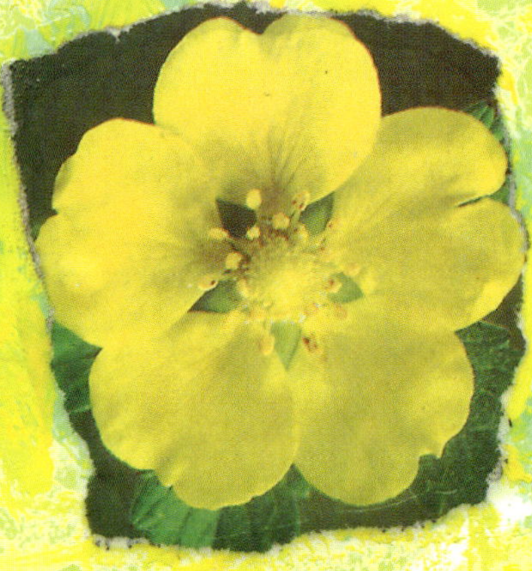

Foute kleuren

Gele bloemen hoeven niet geel te zijn. In onze ogen lijken ze vaak alleen maar geel. In werkelijkheid zijn ze violet, paars of donkerrood. Zo worden ze inderdaad waargenomen door bijen en hommels. Deze insecten zien een heel anders gekleurde wereld dan wij. Dat komt doordat ze kleuren zien die voor ons onzichtbaar zijn. Zoals infrarood en ultraviolet.

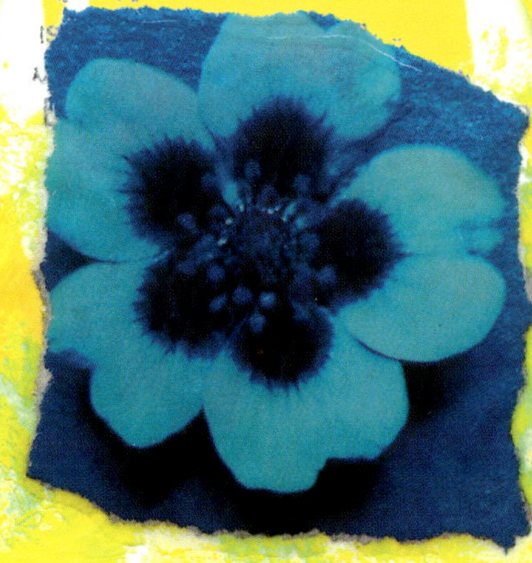

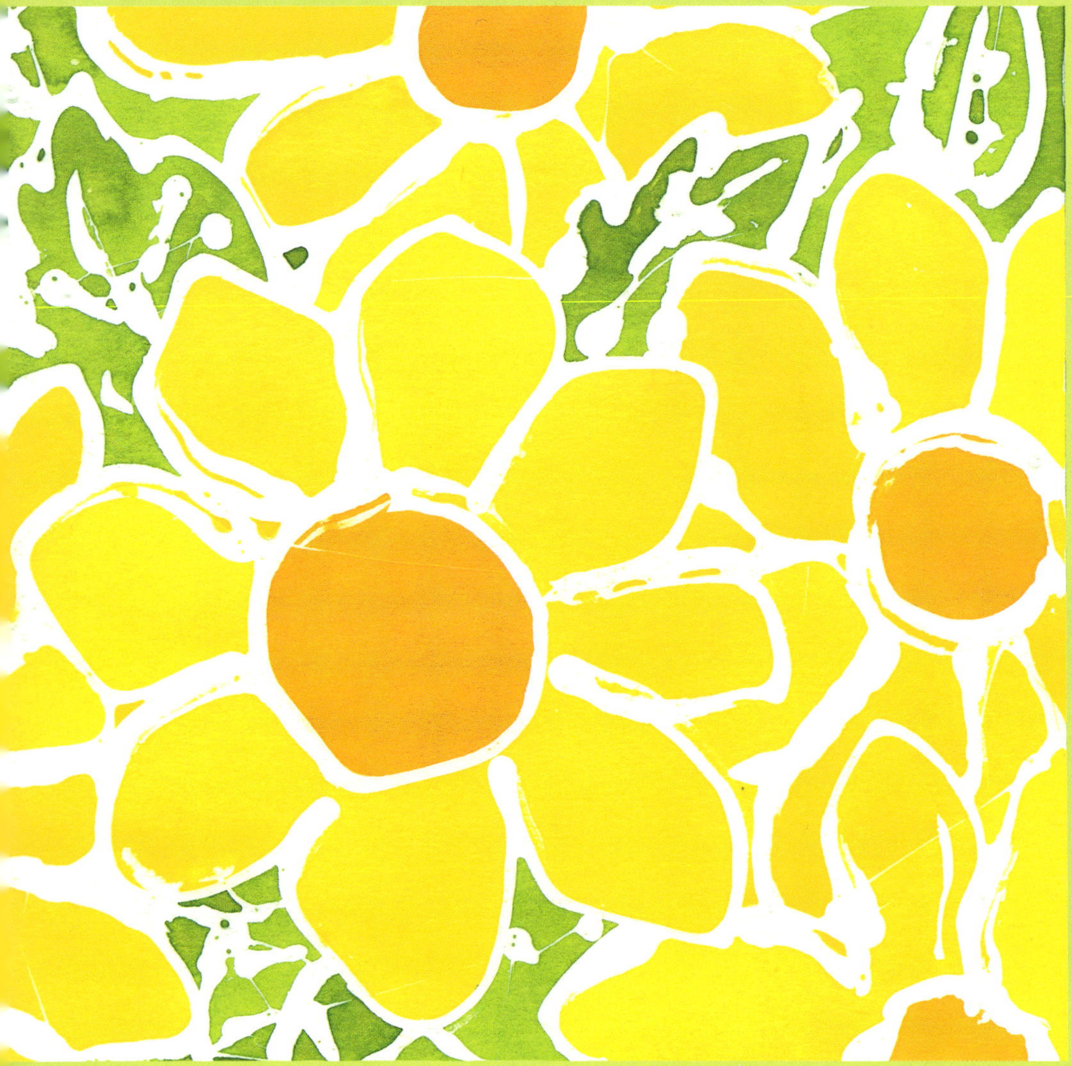

Niet zichtbaar

Een bij gaat niet zomaar op elke willekeurige bloem af. Hij heeft zo z'n voorkeur. De bloem trouwens ook. Die kan voor de bestuiving slechts bepaalde insectensoorten gebruiken. Soms is het er zelfs maar een! Het is voor bloemen dus belangrijk om de juiste insecten te lokken. Dat gebeurt met honingmerken. Honingmerken zijn vlekken en strepen op de bloem die aangeven waar de nectar te halen valt. Ze zijn meestal voor ons niet zichtbaar, maar voor veel insecten wel.

Mierzoet goedje

De Oude Grieken beschouwden nectar als de drank van de goden. Feitelijk is het slechts een dik soort suikerwater. Het bestaat uit saccharose, glucose of fructose. Het suikergehalte is ongeveer tachtig procent. De rest bevat proteïnen, vitaminen en smaakstoffen. Het is dus een mierzoet goedje dat door het buitengewoon hoge suikergehalte eersteklas brandstof vormt voor tal van insecten. Suiker is voor levende wezens wat benzine is voor auto's.

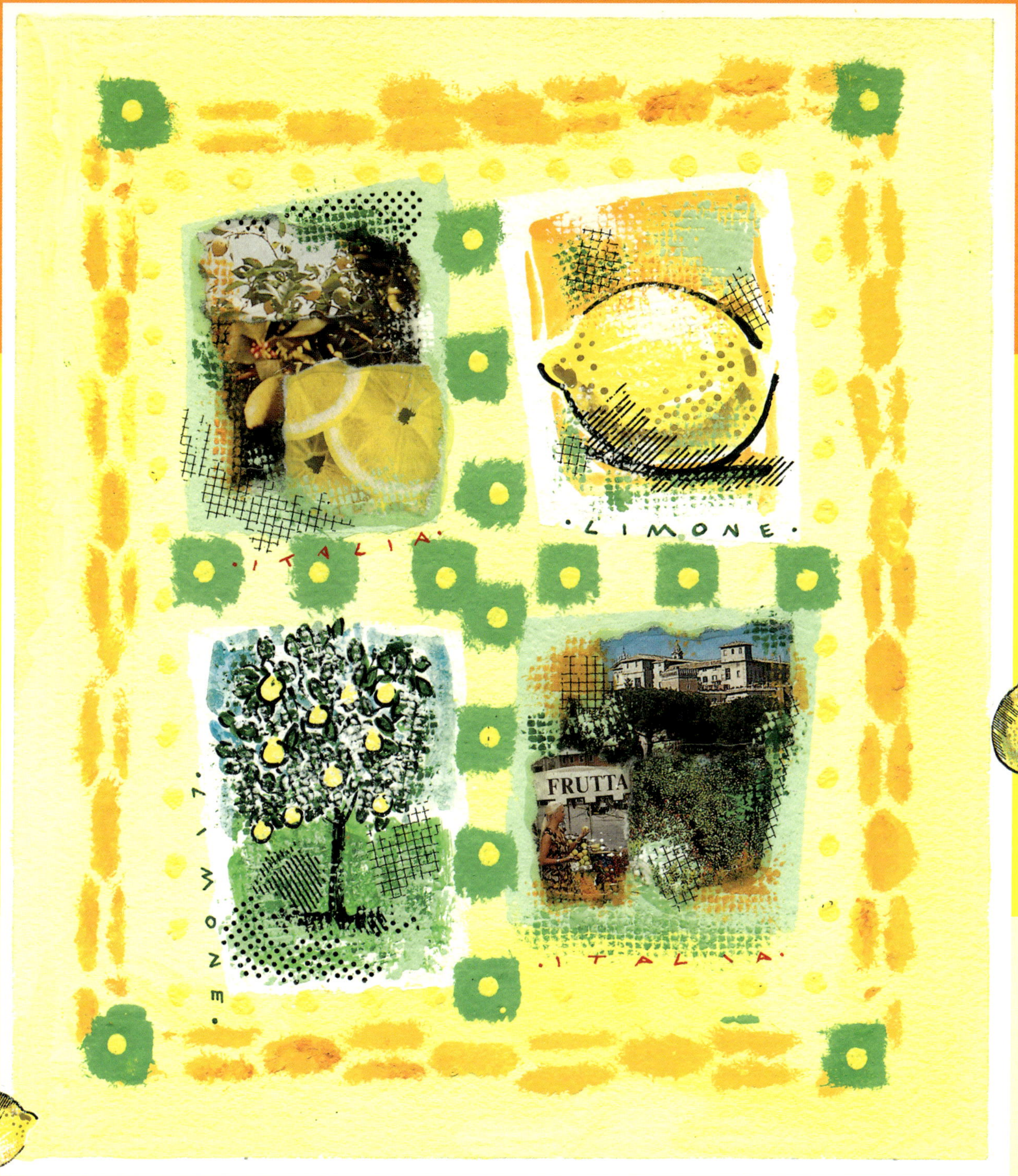

Gele vrucht

Noem een gele vrucht. Banaan is antwoord nummer één. Citroen twee. Citroenen komen oorspronkelijk uit Noord-India. Al voor het begin van onze jaartelling hadden ze zich verspreid over China en de rest van Zuidoost-Azië. Geen andere vrucht bevat zoveel vitamine C als de citroen. Zijn waarde als middel tegen scheurbuik, een ziekte die ontstaat als gevolg van gebrek aan vitamine C, was al heel vroeg bekend. Scheurbuik kwam veel voor bij scheepslui, die op hun lange tochten nauwelijks fruit en verse groenten aten. De Engelse zeelieden kregen zelfs de naam 'limey' omdat ze veel lemons aten om zich de scheurbuik van het lijf te houden.

Snel bruin

Citroensap voorkomt de verkleuring van vruchten die snel bruin worden nadat ze zijn opengesneden of die hun kleur verliezen tijdens het koken. Deze kleurverandering wordt veroorzaakt door bepaalde enzymen. Het citroenzuur in citroensap gaat de werking ervan tegen.

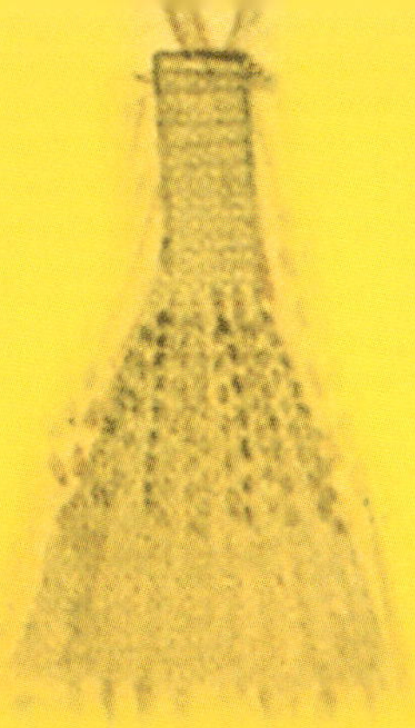

Gouden hart

De zon doet het graan ontkiemen, groeien en rijpen. Het goud van de zon lijkt het graan te vullen. Op zijn beurt is graan het goud van de mens. De relatie zon-graan-goud is oeroud. Al in de vroegste beschavingen werd goud geassocieerd met de almacht van de zon. Goud is onder meer hierom het meest kostbare en gewilde metaal geworden. Goud staat voor volheid en overvloed, voor pracht en praal, voor onbeperkte macht, voor niet te evenaren schoonheid, voor liefde, grootmoedigheid en edelmoedigheid. De volmaakte mens is uiterlijk behangen met goud en heeft innerlijk een gouden hart.

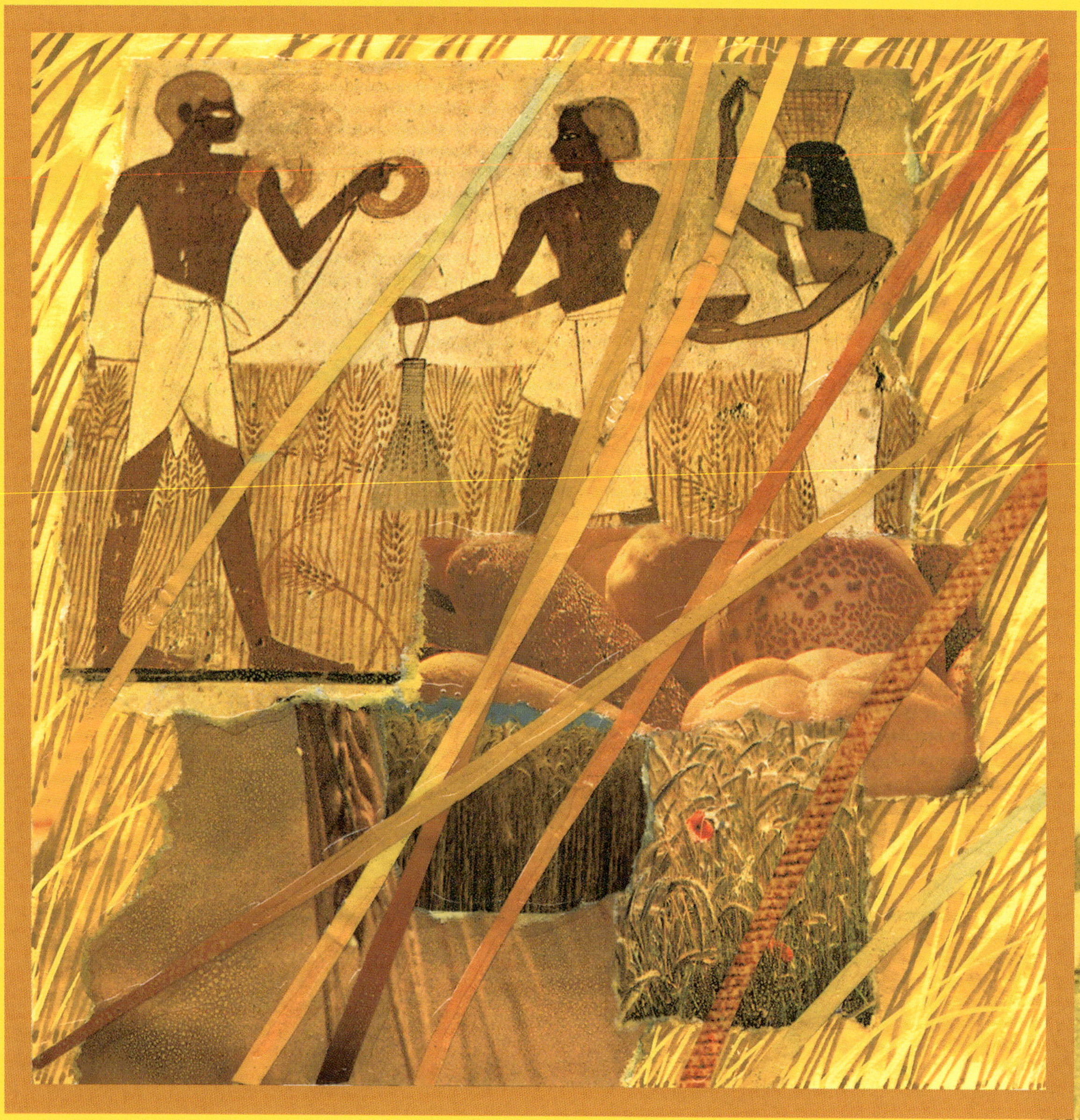

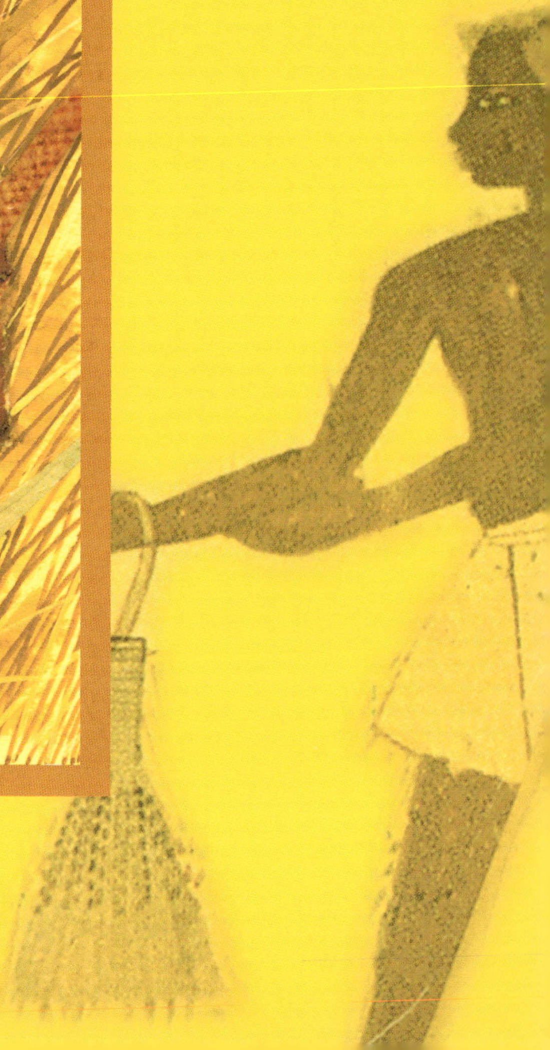

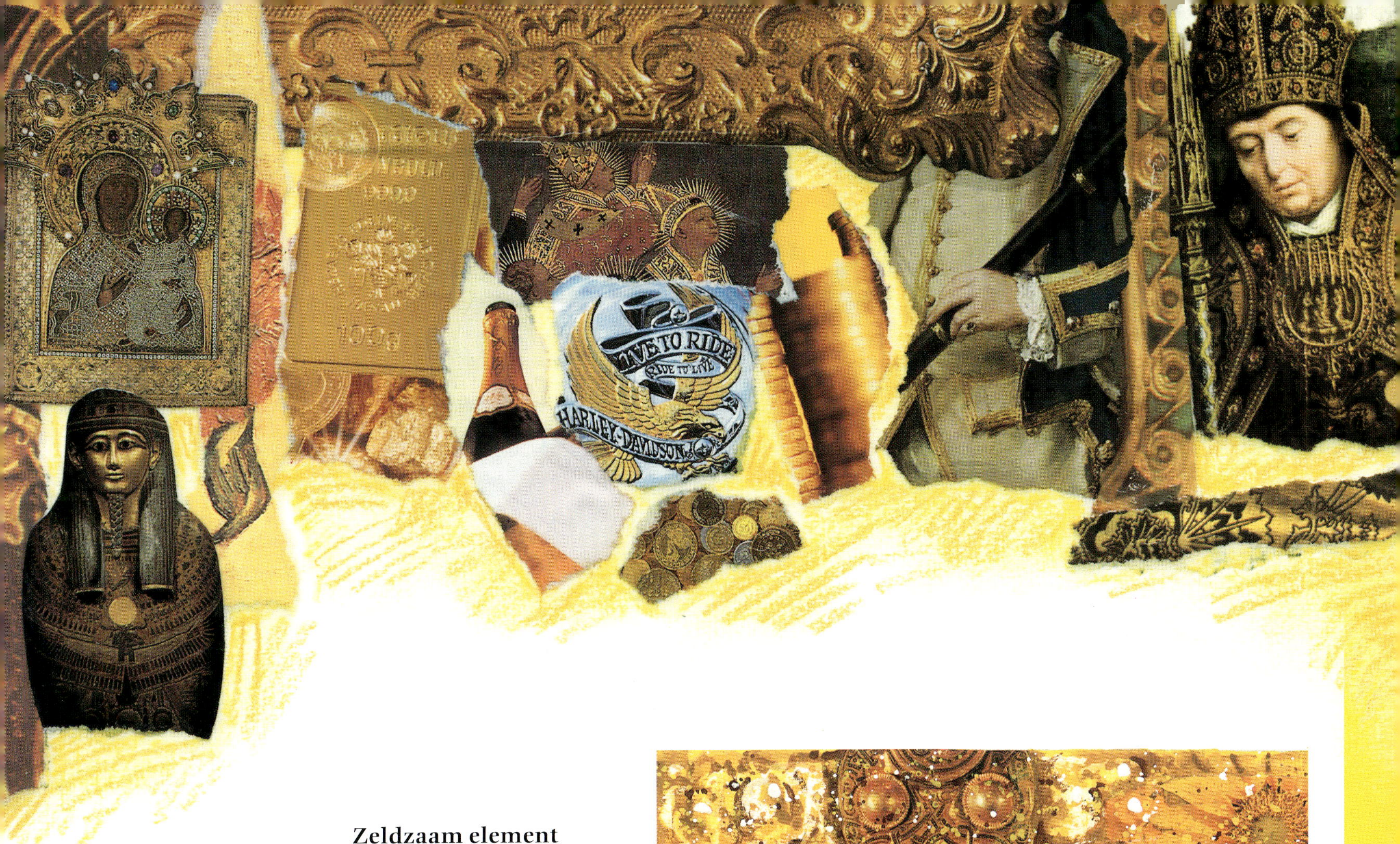

Gouden stralenkrans

In de beeldende kunst werd goud als versiering gebruikt, maar vooral om schittering en waarde te geven aan een kunstwerk. Bovendien had het religieuze betekenis. Goud was de kleur van het goddelijke en het hemelse. Heiligen werden afgebeeld met een gouden stralenkrans. Vorsten, edellieden en bisschoppen fonkelden van het goud. Legeraanvoerders droegen gouden epauletten en tressen. Goud betekent macht en welstand.

Zeldzaam element

Goud is een geel edelmetaal. Niets meer en niets minder. Van alle metalen hebben alleen goud en koper een kleur. Goud is tamelijk zacht, daarom maakt men er legeringen van. Bijvoorbeeld met koper of zilver. Dergelijke legeringen zijn harder en sterker. Het is een materiaal dat tot bladgoud van een dikte van een achtduizendste millimeter uitgewalst kan worden. Goud is een vrij zeldzaam element, dat in goudaders in gesteenten en in zand voorkomt.

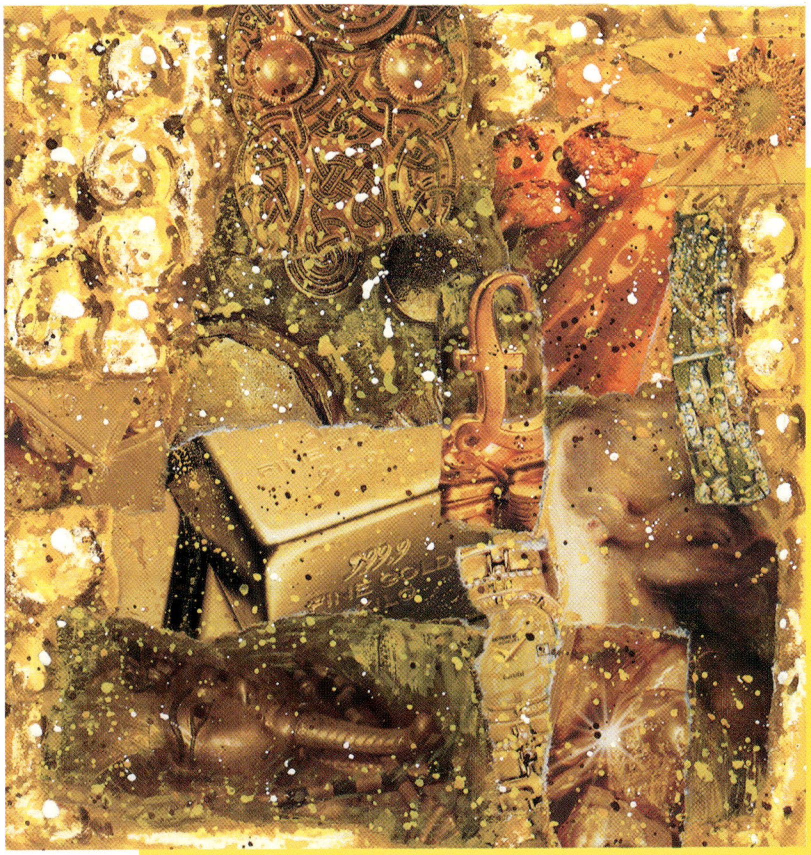

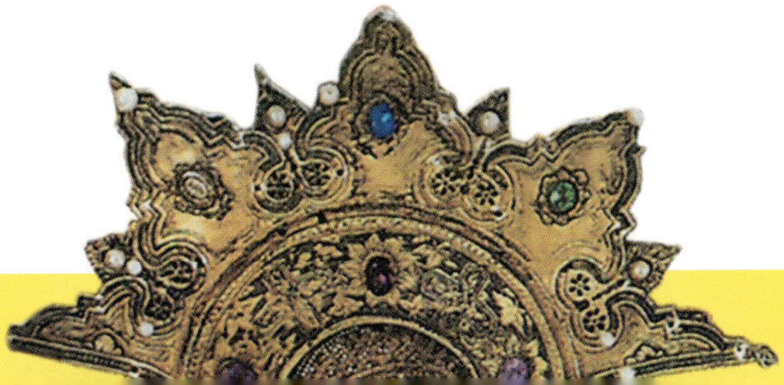

Gouden vis

Wie de Chinese taal machtig is kan in oude boeken lezen over de Chin Chi-yü, de vis met de rode schubben: de goudvis. Al ver voor het jaar 1000 was hij in het Oude China een bekend huisdier. Ieder huisdier stamt af van een in het wild voorkomende diersoort. De wilde goudvis behoort tot de familie van de karpers. Normaal is hij bruin, maar soms komen ook rode of goudgele exemplaren voor. Deze werden door de Chinese keizers verzameld en zorgvuldig gekweekt. In hun weelderige paleizen stonden overal kommen met goudvissen. Belangrijke bezoekers kregen zo'n kom cadeau. Zo gebeurde het dat rijke kooplieden uit het Westen goudvissen meenamen op de terugreis naar Europa.

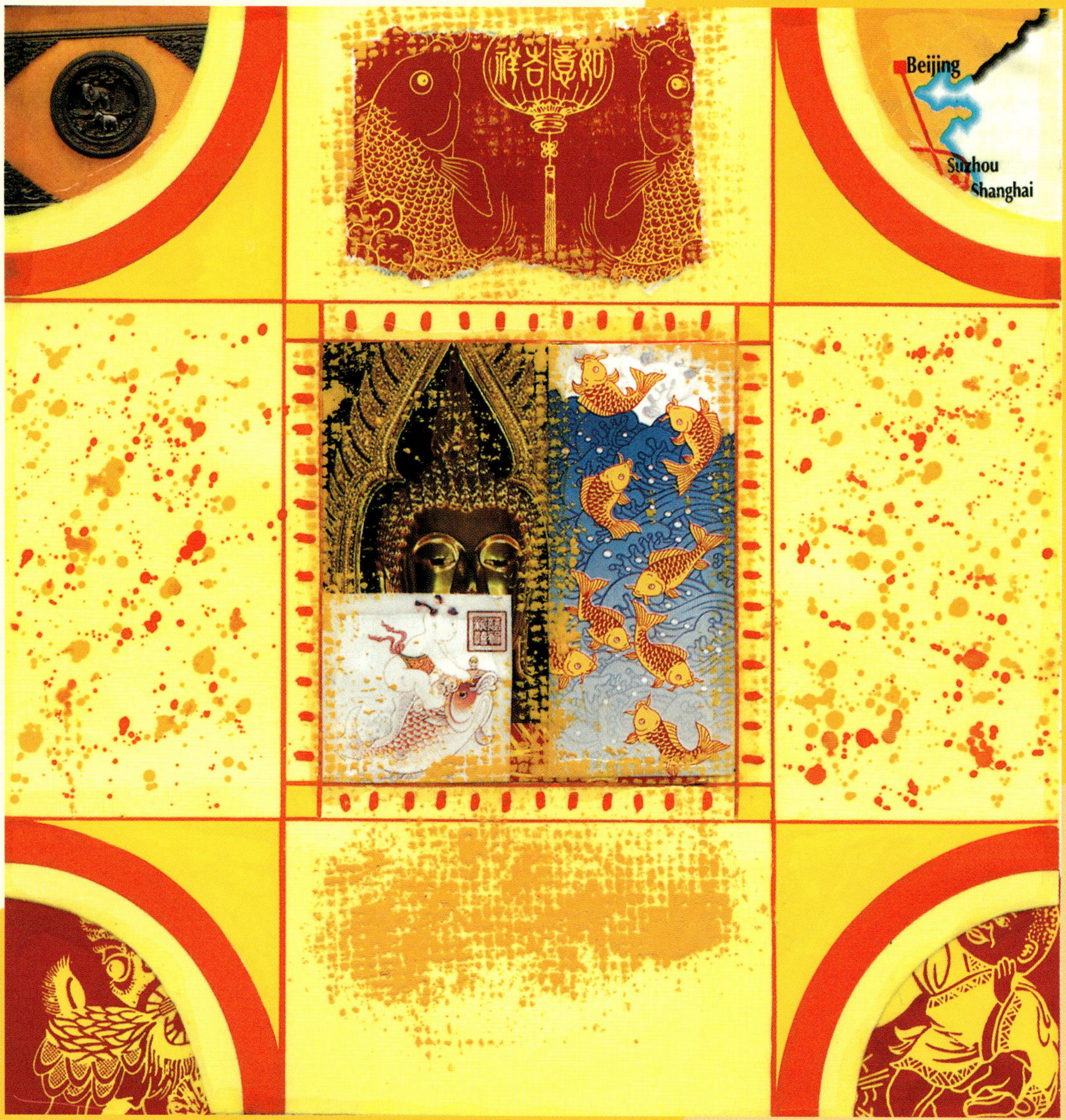

Snel rijk

Vele eeuwen lang was het in China gewoonte om op feestdagen de keizer te verblijden met een prachtige siervis. Uit alle hoeken van het onmetelijke rijk werden dan zulke vissen naar het keizerlijk paleis in Peking gezonden. Voor dit doel had de keizer in de paleistuin een enorme vijver laten graven. Nu was het gebruikelijk dat de afzenders een gouden plaatje aan de vissen bevestigden waarin hun naam was gegraveerd.

Gedurende vijf eeuwen groeide de voorraad gouden plaatjes op de bodem van de vijver aan tot een miljoenenschat. Toen China een republiek was geworden en er geen keizer meer was die het voor het zeggen had, kocht een handige Chinees in 1924 voor één miljoen de visrechten van de 'gouden vijver' op. Hij viste er drie jaar lang en had toen een ontzagwekkend vermogen boven water weten te halen.

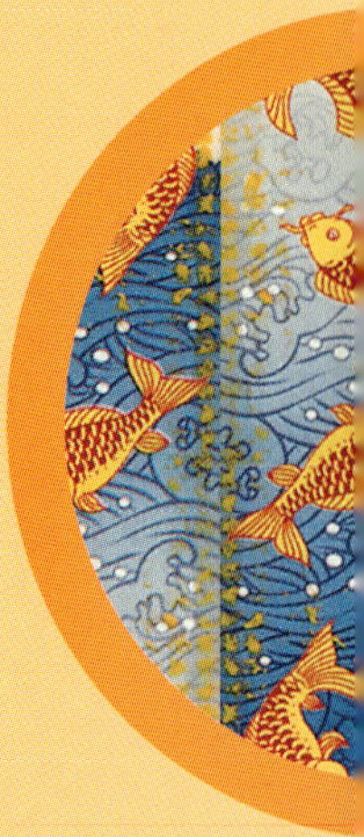

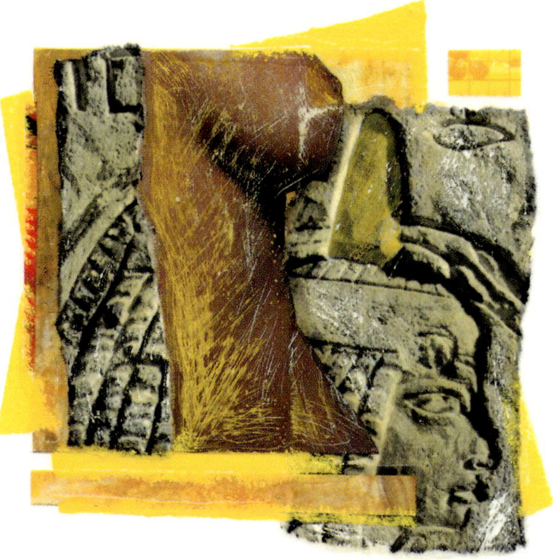

Vergulde **tepels**

Ook in het Oude Egypte maakten vrouwen zich al zo mooi mogelijk. Zo was het de gewoonte dat ze kegeltjes van goudgele, zoetruikende was op het hoofd droegen. Door de zonnehitte en de lichaamswarmte smolten die kegeltjes in de loop van de dag. De was droop dan over het bovenlichaam van de vrouwen. Ook kleurden zij hun lichaam met een verfstof die gele oker heet. Om de puntjes op de i te zetten vergulddden zij hun tepels.

Blond **haar**

De meeste mensen in Griekenland en Italië hebben donker haar. Dat was vroeger al zo. Daarom was in de Oudheid blond heel gewild. Iedereen wil immers altijd wat een ander heeft. Zelfs Griekse mannen gingen urenlang in de brandende zon zitten om hun haar te bleken, nadat ze het met een speciaal middel hadden gewassen. In het Romeinse Rijk en vooral in Rome zelf was blond een ware rage. Vrouwen zowel als mannen gebruikten er haarverven die gemaakt waren van chemische bleekmiddelen, as, talk en boombast. Men droeg natuurlijk ook veel pruiken, waarvan het blonde haar afkomstig was van verslagen Germanen.

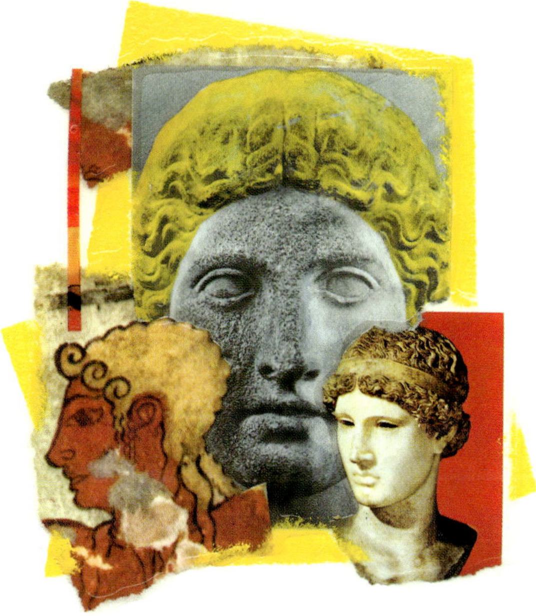

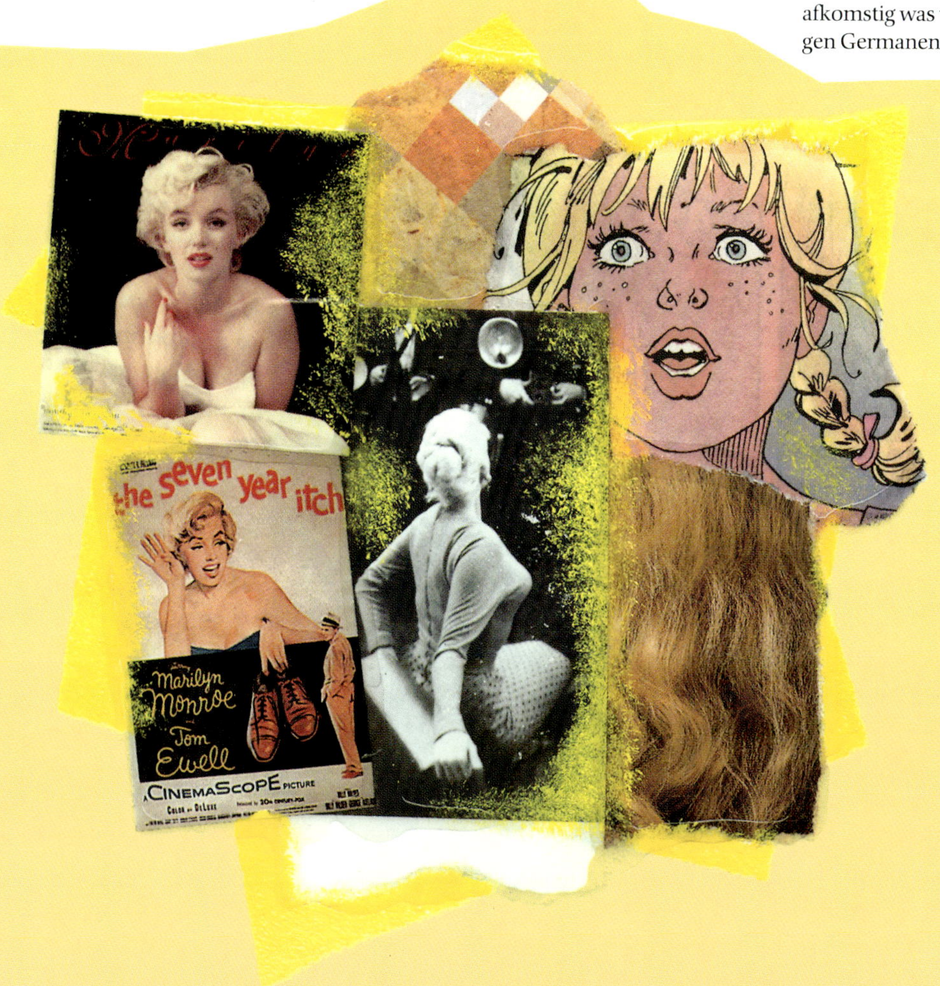

Marilyn Monroe

Blond haar is helder en stralend. Soms lijkt het van goud te zijn. Daarom is blond altijd populairder geweest dan donker. De heldinnen in de Europese volksverhalen waren steevast hoogblonde jonkvrouwen en prinsessen. Hedendaagse heldinnen zijn nog altijd net zo mooi en blond. Marilyn Monroe en Brigitte Bardot zijn zulke superblondines.

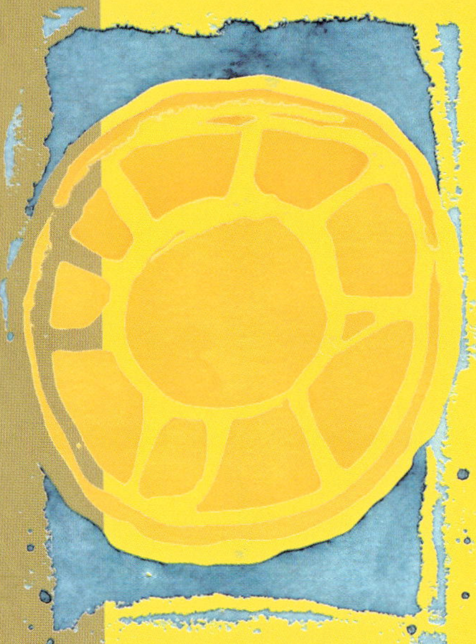

Stralend geel

Vraag iemand een zon te tekenen en hij trekt een cirkel. Vraag je hem die zon een kleur te geven, dan kiest hij geel. Zo simpel is het.
De zon is rond en geel. Er hoeven ter verduidelijking niet eens stralen bij! Het geel is van zichzelf al stralend genoeg. Het is de schitterende kleur van het allerhoogste en het voor gewone stervelingen praktisch onbereikbare.

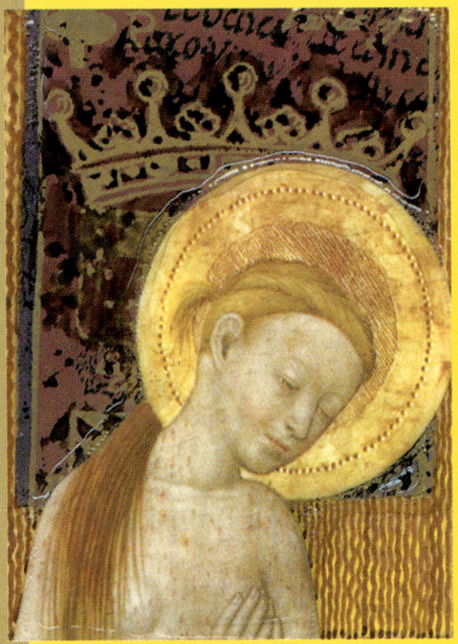

Gouden kroon

De zon is rond. Zijn omtrek is een cirkel. Een cirkel heeft geen begin en geen einde. Hierdoor is hij sinds mensenheugenis een magisch en mystiek teken. Hij stelt zowel de oneindigheid als de eeuwigheid voor. De goudgele zonneschijf is dus niet alleen het symbool van de hoogste macht, maar ook van de eeuwigheid. In christelijke voorstellingen werden daarom heiligen altijd afgebeeld met zo'n gouden of gele schijf, die het hoofd omsluit en aureool wordt genoemd. Bij wereldse vorsten is het de gouden kroon die hun hoogwaardigheid aangeeft. In zijn basisvorm is ook de kroon slechts een van stralen voorziene cirkel, net als de zon.

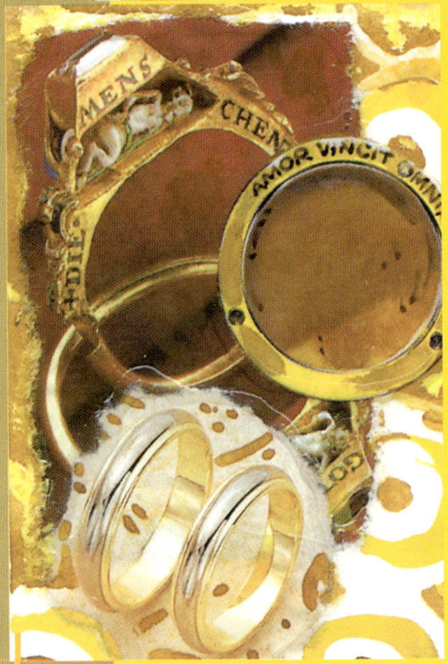

Gladde ring

Door zijn ronde vorm is ook de ring een symbool van de oneindigheid. Als teken van de duurzaamheid van het huwelijk bestond de trouwring al ver voor het begin van onze jaartelling. In het Romeinse Rijk schonk de man een ring aan zijn toekomstige bruid om de belofte te bekrachtigen dat hij met haar zou trouwen. Dit gebruik werd later door de christenen overgenomen.
De gladde, gouden trouwring kwam in de mode nadat de Britse koningin Mary Tudor ervoor had gekozen toen zij in 1544 in het huwelijk trad.

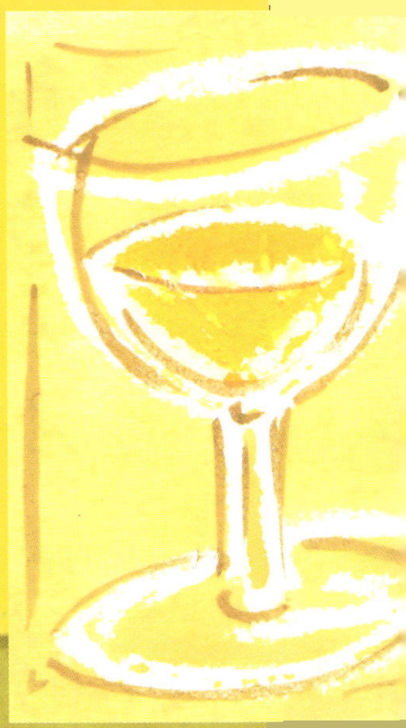

Goudsnippers drinken

Vroeger kreeg je een drankje aangeboden wanneer je een paar ging feliciteren dat op trouwen stond. Het was een gekruide wijn, die Hipocras heette, maar veel beter bekend was onder de naam 'bruidstranen'. Iedere bruid laat immers wel een traantje op de vooravond van haar huwelijk! Bruidstranen bestaan nog altijd, maar nu in de vorm van een likeur, waarin goudsnippertjes zweven, die zo klein zijn dat ze kunnen worden opgedronken. Het goudgeel is in deze drank de kleur van het stralende geluk. Al in de oudheid geloofde men dat geel geluk bracht. Bruidjes droegen daarom vaak gele sluiers. In de kleur van de trouwring leeft deze traditie voort: goudgeel staat voor geluk en trouw.

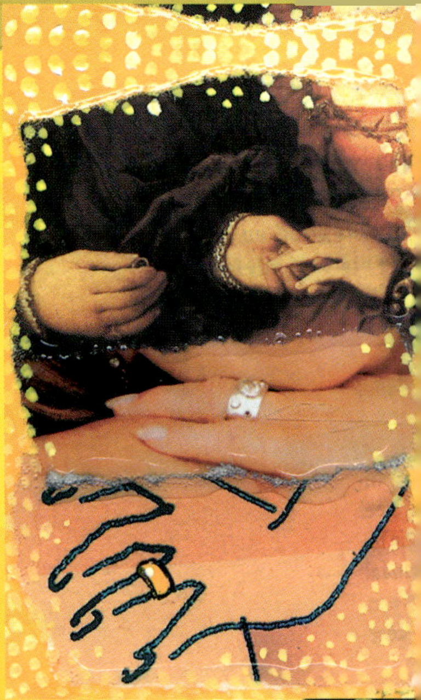

Officiële ringvinger

Bij de allereerste kerkelijke huwelijksinzegeningen werd het 'In de naam van de Vader, de Zoon en de Heilige Geest, amen' op de vingers afgeteld. Bij 'Amen', dat de ceremonie besloot, was men bij de vierde vinger van de linkerhand aangekomen. Deze werd daarom de officiële ringvinger. Iets nieuws was dit trouwens niet. Ook de Oude Grieken droegen de ring al aan de linkerringvinger, omdat zij van mening waren dat deze vinger rechtstreeks in verbinding stond met het hart. Omdat de meeste mensen rechtshandig zijn is het natuurlijk heel praktisch en verstandig om de ring aan de linkerhand te dragen.

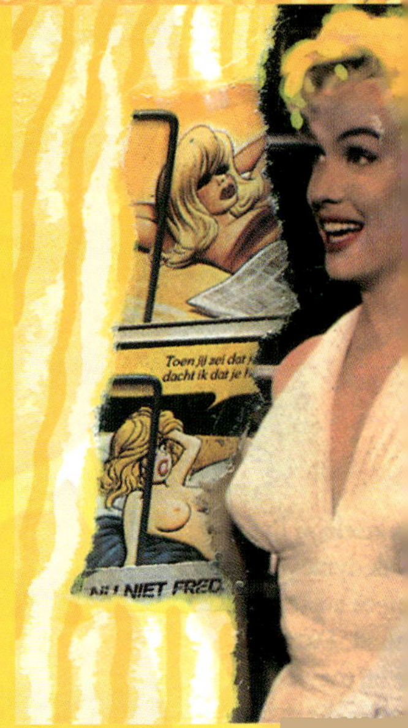

Dom *blondje*

Bij van nature blonde mensen komt linkshandigheid een keer zoveel voor als bij donkere of roodharige mensen. De kleur van het haar schijnt dus te maken te hebben met andere lichamelijke eigenschappen en kwaliteiten, ja zelfs met verstandelijke capaciteiten. Dit laatste wordt wel bewezen door de dikwijls gebezigde kwalificatie 'dom blondje'. Een onzinnige uitspraak, temeer omdat geel de kleur is van wijsheid, groot denkvermogen en hoge intelligentie.

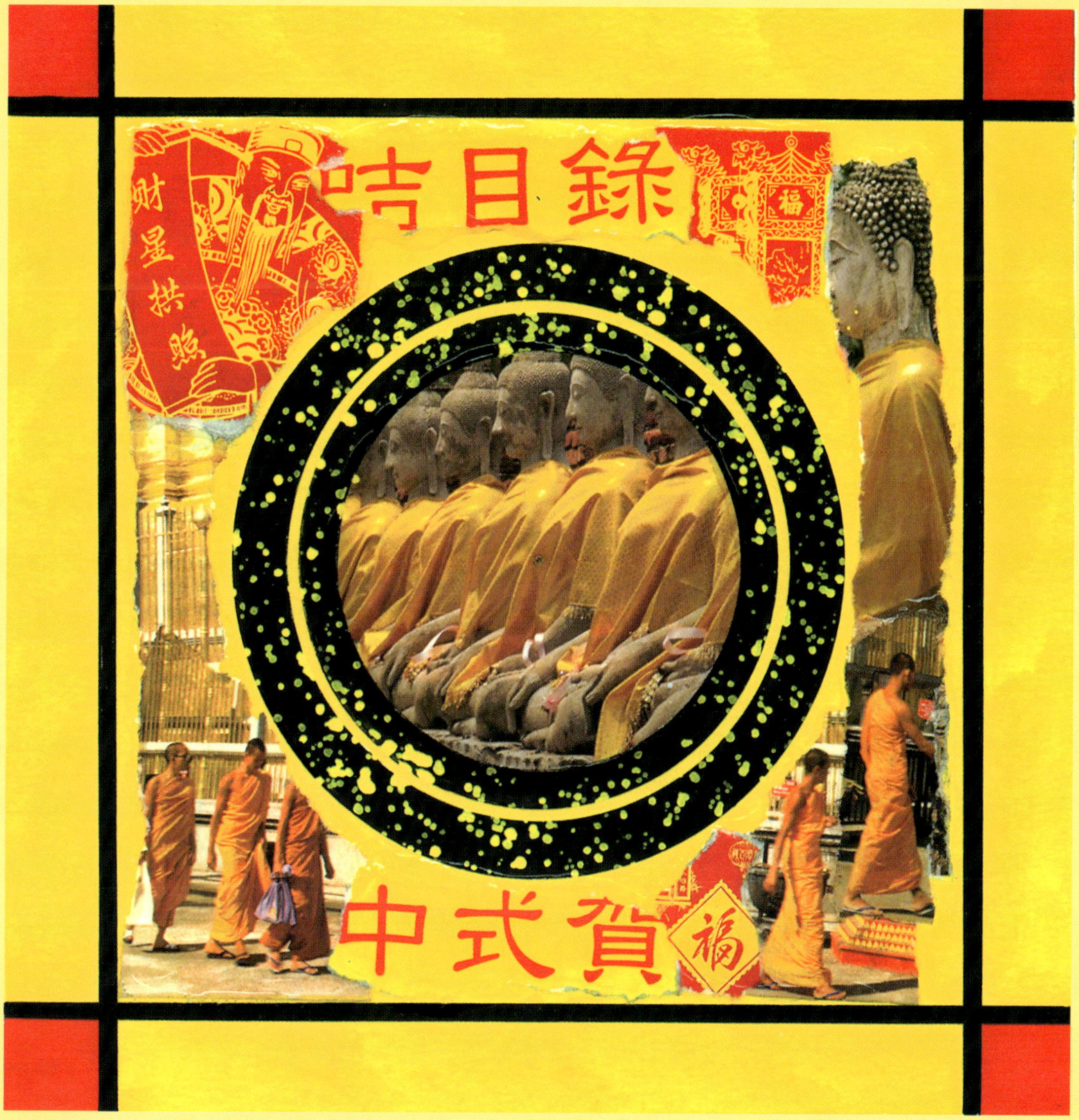

Keizerlijke waardigheid

In Azië wordt geel beschouwd als een heilige kleur. In China geloofde men dat de leden van de keizerlijke familie directe nakomelingen van de zon waren en dat dus alleen zij gele kleding mochten dragen. Geel was de kleur van de keizerlijke waardigheid, aan die van de zon gelijk. Op het door gewone burgers dragen van geel stond de doodstraf, die meteen ten uitvoer moest worden gebracht. Nog steeds is geel in bijvoorbeeld China een heel speciale en alom geliefde kleur. Bovendien is het de spirituele kleur van het boeddhisme. Boeddhistische monniken dragen een geel gewaad als teken van hun streven naar verlichting.

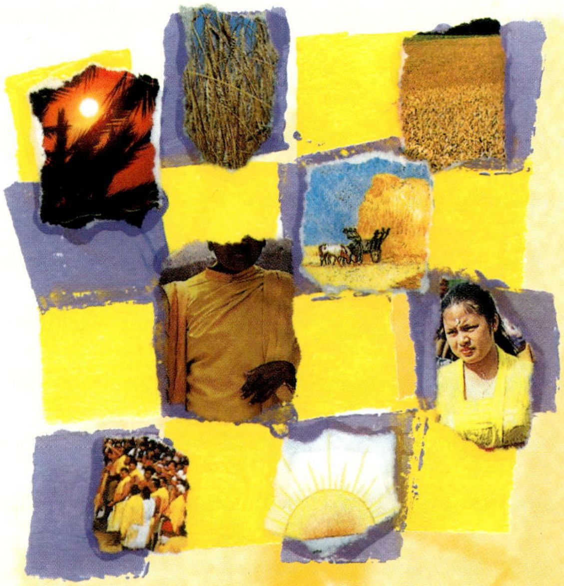

Rijke oogst

Tijdens de Sungdynastie werd geel uitgeroepen tot de kleur van het Chinese keizerlijke hof. Geen andere kleur lijkt immers zoveel op die van de stralende, oppermachtige zon, wiens aardse gelijke alleen de Chinese keizer was. In dit heldere licht bezien is het bijzonder vreemd dat ook veroordeelde misdadigers geel droegen. Dit was trouwens een van de redenen waarom boeddhistische monniken voor gele pijen kozen.
Ze deden het om er hun diepe nederigheid mee te betuigen. Hindoebruidjes hebben weer een ander argument om in het geel gekleed te gaan. Geel is de kleur van de oogst. Door geel te kiezen wordt uiting gegeven aan de hoop op een vruchtbaar en dus kinderrijk huwelijk.

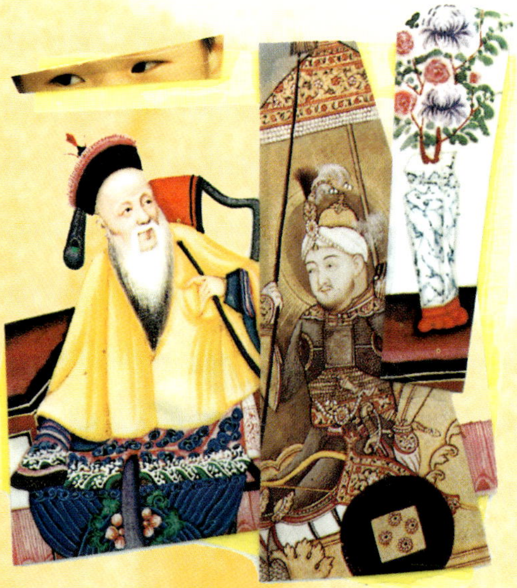

Gele ras

Oost-Aziatische volkeren worden tot het gele ras gerekend. Ook de aan hen verwante eskimo's behoren daartoe. Het schijnt dat deze mensen een dikke opperhuid hebben. Zo zijn ze beschermd tegen het felle zonlicht in woestijnen, hooggebergten en sneeuwvlaktes. De dikke huid verbergt echter de kleur van het bloed die de westerse huid roze doet lijken. In plaats van het blanke roze laat het gele ras de eigenlijke kleur van de opperhuid zien en die is door zijn pigmentatie geelachtig. Deze tint zien wij ook bij gestorven mensen.

Negatieve kant

Geel staat degenen die tot het gele ras behoren prima. Bij de blanke huidskleur past gele kleding echter minder goed. Geel wordt in het Westen dan ook lang niet zoveel gedragen als in het Oosten. Maar dit heeft ook te maken met de in het Westen geldende negatieve kant van geel. Al in de Middeleeuwen werd geel er in verband gebracht met vijandschap. Geel gold toen als de kleur van de haat.

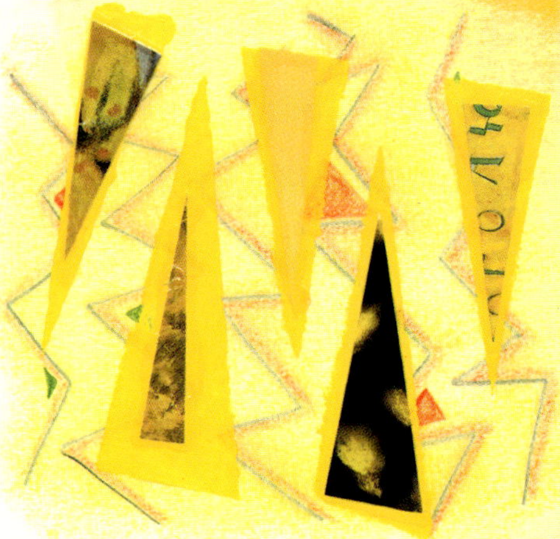

Merkwaardige tegenstelling

De afzonderingsmaatregel, die is ingesteld om te verhinderen dat een besmettelijke ziekte een land binnendringt, heet quarantaine. Toen dit soort ziektes vaker en op veel grotere schaal voorkwamen dan tegenwoordig moest bijvoorbeeld een schip vóór de haven blijven liggen totdat de aan boord heersende ziekte uitgewoed was. Om aan te geven dat er een besmettelijke ziekte aan boord was voerde het schip een gele vlag. Geel is namelijk ook de kleur van ziekte en verval. Dorre bladeren zijn geel, evenals vergeeld papier, ouder wordende huid, eelt, etter, gal en urine. Er is een 'doodsgeel' naast het 'levensgeel' van zon en oogst. Een merkwaardige tegenstelling.

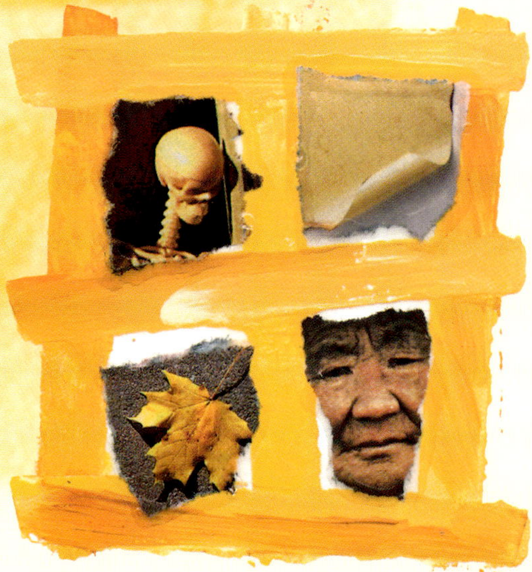

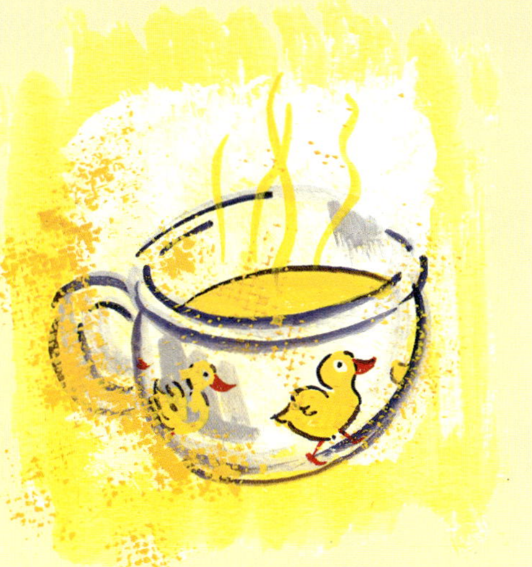

Gele urine

Normale urine is een heldere, gele vloeistof. Ze wordt door de nieren uitgescheiden en bevat afbraakproducten van de stofwisseling en ander lichamelijk afval. Daartoe behoren dode bloedcellen. De kleurstof die bij de afbraak van rode bloedlichaampjes vrijkomt heet bilirubine. Deze is oranjegeel van kleur. Het is deze kleurstof die urine geel maakt.

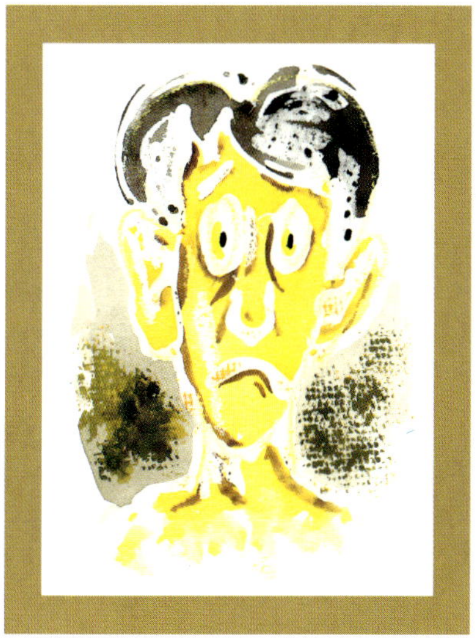

Gele huid

Het afbraakproduct bilirubine kleurt ook de galvloeistof geel. Het kan gebeuren dat deze galkleurstof zich in het bloed en in de weefsels ophoopt als gevolg van een verhoogde bloedafbraak of door een afsluiting van de galwegen. De bilirubine maakt dat de zieke er geel uit gaat zien. Dan is er sprake van geelzucht.

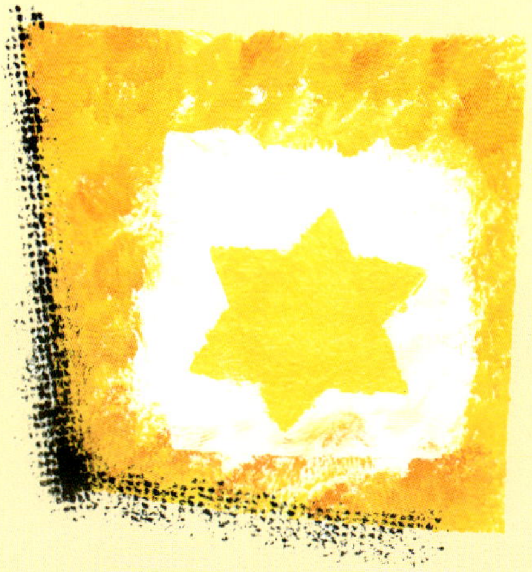

Overspelige vrouwen

Tegenwoordig heet het lepra, vroeger werd het melaatsheid genoemd. Eén van de twee vormen van lepra is uiterst besmettelijk. Om mensen duidelijk te maken bij wie ze uit de buurt moesten blijven werden vroeger de huizen van melaatsen met gele verf gemerkt. Geel was ook de kleur van de hoofddoek die door overspelige vrouwen en prostituees gedragen moest worden. In Venetië waren joden een tijdlang verplicht buiten een gele hoed op te zetten. Later zouden deze mensen gedwongen worden gele armbanden en sterren te dragen.

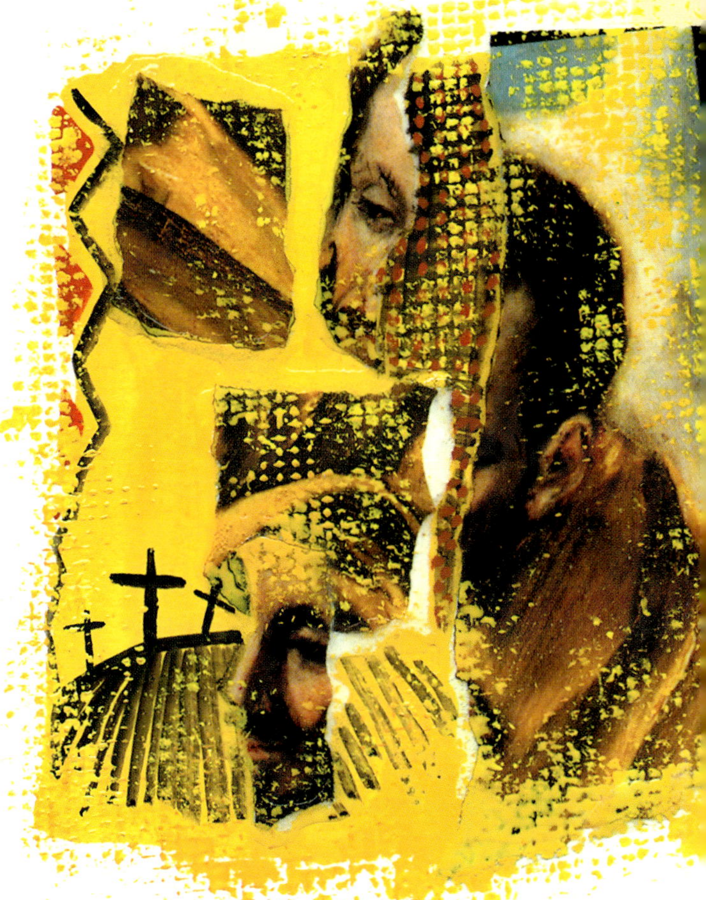

Judas Iskarioth

Judas was één van de twaalf apostelen van Jezus. Hij was belast met het beheer van de kas van het dertiental. Voor dertig zilverlingen verried hij zijn meester aan de joodse raad. Kort daarop pleegde hij zelfmoord, uit wroeging. Een naar verhaal, dat daarom zeer tot de verbeelding spreekt. Judas is een veelvoorkomend figuur in de middeleeuwse beeldende kunst. Hoe en waar hij ook ten tonele wordt gevoerd, hij is altijd in het geel gekleed. Aangezien Judas een jood was kreeg allengs heel het joodse volk de schuld van de executie van Jezus. Hier ligt de link tussen jodendom en de kleur geel.

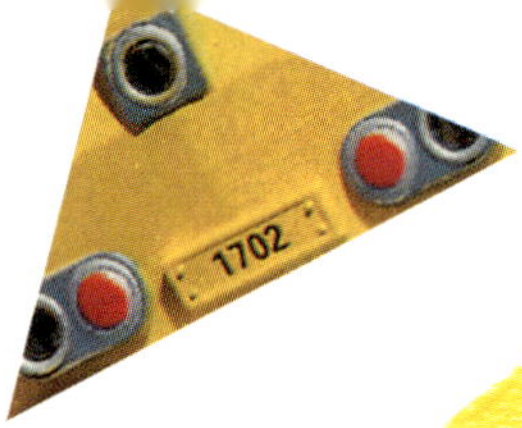

Openbaar vervoer

Of het nu een mooie blondine betreft of een tennisbal: geel valt op. Het is de kleur die aan de rand van ons blikveld en vanuit de ooghoeken als eerste wordt opgemerkt. Eerder dus nog dan rood. Geel bevat dan ook van alle kleuren het meeste licht. Om deze opvallendheid wordt geel veel gebruikt in reclamevormgeving en affiches. Maar nog veel belangrijker is de toepassing als signaalkleur in het verkeer en in de techniek. In talloze landen zijn treinen, bussen, schoolbussen, taxi's, riksja's en trams geel. Overal op de wereld hebben ook industriële voertuigen geel als kleur, zoals kranen, walsen en vorkheftrucks. Delen van machines die bewegen of uitsteken worden eveneens met geel gemarkeerd.

Yellow cab

Gele auto's blijken minder vaak betrokken te zijn bij verkeersongelukken dan anders gekleurde wagens. Dit is te danken aan de helderheid en opvallendheid van geel. Meer vanwege deze opvallendheid dan omwille van de veiligheid zijn de New Yorkse taxi's geel. Er komt iets bij. Zeker in het verleden waren gele auto's zo ongewoon dat de yellow cab al op fikse afstand te herkennen was.

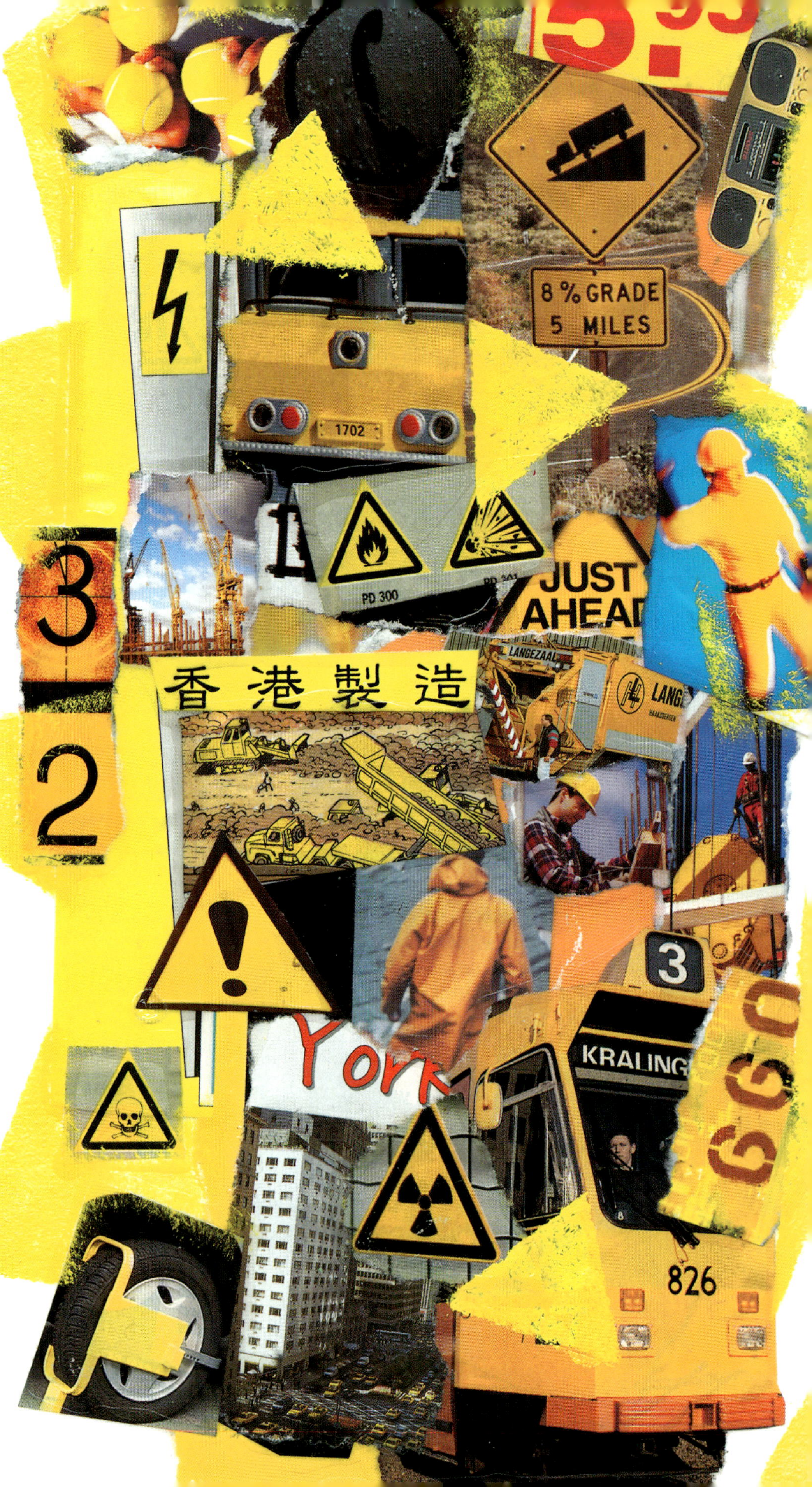

*L*icht maken

Er zijn dieren die hun eigen licht kunnen maken. Zonder stopcontact of batterij. Verbazingwekkend! Ze doen het al miljoenen jaren, terwijl de mens de gloeilamp bij wijze van spreken gisteren pas heeft uitgevonden. Eergisteren nog was hij in de weer met vuurstenen, draaihoutjes en tondeldozen. En al die tijd haalt bijvoorbeeld de glimworm licht uit niets! We weten nog niet zo lang hoe het beestje zijn lampje laat branden. Luciferne, daar gaat het om. Luciferne is een stof die verbrandt wanneer ze in contact wordt gebracht met zuurstof en water. Oxidatie dus. In gewoon Nederlands: roest. Een bepaald enzym versnelt dit roestproces en de chemische reactie ervan is het vrijgeven van energie in de vorm van licht.

*L*evende lamp

Wat lichtproductie betreft staat onze eigen glimworm in de schaduw van zijn tropische familieleden. Die gloeien in het donker even fel als een sigaret. Er is een Zuid-Amerikaanse soort die groene koplampen heeft en rode knipperlichten op de buik. Als hij komt aanvliegen is hij net een vliegtuig. Zijn larve blijft aan de grond. Hij heet spoorweglarve, want hij heeft een lichtgevende kop en een hele reeks lichtjes langs de zijkanten van het lichaam. Maar het sterkste licht is dat van de vuurkever. Daar kun je in het holst van de nacht een boek bij lezen. In de tropen bevestigen meisjes deze kever wel aan hun kleding of doen hem in hun haar, als een fonkelend juweel. Meer serieuze mensen stoppen hem in een kooitje en gebruiken hem als levende lamp.

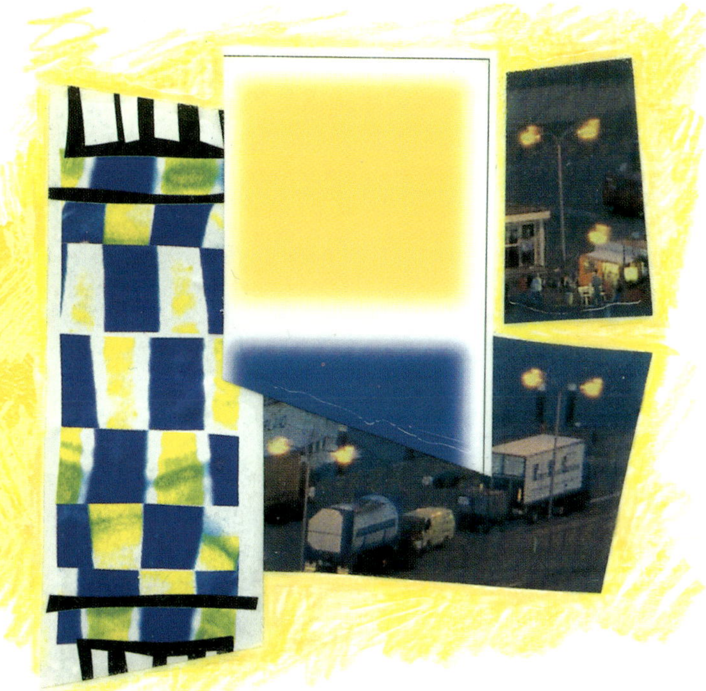

*L*ichtgevende garnaal

Diepzeevissen zijn vaak over hun hele lichaam bedekt met kleine lichtjes. De bedoeling hiervan is dat de verschillende soorten elkaar in de duistere diepte van de oceaan kunnen herkennen. De hengelvis is voorzien van een hengel met lichtgevend lokaas. Dit trekt onvoorzichtige roofvissen aan, die op hun beurt opgeslokt worden terwijl ze een lichtgevende garnaal dachten te vangen. Niet alleen de gloeilamp bestond dus al voordat de mens hem uitvond, maar ook de hengel.

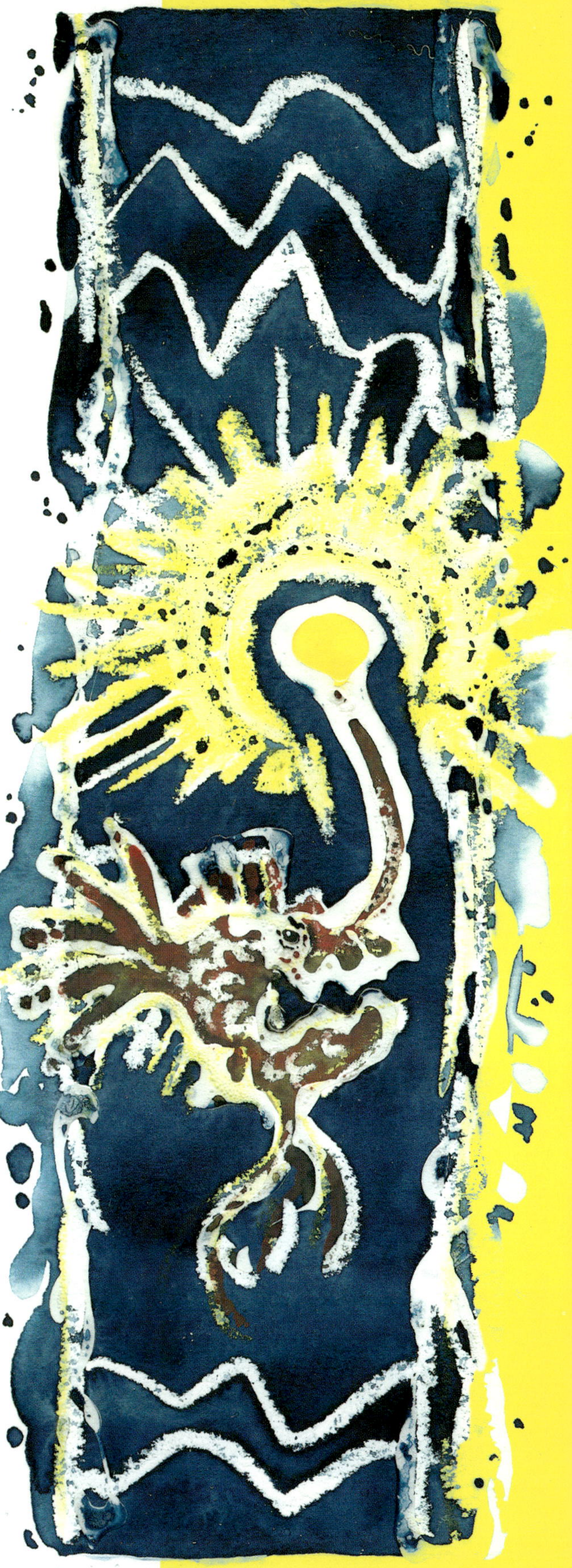

Heel slim

Met slimheid wordt vaak meer bereikt dan door enige andere kwaliteit. Dit geldt voor mens en dier. Het gezegde 'wie niet sterk is moet slim zijn' wordt vooral in de dierenwereld in praktijk gebracht in het verschijnsel mimicry. Wanneer een van nature weerloos dier zich het uiterlijk heeft aangemeten van een beest dat zich opperbest kan verdedigen, is er sprake van mimicry. Zo lijken bijvoorbeeld zweefvliegen als twee druppels water op wespen of bijen.

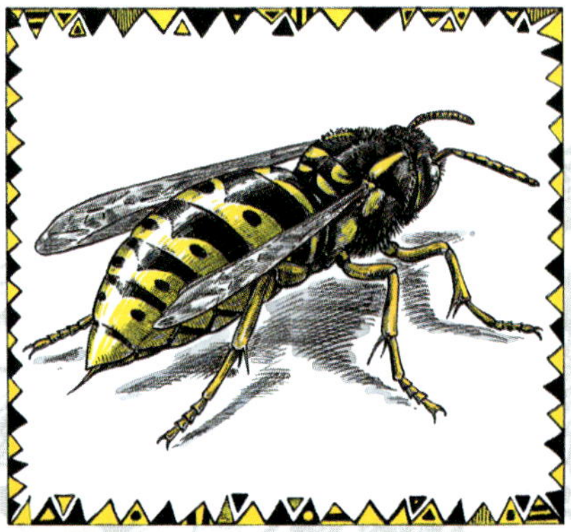

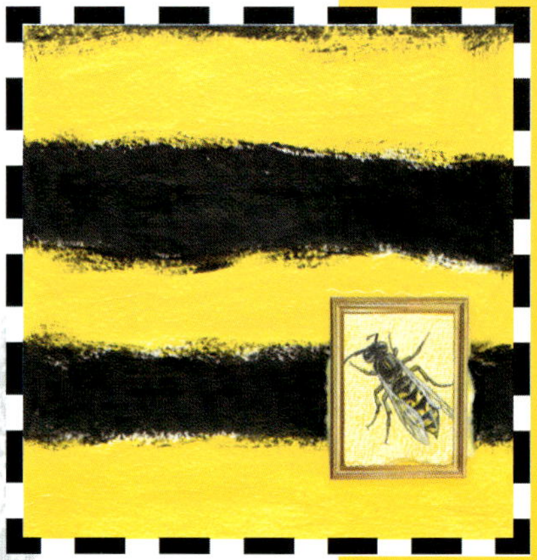

Goedmoedige dikkerds

Van werkelijk bedrog is natuurlijk geen sprake. De zweefvlieg is immers als dubbelganger van bij of wesp geboren. Hij heeft geen weet van de imitatie. Sluwe gewiekstheid is niet in het spel, laat staan boze opzet. Zweefvliegen zijn niet boosaardig. Eerder zijn het goedmoedige dikkerds, die van in het zonnetje rondsnorren houden en zich graag laten trakteren op het lekkers van de natuur. Dol op bloemen zijn ze en met deze bonte vrienden hebben ze een hecht verbond gesloten: ze transporteren voor hen het stuifmeel, waarmee ze zorg dragen voor de voortplanting, en ze worden voor deze dienst beloond met nectar.

Andermans veren

Mimicry is dus eigenlijk pronken met andermans veren. Omdat wespen en bijen angels hebben worden ze in het algemeen met rust gelaten. Een duidelijke geel-zwarttekening laat de wereld weten dat ze zwaar bewapend zijn. Wie met die angel te maken heeft gehad en de pijnlijke ontmoeting heeft overleefd zal het kleurenpatroon nooit meer vergeten. Zweefvliegen hebben handig gebruikgemaakt van die in de loop van miljoenen jaren ingeslepen vrees. Ze hebben zich als het ware in het pakje gestoken van de geduchte angeldragers.

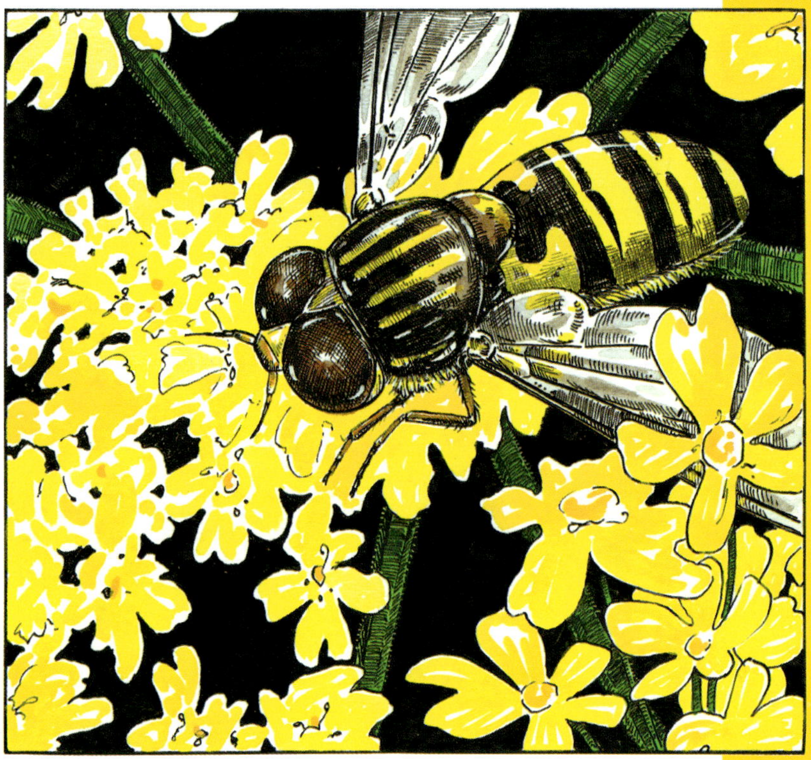

Gele kaart

Als ze zich slecht gedragen kunnen voetballers een gele kaart verwachten. Geel is een waarschuwingskleur. Niet alleen voor mensen, maar ook in de dierenwereld. Felle kleuren zijn dikwijls de outfit van giftige, stekende of bijtende dieren. De meeste giftige slangen, amfibieën en insecten voeren als oorlogstooi hardgeel of helderrood. Ook dit is de mens niet vreemd. Krijgszuchtige indianen beschilderden zich met oorlogskleuren en tot de uitvinding van vérdragende vuurwapens waren de uniformen van soldaten bontgekleurd.

Geel-*zwart*

De gele en zwarte strepen van wespen vormen een onmiskenbaar waarschuwingssignaal, dat ervoor zorgt dat iedereen hen uit de weg gaat. Wie deze waarschuwing in de wind slaat moet rekening houden met een pijnlijke steek. De steek wordt toegebracht met de legboor, die tot een scherp wapen is omgebouwd. Deze angel zit aan het uiteinde van het achterlijf. Hij bestaat uit een in het midden geplaatste buis, die van groeven is voorzien, waarin twee spitse lancetten heen en weer kunnen glijden. Deze lancetten hebben een vlijmscherpe punt en zijn aan een van de zijkanten uitgerust met zaagtanden. Bij het steken zorgen bewegingen van segmenten in het achterlijf ervoor dat de twee lancetten in het vlees van het slachtoffer worden gedreven. Ze wrikken zich via de zaagtanden beurtelings dieper naar binnen.

Geen weerhaken

Terwijl een wesp steekt klampt hij zich stevig aan het slachtoffer vast. Het gif wordt uit de inwendige gifblaas regelrecht de steekwond in geperst. Is de klus geklaard dan maakt de wesp dat hij wegkomt. De angel bezit geen weerhaken zoals bij de bij het geval is, en kan dus onbeschadigd worden teruggetrokken. Een bij zal zich na de steek moeten losscheuren van de vastzittende angel, wat vrijwel altijd een dodelijke verwonding teweegbrengt. Een wesp kan echter naar hartelust steken totdat het gif op is. Zolang de voorraad strekt dus.

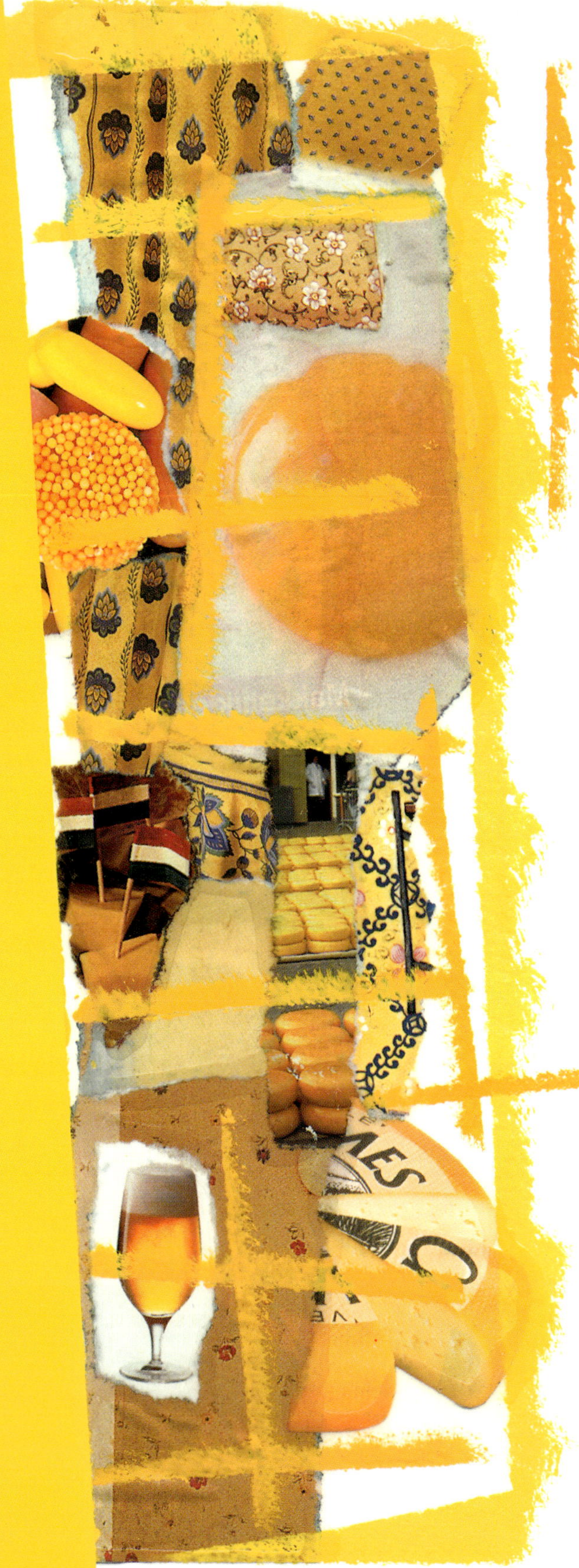

Coryne-bacteriën

Hyena's en jakhalzen proppen zich vol met in ontbinding verkerend vlees. Daar walgen wij van. Maar wij zijn zelf geen haar beter. Ook wij eten rottend voedsel. Zoals yoghurt en kaas. Kaas ontstaat uit dikke zure melk die aan het bederven is. Wanneer deze substantie grotendeels van water is ontdaan moet de kaas rijpen. Tijdens dit proces wordt hij vochtig gehouden, waardoor zich een overdadige wildgroei van coryne-bacteriën ontwikkelt. Al vlug overvleugelen deze bacteriën alle andere micro-organismen in aantal. Ze scheiden voortdurend een afvalproduct af dat de kaas zijn smaak en zijn kenmerkende gele kleur geeft. Niet fris, wel lekker!

Uitzonderlijk verschijnsel

Een ei is een uitzonderlijk verschijnsel: het is een van de grootste cellen die we kennen. Eten we bij ontbijt of lunch een eitje, dan verorberen we in feite één cel. Niet de dooier is daarvan de kern. De dooier is dus beslist niet de eerste aanleg van het kuiken! De eigenlijke eicel is het kleine kloddertje eiwit dat boven op de dooier drijft en dat we goed te zien kunnen krijgen wanneer we een ei bakken. De dooier wordt vrij laat in de ontwikkeling van het ei gevormd. Een gedeelte ervan wordt door de eicel zelf gemaakt, maar verreweg het grootste gedeelte is afkomstig uit de lever van de hen. Vanwaaruit het via bloedvaten naar de plaats van bestemming wordt gebracht. De dooier is een voedselreservoir. Hij zit barstensvol met voedingsstoffen. Hij bevat bovendien veel kleurstoffen, de zogenaamde carotenoïden. Deze zijn verwant aan vitamine A en de kleurstoffen in wortelen. Daarom is eidooier geel. Het zich ontwikkelende kuiken heeft al die bouwstoffen nodig. Door een buisje, dat de dooiersteel wordt genoemd, vloeit dit voedsel uit de dooier naar de buik van het kuikentje. De dooier wordt dus kleiner naarmate het kuiken groter wordt. Omdat vogelembryo's geen verbinding met de moeder hebben via een navelstreng, hebben vogels geen echte navel, maar wel degelijk een klein litteken waar de dooiersteel de buikwand binnenkwam.

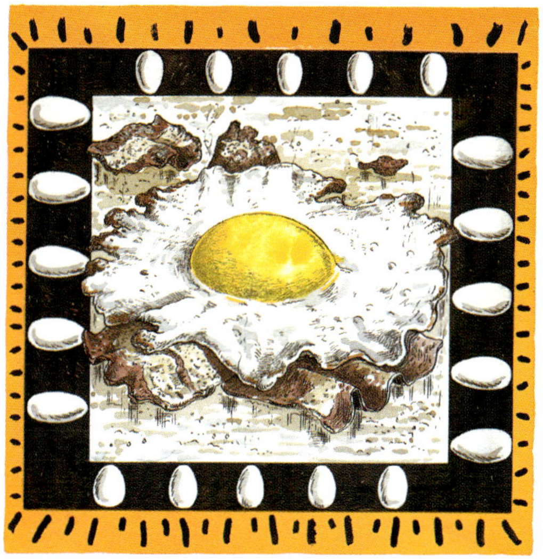

Schuimend bier

Rijp graan is goudkleurig. Daarom wordt van alle producten die granen als grondstof hebben verwacht dat ook zij geel tot geelbruin zijn. Waar nodig worden dergelijke producten bijgekleurd om de associatie met goudgele akkers levendig te houden. Brood, pasta's en bier hebben dus de kleur van graan. Dat schuimend bier wit is, is het gevolg van de talloze luchtbelletjes waaruit het schuim bestaat. Deze verstrooien met z'n allen het licht zodanig dat wij het als wit waarnemen. Het is precies hetzelfde als wat er in wolken gebeurt.

Oeroud snoepgoed

In de oerwouden waaruit wij oorspronkelijk afkomstig zijn was fruit de enige delicatesse. Snoep, gebak en dessert zijn ervoor in de plaats gekomen. Deze lekkernijen worden door ons overheerlijk gevonden omdat ze simpelweg nog altijd de oeroude fruitsmaken hebben. Ook de kleuren zijn die van fruit zoals bananen, citroenen, sinaasappels, frambozen en aardbeien. Ofschoon de vruchtensmaken vaak uitsluitend te danken zijn aan kunstmatige smaakstoffen, doen deze kleuren ons geloven dat we met pure fruitproducten te maken hebben. Omdat snoepjes, taartjes en toetjes zo lekker zijn, laten we ons graag bij de neus nemen.

Yellow mellow

Geel is de zonnigste en vrolijkste van alle kleuren. Ze heeft een positieve en stimulerende uitwerking, activeert de hersenen en zet aan tot werkzaamheid. Het lijkt raar, maar kleuren hebben echt zulke effecten. Geel is de kleur van creativiteit en fantasie en is bijvoorbeeld een heel goed middel tegen een slecht humeur, onlustgevoelens en neerslachtigheid. Ze maakt opgewekt en levenslustig. Een uiterst positieve gemoedsgesteldheid wordt daarom 'yellow mellow' genoemd.

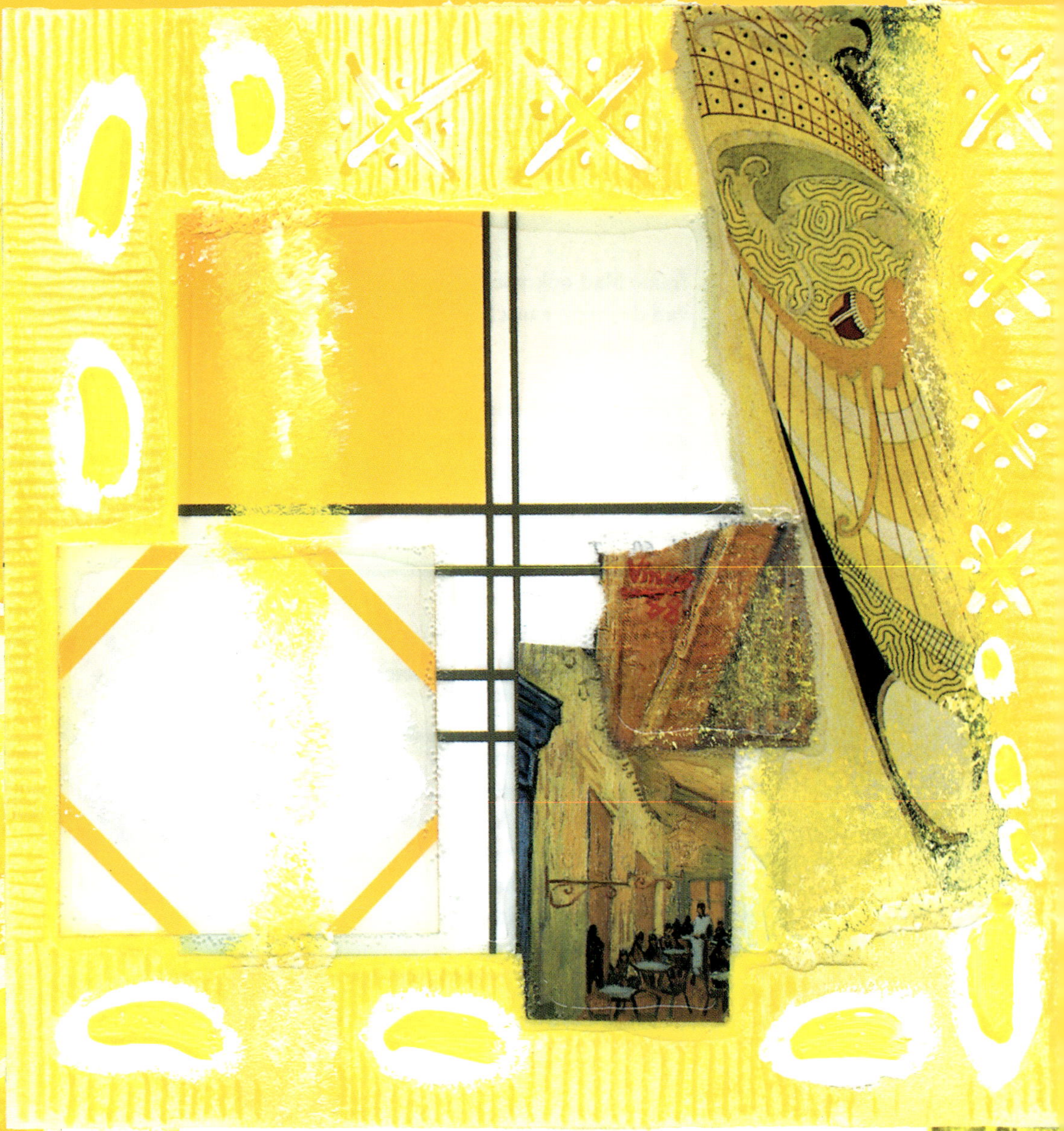

Geestelijke levendigheid

Wie geel als favoriete kleur heeft is in het algemeen naar de wereld toegewend. Hij probeert zijn kennis voortdurend uit te breiden en streeft naar veelzijdigheid. Hij is geestelijk levendig en uit op verbreding van zijn horizon. Reizen doet hij graag.

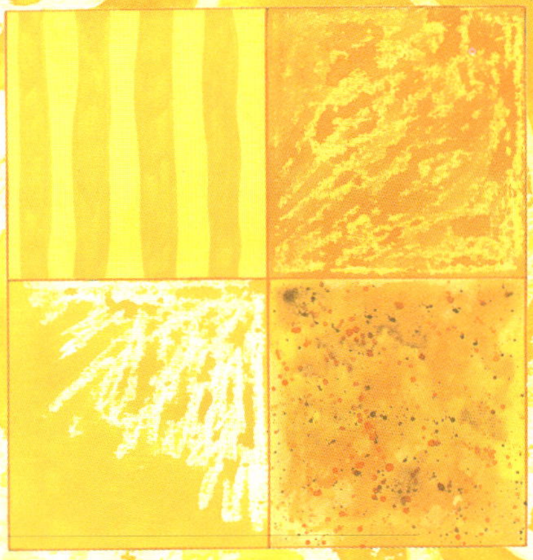

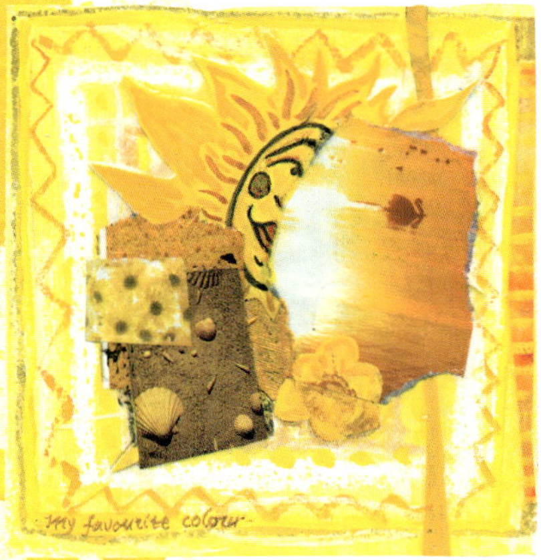

Laaiende zon

Citrien is een citroenkleurige edelsteen. Het is een van de weinige gele soorten. De kleurnuances variëren van heldergeel tot goudbruin. Citrien is zeer zeldzaam. Daarom worden bergkristal of andere kleurloze kwartsen nogal eens kunstmatig gekleurd om ze erop te laten lijken. Echte citrien wordt vaak verward met de hoogwaardige goudtopaas. Citrien is echter minder kostbaar. De kleur wordt dikwijls vergeleken met die van de laaiende zon. Topaas is honinggeel, maar kan ook wijnrood of glashelder zijn. Andere gele stenen zijn barnsteen, tijgeroog, gele jaspis en rutielkwarts.

Puur zand

Woestijnen zijn geel omdat zand geel is. Dit is eerlijk gezegd wel wat simpel gesteld. Woestijnen vertonen natuurlijk allerlei tinten geel, grijs en bruin. Het zijn de kleuren van de talloze kwartskorreltjes waaruit zand voornamelijk bestaat. Andere bestanddelen zijn veldspaat, glimmer en kalk. Zand ontstaat door verwering van graniet. Dat is het meest voorkomende gesteente. Zand wordt dus feitelijk gevormd door verkruimelde rotsen. Wat we in de woestijn aantreffen is puur zand. Humus en alle andere lichte deeltjes zijn door de wind weggeblazen. Alleen het zware gele zand is achtergebleven.

Zinderende **zandbak**

De Sahara is de bekendste woestijn. In films en avonturenverhalen lijkt het een gigantische zinderende zandbak. In werkelijkheid is het woestijnlandschap veel gevarieerder. Van de negen miljoen vierkante kilometer Sahara bestaat slechts één tiende uit zand. Verder zijn er oases, bergen, rotsen en ravijnen. Afgezien van de oases is het er dus overal even dor en troosteloos. De zon is er meedogenloos. Overdag kan de temperatuur stijgen tot 50 graden Celsius of hoger. In de Sahara is zelfs een keer 56 graden in de schaduw gemeten. Het zand kan dan wel 80 graden zijn!

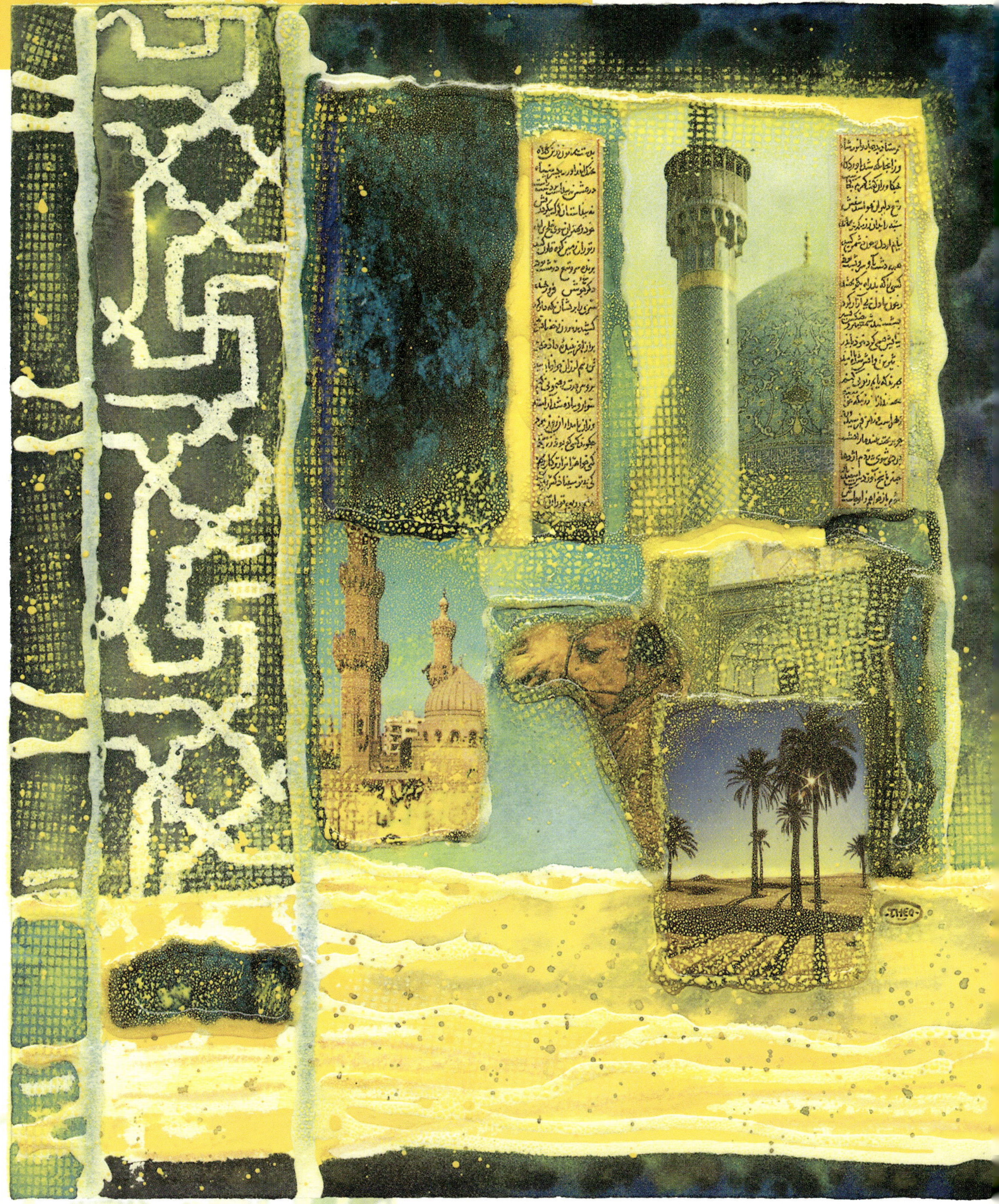

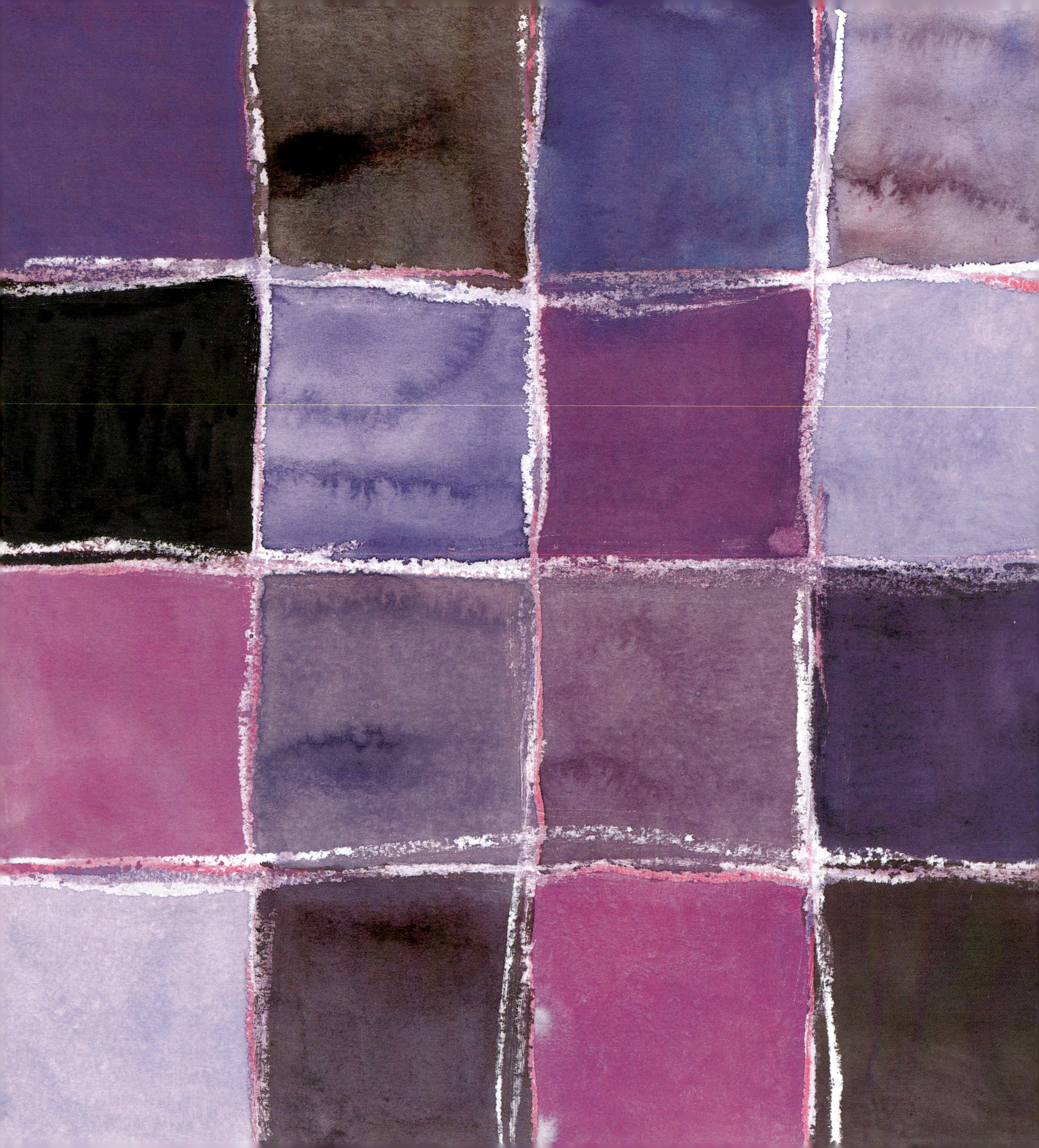

VIOLET

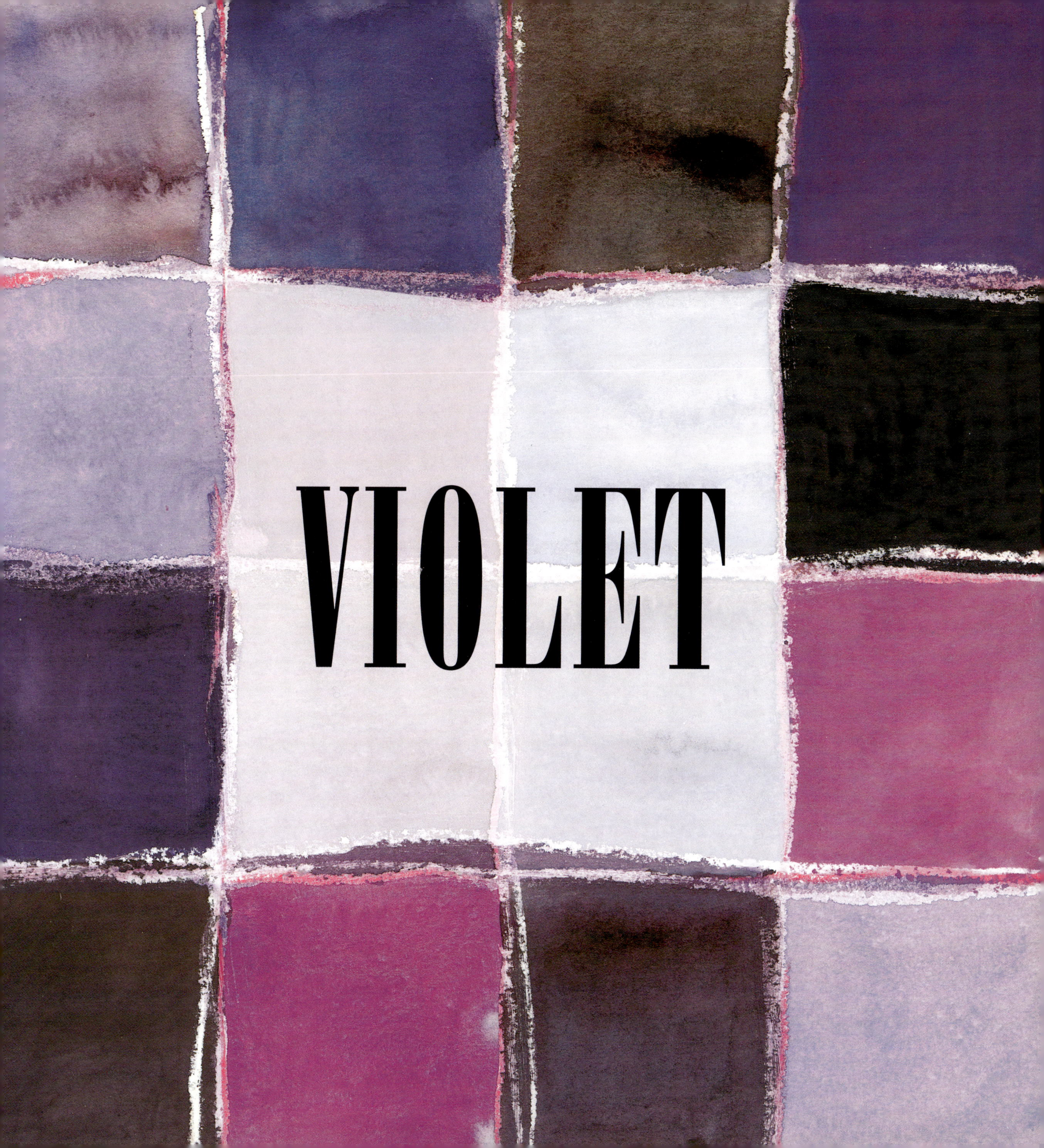

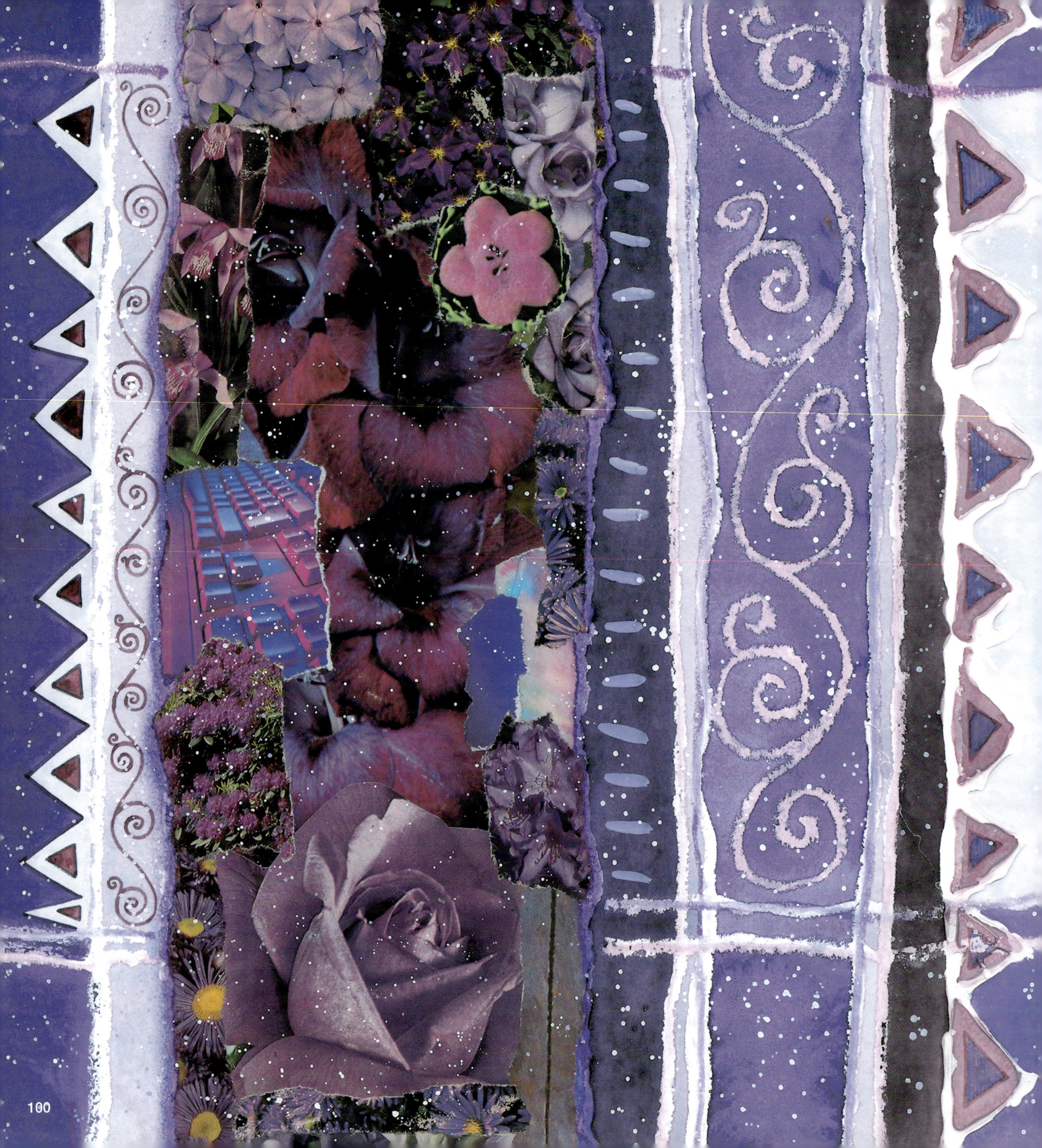

Rood-blauw

Het Engelse woord voor viooltje is 'violet'. Violette bloemen bloeien in overgangstijden of in overgangsgebieden. In de bergen zijn ze vlak bij de sneeuwgrens te vinden. In de late herfst pas komt herfsttijloos in bloei. In het vroege voorjaar laten krokussen en viooltjes zich zien. Violet is een wonderlijke kleur: het is de kleur van twee tegengestelden. En wanneer tegengestelde elementen of naturen worden samengebracht, kan evenzogoed samensmelting als botsing plaatsvinden. Violet is samengesteld uit de kleuren rood en blauw en deze staan zowel psychologisch als fysiologisch zeer ver van elkaar. Rood is immers een actieve en warme kleur, terwijl blauw koel en rustig is. Rood is aards en blauw is hemels. De blauwe rust wordt geprikkeld door de rode drijfkracht en de rode activiteit wordt door de blauwe bezonnenheid afgezwakt. Violet is hierdoor tweeledig, tweeslachtig en in zichzelf verdeeld. Soms kan violet rijk, luxe, liefelijk en poëtisch zijn, maar in andere gevallen verdorven, ziekelijk en afgeleefd. Het is dus geen wonder dat violet op bijzondere wijze aan mode onderhevig is: nu eens wordt de kleur als onaangenaam ervaren en afgewezen, dan weer geldt zij als begerenswaardig en oogstrelend.

Paarsrode verf

Er bestaan voor violet of paars veel woorden. Purper is er één van. Deze paarsrode verfstof werd in de oudheid verkregen uit de klieren van de purperslak. Het schijnt dat er wel een miljoen van deze zeeslakken nodig waren voor één kilo purper. Gelukkig werd er later een manier gevonden om purper kunstmatig te maken. Er kwam hierdoor zo veel purper op de markt dat het een echte modekleur werd. Vooral het lichte violet – beter bekend als 'mauve', de Franse naam voor de lila bloeiende plant malva – kwam in zwang.

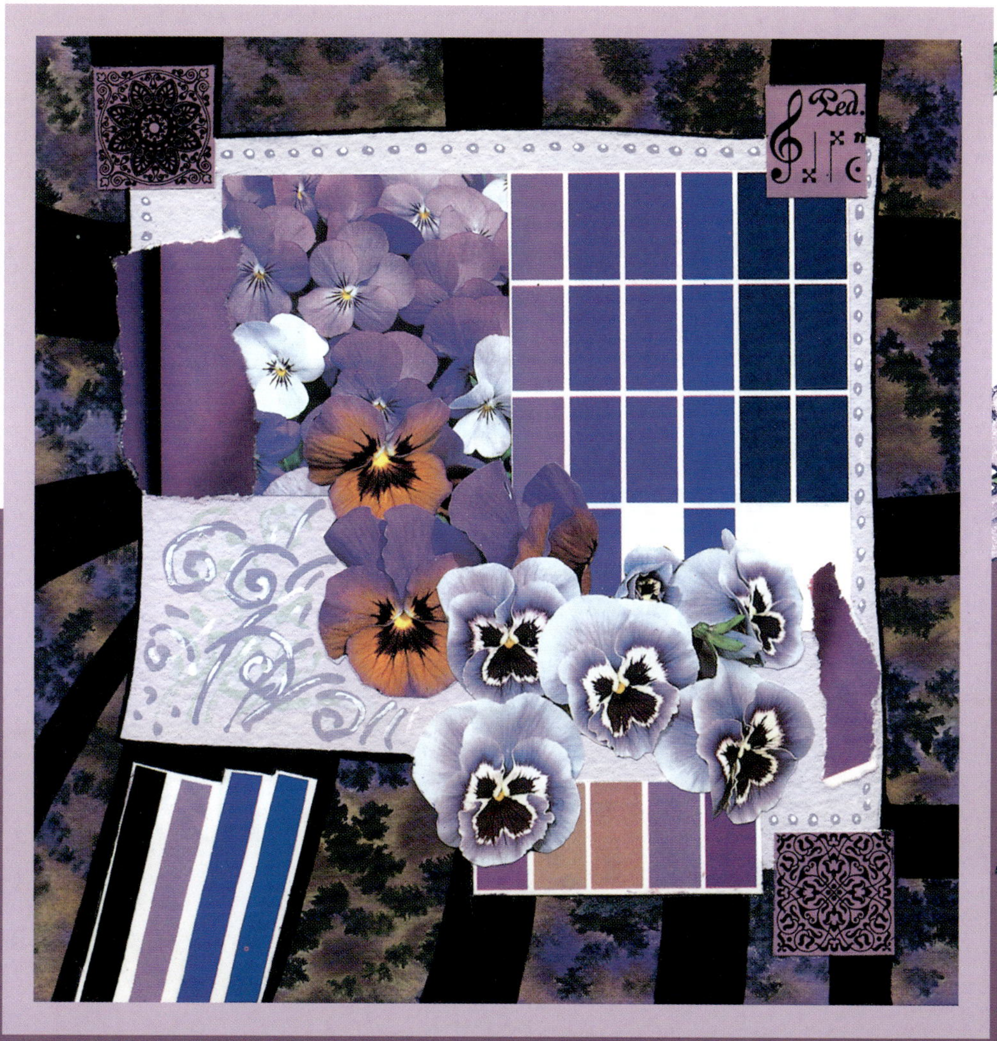

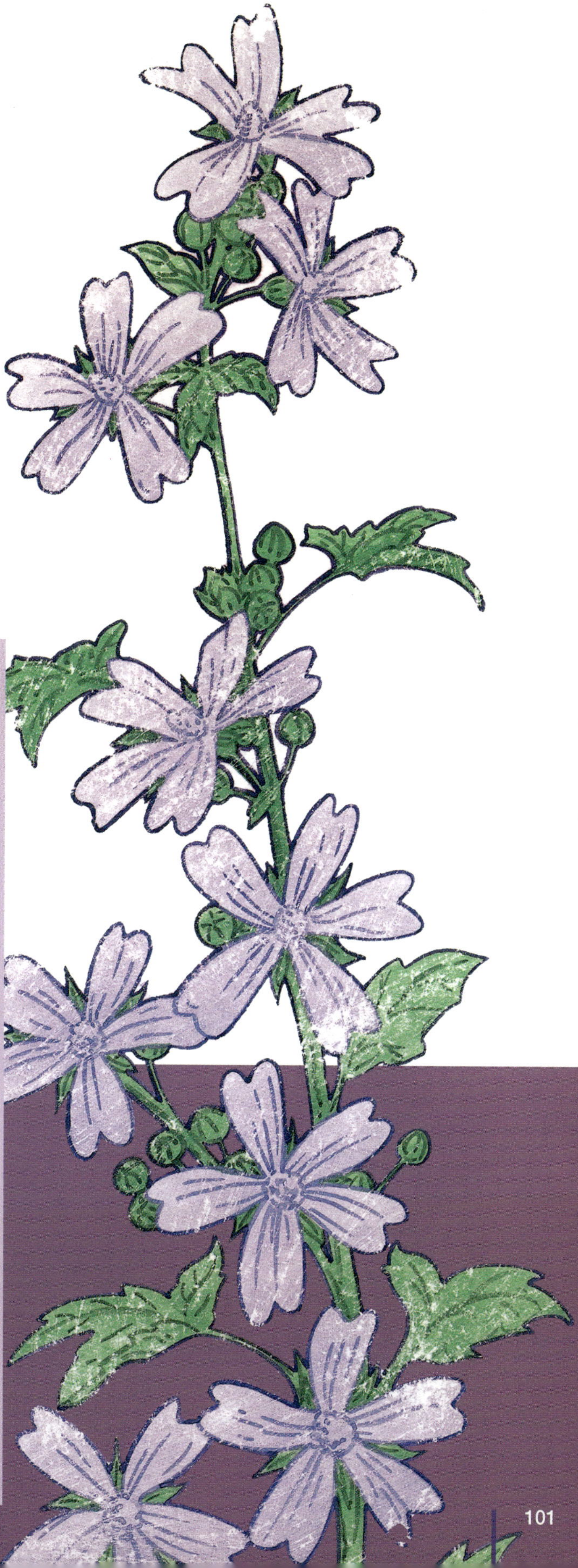

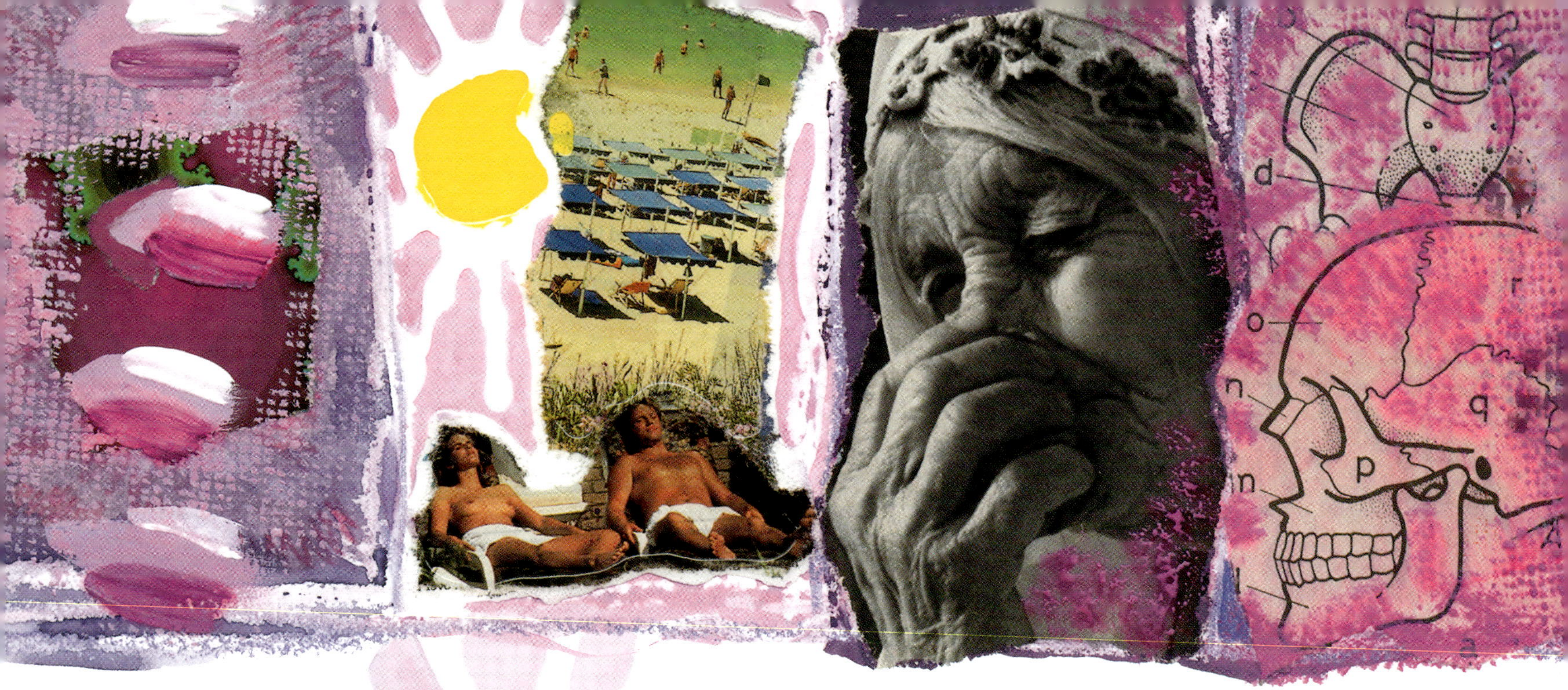

Voorbij violet

We kunnen de kleuren van de regenboog beschouwen als het voor ons zichtbare gedeelte van het spectrum. Maar er zijn veel meer kleuren dan wij kunnen zien. Zo werd tweehonderd jaar geleden onzichtbare straling voorbij het violet van het spectrum ontdekt. Men noemde deze ultraviolette of UV-straling. Ofschoon we ultraviolet niet zien, heeft het wel degelijk invloed op ons. We worden er bijvoorbeeld bruin van.

Ultraviolet licht

Achter glas worden wij niet bruin. Glas laat geen ultraviolet licht door. Het doordringende vermogen van ultraviolet is niet erg groot. Maar wel krachtig genoeg om de overal in de huid aanwezige donkere melanine-pigmentkorrels aan het werk te zetten. Onder invloed van ultraviolette straling verplaatst dit pigment zich naar de bovenste huidlagen om daar zichtbaar te worden. Dit bruin doet dienst als verdedigingslinie tegen het zonlicht. Ultraviolette straling is namelijk schadelijk. Haar lichtdeeltjes bevatten zoveel energie dat ze ons lichaamsweefsel kunnen beschadigen. Nog gevoeliger voor zonlicht dan de huid zijn overigens onze ogen. Het is dus verstandig bij felle zon een zonnebril te dragen.

Roze *babyhuidje*

Het ultraviolette deel van het zonlicht is zo krachtig dat het de verbinding tussen moleculen kan verbreken. Moleculen zijn de bouwstenen van alle stoffen en het is het ultraviolet dat er het 'cement' tussenuit brandt. Gordijnen, vitrage of tentdoek bijvoorbeeld, die gedurende lange tijd aan zonlicht zijn blootgesteld, vallen op zeker moment gewoonweg uiteen. Zover zal het met het menselijk lichaam niet komen, maar door veel zonneschijn gaan we er beslist niet beter uitzien. Dat wordt wel bewezen in de loop van ons leven. Van ons zachte roze babyhuidje is na enige tijd niet veel meer over. Uiteindelijk worden we vaal en rimpelig. We vergelen als het ware, net als witte stoffen of papier, en we worden net zo broos als deze materialen. Ultraviolet is hier de boosdoener. Voor de mens is het feit dat het vitamine D vormt in onze huid eigenlijk het enige goede van ultraviolet.

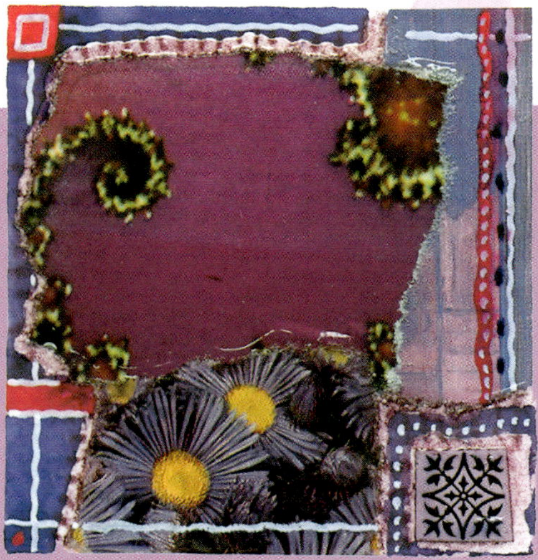

Vitamine D

Vitamine D zit in zuivelproducten en ook in het vieze goedje dat levertraan heet, maar de meeste vitamine D wordt onder invloed van ultraviolette straling in onze huid gevormd. Het speelt een heel belangrijke rol in de opname van kalk uit het voedsel. Een tekort aan vitamine D heeft dan ook nadelige gevolgen op de groei van het skelet, zodanig zelfs dat er misvormingen kunnen ontstaan. Er leden vroeger veel mensen aan de uit gemis aan vitamine D ontstane 'Engelse ziekte' of rachitis. Slechts voldoende zonlicht kon deze ernstige kwaal voorkomen.

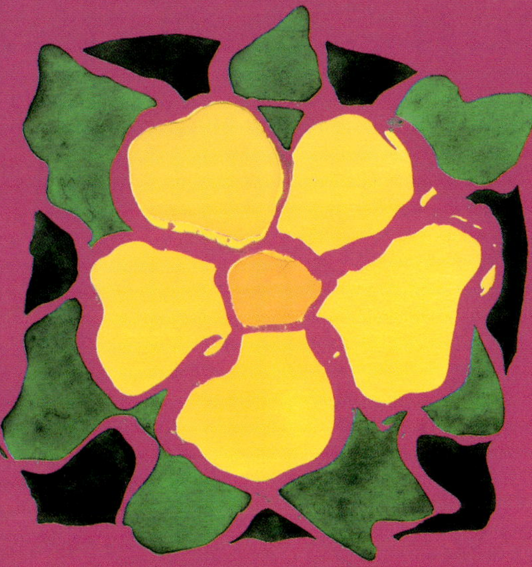

Stralende sterren

Mensen kunnen geen ultraviolet zien. Dit geldt echter niet voor dieren. Insecten zien het zelfs uitstekend. Zij nemen namelijk een ander deel van het kleurenspectrum waar dan wij. Bijen zien bijvoorbeeld geen rood, maar wel degelijk ultraviolet. Bloemen die wij wit vinden, zijn voor bijen blauwgroen. Gele bloemen worden door bijen als diep purper gezien. Zij ervaren al die bloemen als felgekleurde, stralende sterren tegen een grijze achtergrond, want bijen ervaren groen als grijs. Voor hen zijn bloemen dus veel opvallender dan voor ons, hetgeen de bijen goed van pas komt, aangezien bloemen voor hen van levensbelang zijn. De kleuren van de bloemen zijn dus aangepast aan het insectenoog en niet aan het menselijk oog. De bij ziet ze zoals ze horen te zijn, terwijl ze door ons eigenlijk verkeerd worden waargenomen.

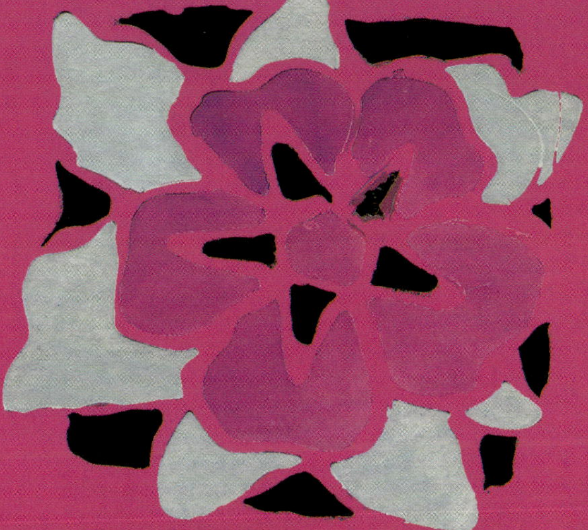

Opvallende honingmerken

Gelukkig zijn we in staat om ultraviolet licht te fotograferen. Zo krijgen we tenminste een indruk van de wereld waarin de honingbij leeft. Dat is inderdaad een heel andere wereld. Want niet alleen de kleuren van de bloemen zijn anders, maar ook de tekeningen op die bloemen. Op de bloemblaadjes blijken allerlei patronen te zitten, die voor ons onzichtbaar zijn. Het zijn markeringen, die honingmerken worden genoemd en die de bijen de weg wijzen naar de nectar. Weliswaar zijn er bloemen met honingmerken die ook wij kunnen zien, maar voor insecten zichtbare ultraviolette honingmerken komen op ruim vijftig procent van alle bloemen voor. Ultraviolet wordt dus gebruikt in de communicatie tussen bloemen en insecten. Nectar etende vogels zoals kolibries hebben er eveneens profijt van, aangezien ook zij ultraviolet kunnen zien, in tegenstelling tot de vele vogelsoorten die ongeveer dezelfde gekleurde wereld zien als wij. Alle vruchtenetende vogels zien bijvoorbeeld rood en groen precies zoals deze kleuren zich aan de mens voordoen.

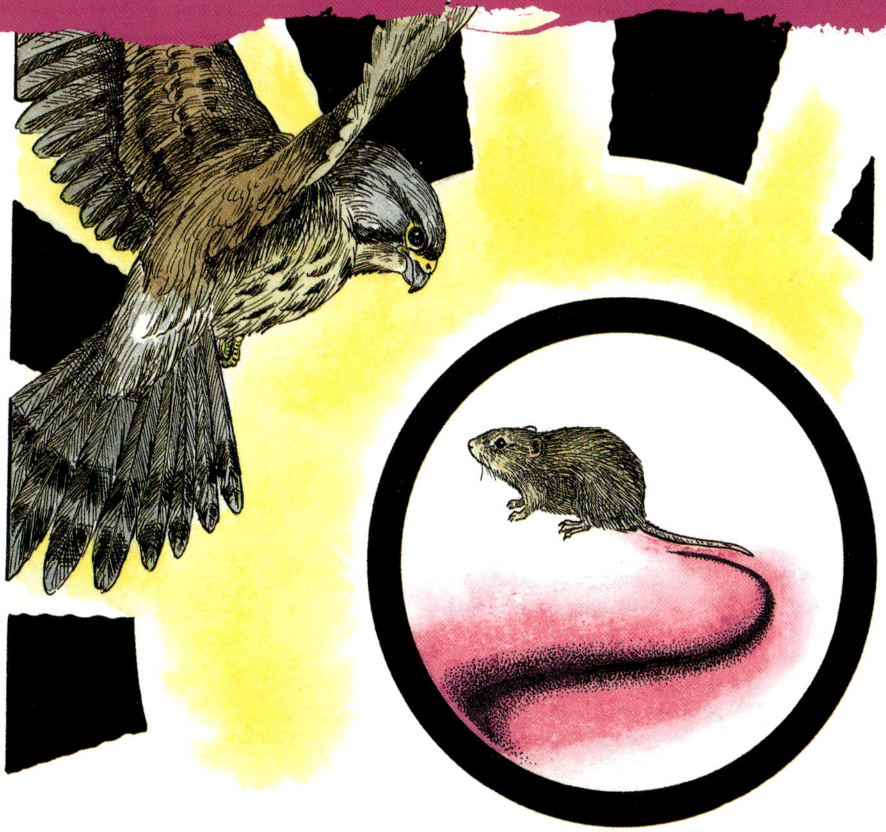

Smakelijk hapje

De torenvalk weet zijn prooi op te sporen door gebruik te maken van de kleur ultraviolet. Sommige soorten muizen, zoals woelmuizen, laten namelijk een ultraviolet spoor achter. Hun keuteltjes en urine bevatten chemische stoffen die ultraviolet licht uitstralen. Waar de muizen hebben rondgescharreld ziet de torenvalk ultraviolette bakens. De jagende vogel komt op deze manier niet alleen te weten waar zich de grootste dichtheid van prooidieren bevindt, maar ook langs welke weggetjes de muizen zich bewegen. Door 'biddend' boven die plekken te hangen hoeft hij slechts geduldig te wachten tot zich een smakelijk hapje aandient.

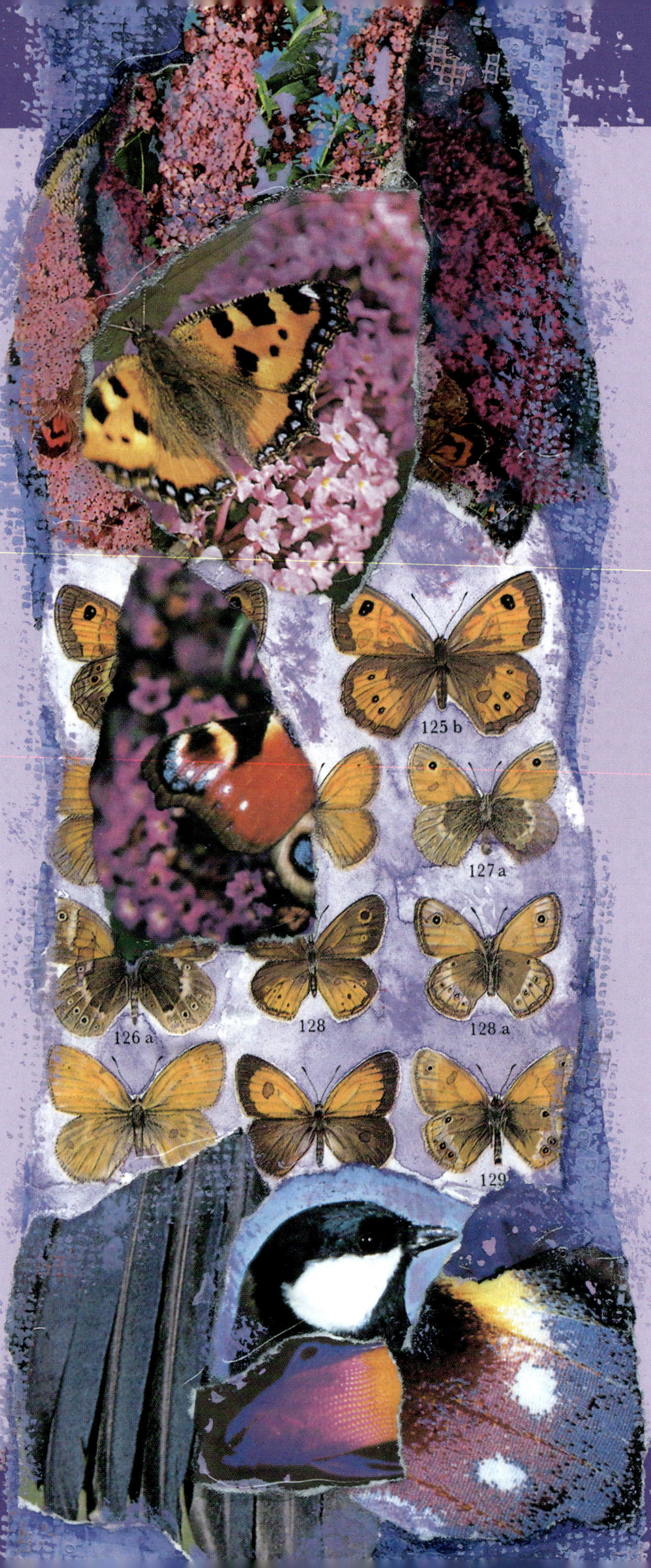

Buddleja davidii

In het jaar 1865 trof de Franse geleerde Jean Pierre Armand David in de bergachtige streken van China een fraaie heester aan, die getooid was met paarse bloemenpluimen en vol met vlinders zat. De struik werd 'Buddleja davidii' genoemd en naar Frankrijk gebracht. Sindsdien heeft de Buddleja een warm plaatsje in onze harten en in onze tuinen. En wel om dezelfde reden als waarom de Fransman hem naar Europa bracht: vanwege zijn onweerstaanbare aantrekkingskracht op vlinders. Die is zo groot dat de Buddleja beter bekend staat onder de naam 'vlinderstruik'.

Talloze vlinders

Vlinders zijn werkelijk verzot op de vlinderstruik. De belangrijkste oorzaak hiervan is de kleur van de bloemen. Alle dagvlinders nemen uitstekend kleuren waar en hebben een uitgesproken voorkeur voor rood, blauw en paars. Om deze reden mag bijvoorbeeld ook de sering zich in hun belangstelling verheugen. Maar terwijl de sering in het voorjaar bloeit, wanneer er nog niet zo veel vlinders zijn, spreidt de Buddleja zijn bloemenpracht tentoon in de tweede helft van de zomer, als het vlinderbestand op zijn hoogtepunt is. Vaak zitten er talloze vlinders zomaar een beetje op de bloemen. Ze worden in eerste instantie door al dat paars aangelokt en zijn er niet op uit het meteen op een nectar-slobberen te zetten.

Fonkelende kreeftjes

Violet is in de natuur vrij schaars. Vooral in de dierenwereld komt het weinig voor. Er zijn vlinders die paarse tinten hebben en er bestaan prachtige, violet fonkelende roeipootkreeftjes, maar hoofdzakelijk manifesteert paars zich in de iriserende glanskleuren van veren, keverdekschildjes en schubben.

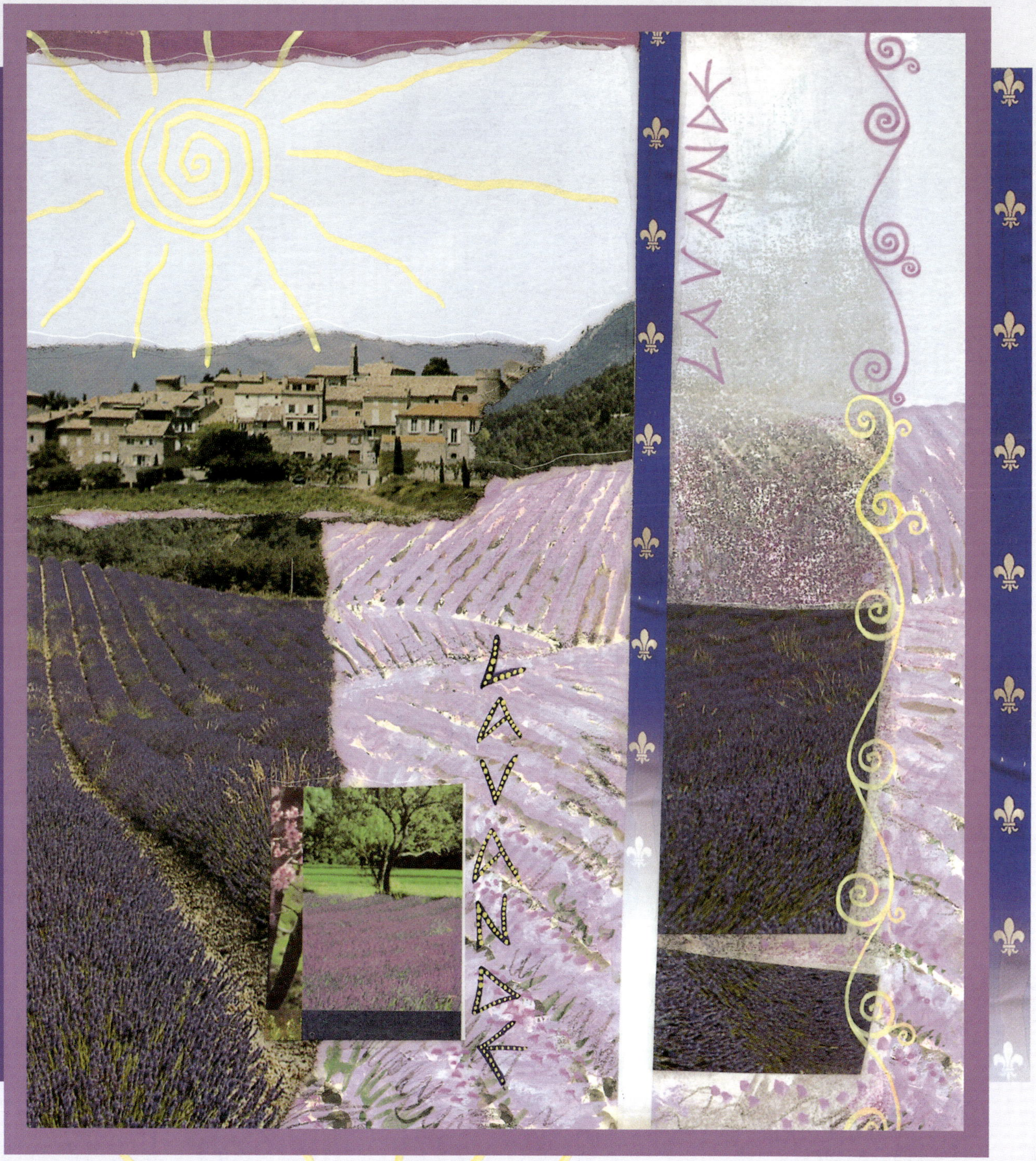

Zinderende zomerdagen

In de plantenwereld beperkt violet zich tot vruchten en bloemen. Van de bloemen valt dikwijls op dat ze bloeien tijdens de wisseling van jaargetijden of op de grens van klimaatzones. De krokus is er een voorbeeld van. De lavendel, daarentegen, is onlosmakelijk verbonden met zinderende zomerdagen in de Provence. Deze Franse landstreek is terecht beroemd om zijn lavendel, die overal zowel in het wild als gecultiveerd groeit. Al sinds heel lange tijd. De Romeinen parfumeerden er reeds hun baden mee. De naam lavendel schijnt zelfs afgeleid te zijn van het Latijnse 'lavare', dat 'wassen' betekent.

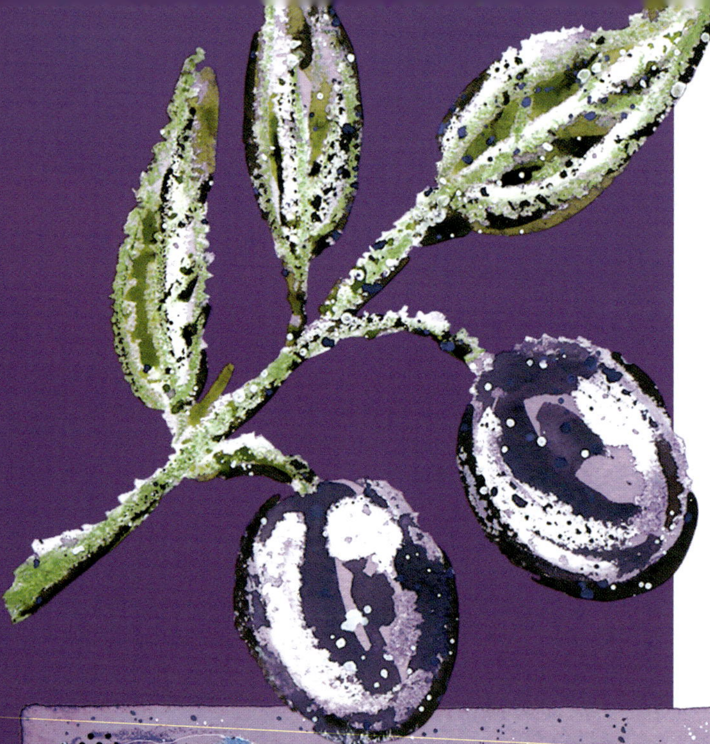

Twee sappen

Uit het Middellandse-Zee-gebied komt ook de olijf. Vanouds wordt uit deze vrucht een olie geperst, die niet alleen als spijsolie maar ook voor verlichting en voor cosmetische doeleinden wordt gebruikt. De Romeinen waren van mening dat er twee sappen vereist waren voor het lichamelijke welzijn van de mens: wijn en olie. Olijven werden en worden natuurlijk ook onbewerkt gegeten, als delicatesse. Groene olijven zijn onrijp, donkere olijven rijp, maar beide smaken even goed.

Olives noires

De Fransen spreken van 'olives noires'. Ook wij gebruiken het woord 'zwart' wanneer we het over rijpe olijven hebben. In feite zijn ze donkerpaars. Zo donkerpaars dat ze zwart lijken. Het pigment anthocyaan is verantwoordelijk voor deze kleur. Het reflecteert bijna alleen blauw en violet licht. Anthocyaan geeft ook kleur aan zwarte bessen, rodekool, aubergine, pruimen, bramen, vlierbessen en alle andere paarsachtige vruchten en groenten.

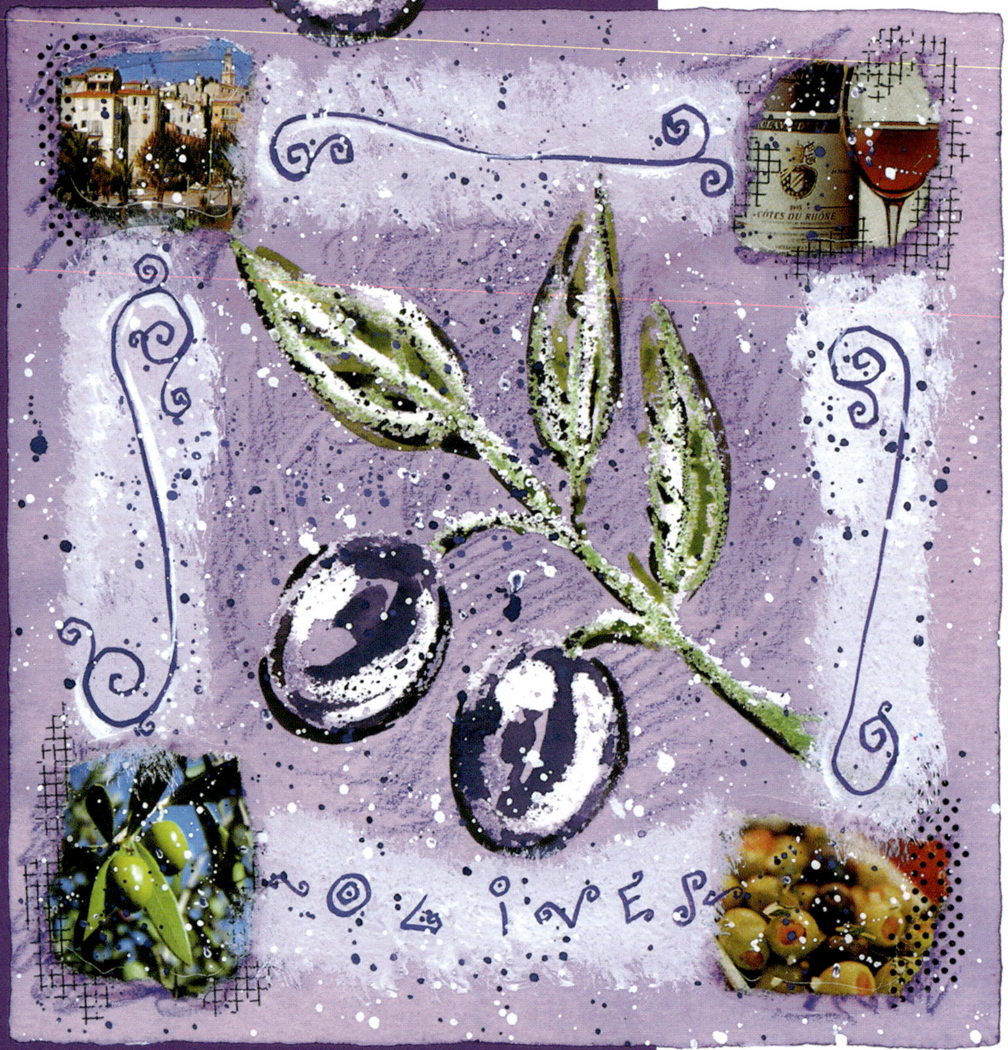

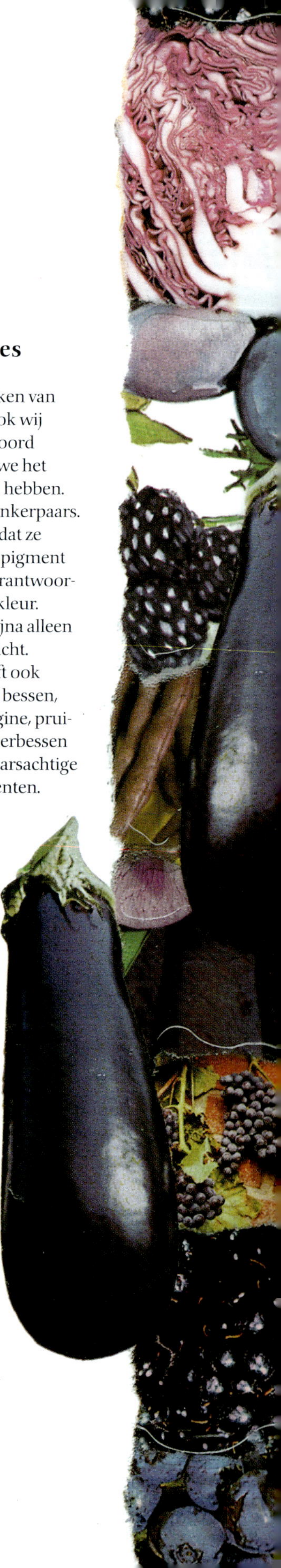

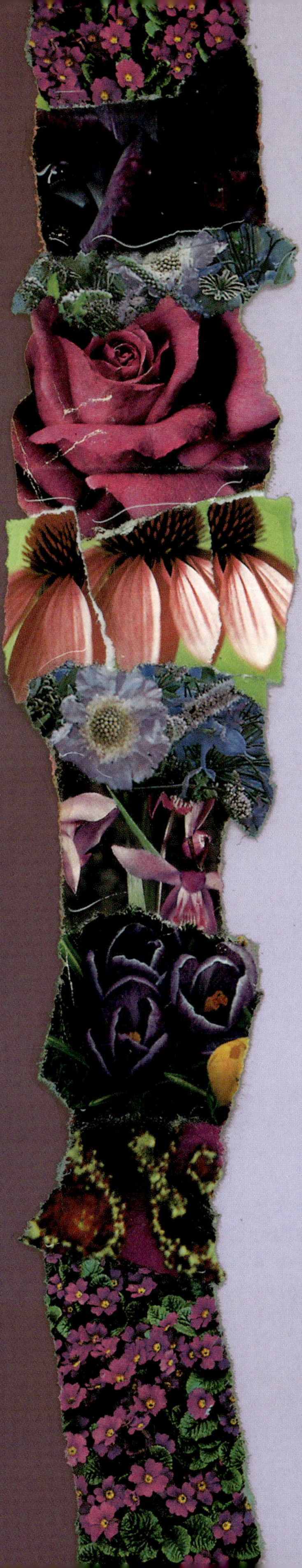

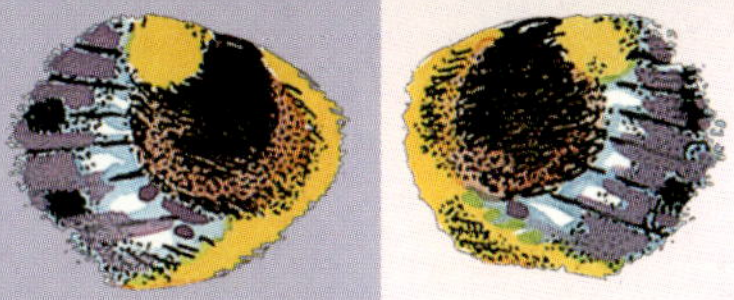

Stralende ogen

In de dierenwereld is het plotseling tonen van een paar grote, starende ogen een bijzonder doeltreffende manier om een vijand af te schrikken. Veel vlindersoorten zijn hierin ware grootmeesters. De meest bedrevene is wel de dagpauwoog. Deze vlinder houdt zijn vleugels doorgaans boven zijn lijf tegen elkaar gedrukt, zodat de goed gecamoufleerde onderkanten buitenwaarts gericht zijn. Valt de vijand toch aan, dan spreidt de dagpauwoog zijn vleugels uit en laat hij vier grote ronde vlekken zien, die de aanvaller als vervaarlijke ogen aanstaren. Experimenten hebben aangetoond dat vooral vogels hiervan geweldig schrikken. Het is een voorbeeld van een fantastisch duveltje-uit-een-doosje effect.

Kwetsbare kop

Er zijn vogels die niet terugdeinzen voor de nepogen op vlindervleugels, maar vol goede moed tot de aanval overgaan. Ze zullen dan het eerst naar die namaakogen pikken, in de mening dat zich daar ook de kwetsbare kop bevindt. Bij de dagpauwoog komen aanvallers dan natuurlijk bedrogen uit, want het is maar een vleugel waarop de agressie zich richt. In veel gevallen komt de vlinder ongedeerd of slechts lichtbeschadigd uit de strijd. En daar gaat het om.

Paarse bloemen

Er zijn veel paarse bloemen omdat deze kleur goed wordt gezien door insecten, terwijl je, omgekeerd, kunt zeggen dat bloemen bezoekende insecten uitstekend paars waarnemen omdat er veel bloemen van die kleur zijn. Er heeft dus een duidelijke wisselwerking plaatsgevonden tussen insecten en bloemen. Veel zoogdieren zijn kleurenblind, omdat ze wat betreft hun voedsel niet afhankelijk zijn van bloemen en vruchten. De mens ziet kleuren, omdat zijn verre voorouders veel vruchten aten. Veel benamingen voor paarse tinten zijn afkomstig uit de wereld van bloemen en vruchten, zoals aubergine, lavendel, sering en mauve.

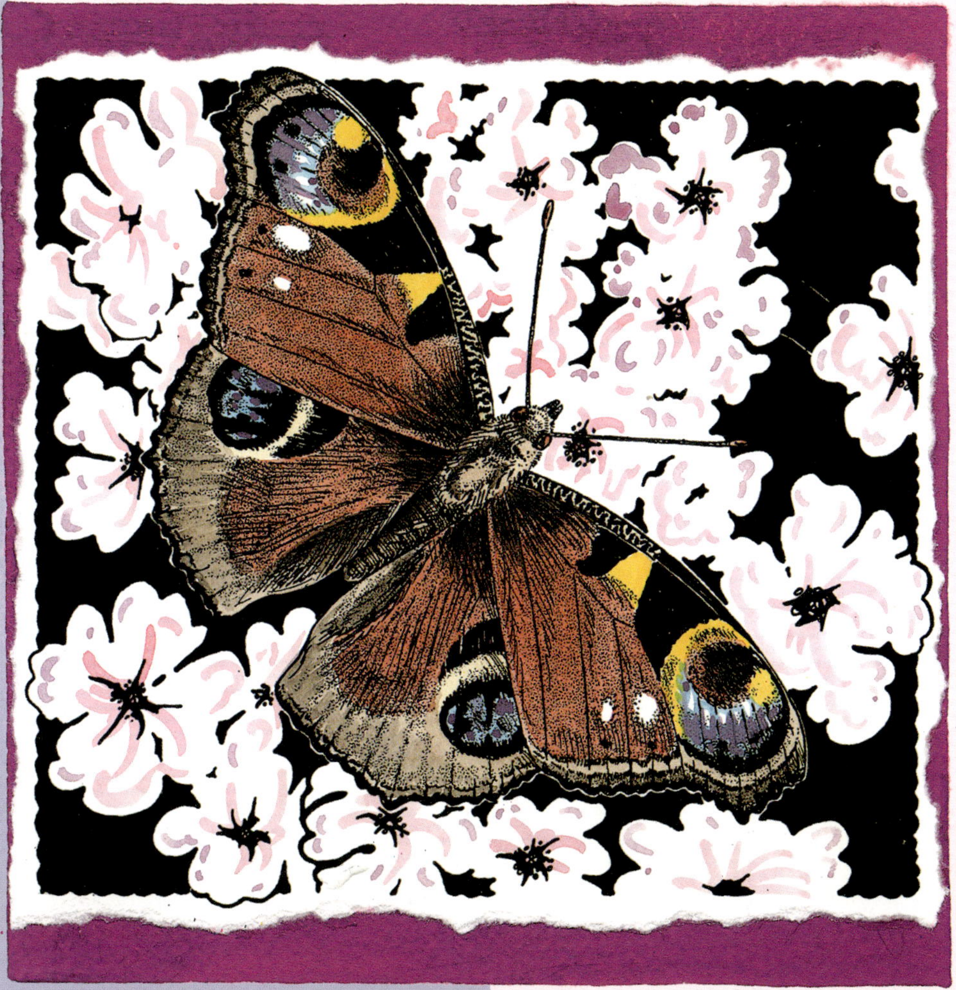

Gekleurd water

Indigo is een paarsblauwe kleurstof. Al sedert duizenden jaren wordt hij gewonnen uit de bladeren van de tinctoriaplant. Eerst moeten die bladeren worden geweekt in water. Er komt dan een oranjegele stof vrij. De gekleurde vloeistof wordt een hele poos blootgesteld aan de open lucht. Als gevolg van binding met zuurstof verandert de kleur langzamerhand tot violetblauw. Deze kleurstof leent zich bij uitstek voor het verven van textiel. Met name voor werkkleding want indigo is heel sterk, onverslijtbaar bijna, en bovendien weinig besmettelijk.

Sterke stof

Over de hele wereld kleden werklieden, arbeiders en boeren zich in het blauw. Het is de traditionele kleur van de boerenkiel en de overall. Het lag dus voor de hand dat ook cowboys en goudzoekers broeken in deze kleur droegen. Katoenen broeken natuurlijk. Want welke stof is sterker dan katoen? De combinatie indigo-katoen bleek nagenoeg onverwoestbaar. IJzeren drukknopen moesten het uitscheuren van de stiknaden voorkomen en… de spijkerbroek was geboren!

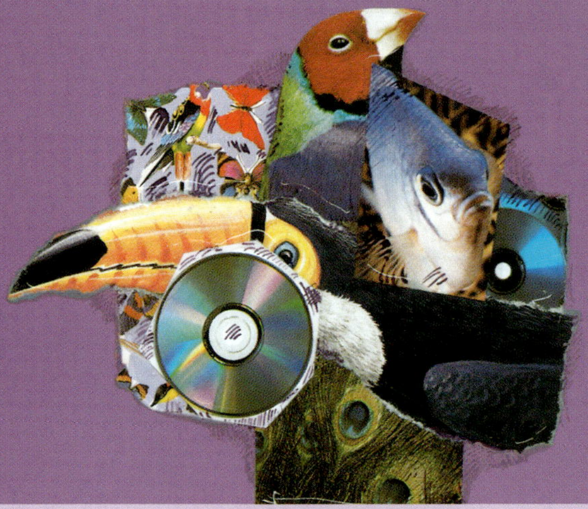

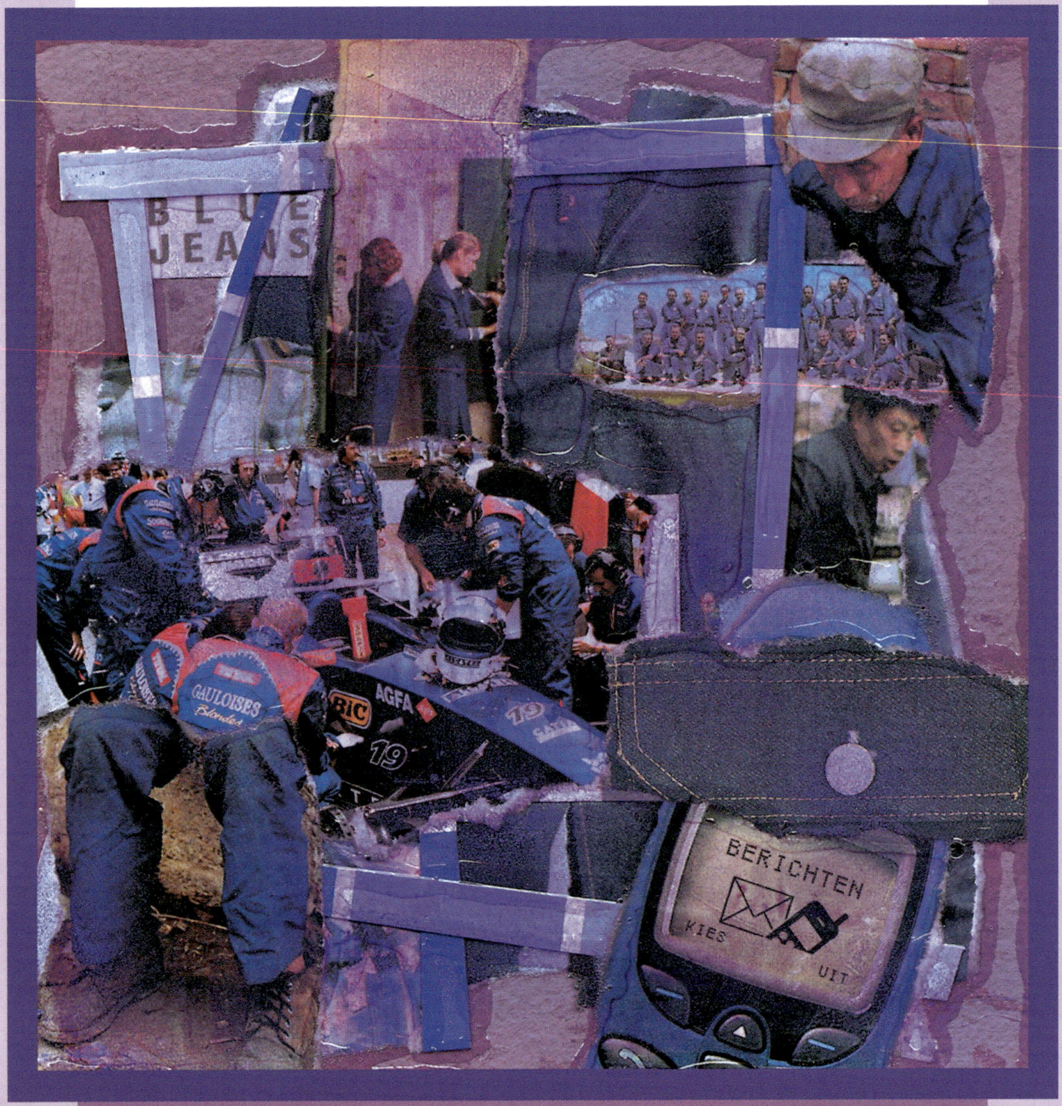

Bellen blazen

Zeep is gewoonlijk zacht van kleur. Roze bijvoorbeeld. Roze zeep absorbeert alle licht behalve het roze stralingsgedeelte. Alleen dat wordt teruggekaatst. Als het ons oog bereikt zien wij het als roze. Er gebeurt echter heel iets anders wanneer wij van dat stuk zeep een sopje maken om er zeepbellen van te blazen. Die zeepbellen zijn namelijk beslist niet roze. Over hun doorzichtige oppervlak bewegen alle kleuren van de regenboog. Dit verschijnsel heet iriseren. Het is genoemd naar Iris, de Griekse godin van de regenboog. Want ook de regenboog vertoont alle voor het menselijke oog zichtbare kleuren.

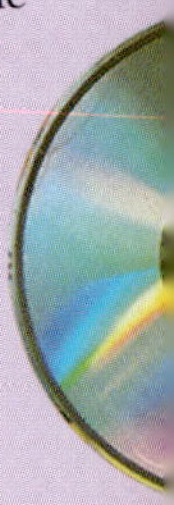

Boeiend schouwspel

Iriserende kleuren zien we overal om ons heen. Op een cd bijvoorbeeld. Of op olie die op water drijft. Maar ook de kleuren van parelmoer zijn iriserend. De glanseffecten op vogelveren, vissenschubben, dekschilden van kevers en vleugels van libellen zijn eveneens het gevolg van iriseren. Iriseren komt tot stand wanneer licht meerdere keren gebroken wordt. Een stuk zeep is massief en breekt het licht slechts één keer. Bij een zeepbel, die transparant is, wordt het licht eerst door het buitenoppervlak van het zeeplaagje gebroken en daarna door het binnenoppervlak. De twee brekingen leveren twee verschillende kleuren op. Deze dubbele breking vindt op elk punt van de bel plaats. Alles bij elkaar levert het alle kleuren van de regenboog op. Omdat de dikte van de wand van de zeepbel telkens wisselt, wisselen ook de kleuren. Een voortdurend veranderend kleurenspel is het gevolg. Het verschijnsel wordt ook wel interferentie genoemd.

Twee aspecten

Het diep paarsrode purper was vroeger zo kostbaar dat het beschouwd werd als de kleur van de goden. De Romeinse senatoren gingen daarom in purper gekleed. Zo maakten ze aan het volk duidelijk dat hun macht bijna goddelijk was. Ze rekenden zichzelf tot de allerhoogste aristocratie. Het zich in Rome ontwikkelende christendom nam deze kleurentaal over. Purper stond voor grote heiligheid. Voor de christenen symboliseerde die kleur bovendien de twee aspecten van Christus. Purper komt namelijk tot stand door de menging van blauw met rood. Blauw is de kleur van de hemel en het geestelijke. Rood is de kleur van bloed en het aardse. Purper verbeeldde dus zowel de goddelijke als de menselijke kant van Jezus.

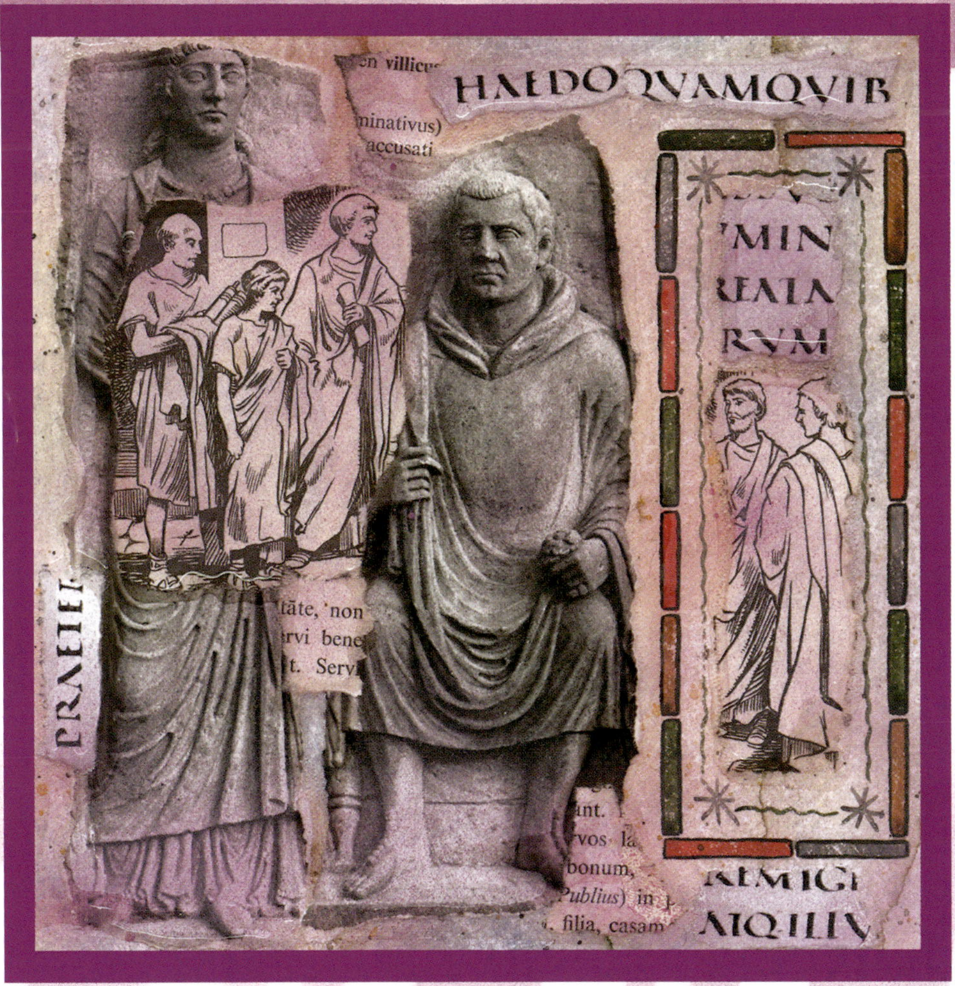

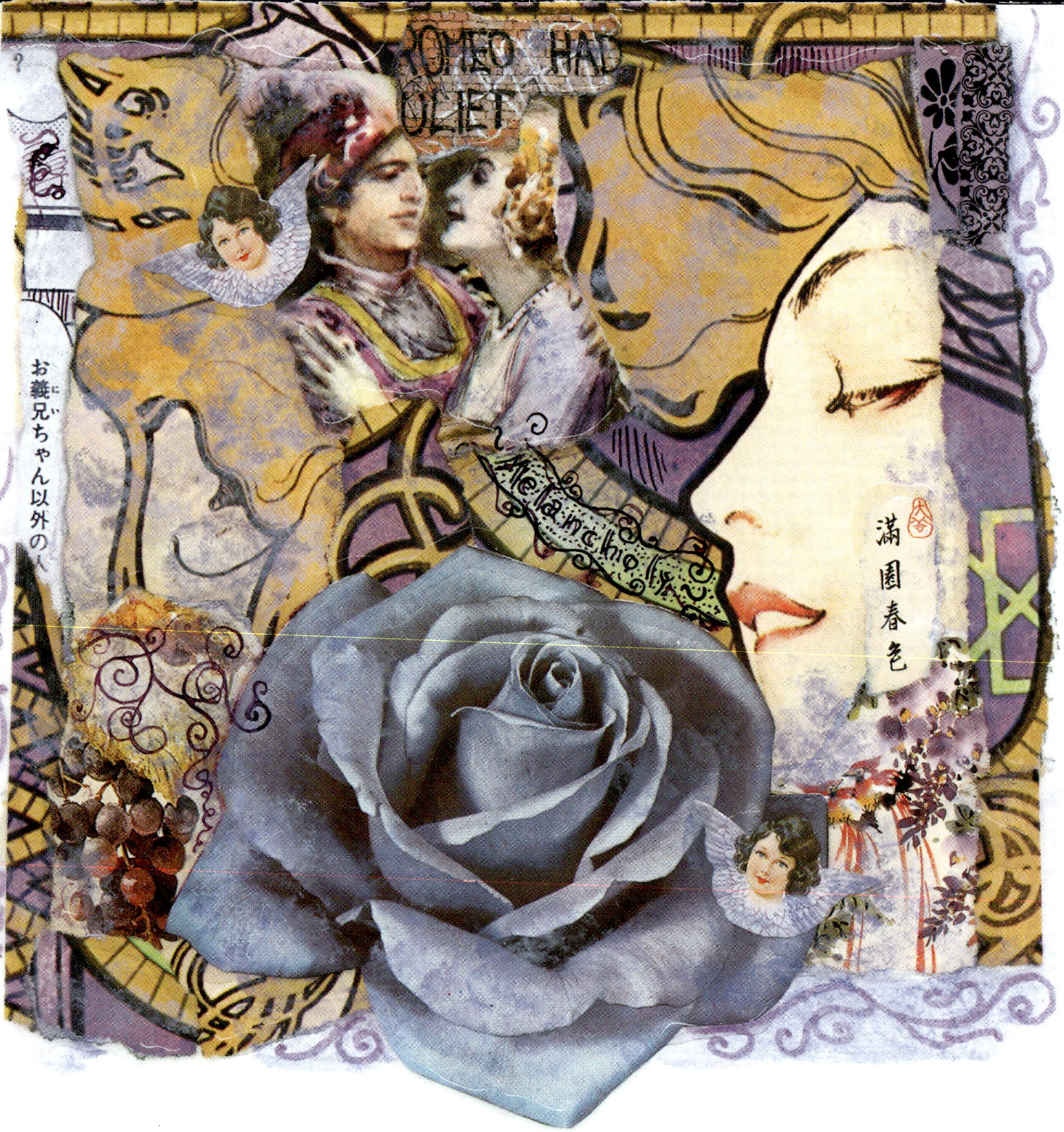

Sombere stemming

Omdat violet nauwelijks relaties met de stoffelijke wereld heeft, is het de kleur van mystiek en magie. Het hoort bij een andere wereld. De wereld van het denken en het voelen. Van het peinzen en het tobben. Een gevolg hiervan is dat violet dikwijls in verband wordt gebracht met zwaarmoedigheid en melancholie. Het is inderdaad een omfloerste en droevige kleur. Hij biedt geen uitzicht. Is niet helder, maar juist zwaar en gesloten. Bedwelmend, om het woord 'verstikkend' maar niet te gebruiken.

Vreemde kleur

Groen is de kleur van de groeiende en bloeiende plantenwereld. Wit is de kleur van de smetteloze sneeuw. Rood is de kleur van vuur en bloed. Geel is de kleur van zon en licht. Bruin is de kleur van de aarde. Blauw is de kleur van de hemel en het water. Zwart is de kleur van nacht en duisternis. Maar violet is de kleur van niets. Violet hoort nergens bij. Het verwijst niet naar iets wezenlijks. Het doet aan niets denken dat van groot belang is. Het is zomaar een kleur. Ja, de lucht kan een paarse gloed hebben, er zijn wat paarse bloemen en vruchten en hier en daar in de dierenwereld zien we een vleugje paars, maar daar is het dan wel zo'n beetje mee gezegd. Violet is een vreemde eend in de bijt.

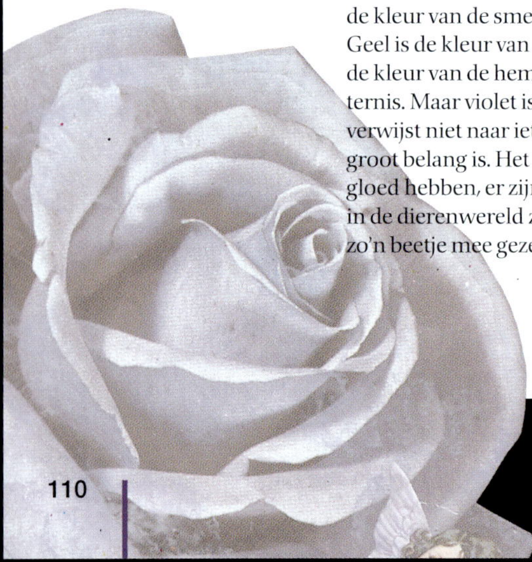

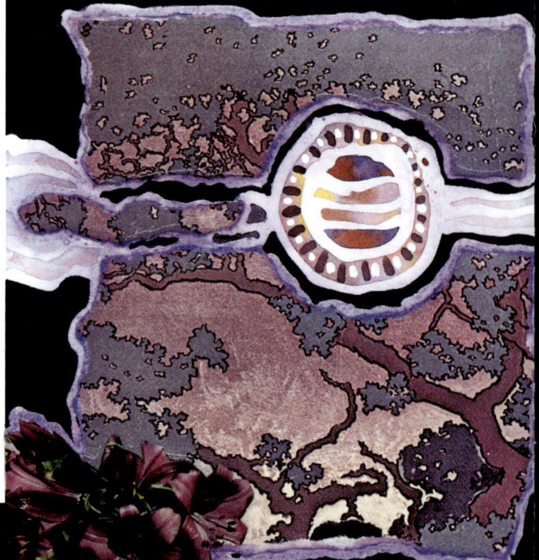

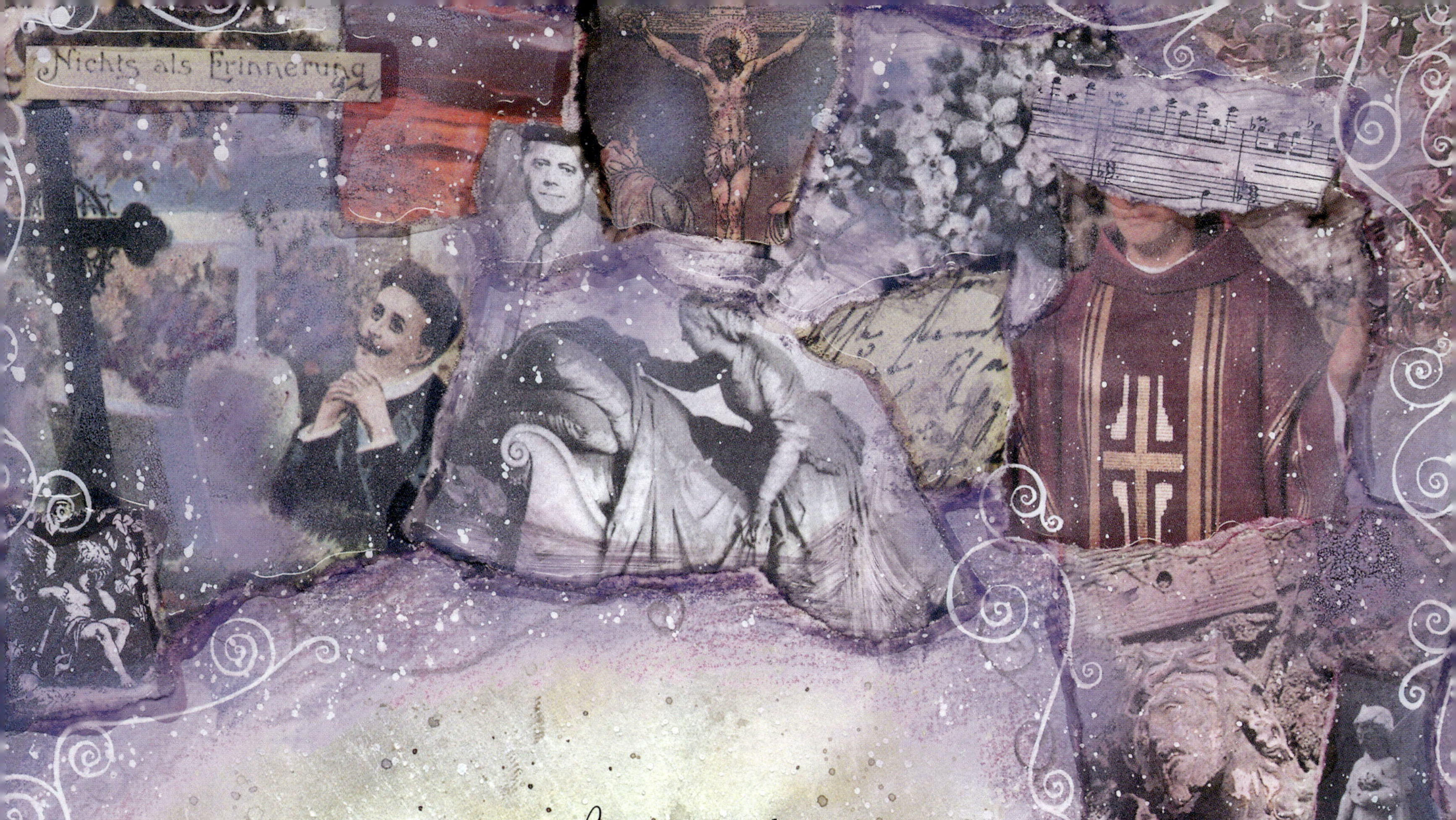

Purperen mantel

In het Oude Griekenland droegen de belangrijkste priesters al een paars gewaad. De Romeinse keizers gingen in deze kleur gekleed om aan te tonen dat de goddelijke macht van Jupiter op hen uitstraalde. Toen de Romeinse soldaten Jezus smalend tot koning van de Joden uitriepen, hingen ze hem dan ook een purperen mantel om. Het schijnt dat de Franse koningen later op grond hiervan de beslissing namen paars uit te roepen tot kleur van het lijden, het sterven en de rouw. Nog altijd heeft paars die beladen betekenis.

Gene zijde

De onaardse uitstraling van violet heeft alles te maken met zijn positie te midden van het aardse rood en het hemelse blauw. Violet ontstijgt de grond en is op weg naar het bovennatuurlijke. Het is de kleur van gene zijde. De kleur van de dood. En van het verdriet en de rouw waarmee de dood omgeven is. Wat verband houdt met de dood wordt nog altijd de kleuren paars, zwart of grijs gegeven. Ook in de katholieke kerk is paars de kleur van het lijden en sterven van Christus. Enerzijds heeft dit te maken met de aard van het paars zelf, anderzijds met de geschiedenis ervan.

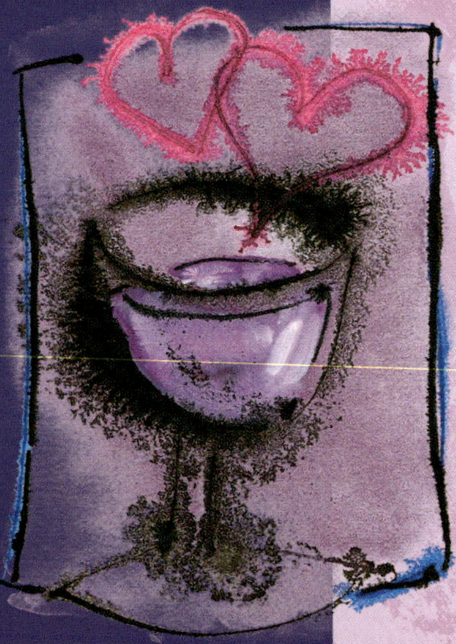

Parfait Amour

Paars is de kleur van mystiek en magie en dus ook van alchemie. Van heksenbrouwsels en toverdranken. Gewone hapjes en drankjes zijn niet paars. Liefdesdranken, die horen paars te zijn! In ieder geval heeft de likeur Parfait Amour die kleur. Het pretendeert niet zomaar een drankje te zijn, maar een krachtige elixer die het liefdesleven een stevige impuls geeft.

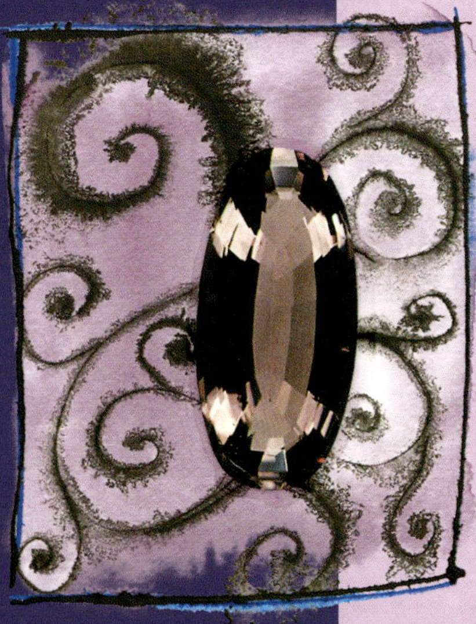

Geestelijke reiniging

De amethist is een violette edelsteen, waaraan een bijzondere toverkracht werd toegeschreven. Hij zou drankzucht genezen en als amulet dienen tegen dronkenschap. De naam is dan ook afgeleid van het Griekse 'amethystos' dat 'dronkenschap voorkomend' betekent. De paarse kleur, die overeenkomt met die van de druif, heeft hier ongetwijfeld mee te maken. Net zoals rode wijn de reputatie heeft 'bloedversterkend' te zijn. Verder wordt de amethist nog altijd beschouwd als een probaat middel tegen ziekelijk pessimisme, overdreven somberheid en extreme zwartgalligheid. Hij zou de geest reinigen en openstellen voor vernieuwing.

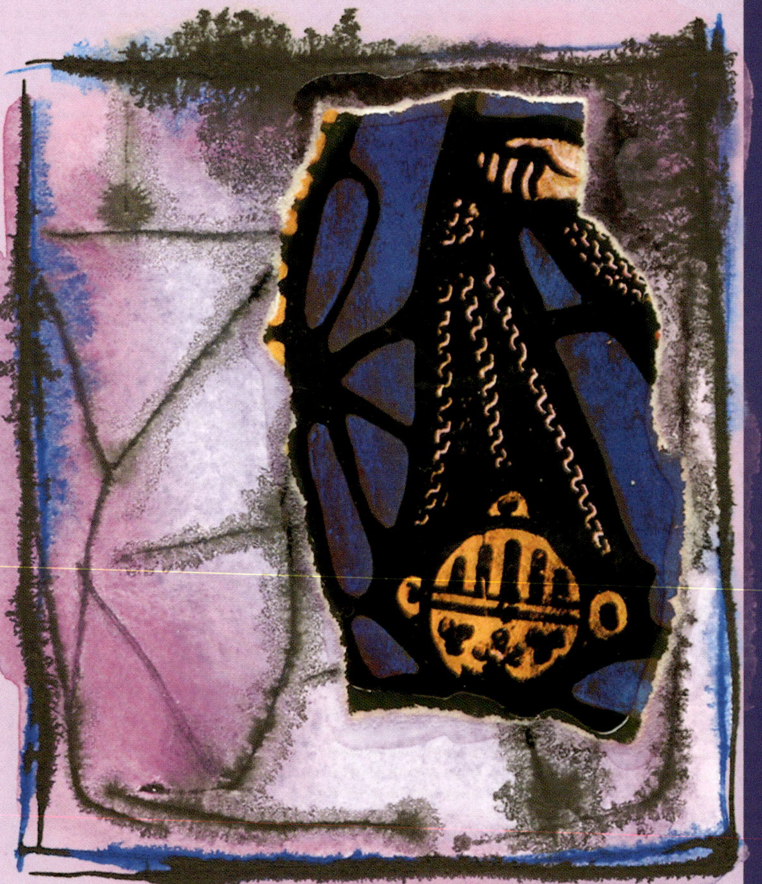

Spectaculair effect

De pracht van glas-in-loodramen is in belangrijke mate het gevolg van het uitstralende effect dat hun kleuren hebben op de omgeving. Het licht dat door een blauw glas valt, kleurt een naburig rood glas een beetje paars. Omgekeerd is dit natuurlijk ook het geval. Om rood en blauw gescheiden en dus zuiver te houden, werd er gewoonlijk wit glas tussengeplaatst. Maar het zuidelijke raam van de Notre Dame in Parijs dankt zijn grote beroemdheid juist aan die overstraling van kleuren.
Op afstand lijkt het in z'n geheel een prachtig violet licht uit te stralen. Het resultaat is een bovenaardse, mystieke sfeer, die bij de kerkgangers diepreligieuze gevoelens losmaakt.

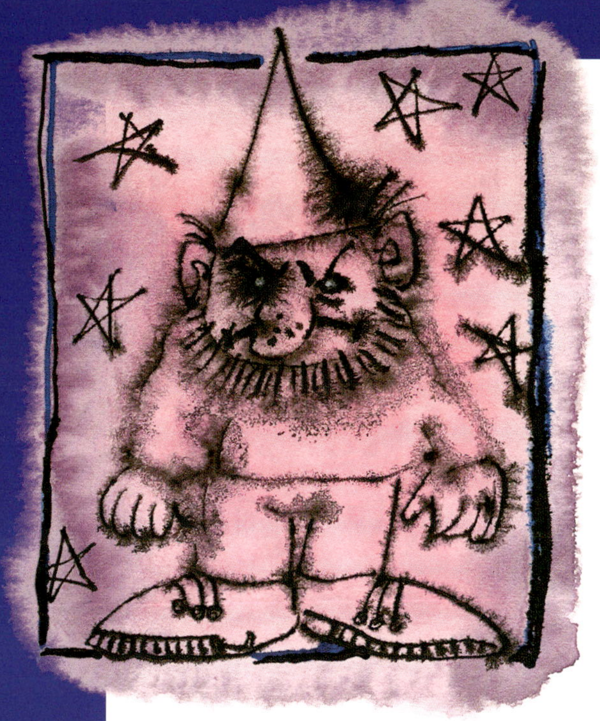

Paars sap

Omdat paars zeldzaam is in de natuur, worden onaardse en bovennatuurlijke wezens dikwijls deze kleur toebedacht. Het zijn niet alleen spoken en geesten die paars als kleur hebben, maar ook degenen die zich met magie en mystiek inlaten. Tovenaars en heksen dus. Voor het maken van talismannen tegen toverkollen, spookverschijningen en demonen is de vlierboom het meest geschikt. De vijand is immers het best te verslaan met zijn eigen wapens. Zowel vlierbessen als hun sap zijn namelijk paars. De vlier heeft een slechte reputatie. Hij zou alleen daar groeien waar menselijk bloed is vergoten. Het kruis waaraan Christus stierf was van vlierhout. En Judas koos een vlierboom om zich in te verhangen.

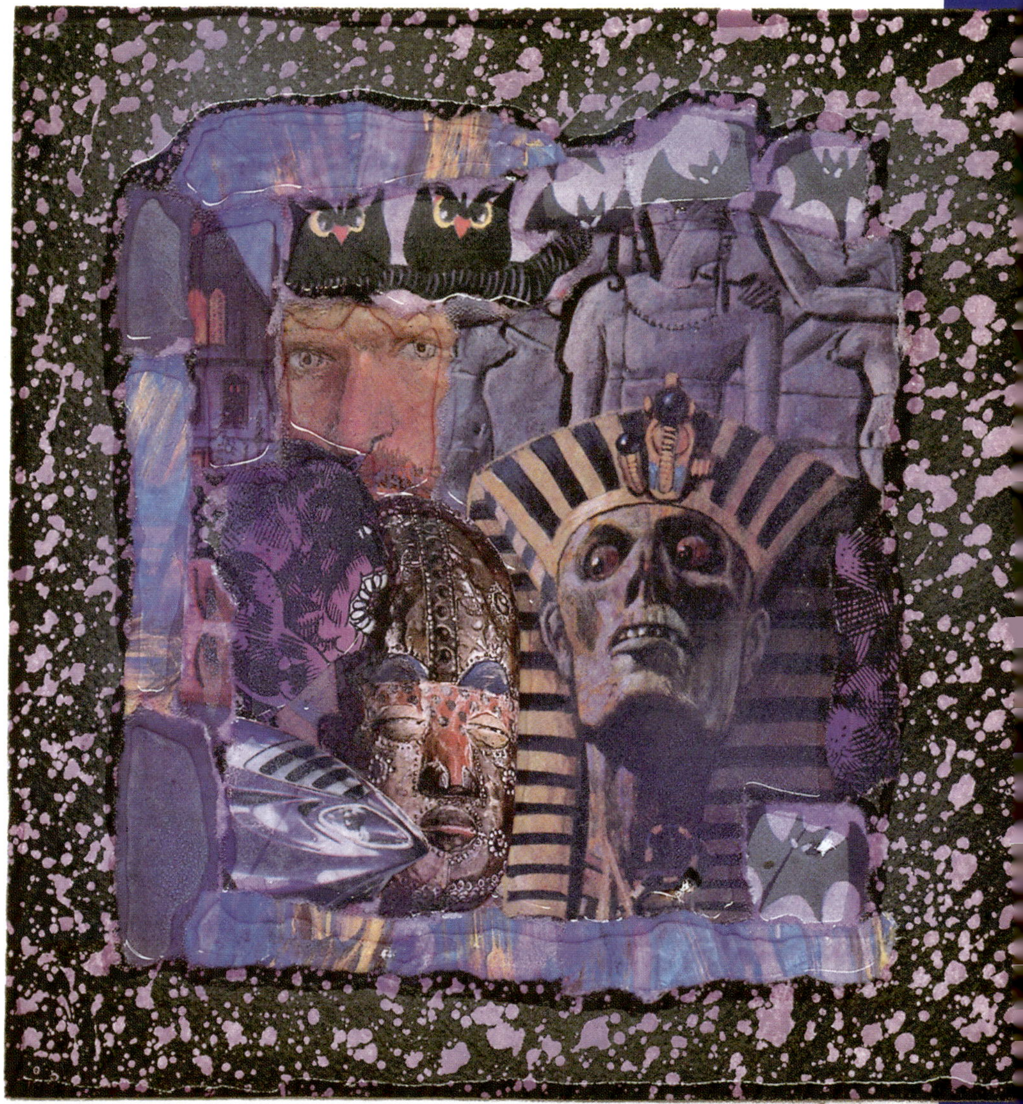

Boosaardig ventje

De beste stof om glas mee te kleuren is kobalt. Kobaltertsen komen in zeer geringe hoeveelheden in de natuur voor. Kobalt wordt dan ook overal ter wereld gewonnen als bijproduct van koper, zilver en nikkel. Zowel kobaltblauw als kobaltviolet werd in de tweede helft van de achttiende eeuw ontdekt. Het zijn bijzonder giftige metaalelementen. Heel toepasselijk is de naam afgeleid van het Duitse woord 'kobold' dat 'aardmannetje' betekent. Een kobold is heel wat anders dan een kabouter. Het is beslist geen lief en grappig kereltje, maar een kwaadaardig, onder de grond levend schepsel.

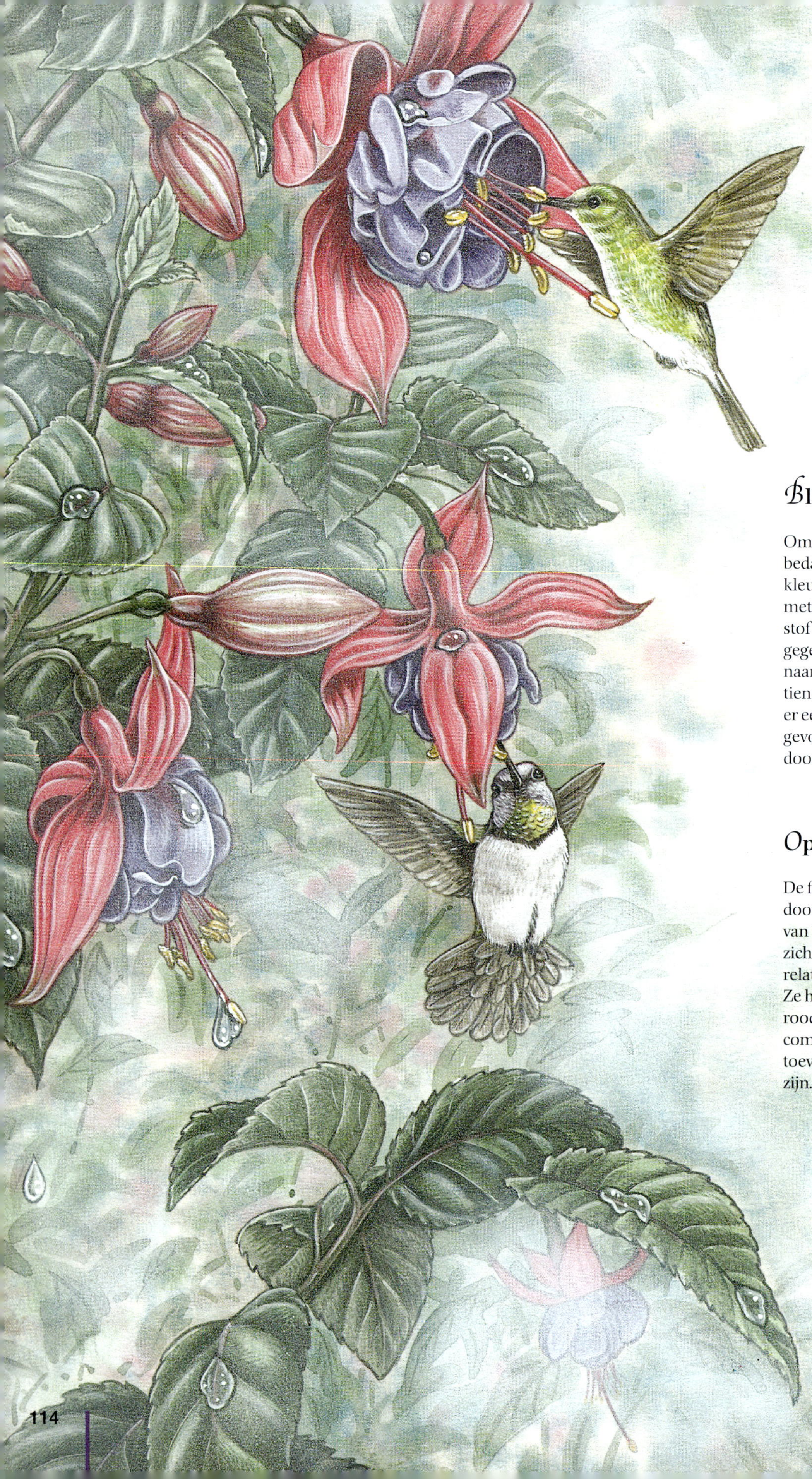

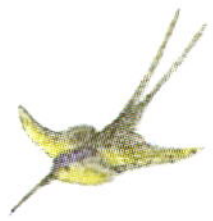

Bloedige veldslag

Omdat natuurlijk purper zo duur was, werden al vlug methodes bedacht om het kunstmatig te bereiden. In Frankrijk werd een kleurstof gemaakt die 'fuchsine' werd genoemd, naar de fuchsia met zijn purperviolette bloemen. Het was een roodpaarse kleurstof uit aniline, waarmee aan bijvoorbeeld wijn een fraaie kleur gegeven kon worden. De fuchsia op zijn beurt werd genoemd naar de grote Duitse plantkundige Leonhard Fuchs, die in de zestiende eeuw leefde. Fuchsine kreeg de naam 'magenta' kort nadat er een zeer bloedige Frans-Oostenrijkse veldslag had plaatsgevonden bij het Italiaanse plaatsje Magenta. De met bloed doordrenkte grond had er dezelfde kleur als fuchsine.

Opvallende kleurencombinatie

De fuchsia komt uit Amerika. Daar wordt hij alleen bestoven door kolibries. Deze zijn volledig gespecialiseerd in het bezoeken van bloemen. Zij zuigen er de nectar uit en verrichten dan zonder zich ervan bewust te zijn het bestuivingswerk. Bloemen die een relatie met vogels hebben, zijn in het algemeen bijzonder fraai. Ze hebben vaak meerdere kleuren. In het geval van de fuchsia rood en violet. Het zijn altijd in het oog springende kleurencombinaties, die ook op mensen veel indruk maken. Het is geen toeval dat juist kamer- en tuinplanten dikwijls vogelbloemen zijn. Mensen blijken van dezelfde kleuren te houden als vogels.

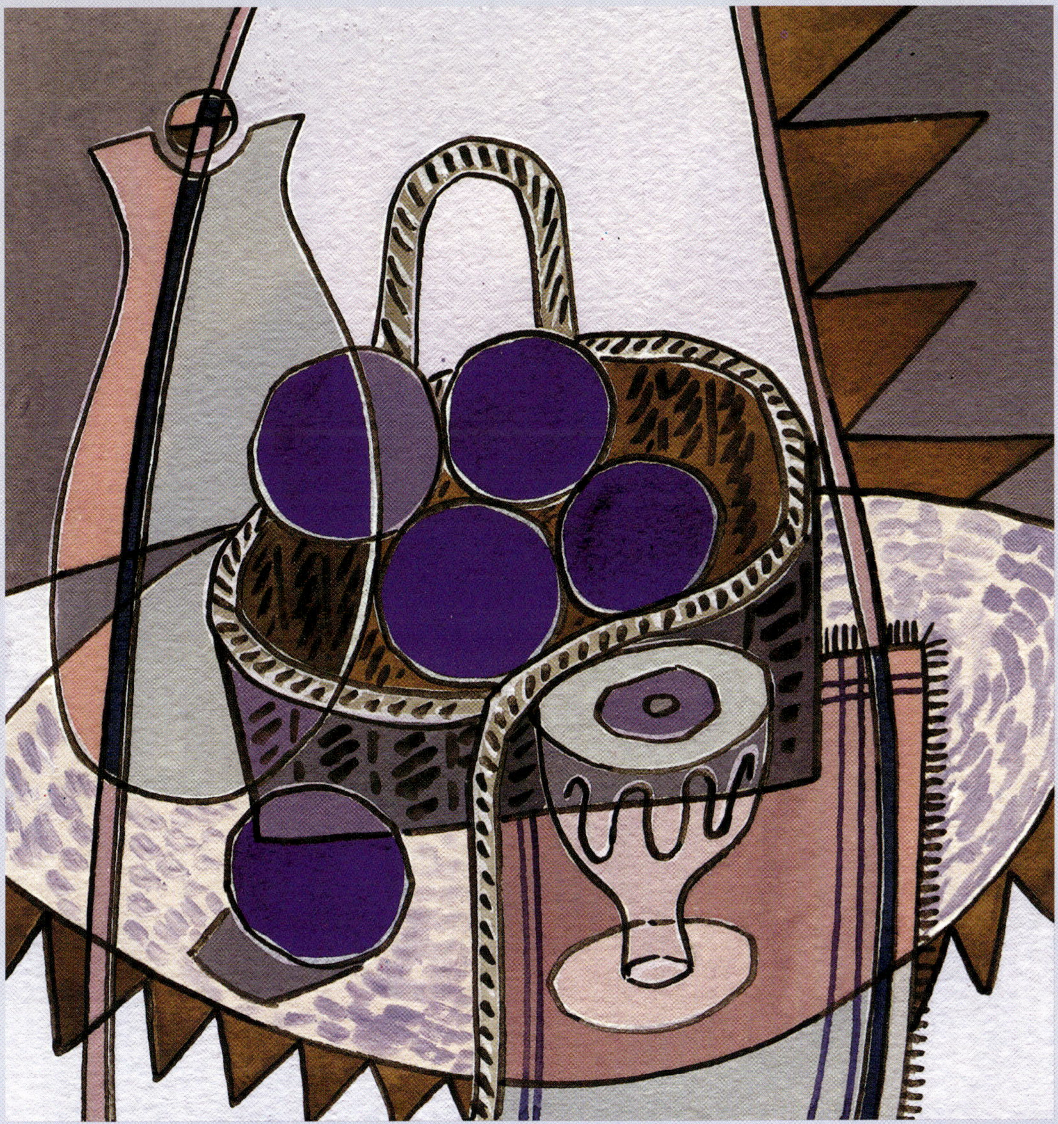

Culinaire kwaliteiten

Wat schaars is, is in het algemeen kostbaar. Kostbare dingen zijn bij iedereen bekend. Paarse vruchten zijn er niet veel. Maar we kennen ze allemaal. Zoals de aubergine. Die komt oorspronkelijk uit India. Daar wordt hij al sinds mensenheugnis zeer gewaardeerd om zijn culinaire en medicinale kwaliteiten. Pas in de veertiende eeuw leerde Europa de aubergine kennen. Vooral de Franse keuken maakt er veel gebruik van. In tal van Provençaalse schotels is zij één van de voornaamste ingrediënten.

Prima medicijn

Een kunst die van oudsher in Nederland wordt beoefend is het distilleren van jenever. Graan vormt de grondstof van de 'jonge' en de 'oude klare'. Jeneverbessen doen dienst als smaakmakers. Deze paarse bessen spelen ook een grote rol in de keuken. En in de volksgeneeskunde. Liefhebbers van jenever beschouwen hun favoriete drankje dan ook als de beste medicijn.

Wijngod Dionysos

Paarse vruchten zijn zeer in trek vanwege hun geneeskrachtige eigenschappen. Paars wordt immers vereenzelvigd met tovenarij. Ook de druif speelt een grote rol in de volksgeneeskunde. Hij zou heel goed zijn voor het hart en de bloedvaten. De wijnliefhebber boft dus maar. En de volksgezondheid is dus gediend met zoveel mogelijk wijnliefhebbers. De economie ook. De wijnstok is de belangrijkste fruitproducent van de wereld. Een van de oudste ook. Volgens de Griekse mythologie was het de wijngod Dionysos die de druif uit Klein-Azië meenam. Toen produceerden de Mesopotamiërs en de Egyptenaren al volop wijn. Ook bij de Romeinen was het een zeer geliefde drank.

Kleine gistzwamsoort

De druif is gewoon een bes. Maar wel een heel sappige. Hij is paars, blauw, geel of groen. Het suikergehalte kan twintig procent bedragen. Alleen in goede jaren wordt dit percentage gehaald. Een lekkere zoete bes dus, die vers gegeten of tot sap verwerkt wordt. Wijn is het bekendste druivensap. Van tachtig procent van de totale druivenoogst wordt wijn gemaakt. De gisting wordt teweeggebracht door een microscopisch kleine gistzwamsoort, die in de dunne, dauwachtige waslaag rond de druif zit. Deze schimmel zet de suiker van het druivensap om in alcohol. Voor rode wijn doen blauwe druiven dienst. Ze worden geperst, waarna ze met de schillen en de pitten nog een bepaalde tijd moeten gisten.

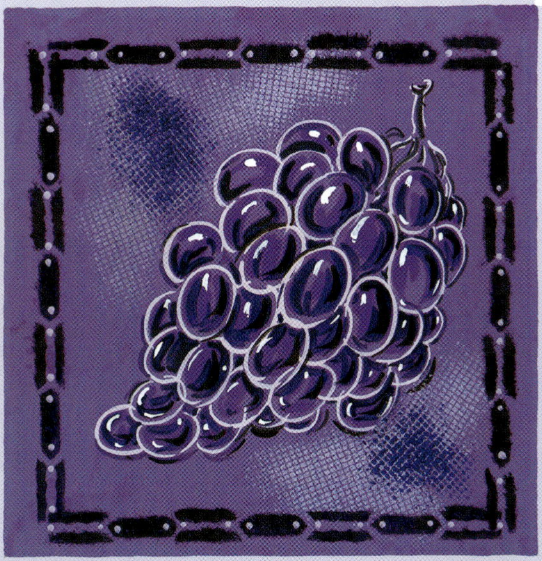

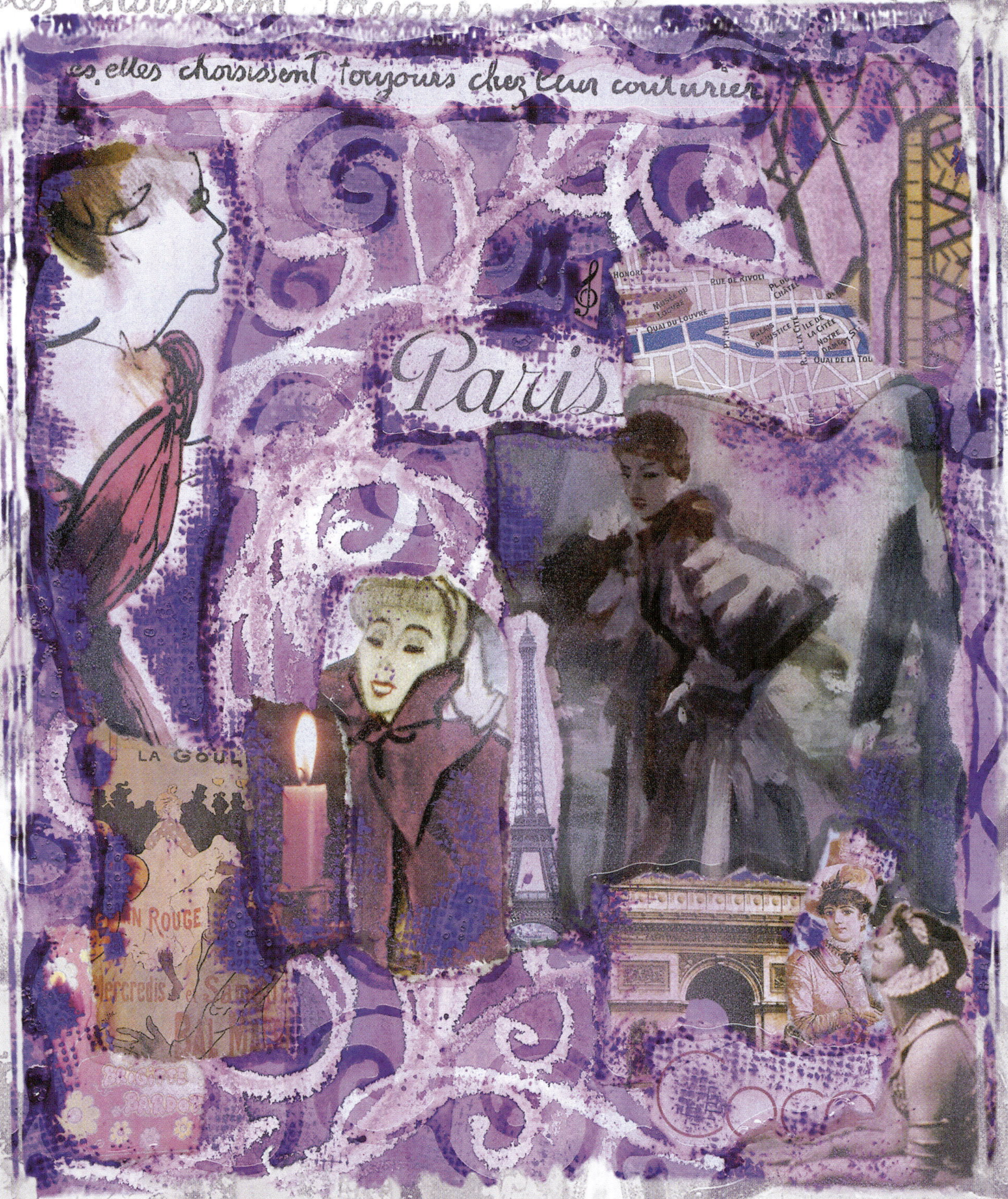

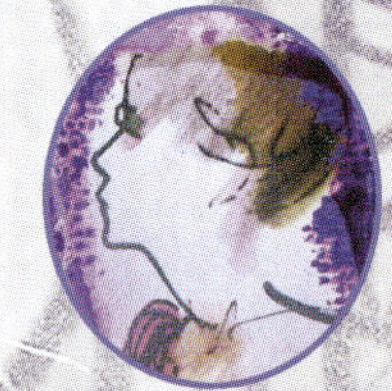

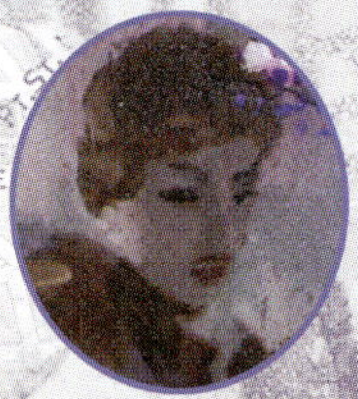

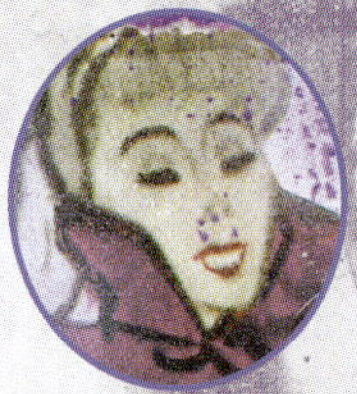

Artistieke kleur

Paars is de vereniging van tegengestelden. Rood en blauw zijn vreemden voor elkaar, maar voegen zich in paars samen tot een volstrekt nieuwe en eigen eenheid. Er wordt wel gezegd dat paars de synthese van vrouwelijke en mannelijke krachten symboliseert. Blauw zou hierbij het koele en rationele mannelijke zijn, terwijl rood voor het warme en emotionele vrouwelijke zou staan. Krachten die elkaar niet uitsluiten, maar elkaar juist wederzijds aanvullen en bevruchten. Deze synthese zou een belangrijke basis vormen van kunst en cultuur. Paars, zo zegt men, is de artistieke kleur bij uitstek.

Jaren zestig

Violet is een kleur die niet bij onze zintuiglijke ervaringswereld hoort. Hij schijnt heel ergens anders vandaan te komen. Uit een bestaan boven of naast het onze. Uit een wereld van onthechting en vergeestelijking. Zoals de artistieke wereld van rond de wisseling van de negentiende en twintigste eeuw, toen symbolisme en art nouveau hoogtij vierden. Violet was in die dagen een echte modekleur. Net zoals in de zestiger jaren van de eeuw die we net achter ons hebben gelaten. Ook toen was de samenleving grondig aan het veranderen. Geestelijke en artistieke zaken leken een paar jaar lang belangrijker dan materiële aangelegenheden. Violet verbeeldde die vergeestelijking. Het was zowel de kleur van de meditatie als die van de psychedelica.

Grote revolutie

Decennia lang waren zwart, grijs en wit de gangbare kleuren in de mode. Zeker in de herenkleding. Het betekende dus een ware omwenteling dat in de jaren zestig paarse overhemden een rage werden. Bonte kleuren waren al in de jaren vijftig de modewereld binnengeslopen. Dit was het gevolg van de steeds prominentere plaats van sportkleding in het dagelijkse leven. Men kreeg allengs meer vrije tijd, die met sporten en reizen gevuld werd. De echte doorbraak van bonte kleuren werd teweeggebracht door de popmuziek, de flowerpower en de psychedelica van de jaren zestig. In die subcultuur konden kleding en accessoires niet extravagant en bont genoeg zijn. Paars was daarbij een bijzonder populaire kleur.

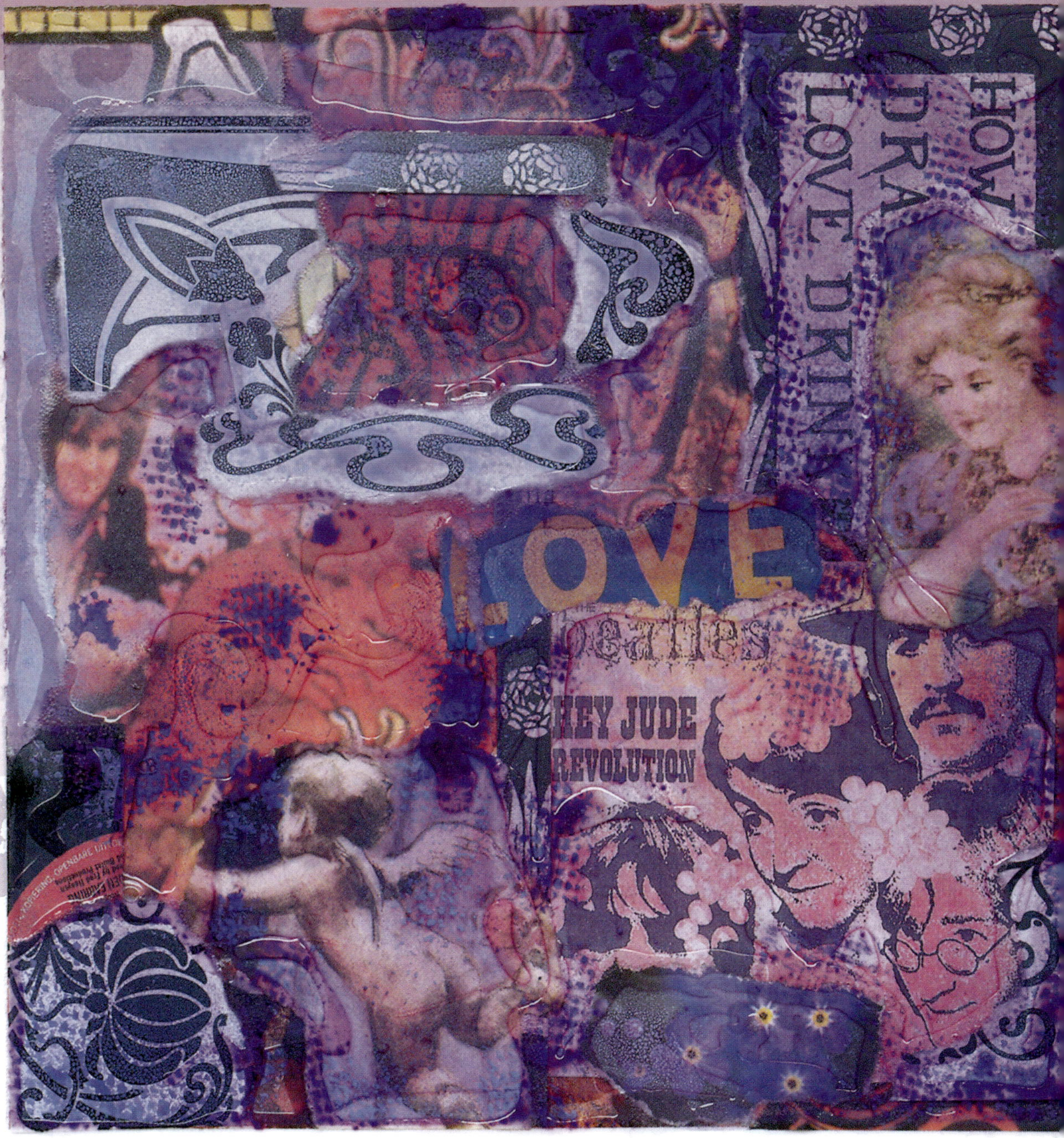

Duistere hersenschimmen

Zwart en wit zijn elkaars tegengestelden. Precies zo is de positie van violet en geel. Geel is de kleur van het licht, van het inzicht en van het weten. Violet is de kleur van het onbewuste en het onbekende. Geel is helder en duidelijk. Violet is duister en onduidelijk. In zijn donkerste vorm verbeeldt violet het angstaanjagende domein van hersenschimmen en bijgeloof. Wordt het opgehelderd, dan is het weliswaar nog altijd geheimzinnig en raadselachtig, maar ook zacht, gevoelig en kwetsbaar.

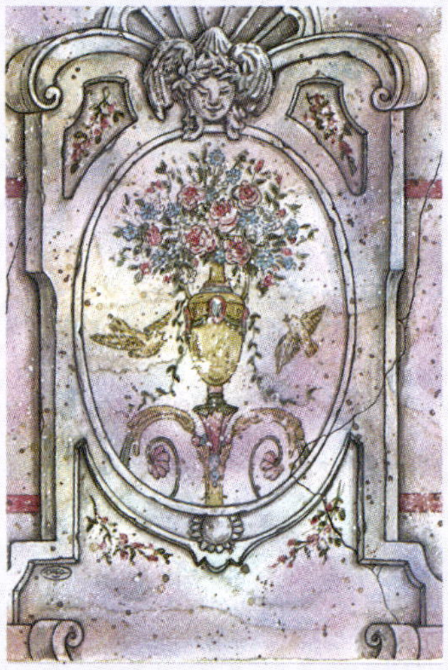

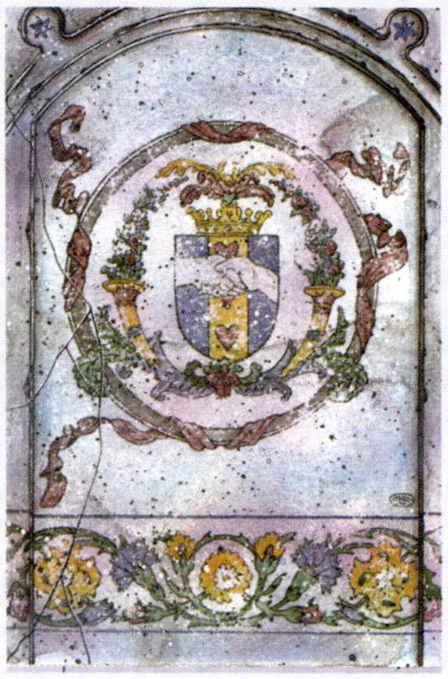

Goethes advies

Goethe heeft een uitgebreide studie van kleuren gemaakt. Hij schreef er een belangrijk boek over. Violet werd door hem aangeduid als de kleur van de afgeleefde ouderdom. Een kleur waarin je je niet kleedt en waarmee je je niet omringt. Wie het met hem eens is zal dus violet ongeschikt achten als interieurkleur. Vooral donkerviolet zou een moedeloze, deprimerende stemming teweeg kunnen brengen. Het is een diepe en zware kleur. Het vindt zijn diepste punt in het zwart. Want na violet houdt voor ons het zichtbare spectrum op. Daarna komen onzichtbare stralen, zoals ultraviolet, röntgenstralen en gammastralen. Dat zijn ongrijpbare, geheimzinnige krachten. Dat zijn de kleuren van de duisternis.

Paarse meditatieruimte

Paars is alleen geschikt wanneer een ruimte een geheel eigen sfeer moet krijgen die zich van die van ieder ander interieur onderscheidt. Kleurenadviseurs vinden dat bijvoorbeeld een parfumerie, een kapsalon en een massagesalon zich heel goed lenen voor paars. Ook voor een meditatieruimte zou deze kleurkeuze de juiste kunnen zijn. Paars heeft een heel bijzondere uitstraling en schept een rustige sfeer waarin vleugjes artisticiteit en mystiek hangen.

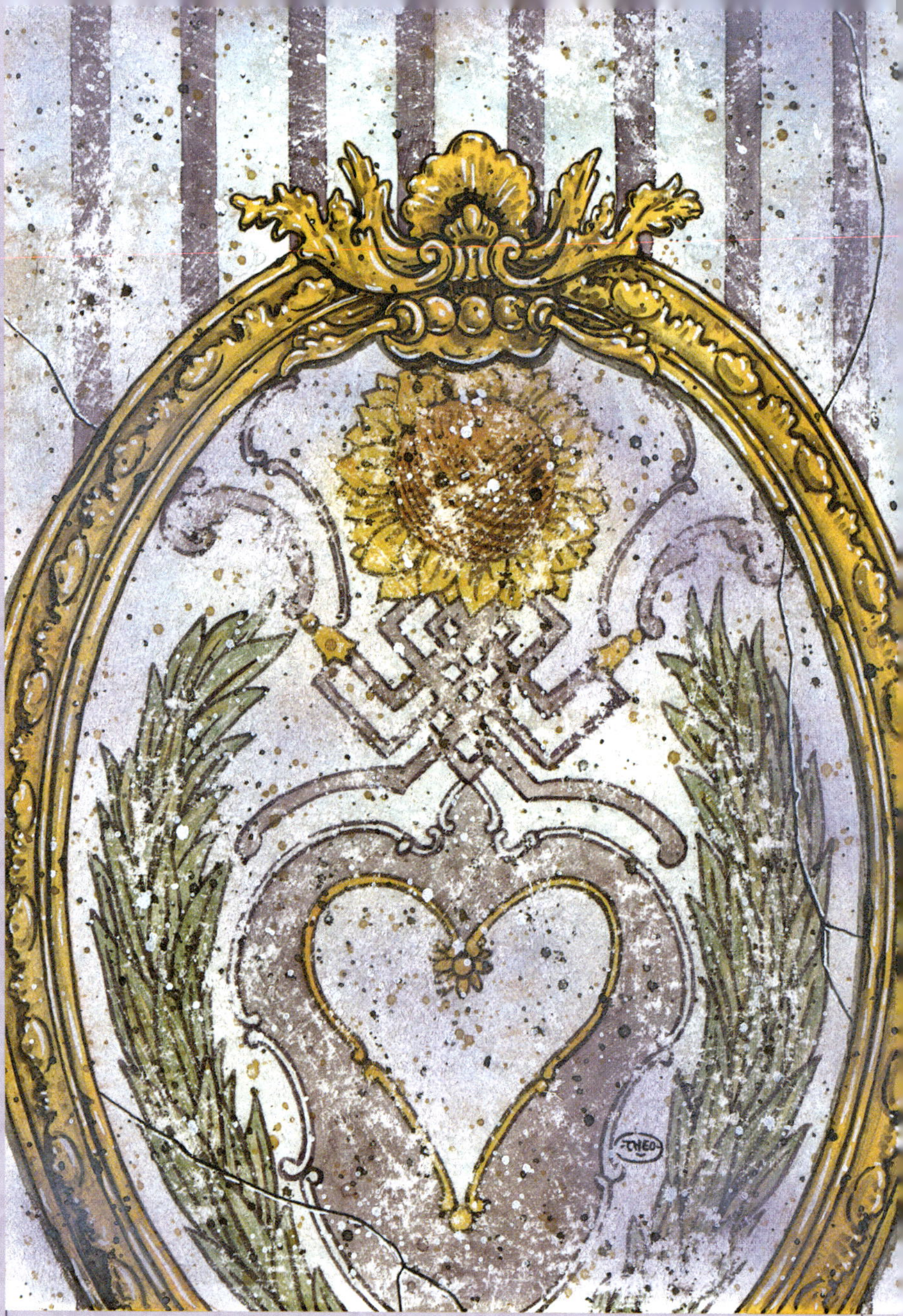

Flets lila

Van bleek lila wordt gevonden dat het vriendschap, naastenliefde en offerbereidheid symboliseert. Het is week en kwetsbaar. Het is de kleur van de overgave. Wie zacht lila als een prettige kleur ervaart kan leed gemakkelijk dragen omdat het in zijn ogen om een noodzakelijke beproeving gaat. Deze zou hem zijn opgelegd door het lot. Verzet daartegen is zinloos. In zijn lot moet men zich schikken. Met het voortschrijden van de jaren schijnt men dan ook meer van violet te gaan houden.

Innerlijke onrust

In de kleurenpsychologie wordt een voorkeur voor violet vaak geïnterpreteerd als onvolgroeidheid. De liefhebber van violet zou nog geen echte keuzes hebben gemaakt en geen werkelijke standpunten hebben ingenomen. Hij neigt enerzijds naar rood, anderzijds naar blauw. Nu eens dit, dan weer dat. Hij weet het allemaal niet precies. Deze onzekerheid en twijfelachtigheid schijnen voort te komen uit een zeer gevoelig karakter. Niet voor niets zijn het dikwijls kunstenaars die veel van violet houden. Hun innerlijke onrust valt slechts tot bedaren te brengen door creatieve productiviteit. Frédéric Chopin bijvoorbeeld was dol op onbestemde kleuren. Hij hield niet alleen van grijs, maar ook en vooral van violet.

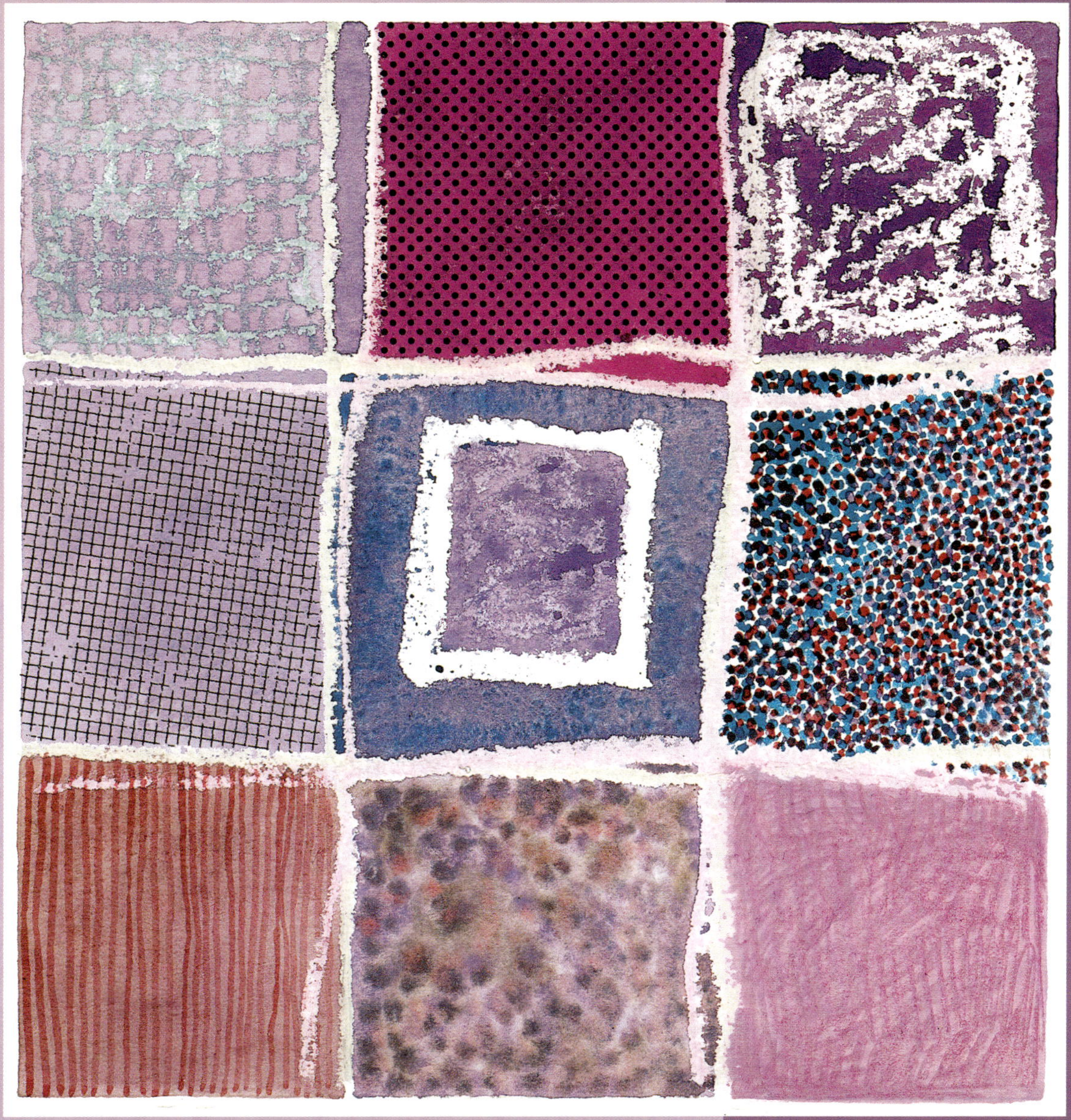

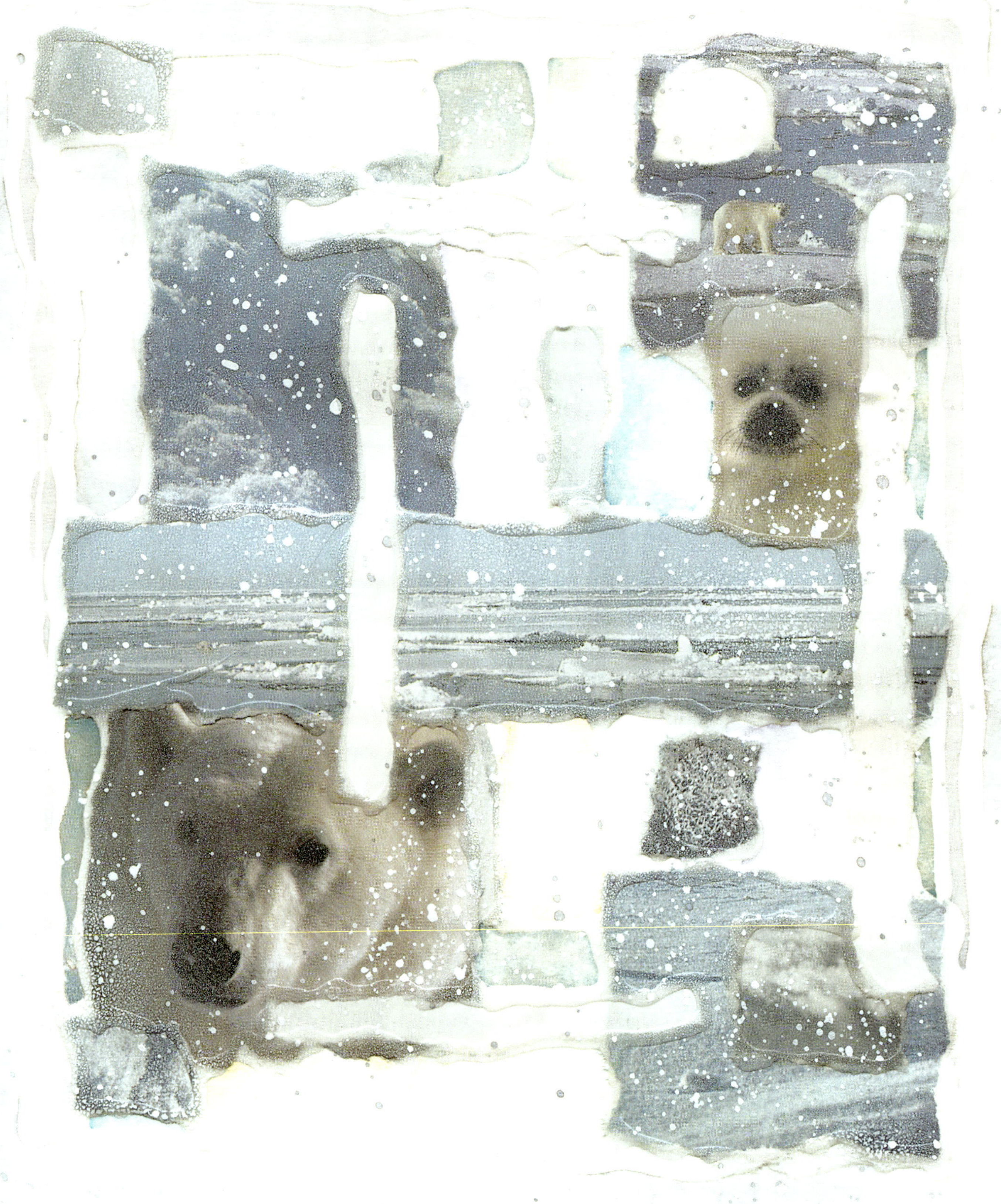

Zuiver zonlicht

Zuiver zonlicht is kleurloos. Het is onzichtbaar. Wanneer het op een voorwerp valt en in z'n geheel wordt teruggekaatst noemen wij dat voorwerp wit. Wordt het niet volledig gereflecteerd maar absorbeert het voorwerp een gedeelte ervan, dan zien wij een kleur. Dat kunnen alle kleuren van de regenboog zijn. De conclusie is dus dat wit alle kleuren bevat. En zo is het ook. Wit is de optelsom van alle kleuren. We hebben het natuurlijk over licht. Niet over verf of andere kleurstoffen.

Witste wit

Absoluut wit komt op onze aarde niet voor. Sneeuw is zo ongeveer het witste wit dat we kennen. Maar zelfs dit absorbeert nog drie tot vijf procent van het zonlicht dat erop valt. Een lammetje in een weiland lijkt wel wit, maar is dit volstrekt niet. Het is heel licht grijsbruin. Deze kleur komt echter als wit over wanneer er geen voorwerpen in het gezichtsveld zijn die méér licht reflecteren. Een schaap tegen een donkere achtergrond zien we dus als wit. Een schaap in de sneeuw daarentegen is vuil bruingrijs. Van twee stukjes wit papier noemen we het helderste wit. Het andere zien we dan als grijs of geel.

Grote lamp

Alle licht en alle warmte zijn afkomstig van de zon. Direct of indirect. Een zonnestraal die op de aarde neerdaalt heeft dezelfde lichtkracht en warmtesterkte als vijfentwintighonderd gloeilampen van elk honderd watt op één meter afstand. Dat is flink warm, één zo'n straaltje, maar het komt dan ook van een zon waarbinnen de temperatuur vijftien miljoen graden Celsius bedraagt. Gaat de grote lamp stuk, dan hebben we nog acht minuten te leven. Zo lang doet het zonlicht erover om ons te bereiken. De afstand tot de zon is honderdvijftig miljoen kilometer. Dat is bijna vierduizend keer de aarde rond. Over deze afstand stuurt de zon ons per seconde een hoeveelheid warmte die voldoende energie levert om een gewicht van achttien miljoen kilo tot duizend kilometer op te tillen. Dat is niet mis. Zouden we de zon kunnen uitschakelen en tussen haar en de aarde een vier kilometer brede brug van ijs bouwen, dan zou deze, nadat we de zon weer hadden aangedaan, in één seconde smelten en verdampen.

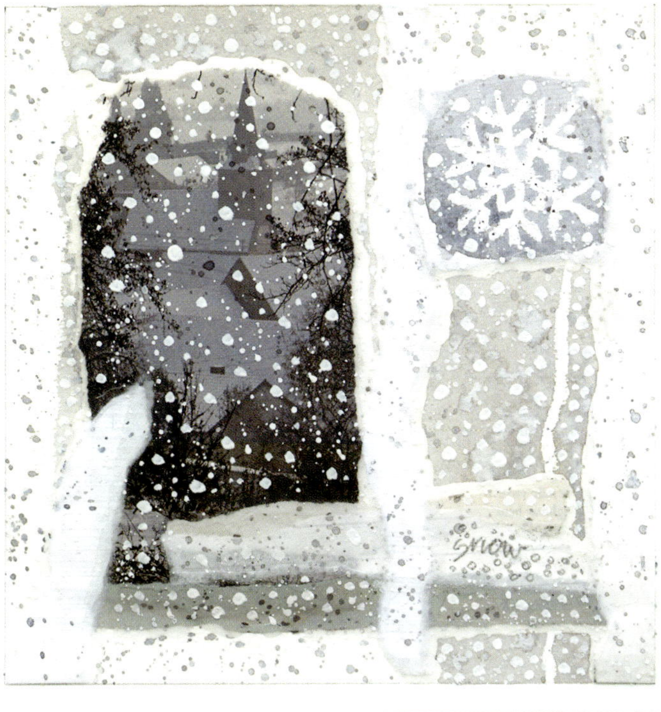

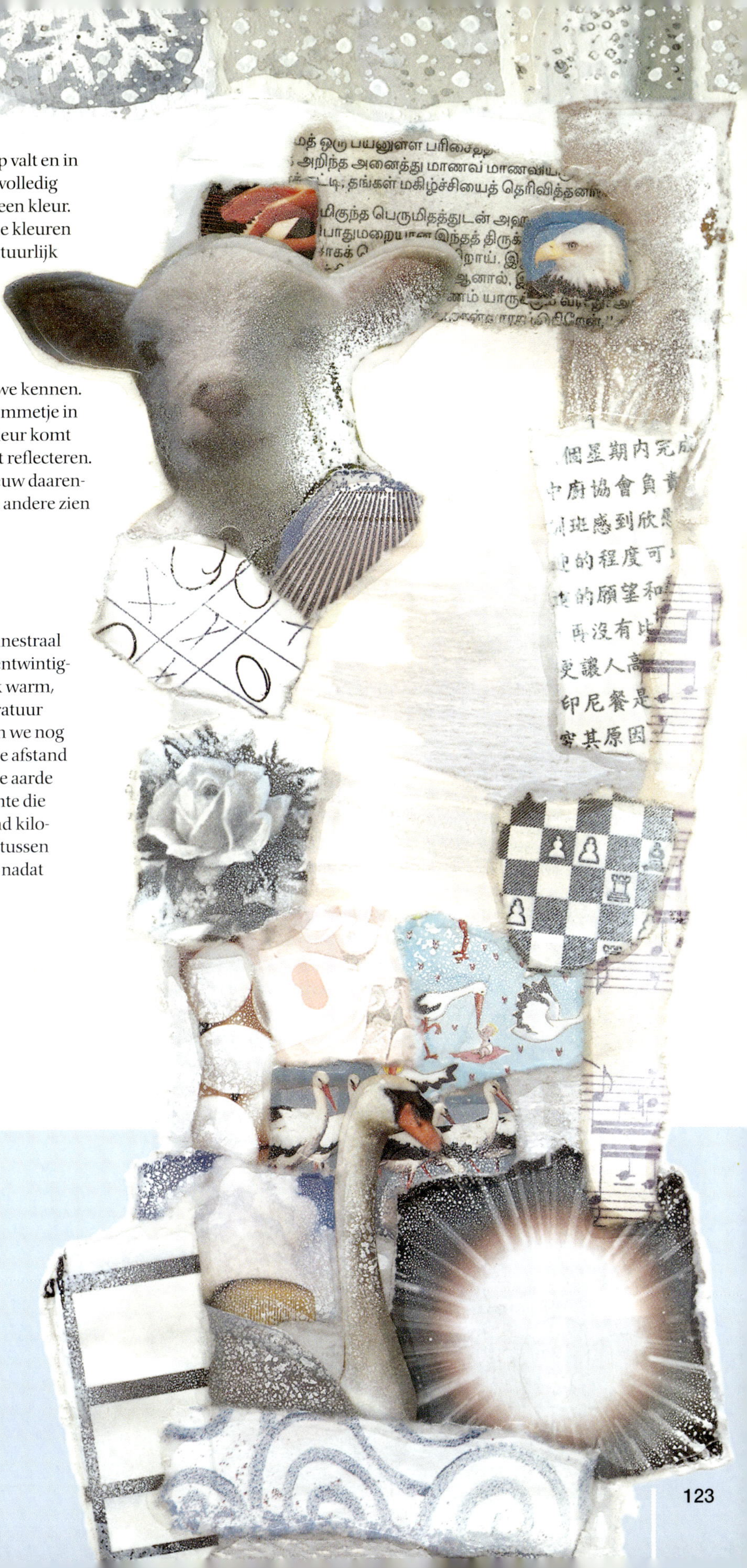

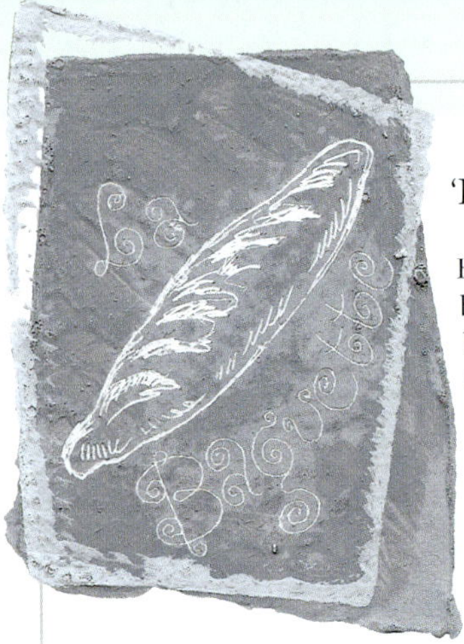

'Basic' brood

Brood, dat is pas basic voedsel! Van oudsher het hoofdbestanddeel van elke maaltijd. Het brood dat vroeger bij de gewone man op tafel kwam was natuurlijk bruin. Grof en grauw. Vergeleken met dit ruwe product mag het huidige bruinbrood pure luxe genoemd worden. Wittebrood was voor de welgestelden en werd door het volk alleen op feestdagen gegeten. Het was zo speciaal en het werd zo lekker gevonden dat de eerste feestelijke weken na een bruiloft wittebroodsweken werden genoemd. Net als wittebrood waren in het verleden ook witte suiker, witte rijst en wit meel duur en dus chic. Ze verkregen immers hun witheid door allerlei kostbare bewerkingen. Wit voedsel werd daarom vereenzelvigd met luxe en verfijning. Het was een soort statussymbool. Want wie kon zich de zuiverheid van wit permitteren in een wereld waarin netheid en hygiëne heel ver te zoeken waren?

Witte motor

Wit is de kleur van vruchtbaarheid en groeikracht. Dat dit te maken heeft met de kleur van melk is zonneklaar. Melk is de toverdrank, die nietige, hulpeloze wezentjes groot en sterk maakt. Het is superbrandstof. De witte motor. Met melk meer mans. In geen andere stof is het eiwitgehalte zo hoog als in melk. Het is het voedsel bij uitstek voor pasgeborenen. Want het is beslist noodzakelijk voor de aanmaak van lichaamscellen. Een baby of een jong dier moet groeien als kool. Hiervoor is een berg eiwit nodig. Bij zoogdieren wordt deze direct door de moeder geleverd. Moedermelk bevat alles wat nodig is: behalve eiwit ook veel water. En bovendien vet, suiker en vitaminen. Het is eersteklasopfokvoer. En zo zuiver en puur als sneeuw. De eiwitdeeltjes hebben de eigenschap alle kleuren van het licht gelijkmatig te reflecteren. En omdat wit licht uit alle kleuren bestaat vloeien die gereflecteerde kleuren in ons oog weer samen tot wit. Daarom is melk wit.

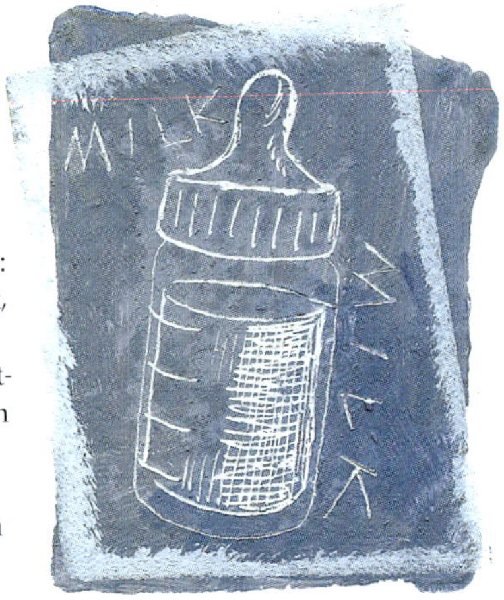

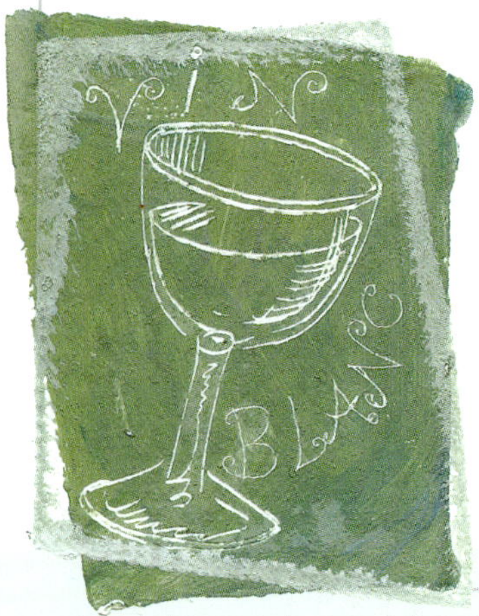

Witte druiven

Witte wijn komt niet per se van witte druiven. Hij wordt gemaakt van een mengsel van blauwe en witte druiven. De verhouding is gewoonlijk één op drie. Meteen na het persen worden de schillen verwijderd. Rode wijn wordt wel alleen van blauwe druiven gemaakt. Hierbij gaan de schillen mee het vat in. Voor rosé laat men de schillen een dag meegisten. Rosé is dus geen mengsel van rode en witte wijn. Alleen Blanc de blanc is witte wijn die uitsluitend van witte druiven wordt gemaakt.

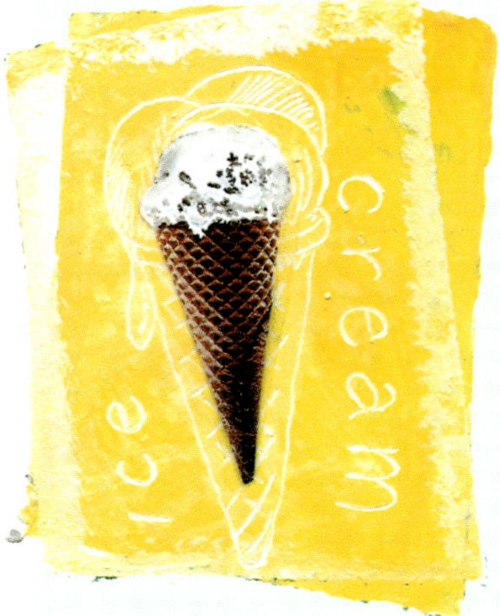

Marco Polo

Consumptie-ijs is zo oud als de weg naar Rome. Keizer Nero was al verzot op ijs. Dat zag er echter heel anders uit dan ons tegenwoordige ijsje. Het bestond uit een mengsel van sneeuw, vruchtensap en honing. Als Nero een feestje gaf werden slaven de bergen in gestuurd om sneeuw te gaan halen. Wanneer zij terugkwamen was de sneeuw natuurlijk al grotendeels gesmolten. Maar ze namen altijd zoveel mee dat er genoeg overbleef. Het waren trouwens de Chinezen die het consumptie-ijs bedachten. Al meer dan drieduizend jaar geleden verstonden ze de kunst om ijs te bereiden. De beroemde wereldreiziger Marco Polo heeft aan het einde van de dertiende eeuw de eerste recepten van water- en melkijssoorten uit China in West-Europa ingevoerd. Eeuwenlang bleef ijs echter een weinig bekende lekkernij. Alleen aan vorstenhoven werd het weleens als een kostelijk gerecht geserveerd. Lodewijk de Veertiende van Frankrijk, de 'Zonnekoning', was er dol op.

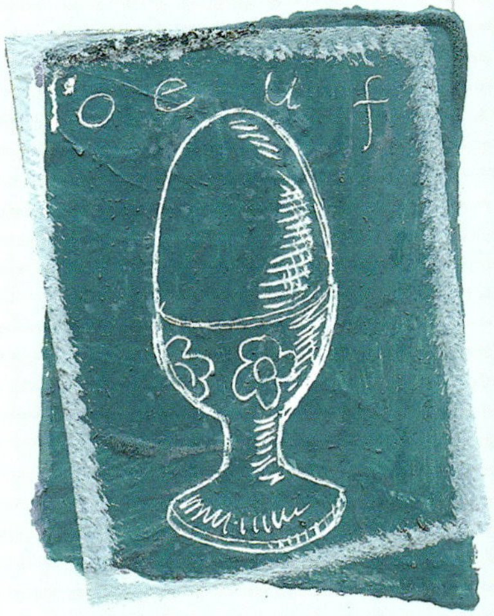

Enorme potentie

Eieren zitten vol eiwit. Eiwit is niet wit. 'Eiwit' is een algemene term. Het wit van een ei bestaat voor het grootste gedeelte uit eiwit. In een rauw ei is het kleurloos. Maar door verhitting wordt de structuur ervan gewijzigd. Net als in melk gaan dan de eiwitdeeltjes het licht verstrooien. De kleur wordt daardoor wit. In een ei zit zoveel voedzaam eiwit dat het een vruchtbaarheidssymbool is geworden. Paaseieren horen niet voor niets bij de lente, wanneer de natuur weer gaat groeien en bloeien. Eieren zouden de mannelijke potentie verhogen. Wie hieraan geloof hecht komt bedrogen uit. En dan te weten dat de meeste kippeneieren onbevrucht zijn! Nee, het wit van een ei heeft een heel andere taak dan mensen van hun frustraties afhelpen. Het wordt trouwens pas gevormd wanneer de eicel met de dooier de eileider passeert. Zijn functie is tweeledig. Het dient als schokdempende vloeistof en bovendien als waterreservoir. Ook een ongeboren kuikentje moet kunnen drinken. De schaal komt het allerlaatst tot stand. Vlak voordat het ei gelegd wordt.

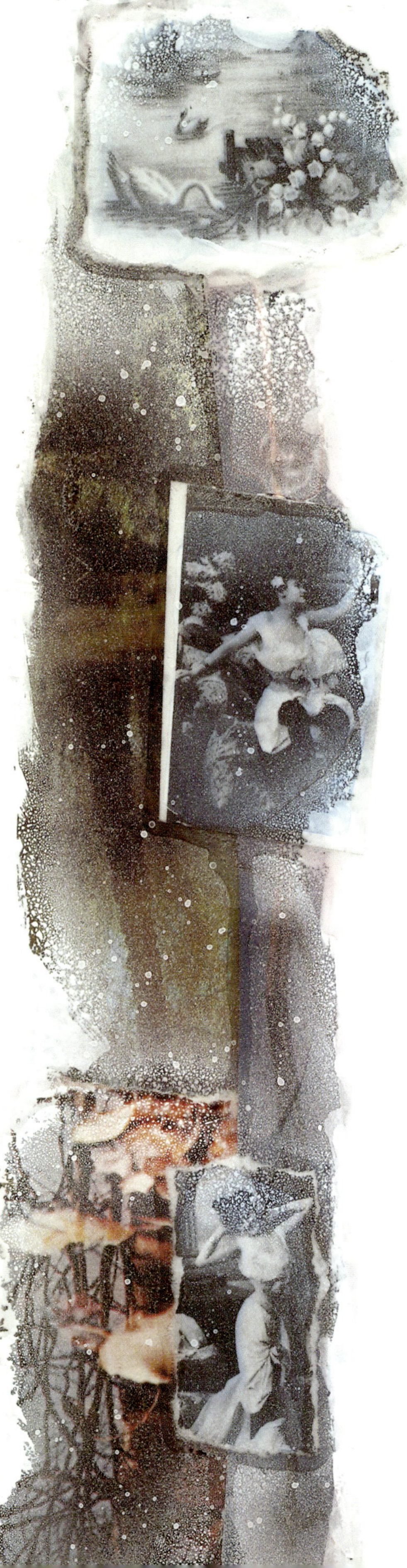

Zilveren spiegels

Een spiegel kaatst vrijwel alle licht terug. Een glad wateroppervlak doet precies hetzelfde. Een waterlelie is wit omdat ook hij het licht reflecteert. Deed hij dat niet, dan zou hij van twee kanten het zonlicht moeten incasseren. Hij zou dan verbranden. Net als wij wanneer we op een spiegel gaan liggen zonnebaden. Water en spiegels hebben dus dezelfde eigenschappen. Heel lang geleden konden de mensen zich alleen spiegelen als er water in de buurt was. Men ontdekte echter dat gladgepolijst metaal het als spiegel beter deed dan water. Duizenden jaren geleden werden er dan ook al spiegels gebruikt die gemaakt waren van brons, goud of zilver. Later werden de spiegels van glas gemaakt. In Romeinse graven zijn zulke echte spiegels gevonden.

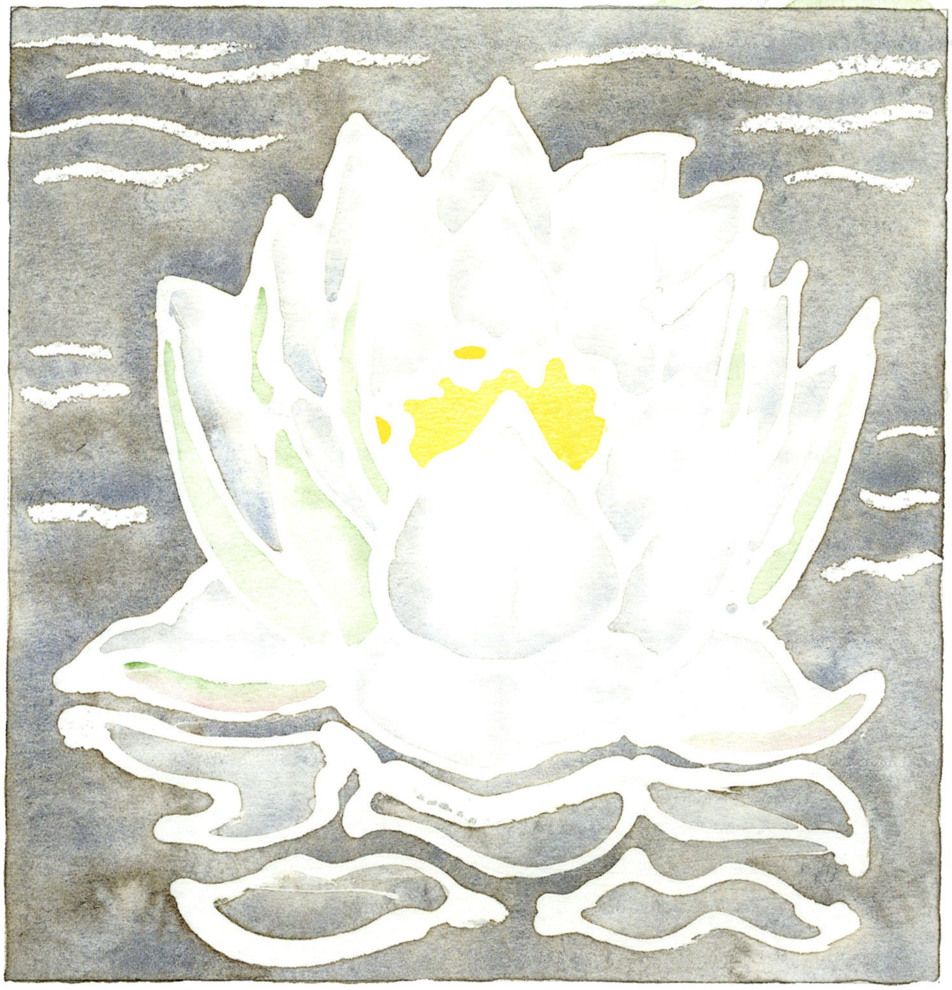

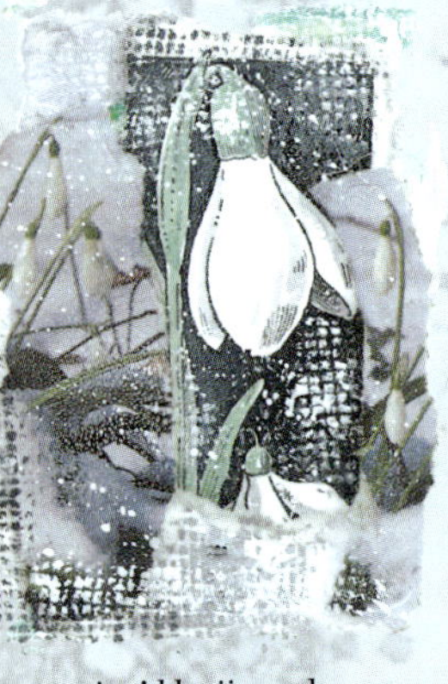

Bloem fijnknijpen

Het sneeuwklokje is een wereldwijd voorjaarssymbool. Daarom houden wij van het plantje. We kijken er liefdevol naar en behandelen het met tederheid. Wij zetten echter onze sentimentele gevoelens voor een ogenblik opzij, nemen het plantje beet en knijpen het bloempje fijn. Wat blijkt? Het blijkt dat het sneeuwklokje een bedrieger is! De voordien maagdelijk witte bloemblaadjes zijn na het knijpen glashelder geworden. Het wit is verdwenen: een transparant vlies is overgebleven. Hoe kan dat? Het antwoord is eenvoudig: een sneeuwklokje is niet wit. Wanneer we een bloemblaadje pletten komt er beslist geen wit sap uit. Al knijpend persen we echter de lucht weg die zich in het blaadje bevindt en die de witte kleur bewerkstelligt. Sneeuwklokjes zitten vol met lucht. De lichtstralen die de bloemblaadjes binnendringen, worden teruggekaatst door de wand tussen de cellen en de luchtbelletjes. Het resultaat is dat het licht door de gebogen celwanden in alle richtingen wordt verspreid. Ons oog neemt dit in z'n geheel verstrooide licht waar als wit.

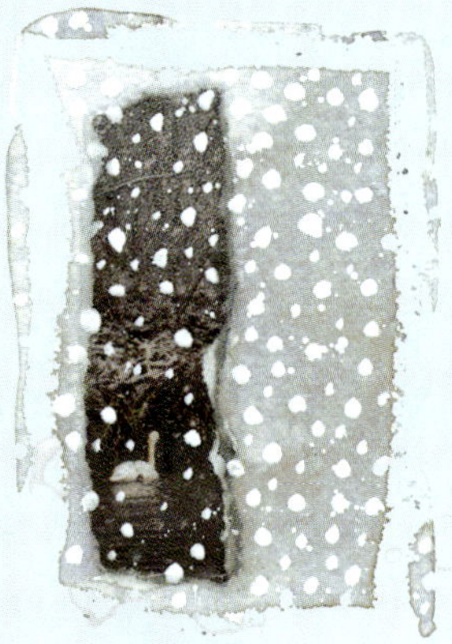

Witte deken

Het wemelt in de lucht van klei- en stofdeeltjes, van zoutkristallen uit zee, van roet- en teerdeeltjes, van uit industriële vervuiling of bosbranden afkomstige zwaveldioxide, en, niet in de laatste plaats, van bacteriën. Om dergelijke kernen bevriest het water. Voor het ontstaan van sneeuw zijn deze vrieskernen dus onontbeerlijk. Andere onderkoelde waterdruppels vriezen er ogenblikkelijk aan vast, waardoor regelmatige vertakkingen worden gevormd. Zo groeien de vrieskernen uit tot sneeuwkristallen, die zich op hun beurt verenigen tot sneeuwvlokken. Elke sneeuwvlok bestaat uit massa's kristallen. Een vlok van vier centimeter doorsnede bevat er zo'n vierduizend. Het is de zwaartekracht die de vlokken naar het aardoppervlak trekt. Passeren ze tijdens de val warme luchtlagen, dan smelten ze tot regendruppels. Blijft het koud, dan is een witte deken over stad en land het gevolg. Met recht een deken, want sneeuwvlokken bestaan, zoals gezegd, bijna geheel uit lucht, waardoor ze een uitstekend isolerend en geluiddempend vermogen hebben. Een sneeuwlaag van vijfentwintig centimeter dikte bevat niet meer water dan tweeënhalve centimeter regen.

Winters wit

Wit vertegenwoordigt soms helemaal geen kleur. Evenmin als het naar haar genoemde klokje is bijvoorbeeld ook de sneeuw zelf absoluut niet wit. Wat wij zien als het schitterende winterse wit, is slechts teruggekaatst zonlicht, dat naar alle richtingen wordt verstrooid door de kleine luchtholten in en tussen de sneeuwkristallen. Vanwege hun open en losse structuur bestaan immers de meeste sneeuwvlokken voor negentig procent uit lucht. Behalve dus het feit dat we eigenlijk geen wit zien, zien we bovendien niet eens sneeuw, maar slechts lucht met een beetje bevroren water. We zien luchtkastelen: we worden door de visuele wereld flink bij de neus genomen.

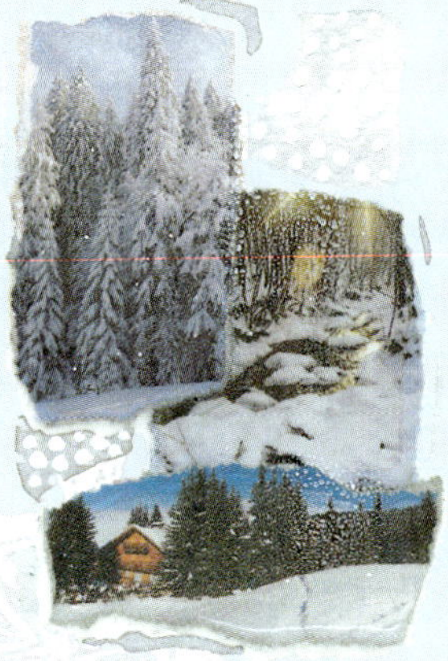

Glinsterend diamantstof

De dikste sneeuwvlokken vallen wanneer de temperatuur in de onderste luchtlagen dicht bij het vriespunt ligt. Hoe kouder het is, des te kleiner zijn de vlokken. Op Antartica, waar vijftig graden onder nul heel gewoon is, valt sneeuw dikwijls in de vorm van vlijmscherpe ijsnaaldjes, die vanwege hun glinstering 'diamantstof' worden genoemd. Sneeuwkristallen hebben dus lang niet altijd dezelfde vorm. De meeste zijn echter zeshoekig of zespuntig. Maar binnen dit stramien komen talloze varianten voor. Zo zijn er schitterende sterretjes tegenover eenvoudige plaatjes. Deze verscheidenheid treedt op als gevolg van de condities waaronder ze ontstaan. Een log, aan de randen afgestompt kristal bijvoorbeeld komt voort uit een wolk met een hoge vochtigheidsgraad, die relatief warm is. Een scherp en puntig sterretje is het product van een zeer koude wolk met een hoge vochtigheidsgraad, waarin sterke luchtstromen heersen.

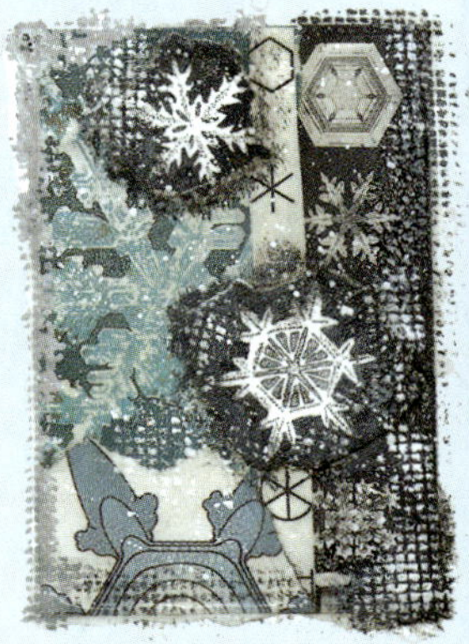

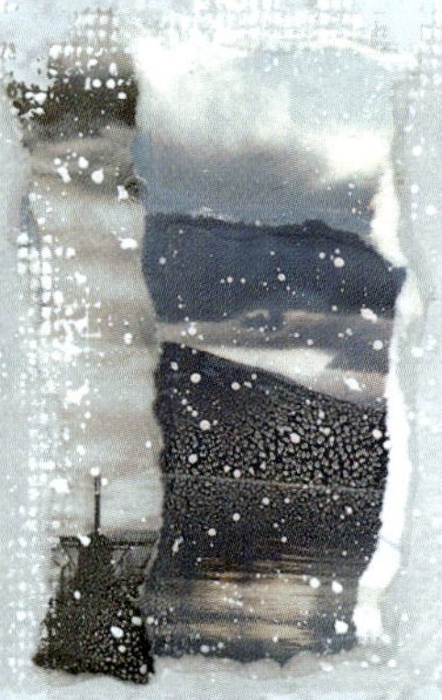

Tonnen vocht

Sneeuw is wit, maar blijft niet wit wanneer ze smelt: sneeuw smelt tot hetzelfde blanke water als waarvan ze gemaakt werd. Minstens de helft van alle regen, ook zomerregen, is als sneeuw begonnen. Wolken bestaan uit miljarden en nog eens miljarden minieme waterdruppels en ijskristallen. Eén enkele middelmatig grote wolk bevat meerdere tonnen vocht in deze vormen. In wolken is de temperatuur echter zo laag dat het water er niet uit vrijkomt als regendruppels, maar als sneeuw. Maar hoe kan een wolk uit waterdruppels bestaan als de temperatuur er onder het nulpunt ligt? Dat kan omdat water zich in wolken merkwaardig gedraagt. Bij zeer lage temperaturen raken de wolkdruppeltjes onderkoeld, hetgeen betekent dat ze vloeibaar blijven, ongeacht het feit dat hun temperatuur beneden nul is. Ze bevriezen pas op het moment dat ze in aanraking komen met andere stoffen dan water.

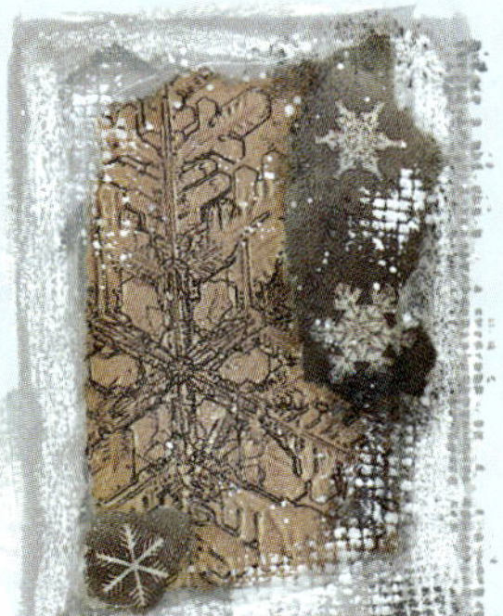

Elementaire principes

Waarom sneeuwkristallen nu juist een zeshoekige vorm hebben, daarover verschillen nog altijd de meningen. Feit is dat de regelmatige zeshoek in de natuur veelvuldig voorkomt als grondplan van allerlei levende en nietlevende vormen. Zo is de schikking van bloembladeren vaak exact zeshoekig en zijn ook de cellen in een honingraat zeskantig. Hoe rijk de wereld ook is aan vormen en kleuren, ze zijn uiteindelijk allemaal te herleiden tot slechts een gering aantal elementaire principes.

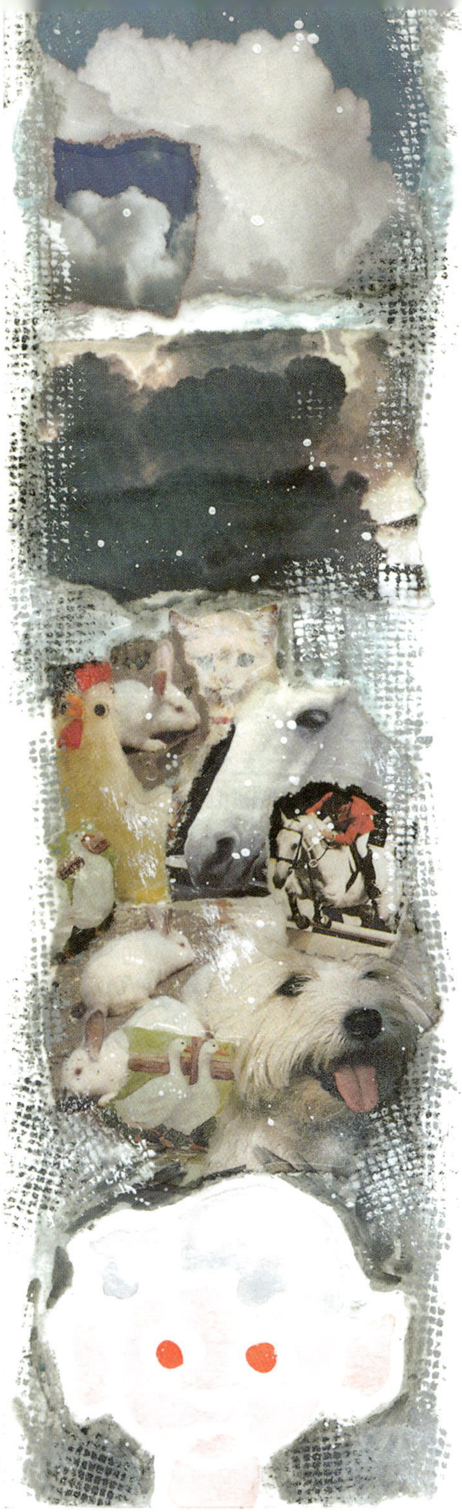

Dichte mist

Wolken zien eruit alsof we er lekker op kunnen gaan liggen. Niets is echter minder waar. Iedereen die gevlogen heeft weet dat wolken zo ijl zijn als nevel. In feite zijn ze ook niet meer dan dat. Een wolk bestaat slechts uit dichte mist. Ze wordt geheel gevormd door waterdruppeltjes. Elk van die druppels reflecteert het licht en allemaal samen weerkaatsen ze het zoals een groot, massief voorwerp dat zou doen.

Donkere wolken

De hoeveelheid waterdruppeltjes in een wolk is immens groot. Al deze druppels weerkaatsen en verstrooien het zonlicht in alle kleuren van de regenboog. Door de geweldige massaliteit worden hierbij de regenboogkleuren zo fijn vermengd dat ze weer samensmelten tot wit licht. Daarom lijken wolken wit. Vaak zijn ze echter zo dik dat er nauwelijks nog licht doorheen komt. Vanwege hun volume en hun dichtheid van waterdruppels zijn deze donkere wolken dikwijls de dragers van regen.

Rode ogen

Witte mensen of dieren met rode ogen zijn albino's. Albinisme is een bekend maar vrij zeldzaam verschijnsel, dat gekenmerkt wordt door het volledig ontbreken van het pigment melanine, dat kleur geeft aan huid, haren en ogen. Een albinodier heeft dus een volslagen witte vacht op een witroze huid, een witte neus en een kleurloze iris, die echter rood lijkt als gevolg van de doorbloeding van het oog. Het is dus geen wonder dat albino's fel licht uit de weg gaan. Ze zijn er overgevoelig voor, niet alleen wat betreft hun huid maar ook wat betreft hun ogen. Bovendien zijn ze vatbaar voor allerlei huidaandoeningen. Toch hoeft een albino niet per se een geringere levenskans te hebben dan een niet-albino. Zoals gezegd is een wit dier in de vrije natuur eerder het doelwit van roofdieren dan wanneer de vacht de normale schutkleuren vertoont. Maar onder de hoede van de mens maakt het niet uit en dus bestaan er volop witte muizen, ratten, konijnen en katten. Het enige huisdier dat alleen als albino bekend is, is de fret. De bunzing is zijn wilde vorm, waarmee hij gemakkelijk gekruist kan worden. Het waren de Arabieren die wilde albinobunzingen vingen om ze tam te maken en ermee te fokken. Deze hagelwitte dieren bereikten via de Romeinen onze streken.

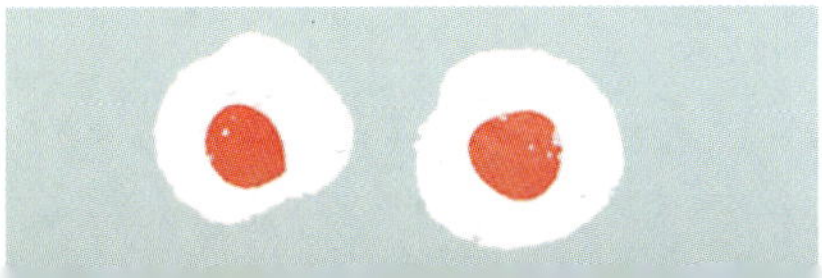

Suffe koe

Blauwe paarden bestaan niet. Groene evenmin. Geen enkel huisdier is trouwens groen. Vergeleken met de dieren in de vrije natuur zijn huisdieren nogal saai van uiterlijk. Zet een kat maar eens naast een tijger of een luipaard, en een paard naast een zebra. Kijk eens naar een suffe koe en vervolgens naar een vervaarlijke wisent. Het is de mens blijkbaar niet gelukt allerlei toeters en bellen aan zijn huisdieren te kweken. Alleen in het fokken van witte dieren is hij uitstekend geslaagd! Hij kan zich dat permitteren omdat hij goed op zijn huis- en boerderijdieren past, maar in het vrije veld is wit natuurlijk een uiterst riskante kleur. Wit is zo opvallend dat het de aandacht van elk roofdier trekt. Behalve in de poolstreken, waar wit een eersteklasschutkleur is, zijn er dan ook nauwelijks witte dieren. Een wit beest heeft in de natuur weinig overlevingskans.

Wit mens

Leucistische dieren worden meestal geboren met dezelfde kleur en tekening als hun normale soortgenoten. Schimmels komen zwart ter wereld en worden pas op latere leeftijd helemaal wit. Dit verschijnsel treedt ook vaak op bij leucistische dieren in het wild. Regelmatig worden er witte giraffes, leeuwen, tijgers, olifanten en herten gesignaleerd. In de vogelwereld komen witte kraaien, raven en merels voor. Het is een wonder dat zulke dieren volwassen hebben kunnen worden: puur geluk, meer niet. Steevast halen deze leucisten de krant. Mensen hebben iets heel speciaals met wit. Maar gaat het om onze eigen soortgenoten, dan kijken we er heel anders tegen aan. Een superbleek mens met wit haar en rode ogen wordt immers bijzonder eng gevonden!

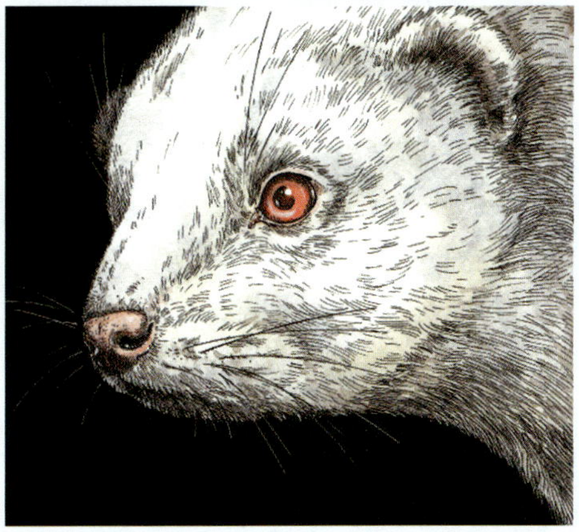

Witte olifant

Wit is dus bijzonder. Wit is luxe en daar houdt de mens van. Dus maakte hij witte runderen, schimmels, geiten, konijnen en muizen. Veel van deze dieren zijn wit of heel licht gekleurd als gevolg van een verschijnsel dat leucisme wordt genoemd. In tegenstelling tot albino's maken leucistische dieren wel pigmenten, want hun ogen zijn gekleurd en dikwijls is ook de neus donkerder van kleur. Vaak is zelfs de huid donker, terwijl slechts de vacht wit is. De witte zeboe is hiervan een voorbeeld. Ze is ook een voorbeeld van het feit dat witte dieren beschouwd worden als bovennatuurlijk of zelfs heilig. In het oude Rome offerde men witte stieren aan de godin van de vruchtbaarheid, terwijl in Zuidoost-Azië witte olifanten nog altijd in hoog aanzien staan.

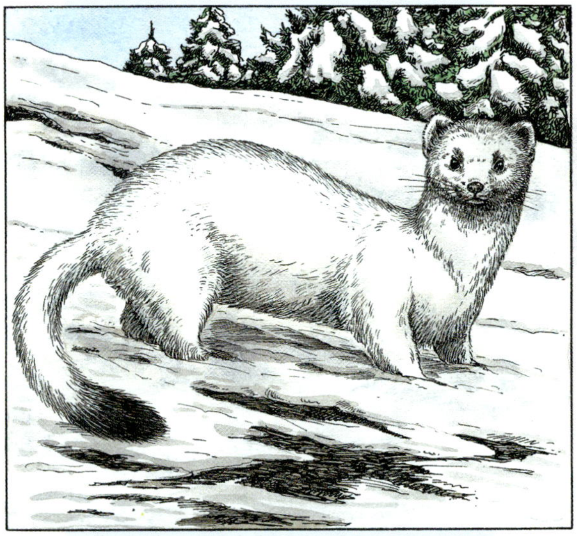

Snelle kleurverandering

In de dierenwereld komt snelle kleurverandering wel degelijk voor. Hermelijnen worden in één herfstmaand sneeuwwit en in het voorjaar weer bruin. Dat het wit van de wintervacht als schutkleur dient in de sneeuw, lijkt zonneklaar. Maar waarom wordt dan de wezel niet wit, die toch qua levenswijze en verspreidingsgebied sterk overeenkomt met de hermelijn?

Speciale zuigorganen

Heel weinig bekend is dat albinisme ook bij planten voorkomt. Zulke planten kunnen geen bladgroen vormen, hetgeen voor hen de dood betekent. Zonder bladgroen is een plant immers niet in staat om haar broodnodige voedingsstoffen uit water en koolzuur te maken. Simpel gezegd: een plant zonder bladgroen kan geen voedsel opnemen. Een albinoplant sterft dan ook snel na de ontkieming: zodra het reservevoedsel, dat in het zaad ligt opgeslagen, is verbruikt. De enige mogelijkheid voor bladgroenloze planten om te overleven, is voedsel onttrekken aan andere planten. De bremraap is zo'n parasiet. Hij parasiteert met behulp van speciale zuigorganen op de wortels van vooral de brem.

Zwarte *lama*

Tegenover leucisme staat melanisme. Melanistische dieren zijn helemaal zwart. Dit verschijnsel komt niet alleen in de natuur voor, maar ook veelvuldig bij huisdieren. Van alle soorten zijn wel zwarte rassen bekend: runderen, schapen, honden, katten, muizen, konijnen, paarden en varkens. Er is zelfs een zwarte lama. De meeste van deze beesten zijn bovendien in een rode uitvoering te verkrijgen. Dit heet weer erythisme. Bij koeien is ons roodbonte vee hiervan een voorbeeld en bij honden zijn dat Ierse setters.

Grijze haren

Als je een bus witte verf over je hoofd leeggooit heb je écht wit haar. Maar de grijze haren die met de jaren komen hebben in feite geen kleur. Ze zijn niet wit, maar bros. Wanneer haren hun jeugdige stevigheid verliezen, raken ze vol luchtbelletjes. Deze verstrooien het licht zodanig dat onze ogen het zien als witte of grijze tinten.

*H*et vuurpeloton

Vaak wordt beweerd dat je door zorgen, angst of verdriet in één nacht grijs kunt worden. Alle deskundigen verwijzen zulke praatjes naar het land van fabeltjes en sprookjes. Niettemin is in India een man in een ommezien grijs geworden. Maar hij werd dan ook wel heel erg gekweld door angst en verdriet. Hem wachtte namelijk het vuurpeloton.

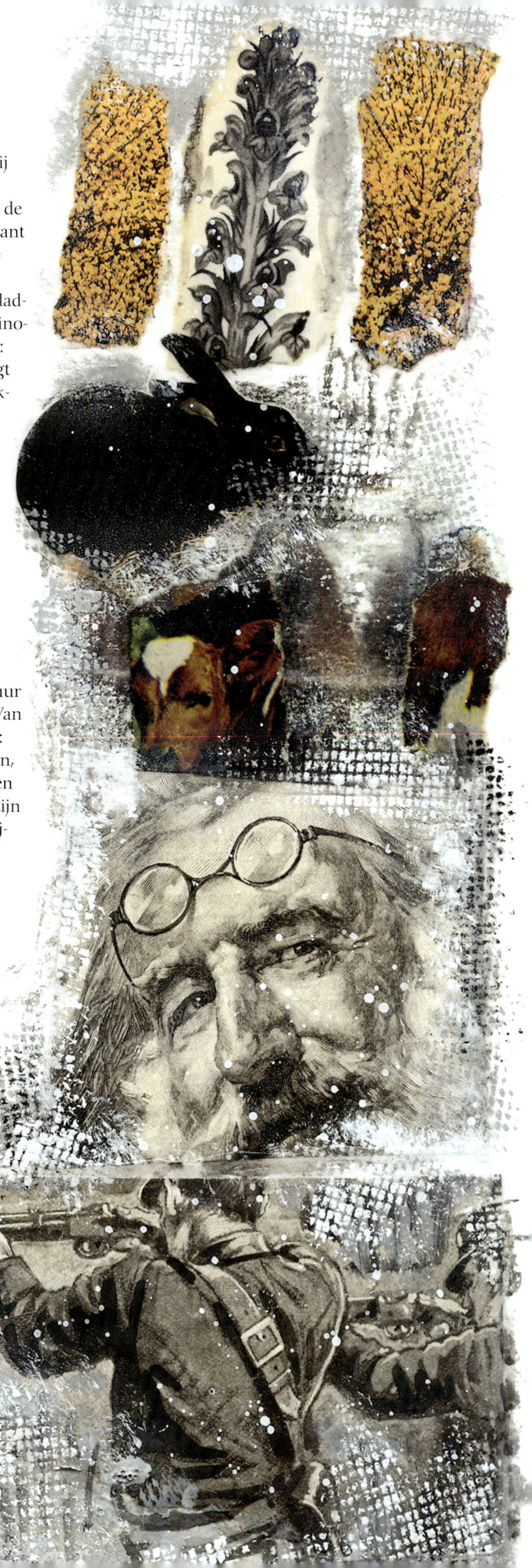

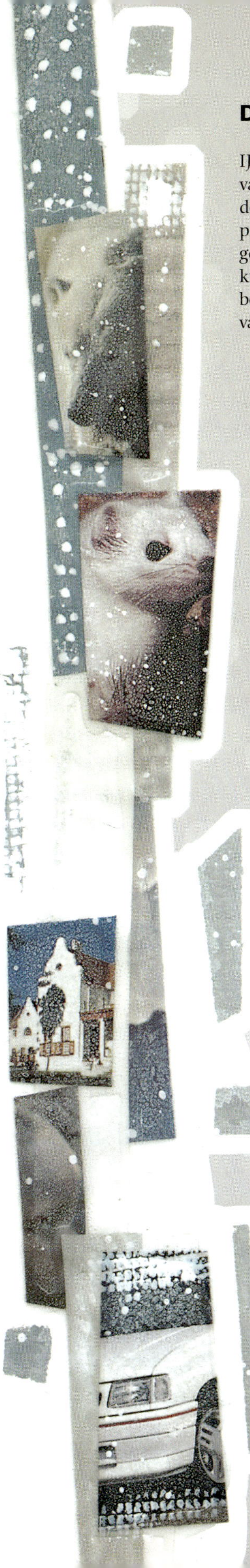

De smiezen

IJsberen zijn wit. Ze zijn bovendien de baas in het noordpoolgebied. Ze hebben van nature niets of niemand te vrezen. Waarom zijn ze dan wit? Voor wie zouden ze zich verborgen moeten houden? Het antwoord is simpel. Niet alleen prooidieren hebben camouflage nodig, ook de jager heeft er baat bij om verborgen te blijven voor zijn slachtoffer. Als deze de belager immers in de smiezen krijgt, zal hij er als een haas vandoor gaan. Een poolhaas wel te verstaan. De ijsbeer, zo luidt de conclusie, is wit omdat ijs wit is en zeehonden hem te midden van dat ijs gemakkelijk over het hoofd zien.

Dikke speklaag

Witte dieren komen we voornamelijk in het poolgebied tegen. Wit is daar de meest doeltreffende schutkleur. Het heeft echter nog een andere, heel belangrijke functie. Omdat wit al het licht terugkaatst, neemt het nauwelijks warmte op. Het isoleert in hoge mate. Het neemt geen warmte op en straalt geen warmte uit. Binnen de witte vacht blijft de lichaamswarmte van de ijsbeer optimaal bewaard. Dit is de eigenlijke reden waarom ijsberen wit zijn. Beter nog dan een witte vacht zou een spiegelende vacht geweest zijn. Een thermoskan spiegelt van binnen omdat daardoor alle licht en dus alle warmte in het inwendige blijft. Spiegelende oppervlakken zijn er in de natuur bijna niet. Wit is een prima alternatief. Ook voor jonge zeehondjes, die nog geen dikke, isolerende speklaag hebben, is een witte vacht onontbeerlijk. Net als voor poolvossen, poolhazen, sneeuwuilen en winterse hermelijnen.

Zwarte auto

Wit neemt door zijn grote reflecterende vermogen geen warmte op en straalt geen warmte uit. Koelkasten zijn wit omdat ze geen warmte opnemen. Om dezelfde reden zijn ijskarretjes en de huizen in warme landen wit. Rijd je op een zomerdag in een witte auto, dan ervaar je het ritje heel anders dan wanneer je in een zwarte auto zit.

Ouderwetse *kachel*

Mensen uit noordelijke streken zijn bij wijze van spreken zo wit als ijskarretjes. Binnen de blanke huid blijft de lichaamswarmte bijna even goed bewaard als in een thermoskan. Bewoners van de tropen zijn daarentegen donker gekleurd. De felle zon verhit hun lichaam, maar de overtollige warmte gaat door de donkere huid zo weer naar buiten. Net als bij ouderwetse kachels en fornuizen. Die waren zwart omdat ze daardoor de meeste warmte uitstraalden.

Stoffige uniformen

Wit is de beste kleur voor een tropenkostuum, maar zo ongeveer de slechtste kleur voor een soldatenpak. Toch droegen de Engelse koloniale troepen witte uniformen. Je zag ze al op mijlen afstand aankomen! Om hun uniform minder opvallend te maken bevuilden de soldaten het met stof. Dat gebeurde in Afghanistan. Daar is 'kaki' het woord voor 'stof'.

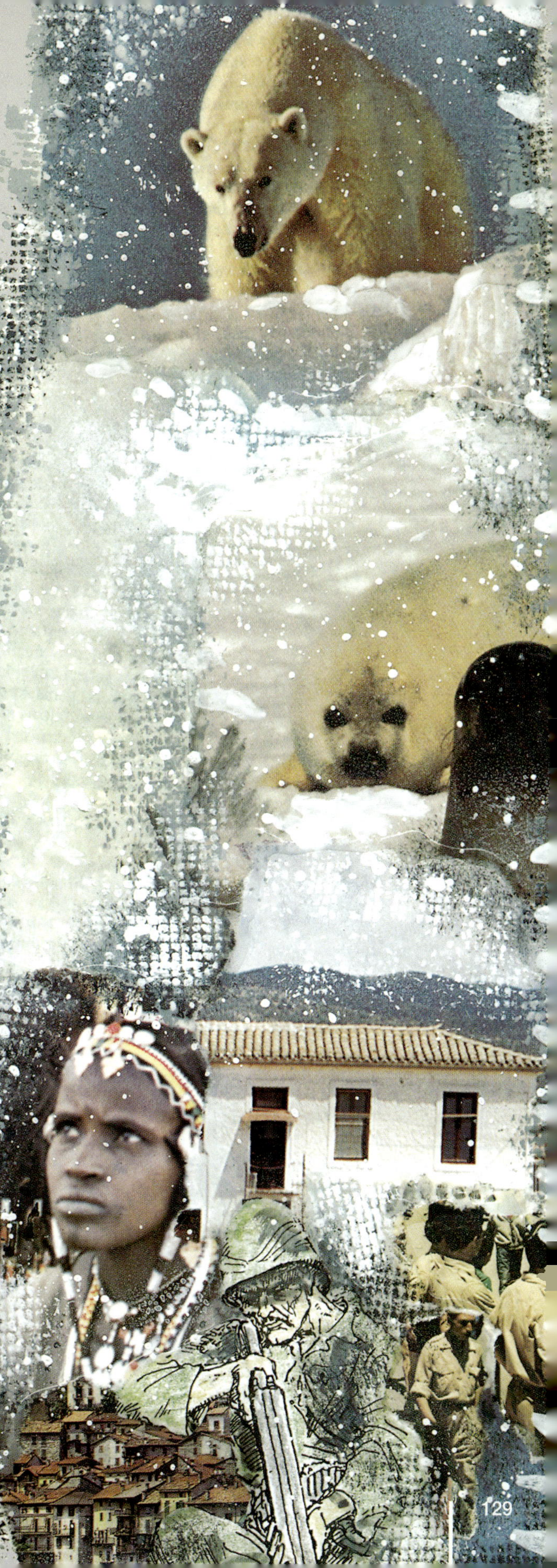

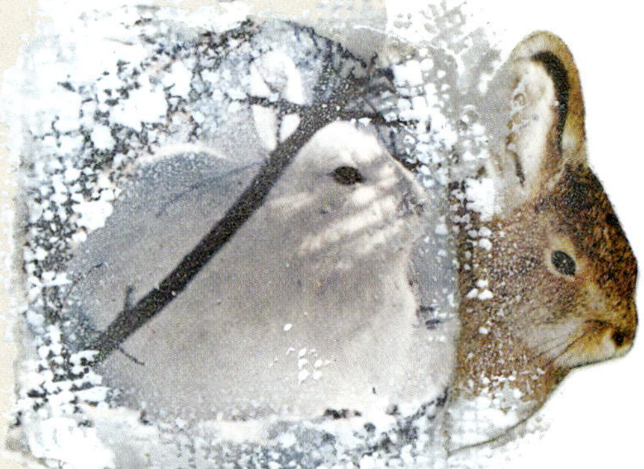

Bruin kleed

Veel dieren die dicht bij de polen leven, hebben 's zomers een bruinachtige of grijsachtige vacht, die qua kleur afgestemd is op de met mos en kruidachtige planten begroeide toendra. In de herfst krijgen ze een wit kleed, dat past bij sneeuw en ijs. Elk najaar en elke lente veranderen bijvoorbeeld de sneeuwhaas en het sneeuwhoen zo van kleur.

Uw leider

Het vreemde bij de hermelijn is dat zijn staartpunt het hele jaar door zwart blijft. Waar dat voor nodig is, is een raadsel. Heeft die zwarte staartpunt een signaalfunctie bij het in groepsverband jagen, zoals hermelijnen 's winters graag doen? Het teken van: hier ben ik, volg mij? Het is heel goed mogelijk. De staartpunten lijken die betekenis wel degelijk te hebben wanneer ze op de staatsiemantel van koningen en keizers zijn aangebracht. Dan schijnen ze uit te roepen: hier ben ik, volg mij, ik ben uw leider!

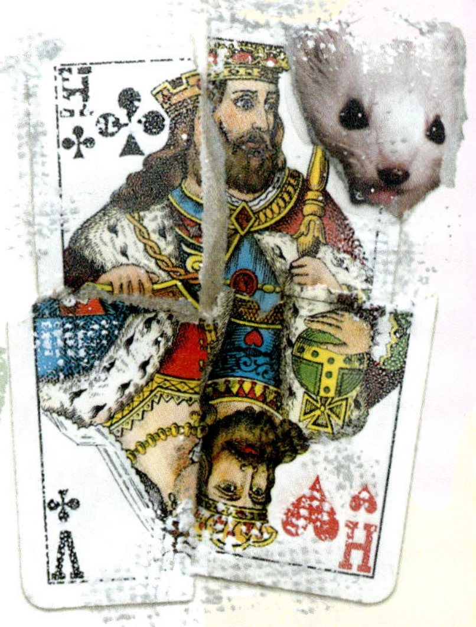

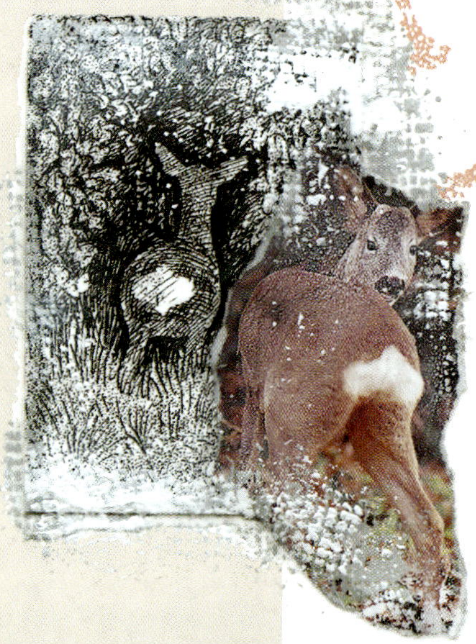

Witte spiegel

De natuur is heel vindingrijk waar het om schutkleuren gaat. Hoe knap dieren ook zijn gecamoufleerd, één enkel onderdeel springt vaak sterk in het oog. Zo blijven ze herkenbaar voor soortgenoten. Wanneer herten op de vlucht slaan zorgt hun witte achterste - de zogenoemde spiegel - ervoor dat ze elkaar in het donkere bos niet uit het oog verliezen. Het konijntje tilt in zo'n geval zijn staartje op, zodat de witte onderkant ervan zichtbaar is. Bij dieren die 's nachts of op duistere plekken rondscharrelen zien we dit verschijnsel vaak. Zo is de das helemaal zwart-wit getekend.

Bijna uitgeroeid

Edelweiss is beroemd, maar bijna uitgeroeid en dus zwaar beschermd. Hij is hoog in de bergen nog slechts te vinden op plekken waar geen mensen komen. Het kleine plantje heeft viltige bladeren, die het moeten beschermen tegen bevriezing en uitdroging. De grote, witte sterren zijn schijnbloemen en dienen om het infrarood van het zonlicht op te vangen en daardoor zoveel mogelijk warmte op te nemen. De echte bloemen staan in een groepje in het centrum van de ster.

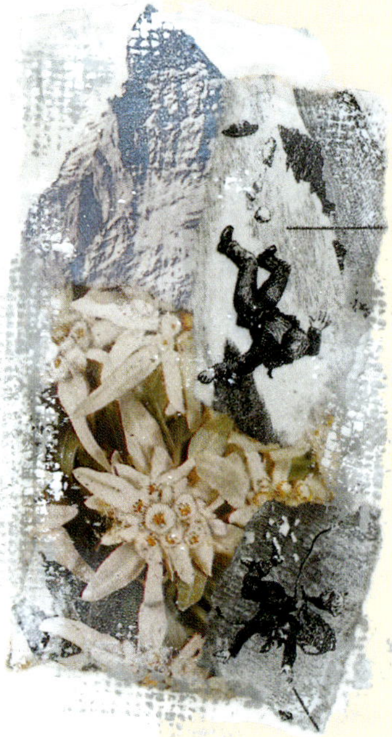

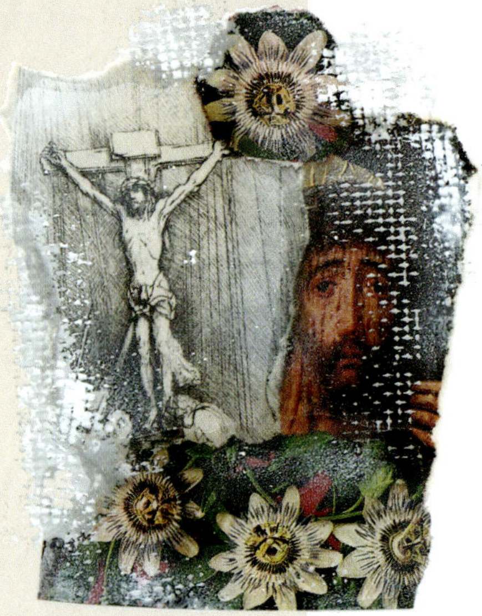

Witte kroon

Een heel bekende witte bloem is de passiebloem. Hij ziet er fraai uit. Over de grote, witte kroon van tien bladen ligt een bijkroon van lange, dunne blauwe draden. Uit het midden van de bloem verrijst een zuil waaraan de meeldraden en de stempels zitten. De naam van de bloem is ontleend aan het lijden - de passie - van Christus. De kroon is de doornenkroon; de vijf meeldraden stellen de vijf wonden voor en de drie stempels de drie spijkers in het kruis.

Lekkere *nectar*

Planten hebben geen ogen. Kleur speelt dus geen rol in hun onderlinge communicatie. Ze hebben alleen contact via de wind of via insecten. Deze zijn het die het stuifmeel vervoeren van de ene plant naar de andere. Kleur is voor insecten wel degelijk van groot belang. Bloemenkleuren vertellen hun dikwijls of er veel en lekkere nectar te halen valt. Wit bestaat echter nauwelijks voor hen. Bloemen die wij wit vinden, zijn voor bijvoorbeeld bijen meestal blauwgroen.

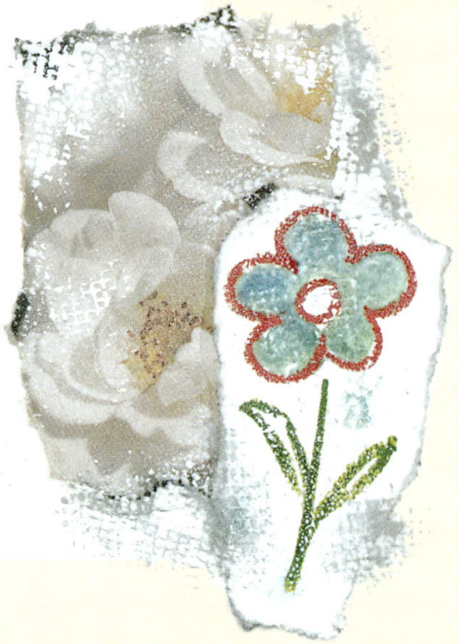

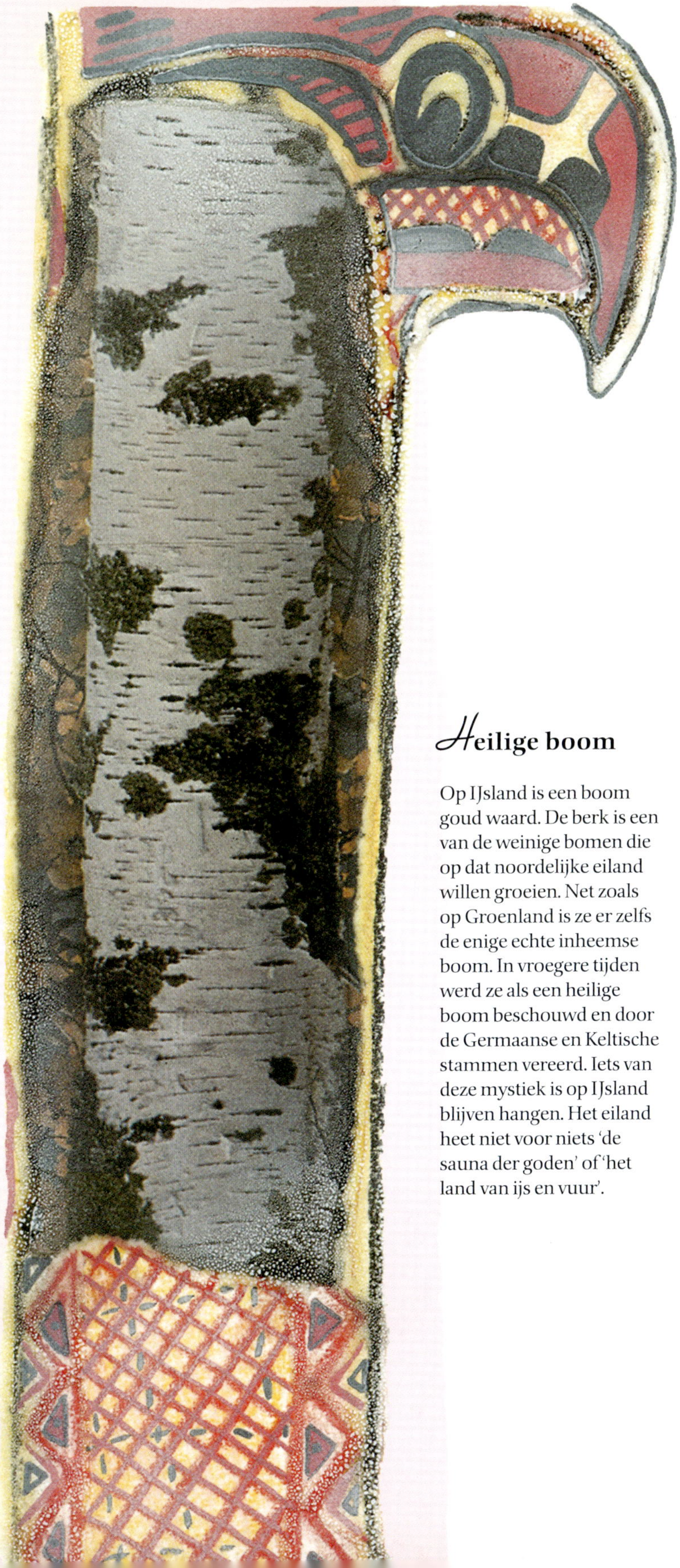

Charmante boom

De berk is niet alleen een mooie, maar vooral charmante boom. 'The lady of the woods', zoals de Engelsen zeggen. Ze is gracieus, sierlijk en slank. Maar tevens sterk en hard. Ze is een echte vechtersbaas. Van alle bomen heeft zij het grootste aanpassingsvermogen. Ze kan zowel tegen extreme kou als tegen felle zonneschijn. De zon kan branden hoe hij wil, maar zijn stralen worden teruggekaatst door de witte bast, een wit dat veroorzaakt wordt door talloze kristallen in de bovenste lagen van de schors.

Waterdichte bast

De gewone Europese ruwe berk heeft een kalkwitte schors. De Amerikaanse papierberk is nog witter. Deze soort wordt ook wel 'kanoberk' genoemd omdat de indianen kano's maakten uit de sterke, waterdichte schors. De papierberk verschafte de mens tevens materiaal om op te schrijven, materiaal voor het bouwen van hutten en tenten, en onmiddellijk vlamvattend aanmaakmateriaal voor vuur.

Heilige boom

Op IJsland is een boom goud waard. De berk is een van de weinige bomen die op dat noordelijke eiland willen groeien. Net zoals op Groenland is ze er zelfs de enige echte inheemse boom. In vroegere tijden werd ze als een heilige boom beschouwd en door de Germaanse en Keltische stammen vereerd. Iets van deze mystiek is op IJsland blijven hangen. Het eiland heet niet voor niets 'de sauna der goden' of 'het land van ijs en vuur'.

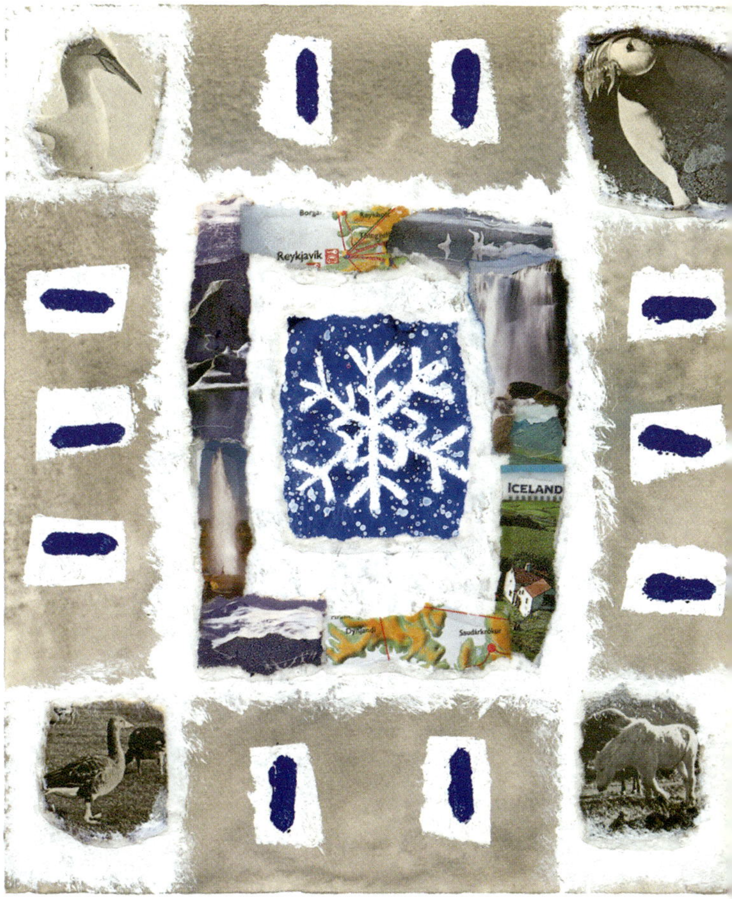

Boze geesten

In het Oude Griekenland was wit de kleur van de vreugde. Op feestdagen kleedden de Grieken zich dus in het wit. Voor een huwelijksplechtigheid verfden zij soms zelfs hun lijf in die kleur. Voor trouwlustige Germanen had wit een heel andere betekenis. Door de bruid en de bruidsmeisjes in dezelfde witte jurken te kleden zouden boze geesten in verwarring worden gebracht. Die geesten hadden het natuurlijk op de bruid voorzien, maar wisten dan niet meer wie zij was. Een sluier diende als extra bescherming. Hij maakte het de demonen onmogelijk de bruid via haar mond en neus in bezit te nemen. Pas nadat het christendom zijn intrede had gedaan kreeg het wit van de bruidsjurk de betekenis van zuiverheid, kuisheid en maagdelijkheid.

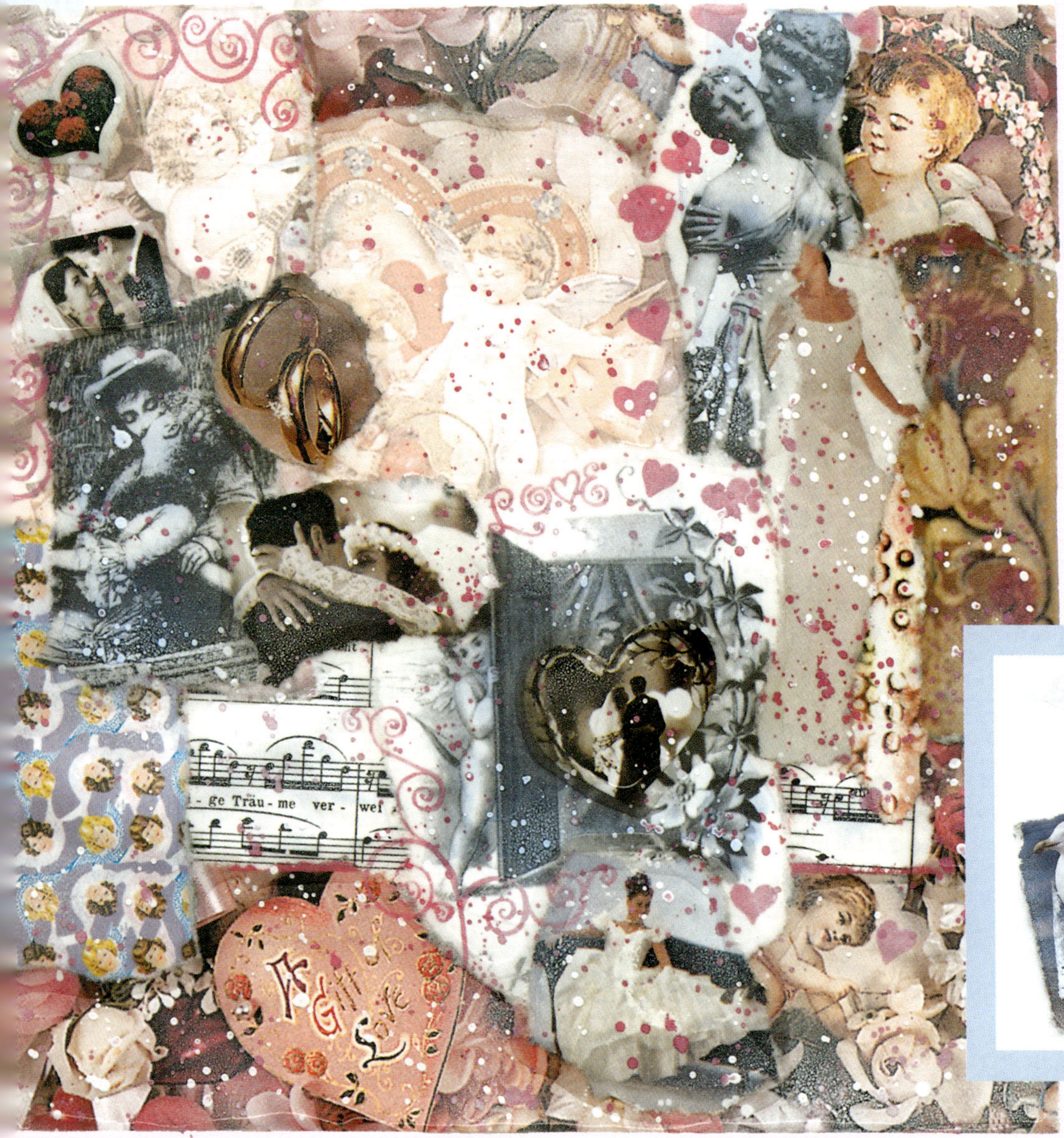

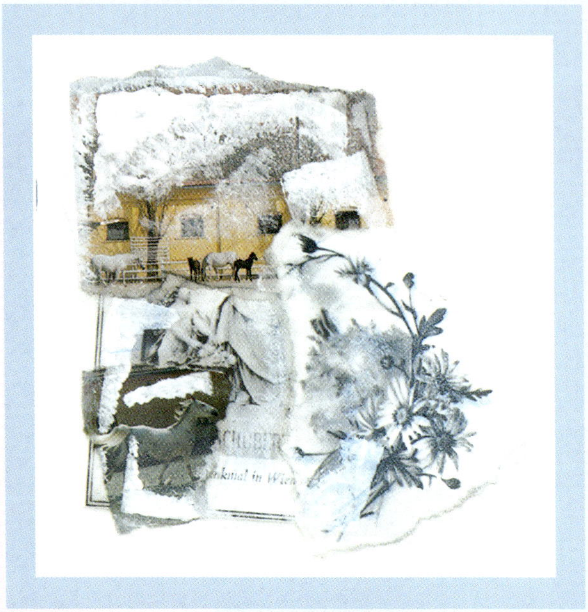

Spaanse rijschool

De witte paarden van de Spaanse rijschool in Wenen zijn wereldberoemd. Wie kent niet hun elegante balletuitvoeringen op de klanken van klassieke muziek? Om deze topprestatie te kunnen leveren zijn ze eeuwenlang gefokt op de allerbeste kwaliteiten. Vanaf de zestiende eeuw wordt alleen gewerkt met Lipizzaner paarden. Deze ontlenen weliswaar hun naam aan het Italiaanse dorpje Lipizza, maar zijn oorspronkelijk van Spaanse afkomst. Vandaar de naam 'Spaanse rijschool'. Het was in Lipizza waar in 1580 de stoeterij van het Oostenrijkse hof werd gesticht. Lipizzaners zijn prachtige schimmels, maar dat worden ze pas op een leeftijd van tien à twaalf jaar. De veulens komen bijna zwart ter wereld. Ze worden bij elke rui lichter.

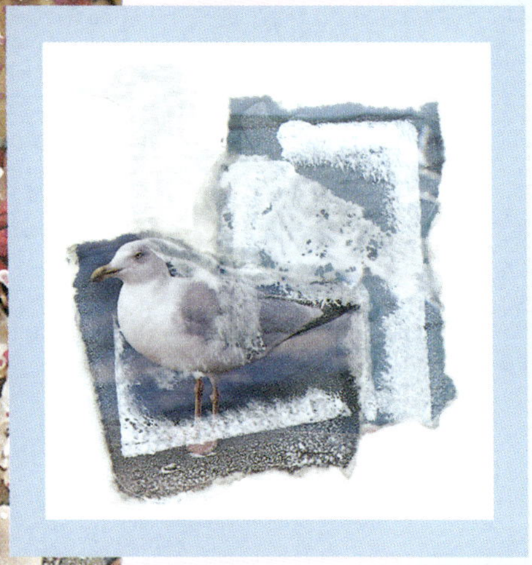

Tweekleurige zeevogels

Meeuwen eten van nature vis. Wat hun dus niet goed uitkomt is dat de vissen hen boven het wateroppervlak kunnen zien vliegen. Daarom zijn ze van onderen wit. Tegen de hemel met zijn witte wolken is wit de minst opvallende kleur. Wat meeuwen ook proberen te vermijden is dat roofvogels hen in de gaten krijgen. Daarom zijn ze aan de bovenzijde even blauwgrijs als de zee.

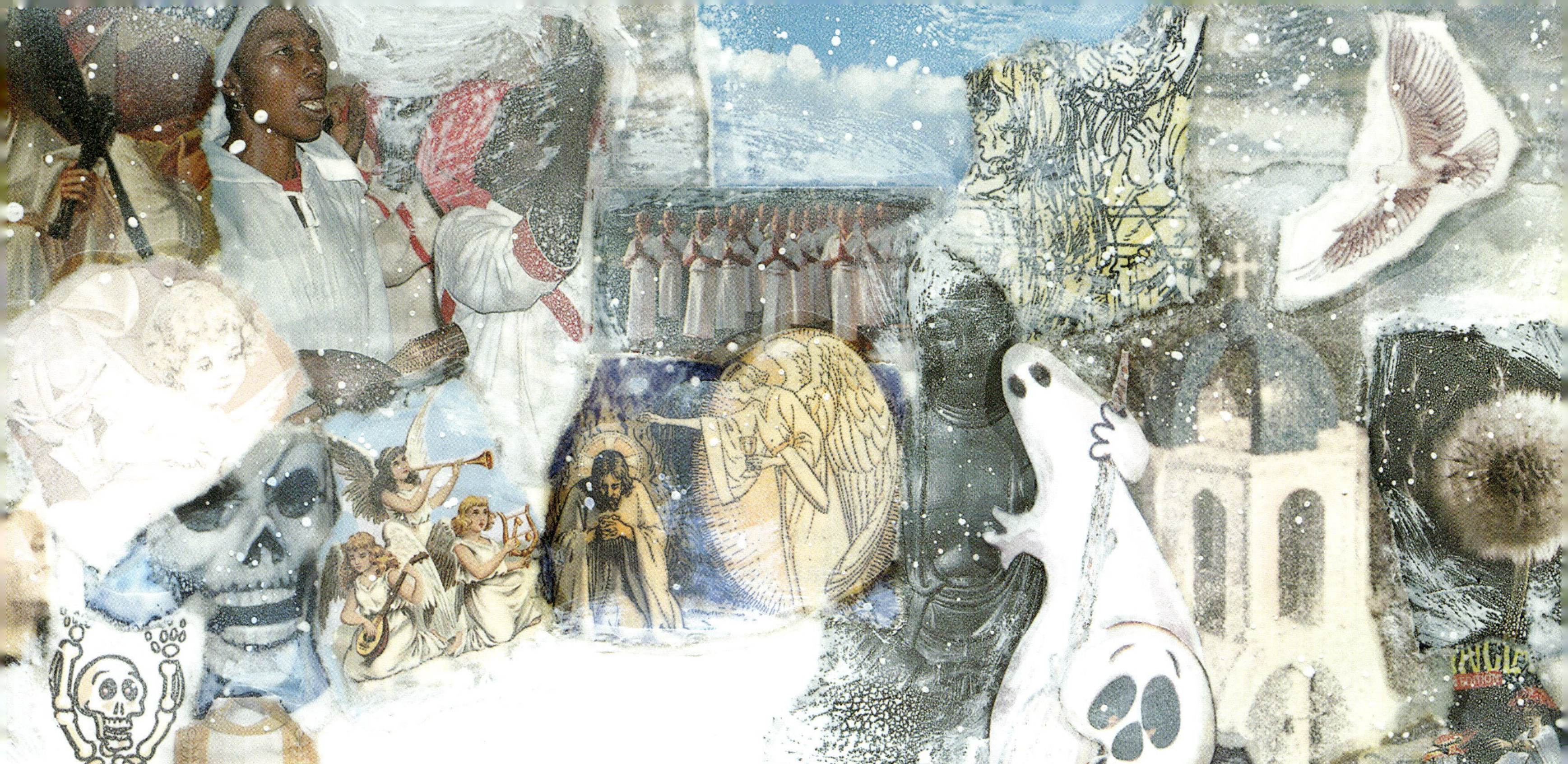

Bovenaards licht

Het zuiverste en helderste licht is wit. Dit wit lijkt bovenaards te zijn. Het is niet aan de materie of aan de aarde gebonden. Hierdoor is het de verlossing gaan symboliseren. Om deze reden wordt wit vereenzelvigd met grote spirituele voormannen. Jezus bijvoorbeeld. En Boeddha en Krishna. Ook de wezens die geen aardse vorm hebben, zoals engelen, worden in wit afgebeeld. Tot deze groep behoren echter ook geesten, spoken en andere verschijningen. Een echt spook manifesteert zich in een wit gewaad.

Gods bruid

Een non of zuster droeg vroeger een kap. Soms gebeurt dit nog wel. Die kap was zwart of wit. Het leek op wat bruidjes droegen. Aan de kap kon je zien dat de non 'bruid van God' was. Ze wilde bij God horen. De eerbied en liefde voor Hem toonde ze door haar kap en haar kleding.

Witte dood

Wit geeft de onthechting van het stoffelijke aan. Bij de hindoes is wit de kleur van de brahmanen: de geestelijke elite die de hoogste kaste vormt. De volgende fase is niet meer aards. Het nirwana, de hemel waarin niets meer wordt verlangd, is wit. In de Katholieke Kerk zijn het de paus en de hoogste priesters die wit dragen. Deze kleur geeft hun nagenoeg bovenmenselijke positie aan. Ze zijn al bijna in de hemel. Bij iedereen gaat wit dan ook overheersen naarmate het leven vordert. Ouderdom is wijsheid, rijpheid en voltooiing. Wit is de kleur ervan, die zich openbaart in de bleekheid van de huid en het zilverwit van het haar. Het is daarom niet verwonderlijk dat in Oost-Azië en in India de rouwkleding wit is. Bij begrafenissen worden daar witte bloemen gegeven. De dood is er wit.

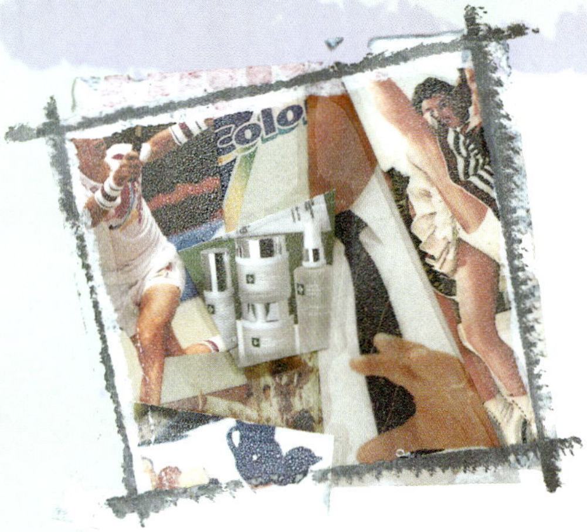

Helder schoon

Op wit is alles te zien. Iets wat smetteloos wit is is absoluut schoon. Wit is het symbool van reinheid en hygiëne. De was moet dus witter dan wit zijn. Om aan te geven hoe helder, fris en zuiver men is worden er hagelwitte overhemden gedragen. En daarom is de beroepskleding van laboranten, doktoren, verpleegsters, kappers, artsen en koks wit. Schoon en gezond, daar gaat het om. Ook in de sportwereld is wit eigenlijk de traditionele kleur. Maar daar wordt allang niet meer de hand aan gehouden.

Witte vlag

Wit bekent letterlijk geen kleur. Het is koel, ongevoelig en gereserveerd. Het is neutraal. Daarom is juist voor een witte vlag gekozen als teken van overgave of als verzoek om onderhandelingen.

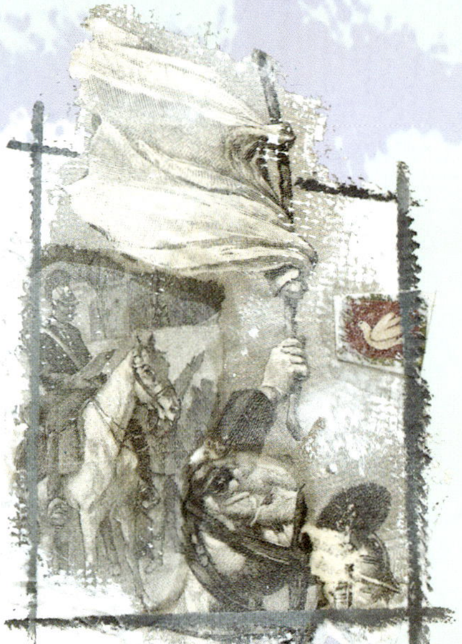

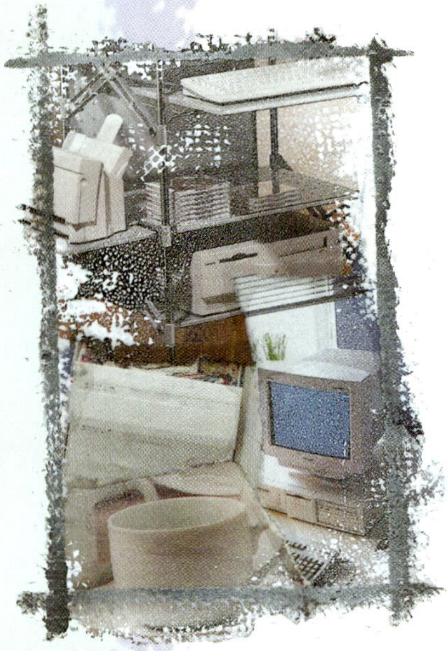

Clean machine

Keukenapparatuur en wasmachines waren vroeger uitsluitend in wit verkrijgbaar. Nog altijd wordt gesproken van 'witgoed'. Wit waren ook computers en alles wat daarbij hoort. Deze apparaten moesten er 'clean' uitzien. Pas in de jaren zestig kwamen er ook andere kleuren op de markt. Wit blijft echter favoriet. Bij techniek hoort geen versiering.

Ivoren toetsen

Wit is schoon. Wie hagelwitte tanden heeft laat zien dat hij zichzelf goed verzorgt. Witte tanden zijn een symbool voor een goede gezondheid en een frisse geest. Tanden en kiezen bestaan uit tandbeen. Het mooie woord hiervoor is ivoor. Over dit tandbeen ligt een mantel van tandglazuur, ook wel email genoemd. Dit is een witte, sterk verkalkte stof. Het is de hardste stof van het hele lichaam. Vroeger werd dierlijk ivoor verwerkt tot pianotoetsen, biljartballen en kunstsnijwerk. Het was afkomstig van de slagtanden van olifanten en walrussen, van nijlpaardentanden en van de hoorn van de narwal. Tegenwoordig worden dergelijke producten alleen nog maar van kunststof gemaakt.

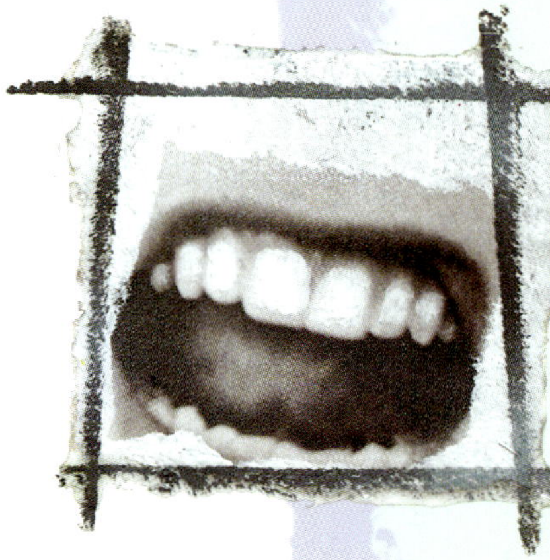

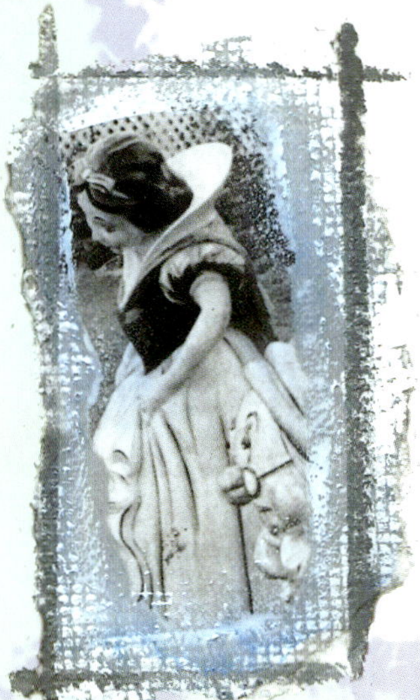

Naïef prinsesje

Wat wit is is niet vies. Wit is de kleur van reinheid en maagdelijkheid. Sneeuwwitje dankt haar naam aan haar ongereptheid. Ze was zich van geen kwaad bewust. Daarom behaalde het kwade op haar een gemakkelijke overwinning. Sneeuwwitje was naïef. Een beetje dom. Dat is vreemd. Want 'wit' heeft oorspronkelijk de betekenis van 'wijs'. Het Engelse woord 'wit' betekent 'verstand'. Er is een sprookje van Grimm dat over een witte slang gaat. Wie het vlees van dit reptiel at kon de taal van de dieren verstaan. Het leven en de wereld hadden voor hem geen geheimen meer.

Gevernist gezicht

Hygiëne en gezondheid zijn moderne begrippen. Vroeger waren dood, ziekten en gebreken veel gewoner dan tegenwoordig. De mensen waren gepokt en gemazeld door kwalen en ongevallen. Littekens ontsierden hen. In hogere kringen bracht men, om dit alles te verbergen, een dikke laag make-up aan op het gezicht. Hiervoor werd loodwitpoeder gebruikt, waarvan pas later bleek dat het zeer giftig was. De lippen werden rood geverfd. Ten slotte werd het opgemaakte gezicht gevernist met een oplossing van het wit van eieren.

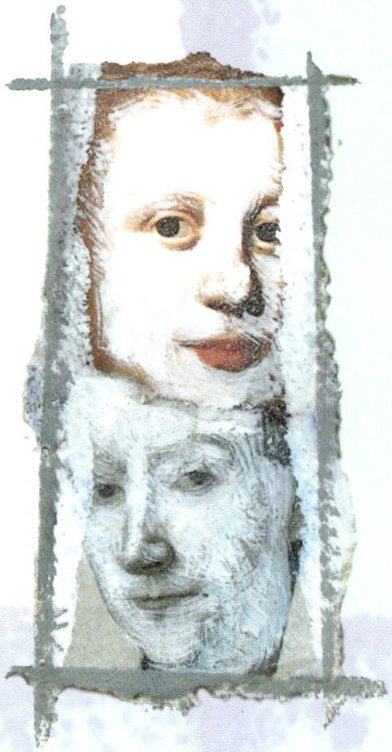

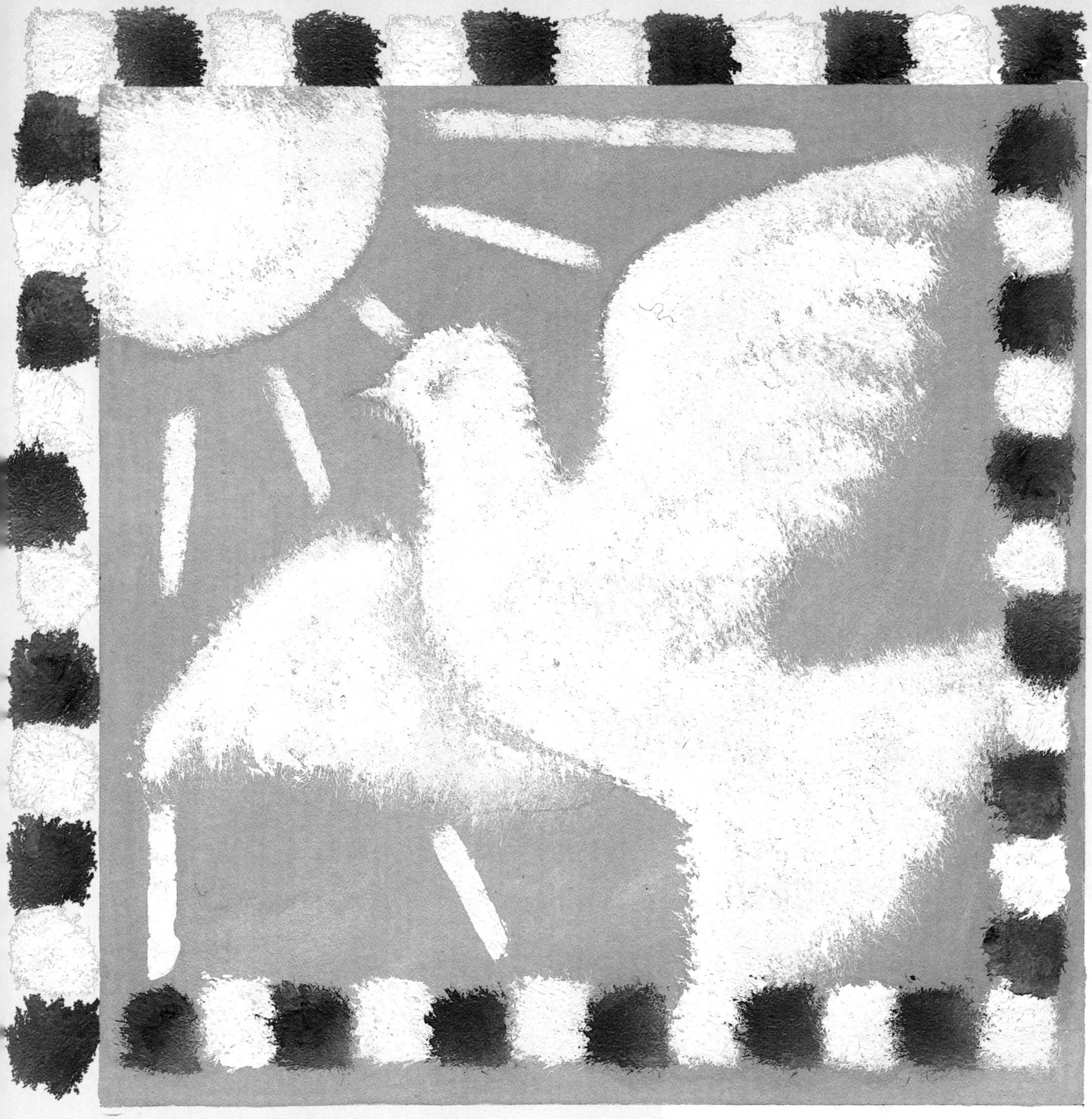

Witte duif

Dieven en moordenaars gaan 's nachts op pad. In de duisternis gebeuren de dingen die het daglicht niet kunnen verdragen. Het kwade is zwart. Het goede is wit. Dat speelt zich af in het volle licht. Zwart hoort bij de duivel. Wit bij God. Daarom is de witte duif het symbool van vrede. Dat in dit symbool voor een duif is gekozen ligt voor de hand. Bij veldslagen en belegeringen waren het postduiven die berichten over en weer brachten.

Oosterse kleuren

In bepaalde gebieden in het Verre Oosten wordt de witte duif niet als symbool van de vrede beschouwd maar als dat van de oorlog. Men staat er heel anders tegenover wit en zwart dan in het Westen. Zo is in China en Japan wit de kleur van de rouw. In de oosterse kleurensymboliek staat wit voor het dode element metaal en bovendien voor het Westen waar de zon ondergaat. Maar wit heeft er ook de betekenis van ongekleurd. Wie zich hult in ongekleurde kleren geeft aan dat hij niets te vieren heeft. In Japan draagt een bruidje wit om daarmee duidelijk te maken dat zij een nieuw leven begint. En dat zij dus eigenlijk is 'doodgegaan' voor haar familie.

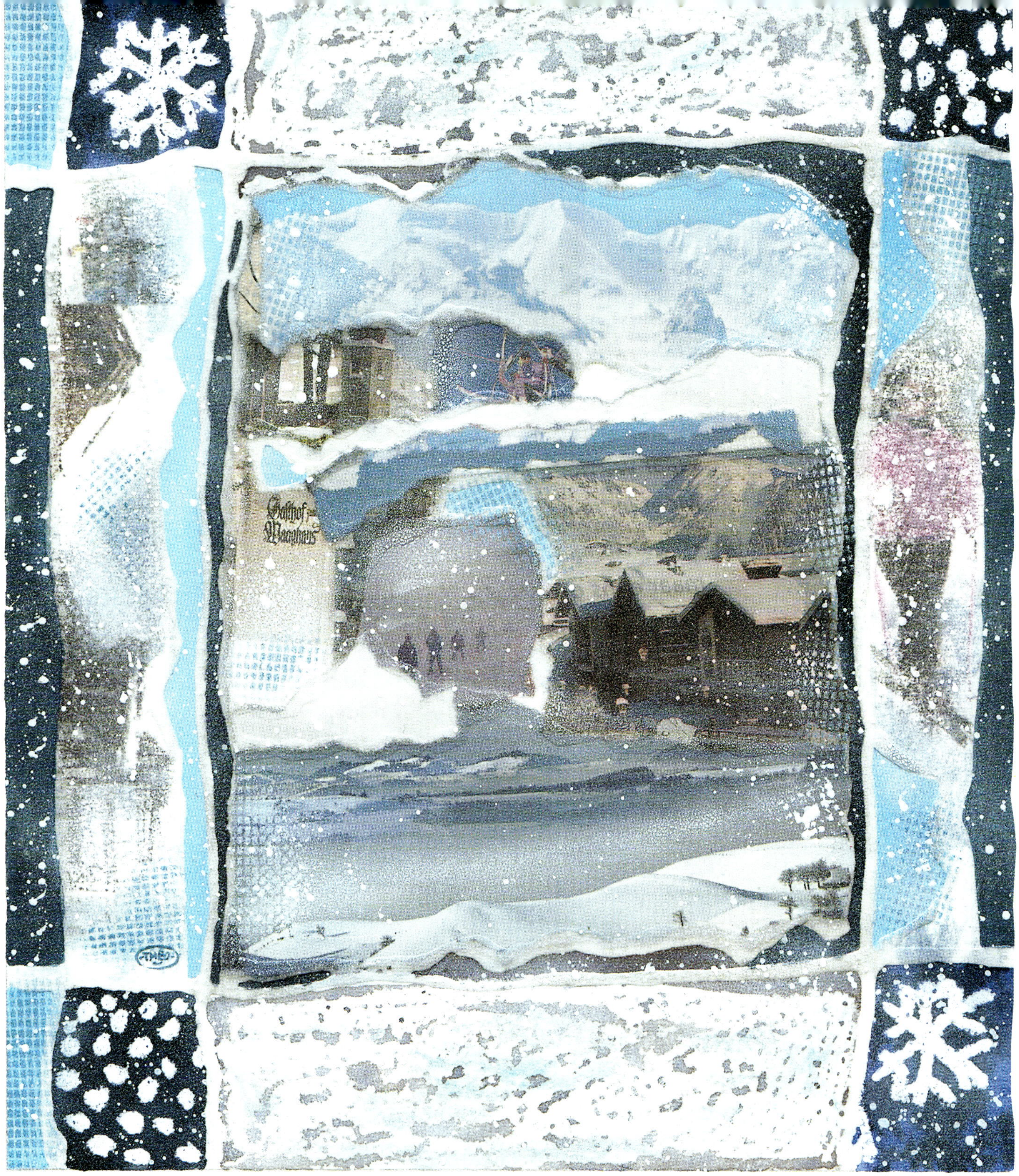

Reinigende kracht

De Griekse wijsgeer Plato vond dat sport een zuster was van de muzen. Shakespeare zei dat sporten net zo vervelend zou worden als werken wanneer het het hele jaar vakantie was. Vroeger was sport vrijetijdsbesteding. Tegenwoordig lijkt het eerder een tijdsbesteding te zijn. Nooit eerder in de geschiedenis heeft de mensheid zo veel, zo intensief en zo algemeen gesport. De wintersport is hiervan de meest massale vorm. Wintersport heeft alles in zich om een mens te verfrissen: wit, sneeuw, kou en licht. Wit heeft een grote reinigende kracht op de menselijke geest.

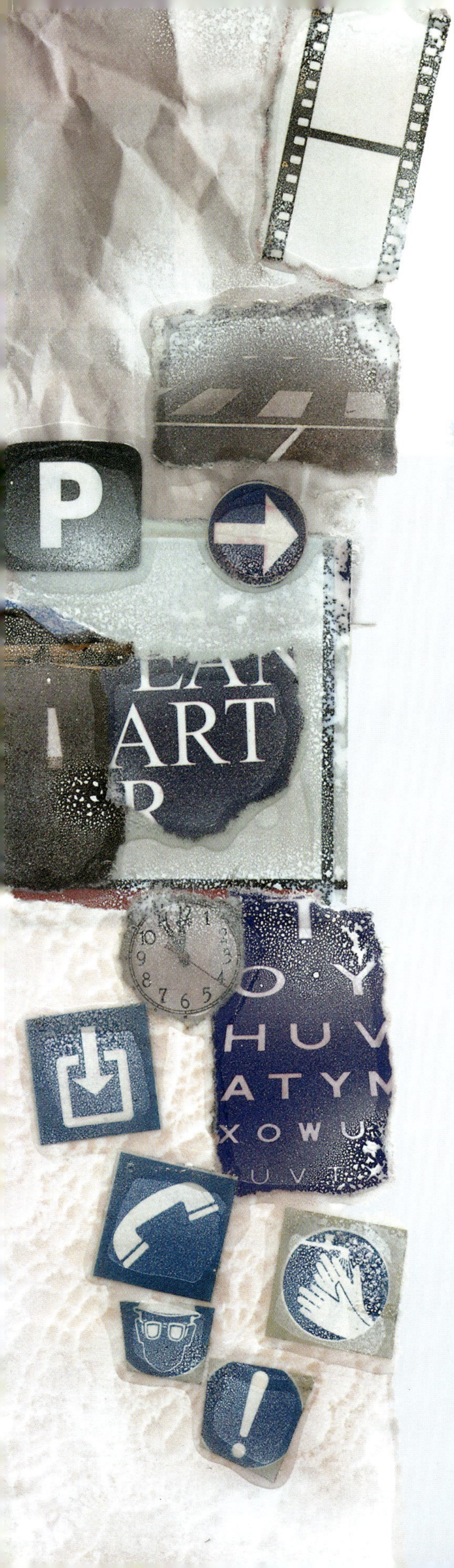

Minuscule schelpdiertjes

Wit is een van de eerste kleurstoffen die door de mens werden gebruikt. Hij trof het overal in de natuur aan. In kalk, schelpen, krijt en klei. Het woord krijt is afgeleid van het Griekse woord 'kreta'. Krijt is lang geleden ontstaan. Het bestaat uit microscopisch kleine schelpjes. Deze zijn afkomstig van schelpdiertjes die in steeds weer nieuwe lagen de bodem van de oerzee bedekten. Op talrijke plaatsen van de aardbodem komt het krijt aan de oppervlakte. Hoe meer naar de kust, hoe zuiverder en witter het is. Bekend zijn de krijtrotsen bij Dover aan de Engelse kust.

Bijzonder duidelijk

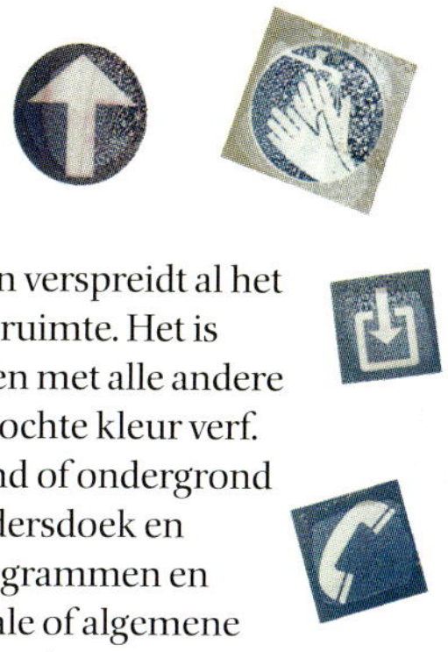

Wit is fris en helder. Het weerkaatst en verspreidt al het invallende licht. Het schept daardoor ruimte. Het is neutraal en kan gecombineerd worden met alle andere kleuren. Daarom is wit de meest verkochte kleur verf. Daarom ook wordt het als achtergrond of ondergrond gebruikt. Papier is wit, net zoals schildersdoek en werkbladen. Bij verkeerstekens, pictogrammen en aanwijzingsborden die een vrij neutrale of algemene aanduiding geven, is dikwijls voor wit gekozen. Wit is bijzonder duidelijk. Door zijn grote lichtheid en uitstraling is bijvoorbeeld een witte tekst op een donkere achtergrond beter leesbaar dan het omgekeerde.

Griekse tempels

Wit is leegte en leegte moet gevuld worden. We hebben sterk de neiging elke stilte vol te praten of te vullen met muziek. Een blank vel papier dwingt ons haast tot krabbelen en kladderen. Angst voor leegte kan zelfs dwangmatig worden. De term hiervoor is 'horror vacui'. Op die angst voor leegte zijn kleurboeken gebaseerd. Zelfs apen beginnen witte vlakken vol te smeren wanneer ze verf aangeboden krijgen. Denk dus maar niet dat de tempels van het Oude Griekenland er vroeger net zo verveloos en bleek uitzagen als nu. Nee, ze waren beschilderd in alle kleuren van de regenboog. Ook reliëfs en marmeren beelden kregen een kwastje verf, opdat ze er zo natuurlijk mogelijk uit zouden zien.

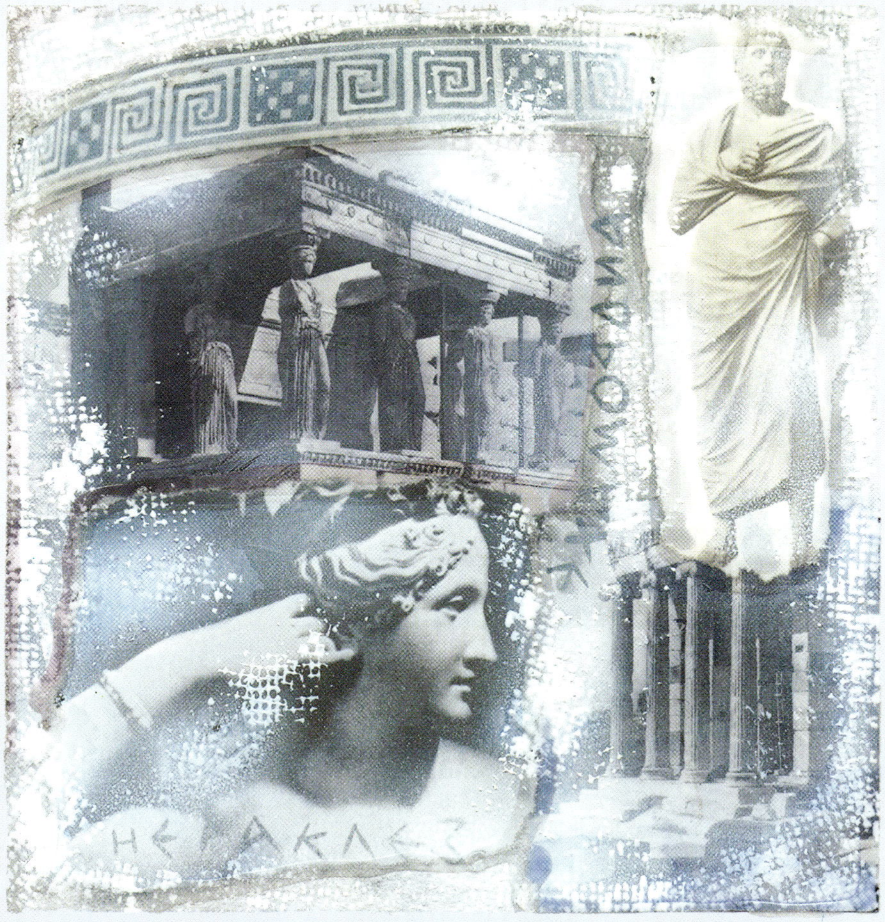

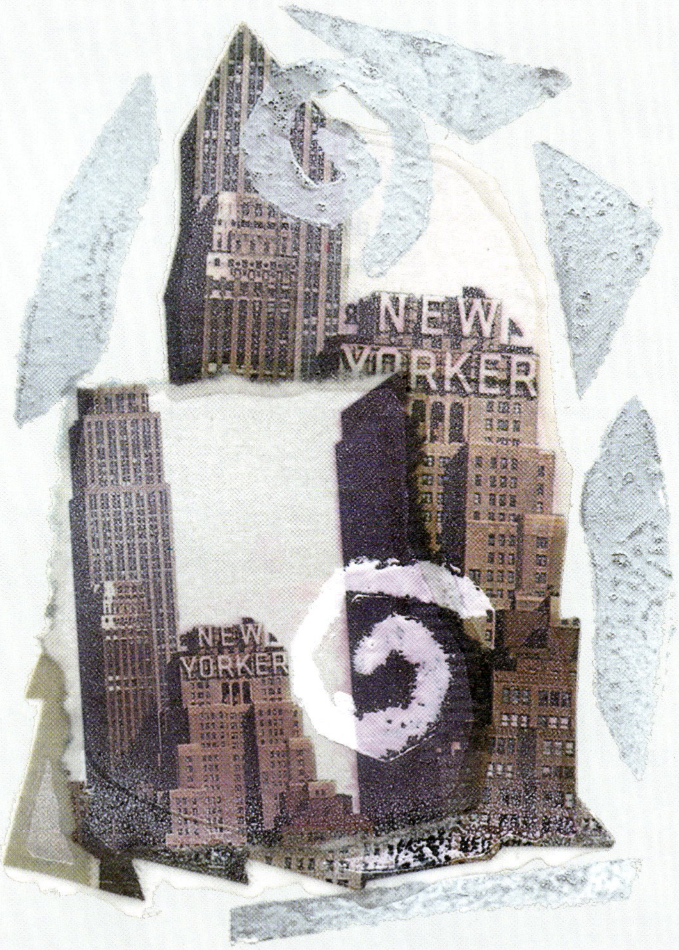

Grijs graniet

Grijs is onbestemd. Geen kleur, geen zwart en geen wit. Grijs lijkt niets te zijn. Hooguit de kleur van as. De kleur van wat verteerd en uitgeblust is. De kleur van ouderdom. Van dingen uit het verleden. Van alles wat in wolken en nevels gehuld is. Van spinnenwebben en stof. Dit alles is zacht en donzig grijs. Maar er is ook het grijs van graniet. Hard en onverzettelijk. Het grijs van vliegtuigen, marineschepen en bunkers, van beton en cement, van staal en lood en zink. Dat is een heel ander soort grijs. Dat is een neutrale, objectieve en gevoelloze kleur. Hij suggereert geslepenheid en scherpte. Het is een zakelijk grijs.

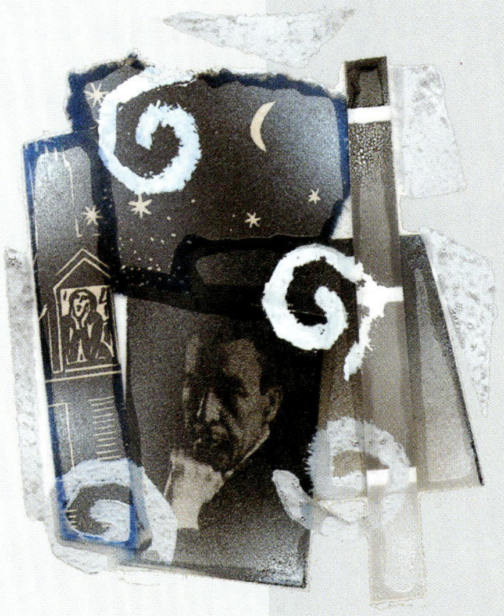

Geheimzinnig schemergebied

Wie terneergeslagen is ziet alles somber en grauw. Grijs kan de kleur zijn van onzekerheid en angst. Wit is het leven. Het vertrouwde en bekende. Zwart is de dood. Het vreemde en onbekende. Tussen deze twee uitersten strekt zich het schemergebied van het grijs uit.

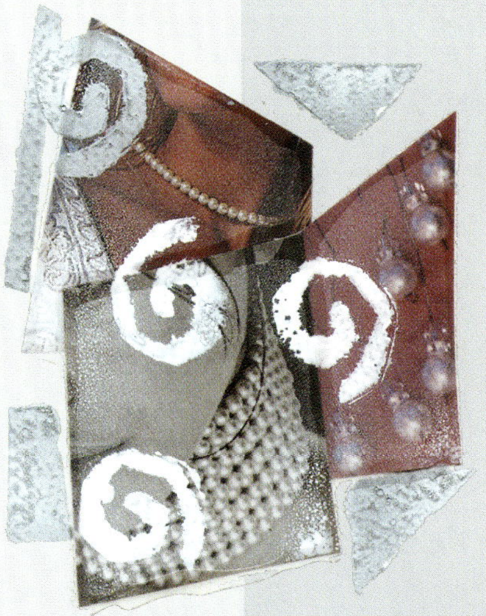

Wonderlijke dingen

Je ziet in de natuur niet veel echt grijs. Er zijn grijze muizen en grijze duiven. En viltachtige grijze bladeren. Er is leisteen. Er zijn wolken en nevel. En er zijn natuurlijk parels en parelmoer. Parels zijn wonderlijke dingen. Ze worden gevormd binnen in de schaal van oesters. Wanneer daar een heel klein vreemd voorwerpje naar binnen dringt, wordt dit door de oester ingekapseld met parelmoer. Het kan een steentje of een zandkorrel zijn die zo'n kern vormt. Het omhulsel wordt allengs groter. Na enige jaren heeft het een prachtige glans. Dan heeft het de vorm aangenomen van een bolletje of een druppel. Omdat grote parels zeer weing voorkomen zijn ze erg kostbaar.

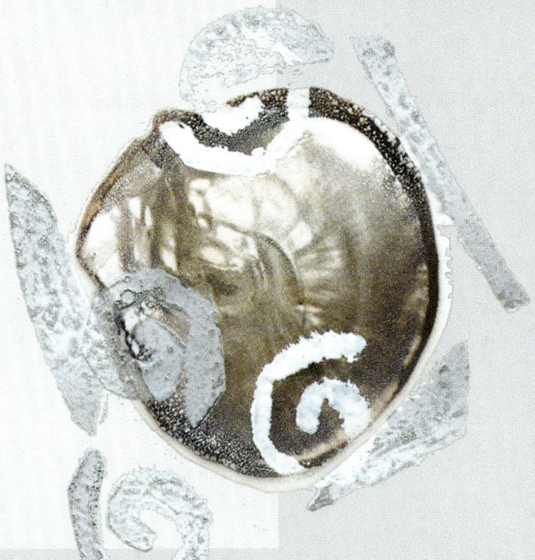

Wisselend kleurenspel

Parelmoer bestaat uit talloze laagjes microscopisch kleine kristallen. Daarin wordt het licht zo veelvuldig en zo wonderlijk gebroken dat er naast een zachte glans een betoverend kleurenspel ontstaat. Dit effect kan tegenwoordig ook kunstmatig tot stand worden gebracht. Parelmoerpigmenten worden in cosmetica, sieraden en accessoires gebruikt. Bijvoorbeeld in nagellakken, knoopjes, kralen en imitatieparels.

Vage vormen

De lucht zit vol waterdamp. Dat merk je niet op wanneer je naar iets kijkt wat dichtbij is. Naarmate ze verder verwijderd zijn lijken de dingen echter steeds grijzer en waziger. De waterdamp vertroebelt het beeld. Details verdwijnen. Contouren vervagen. Ten slotte lijken de vormen op te lossen in de lucht. Dit verschijnsel is het opmerkelijkst in landschappen. Vooral waar heuvels zijn. Het wordt kleurenperspectief genoemd.

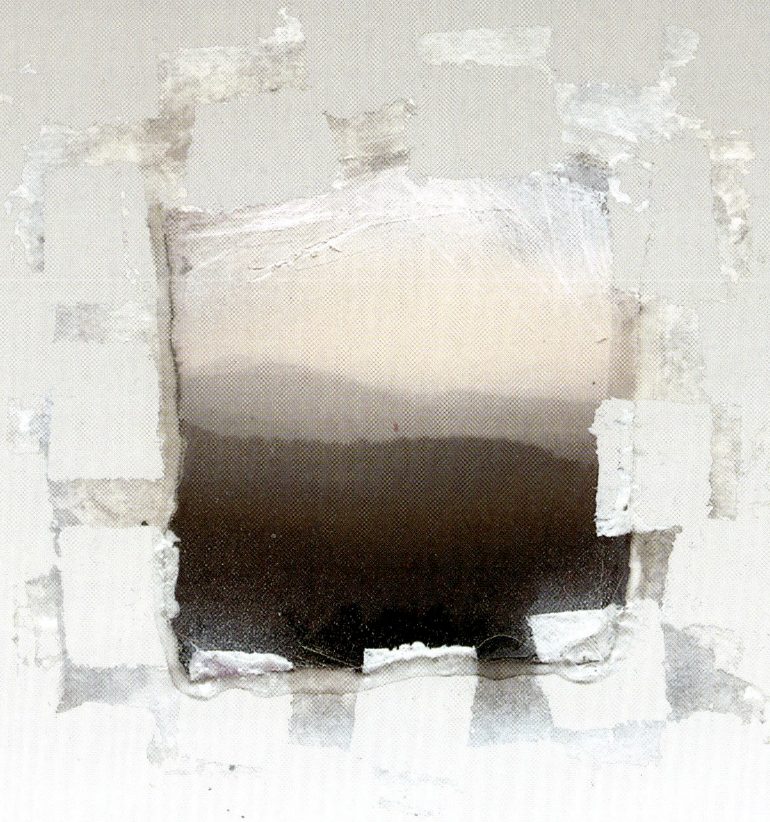

Grijze cellen

Hersenen worden vaak aangeduid als 'grijze cellen'. De schors of cortex die het buitenste deel van de hersenen vormt is inderdaad grijs. Of liever: een grauw-roze tint. Onder die schors zit een witte stof waarin weer grijze kerngebieden liggen. In dit kleurloze goedje bevindt zich de centrale meld- en regelkamer van het lichaam en de geest. Het bestaat uit miljarden zenuwcellen. Deze zijn al bij de geboorte compleet aanwezig. Er worden geen nieuwe cellen gevormd. Er gaan er alleen maar verloren. Vijftigduizend per dag. Dat is twintig miljoen per jaar. Een miljard over vijftig jaar. De conclusie dat men in de loop van z'n leven een heel stuk dommer wordt, ligt voor de hand. Maar nee. Niemand hoeft zich zorgen te maken. We hebben veel meer cellen dan nodig is.

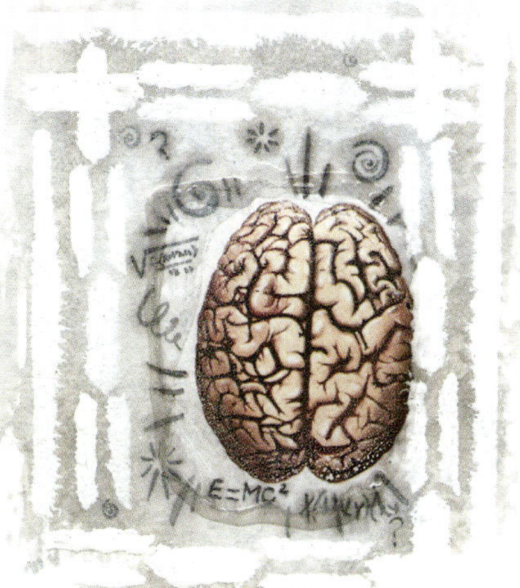

Beperkt zicht

Hoe kouder de lucht, des te sneller ze met waterdamp is verzadigd. Op het punt van totale verzadiging condenseert de waterdamp tot druppeltjes. Deze zijn te klein en te licht om te kunnen vallen. Net zoals in een wolk het geval is. We spreken dan van mist. Mist is een wolk die vlak boven de grond ontstaat. Mensen voelen zich soms in de wolken. Bij mist is dit met iedereen het geval.

Dikke druppels

Wat is regen eigenlijk? De bron wordt gevormd door wolken. Dat zijn reusachtige massa's waterdamp, opgestegen uit zeeën en oceanen, velden en bossen. De druppeltjes in de wolken zijn minuscuul. Soms nog kleiner dan één tweehonderdste millimeter in doorsnee. Veel te licht om te vallen. Dat gebeurt pas wanneer zich miljoenen van die spatjes hebben samengevoegd en ze te zwaar worden om te blijven zweven. Tijdens de val worden andere waterdeeltjes meegesleurd en zo kunnen druppels ontstaan van wel een halve centimeter grootte. De snelheid waarmee ze vallen is dus aanzienlijk. Tien meter per seconde is heel normaal. Maar veel te hard voor een reuzendruppel. Hij spat onderweg uiteen in kleinere druppels. Dat is de regen die op ons neerplenst.

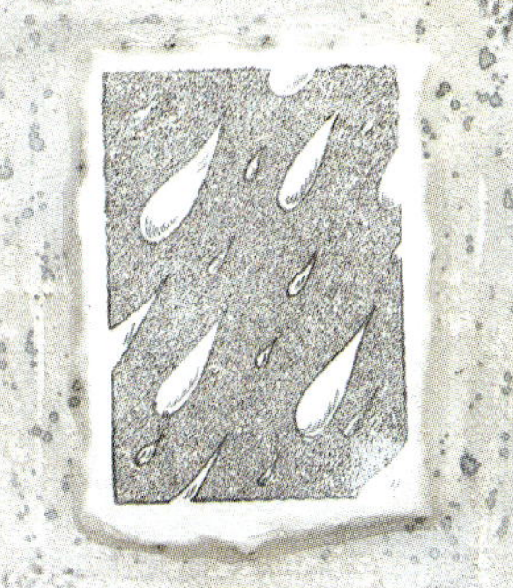

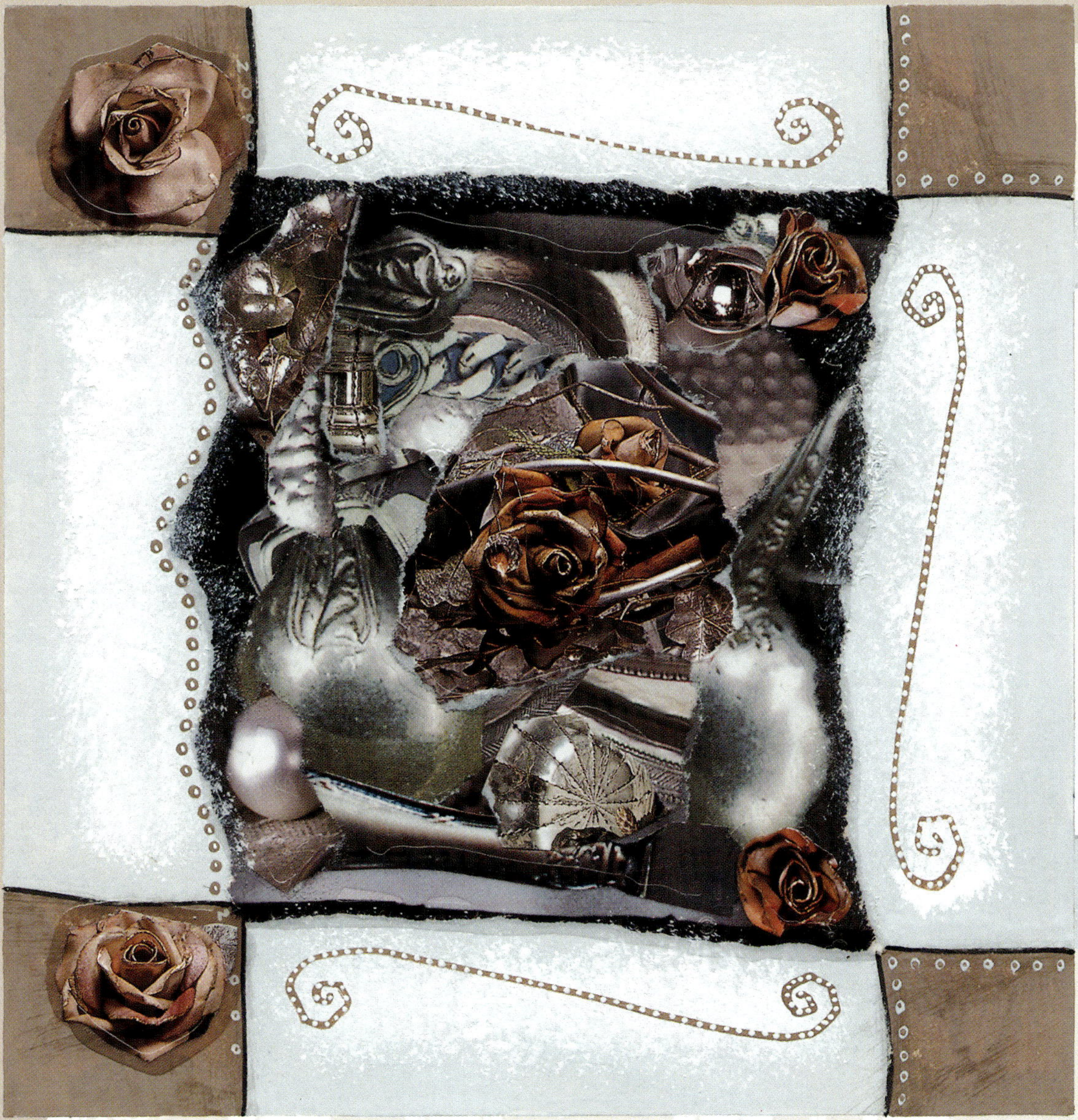

Element argentum

Zilver reflecteert vijfennegentig procent van het licht. Wat dit betreft is het de kampioen van alle bekende stoffen. Het is dan ook een zeer edel metaal. Mede omdat het zo zeldzaam is. Nergens wordt het als rijke ertslagen aangetroffen. Meestal komt het samen voor met andere metalen. Bijvoorbeeld lood. Het is zacht, vervormbaar en kwetsbaar. Aantasting door salpeterzuur, cyanide-oplossingen en zwavelverbindingen in de lucht vindt gemakkelijk plaats. Er ontstaat dan zwart zilversulfide. Zilveren voorwerpen moeten dus dikwijls worden gepoetst.

Versteende dauwdruppels

Het Griekse 'adamas' betekent 'onoverwinnelijk'. Hier schijnt het woord 'diamant' van afgeleid te zijn. Een diamant is onverwoestbaar. Hij lijkt het eeuwige leven te hebben. Vroeger dacht men dat diamanten splinters van sterren waren of gekristalliseerde bliksemschichten. Of zelfs versteende dauwdruppels. Er hangt nog altijd een mysterieuze sfeer om diamanten. Ze zijn zeldzaam en kostbaar. Maar hun werkelijke aantrekkingskracht ligt in het fascinerende samenspel van schitterend licht en fonkelende kleur. Niet alleen hierom is diamant zo geschikt voor sieraden, maar ook vanwege zijn extreem hoge hardheidsgraad. Daarom kan hij perfect geslepen worden. Het licht wordt dan optimaal van facet tot facet gebroken. Hierdoor wisselt de schittering onophoudelijk, al naar gelang de invalshoek van het licht en het standpunt van de beschouwer. Pure schoonheid, waarvan sommigen vinden dat zij alleen met muziek te vergelijken valt. Muziek, zeggen ze, ontleent haar glans aan haar vele facetten en wisselende klankkleuren, net als een diamant.

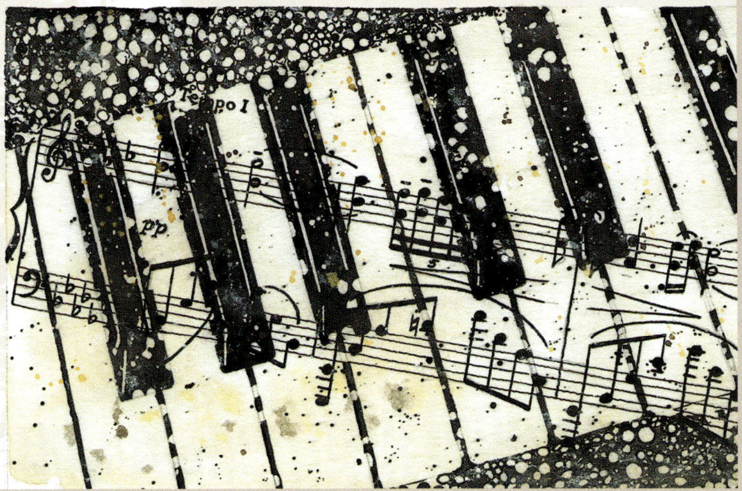

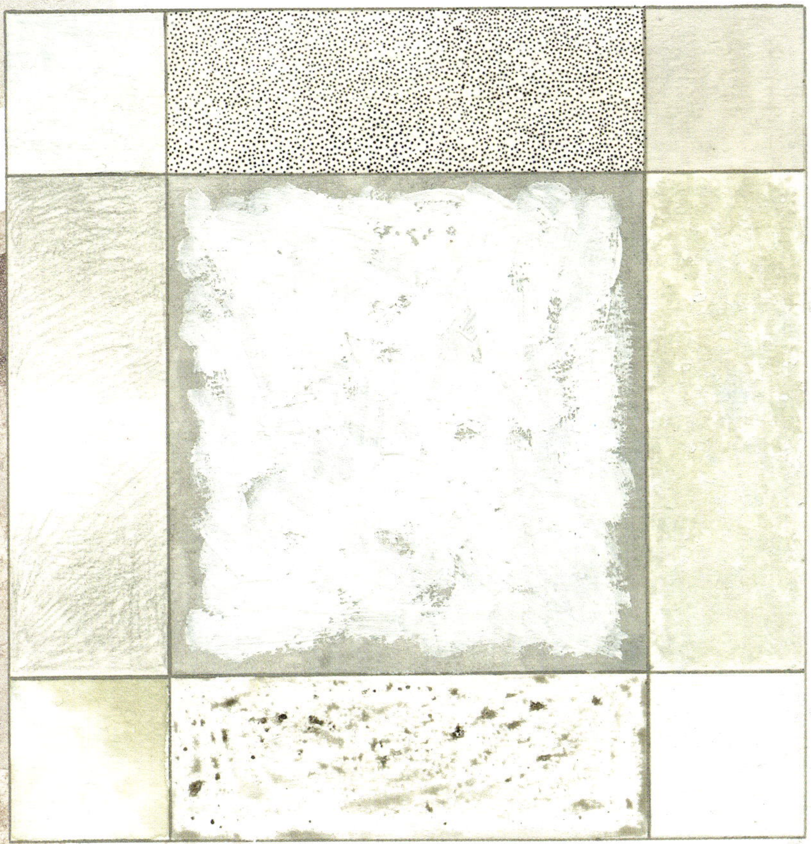

Favoriete kleur

Van wie een uitgesproken voorkeur heeft voor wit wordt gezegd dat hij naar perfectionisme neigt. Hij is vaak koel en zakelijk. Doelbewust en onverstoorbaar. Betrouwbaarheid, oprechtheid en waarheidsliefde kenmerken hem. Daarnaast is hij levendig en openhartig. Hij houdt van het aanpakken van nieuwe dingen. Van het benutten van nieuwe kansen. Wit geldt als de uitdrukking van innerlijke verheldering en de beëindiging van een ongewenste situatie. Het maakt een eind aan oude gedachtepatronen. Het opent de weg naar een nieuw begin.

Kleine monsters

Bij felle zonneschijn en grote warmte zijn witte kleren de koelste. Maar in de tropen en in zomerse omstandigheden in het algemeen wordt witte kledij ook om nog een andere reden gedragen. Het houdt insecten weg. Wie niet gestoken wil worden door vliegen of muggen moet er in de eerste plaats voor zorgen koel te blijven. Witte kleren dus. Maar insecten houden ook niet van wit als kleur. Lichtgekleurde kleding en een lichte huid worden door hen gemeden. Stekende insecten zijn dol op donkere, liefst geurende warmte. Wie daar ook van houdt zal het gezelschap moeten aanvaarden van medeschepselen die zijn bloed wel kunnen drinken!

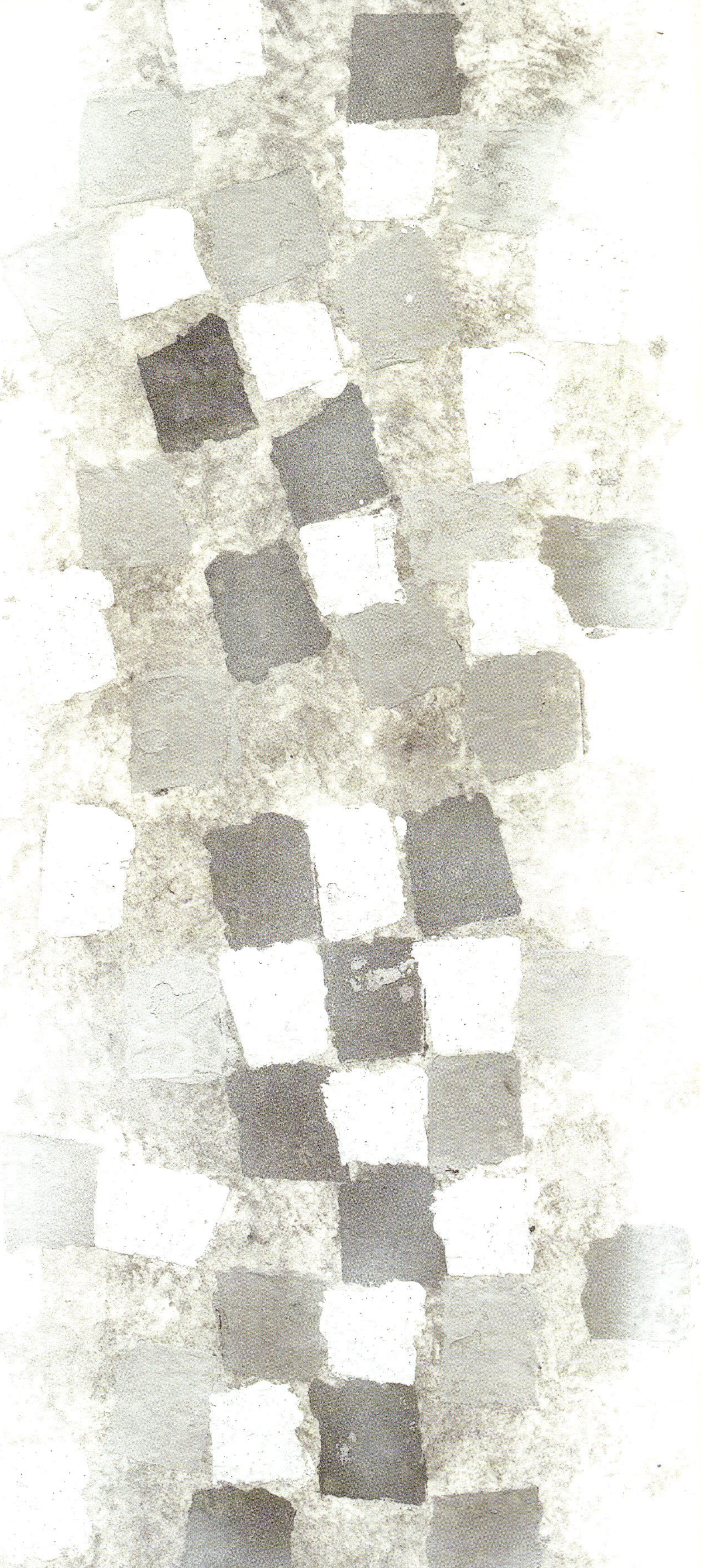

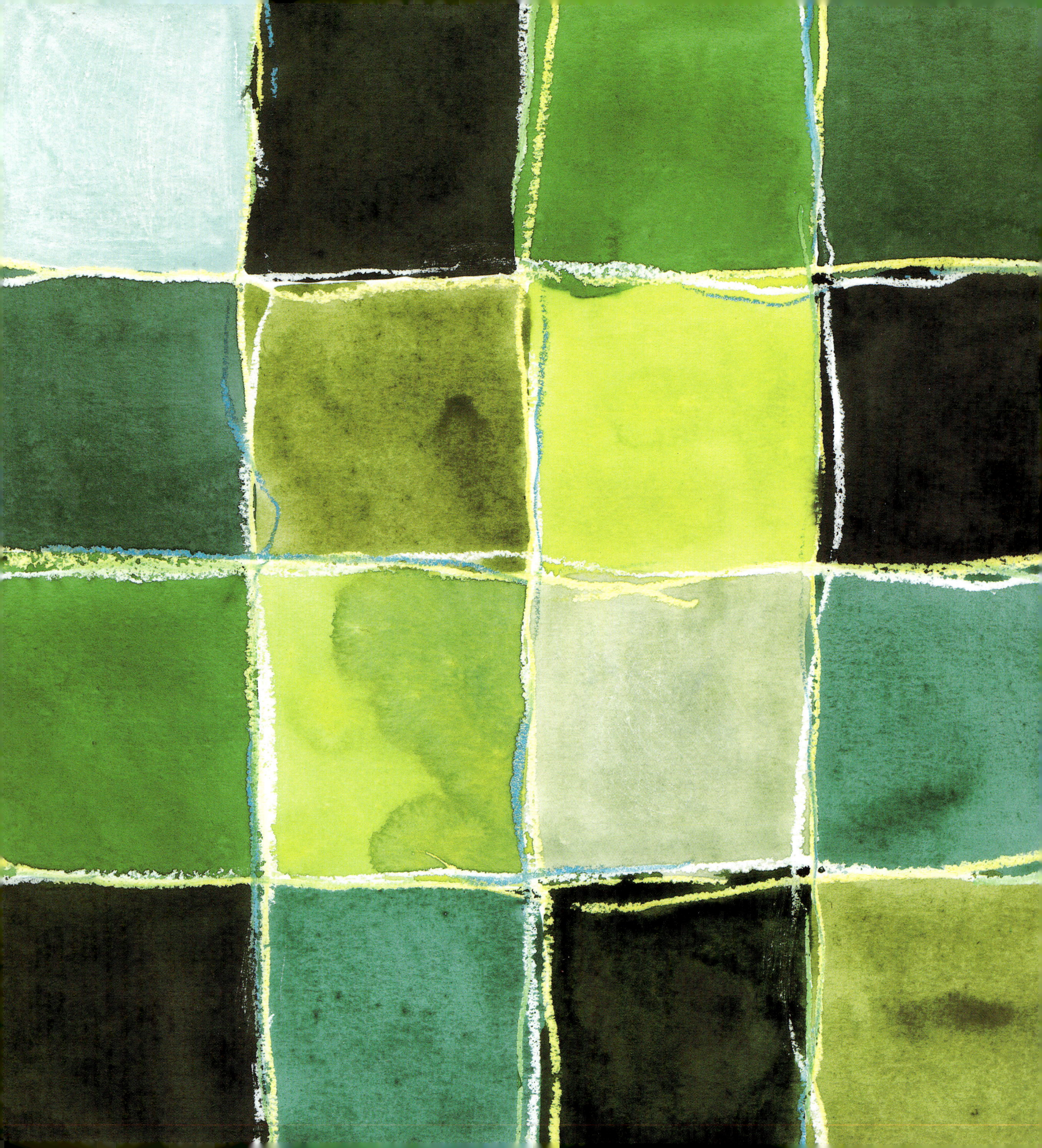

GROEN

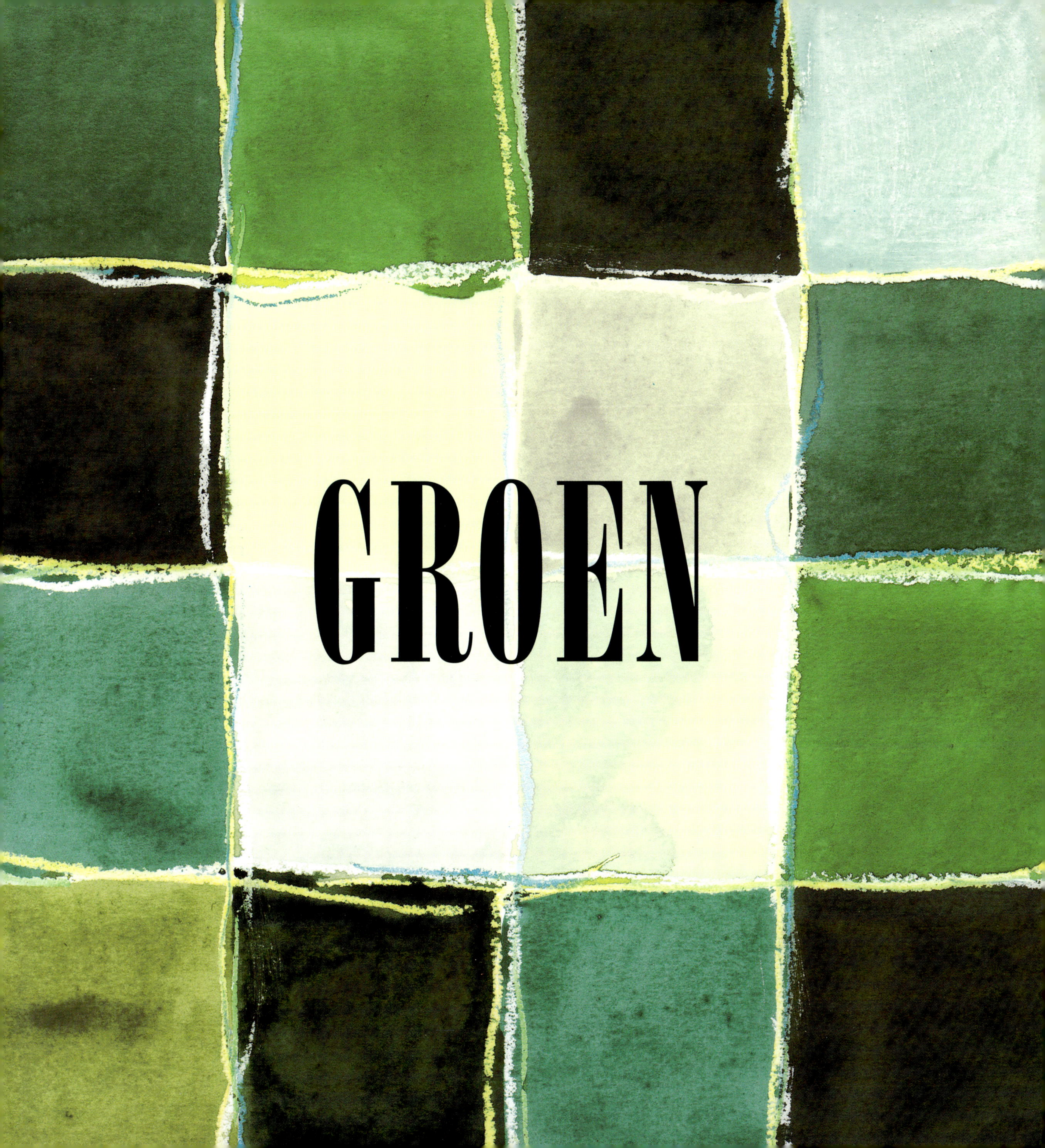

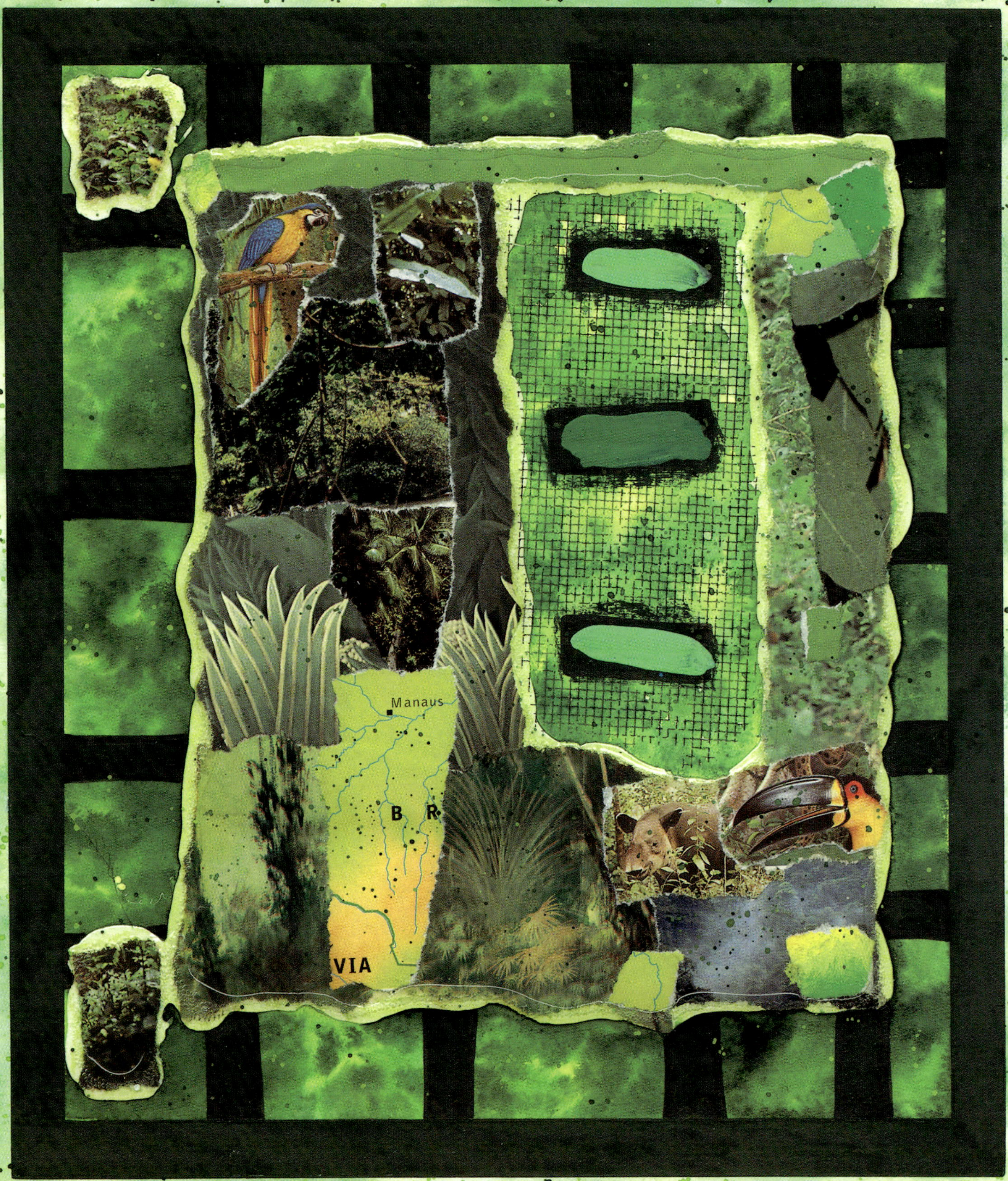
Manaus
B R
VIA

Natuurlijke omgeving

De geschiedenis van de mens begon in het groen. Dat is de kleur van het bos en de steppe die onze natuurlijke omgeving vormden. Van oudsher zijn onze ogen dus helemaal op groen ingesteld. Daarom komt deze kleur ons volstrekt normaal, vertrouwd en rustig voor. Ze is stabiel. Ze staat voor zekerheid. Ze vertegenwoordigt de vaste waarden en principes in het leven. Groen werkt daardoor kalmerend op lichaam en geest. Het kan ertoe bijdragen dat je je goed voelt. Het kan zieken zelfs helpen bij de genezing. Te midden van onze bonte en bedrijvige wereld is groen kalm en vredig als een oase. Het is de kleur van rust, verfrissing en gezondheid.

Groene vrede

Natuurlijk heeft natuurvriendelijk milieubeheer groen als kleur gekozen. Alles wat met natuurbehoud, biologische landbouw en veeteelt, natuurgeneeswijzen en natuurlijke leefwijzen te maken heeft voert groen in het vaandel. Zoals Greenpeace. Waar ook maar het wankele evenwicht tussen mens en natuur verstoord dreigt te worden trekt deze organisatie heldhaftig ten strijde. 'Groene vrede' is het ideaal. Groene activisten streven naar een samenleving die er volledig op gericht is in harmonie te leven met de natuur.

Green Room

Graveurs keken vroeger regelmatig door een groene berylsteen. Ze deden dit om de ogen te ontspannen na een poos ingespannen turen op het werk. Wie veel leest of secuur werk verricht zou dit eigenlijk in een groene ruimte moeten doen. Want groen heeft een activerende en heilzame werking. Na een boswandeling voelt men zich in het algemeen prima. Onderzoek heeft uitgewezen dat ziekenhuispatiënten sneller beter worden wanneer ze uitzicht hebben op het groen van bomen en planten. Sommige Engelse theaters hebben een 'Green Room' waarin acteurs even kunnen bijkomen van de felle spotlights op het toneel.

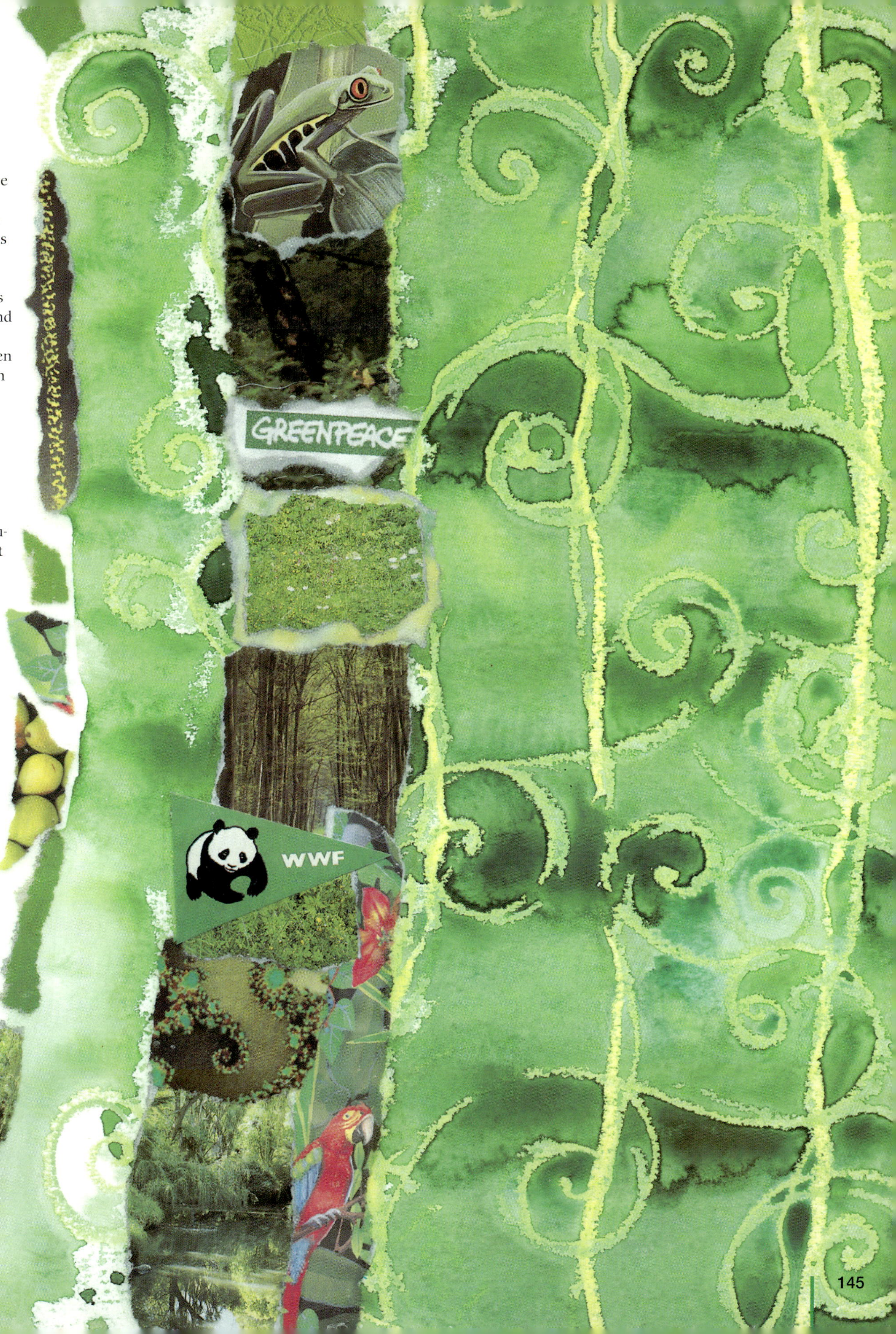

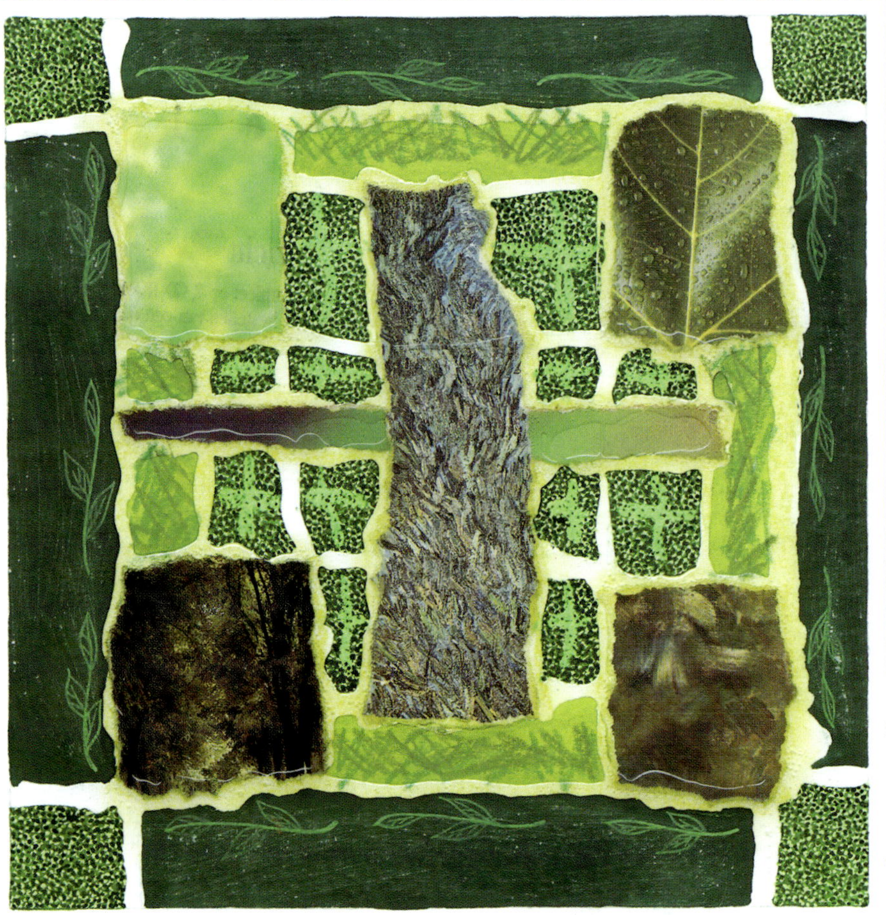

Groene bladeren

Bladeren hebben meteen onder hun oppervlak een compacte laag minuscule groene bolletjes. Deze zijn zo klein dat je ze alleen door een microscoop kunt zien. We noemen ze bladgroenkorrels of chlorofyl. Ze bevatten een pigment dat het rode en blauwe gedeelte van het zonlicht absorbeert en alleen het overblijvende groene licht terugkaatst. Daarom zien bladeren er groen uit. Er bestaan in de natuur veel soorten chlorofyl en daardoor even zoveel soorten groen. Het is overigens een pigment dat alleen door planten wordt gemaakt. Niet door dieren dus.

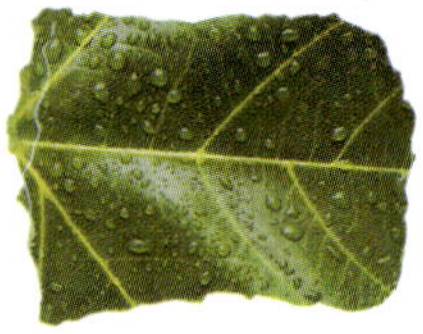

Piepkleine suikerfabrieken

Bladgroenkorrels zijn een soort suikerfabriekjes. Suiker is in de natuur de meest pure en algemene brandstof. Wat bladgroenkorrels maken is niet de gewone suiker waarmee wij ons kopje koffie op smaak brengen. Het is een soort druivensuiker. Daar zijn grondstoffen voor nodig. Net als in een echte fabriek.Water bijvoorbeeld. Dat wordt met de wortels uit de grond opgezogen en door de hele plant gepompt. Een gezonde plant staat letterlijk stijf van het water. Krijgt hij er te weinig van dan verslapt hij zienderogen. Grondstof nummer twee is koolzuur. Dat zit als gas in de lucht. Het wordt door de plant opgenomen via poriën die aan de onderkant van de bladeren zitten. Van water en koolzuurgas wordt in de bladgroenkorrels suiker gemaakt. Deze is gemakkelijk in water oplosbaar en dus goed te transporteren naar de verste uithoeken van de plant. Eén enkele grote boom maakt gedurende de lente en de zomer wel anderhalve ton suiker. Zo zorgt hij voor zijn eigen voedsel.

Chemische energie

Planten hebben veel licht nodig. Ze gebruiken zonne-energie. Zonder licht kan het bladgroen niet de suiker maken die de plant broodnodig heeft. Het zonlicht wordt door het bladgroen opgevangen en omgezet in chemische energie, die in de vorm van suiker wordt opgeslagen. Het hele productieproces duurt maar een fractie van een seconde. In diezelfde korte tijd wordt het water in het blad opgesplitst in waterstof en zuurstof. De zuurstof wordt door de plant niet gebruikt. Zij wordt afgegeven aan de atmosfeer. Deze hele gang van zaken wordt fotosynthese genoemd.

Zuurstof uitademen

Zuurstof is een afvalproduct van planten. Het verlaat de bladeren door de openingetjes in de bladhuid. Bladeren ademen zuurstof uit, in plaats van haar in te ademen zoals wij doen. Alle bladeren van de wereld zorgen voor twintig procent van alle zuurstof in de atmosfeer. De overige tachtig procent wordt uitgestoten door de onvoorstelbare massa's groen in de zeeën en de oceanen. Het bladgroen heeft dus een levensbelangrijke taak op onze planeet. Het verschaft ons zuurstof, zodat wij kunnen ademhalen. En het dient bovendien tot voedsel. Op water en zouten na is al het voedsel van mens en dier in principe plantaardig. Een koe eet gras en maïs. Wij drinken de koe leeg en eten haar vervolgens op.

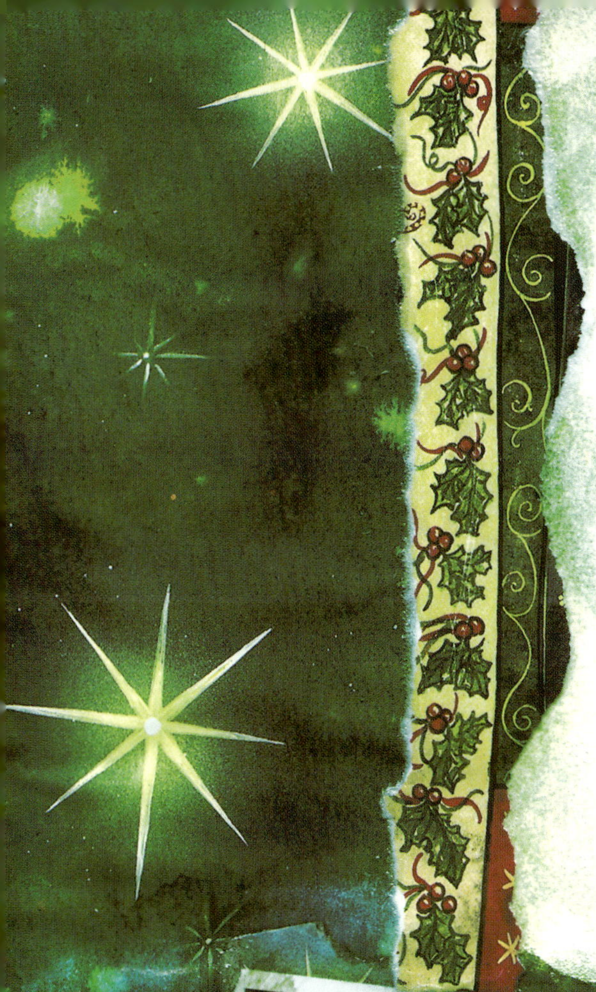

Nare naalden

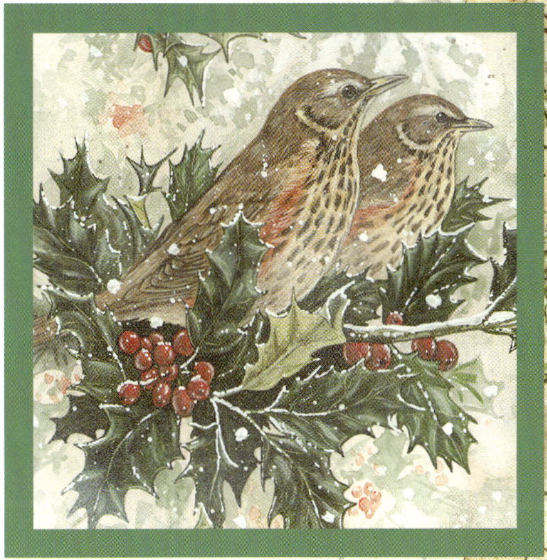

Veel loofbomen verliezen in de herfst hun bladeren. Maar naaldbomen blijven groen. Loofbomen worden kaal omdat ze 's winters geen water kunnen opzuigen. De grond is er dan vaak te koud voor. Of zelfs bevroren. De wortels zijn als het ware te verstijfd om hun werk te kunnen doen. Als de bomen dan nog bladeren hadden die gewoon doorgingen met vocht verdampen, zouden ze vlug uitdrogen. Naaldbomen lopen dit risico niet. Hun bladeren zijn zo hard en compact dat er bijna geen water uit verdampt. Om verdamping nog meer tegen te gaan zijn die stekelige naalden bovendien bedekt met een waslaagje. Dit verstrooit het licht zodanig dat de naalden blauwgroen van kleur lijken.

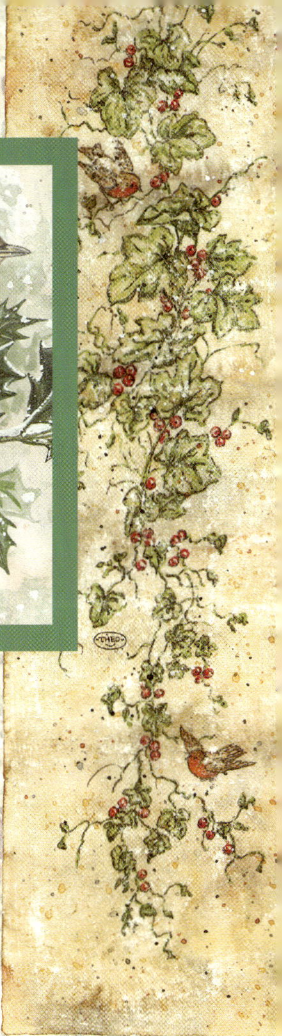

Altijd groen

Van oudsher hebben naaldbomen ons ontzag ingeboezemd. Zij blijven immers groen terwijl de andere bomen lijken af te sterven. In de kale, doodse winternatuur staan naaldbomen er fier en levenskrachtig bij. Het is begrijpelijk dat zij symbolen werden van overlevingskunst en groeikracht. Ze laten zien dat het leven uiteindelijk de dood overwint. Vandaar dat spar, den, taxus en de eveneens groenblijvende hulst en klimop gebruikt werden als versiering bij de midwinterfeesten, waarop de terugkeer van de zon werd gevierd na de kortste dag. Toen Kerstmis voor deze feesten in de plaats kwam bleef het traditionele groen in zwang. Het is nog altijd onlosmakelijk verbonden met de kerst.

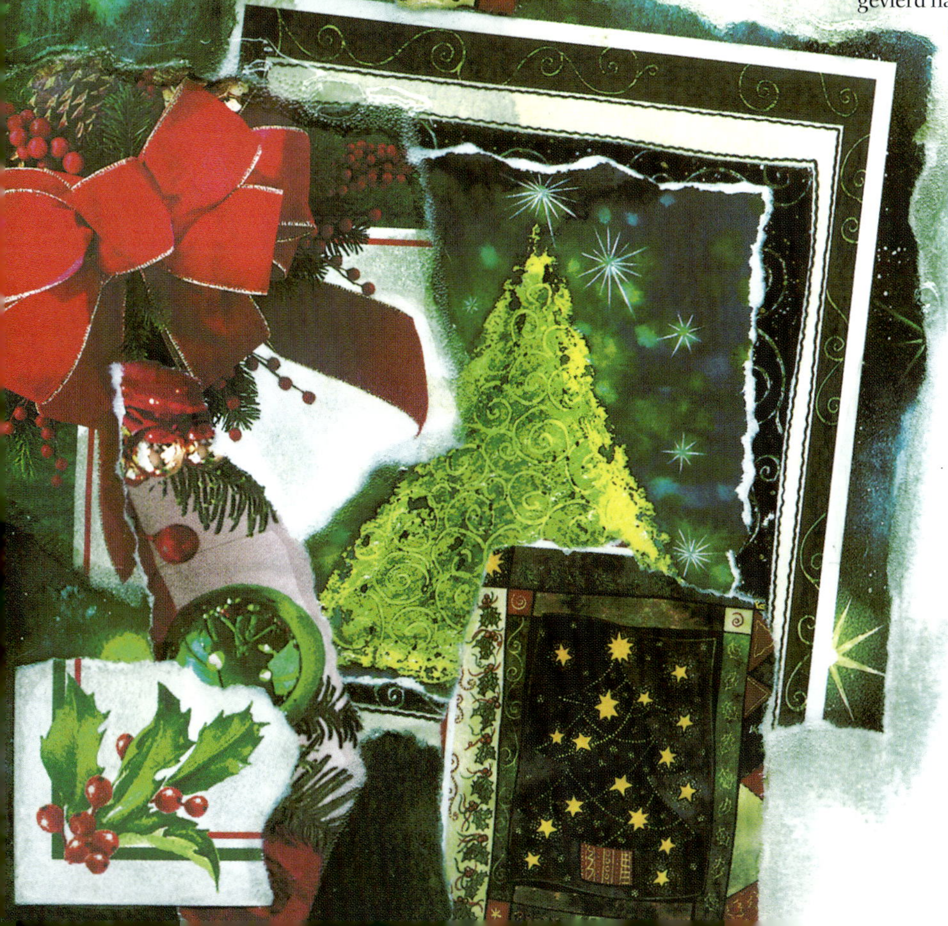

Eerste kerstboom

In 1525 wordt voor het eerst melding gemaakt van een kerstboom. Dit gebeurde in een document uit de Elzas. Pas een eeuw later kwam het in de mode de boom te versieren met bladgoud, papieren roosjes, koekjes en appels. Weer honderd jaar later kreeg de boom kaarsjes. Wat dat betreft liep men trouwens flink achter. Al in oeroude tijden staken de Noren en de Zweden een kaarsje aan in wat een voorloper van de kerstboom was. Zij maakten driehoeken van hout en versierden die met dennentakken. Ze deden dit in de joeltijd, die van 25 december tot 6 januari duurde.

Kusjes geven

De maretak heet in het Engels 'mistletoe'. Hij groeit hoog in bomen. Al ver voor het begin van onze jaartelling gold deze wonderlijke plant als een tovermiddel. Hij zou over magische krachten beschikken. Hij stond bekend als remedie tegen vergiftiging en epilepsie. Hij maakte mens en dier vruchtbaar. Hij beschermde het huis tegen blikseminslag. Bovendien was hij een vredesplant. Vijanden die elkaar onder een boom met maretakken troffen lieten de wapens rusten. De gewoonte om elkaar onder de mistletoe te kussen zou daarvan kunnen afstammen. Maar misschien heeft het ook wel te maken met het feit dat de altijd groene mistletoe een vruchtbaarheidssymbool was.

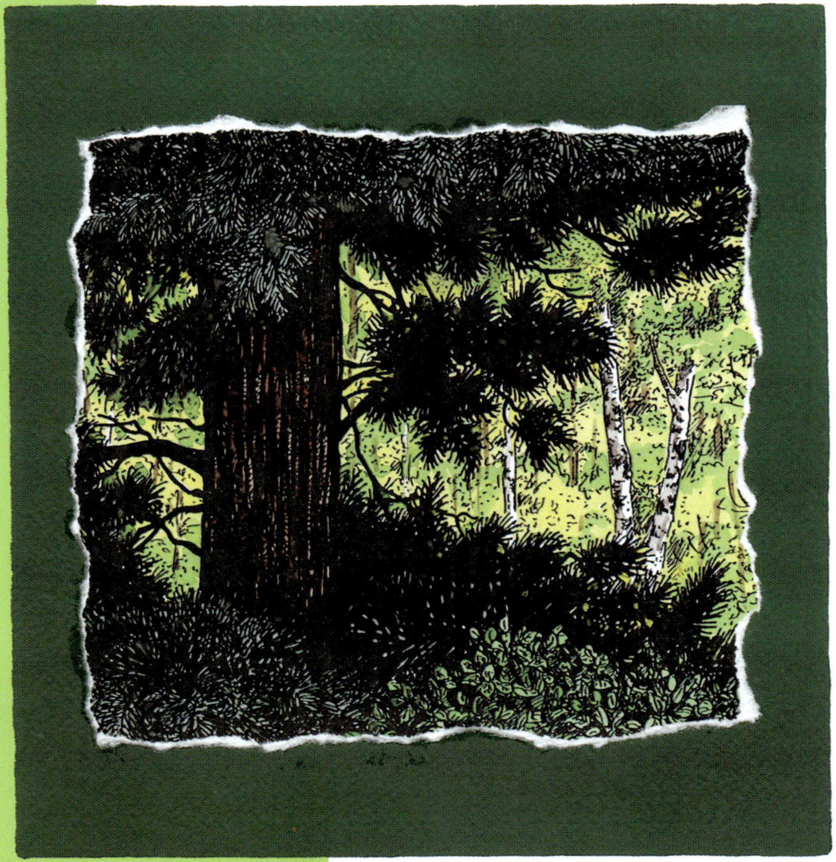

*V*olop vrucht

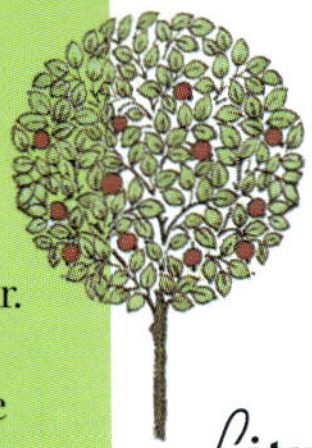

Groen is de kleur van de groeiende, bloeiende natuur. Het is de kleur die zij in het voorjaar aanneemt nadat de overwinning op de doodsheid van de winter is behaald. En het is nog steeds haar kleur wanneer bomen, struiken en gewassen weelderig zijn en volop vrucht dragen. Daarom is groen de kleur van een nieuw begin, van hoop, van vruchtbaarheid, volheid, rijpheid en eeuwigheid.

*L*iturgische kleur

In de Katholieke Kerk wordt gedurende een aantal weken na Driekoningen een groen liturgisch gewaad gedragen. Met deze kleur wordt uitdrukking gegeven aan de hoop op een terugkerende vruchtbaarheid van de natuur. Groen is hecht verbonden met het voorjaar en met Pasen. Palmzondag herinnert ons aan de palmtakken waarop Jezus werd onthaald toen hij Jeruzalem binnentrok. Witte donderdag wordt in Duitsland 'Gründonnerstag' genoemd. Nog niet zo lang geleden danste men daar vlak na Pasen vrolijk om de met feestelijk groen versierde meiboom.

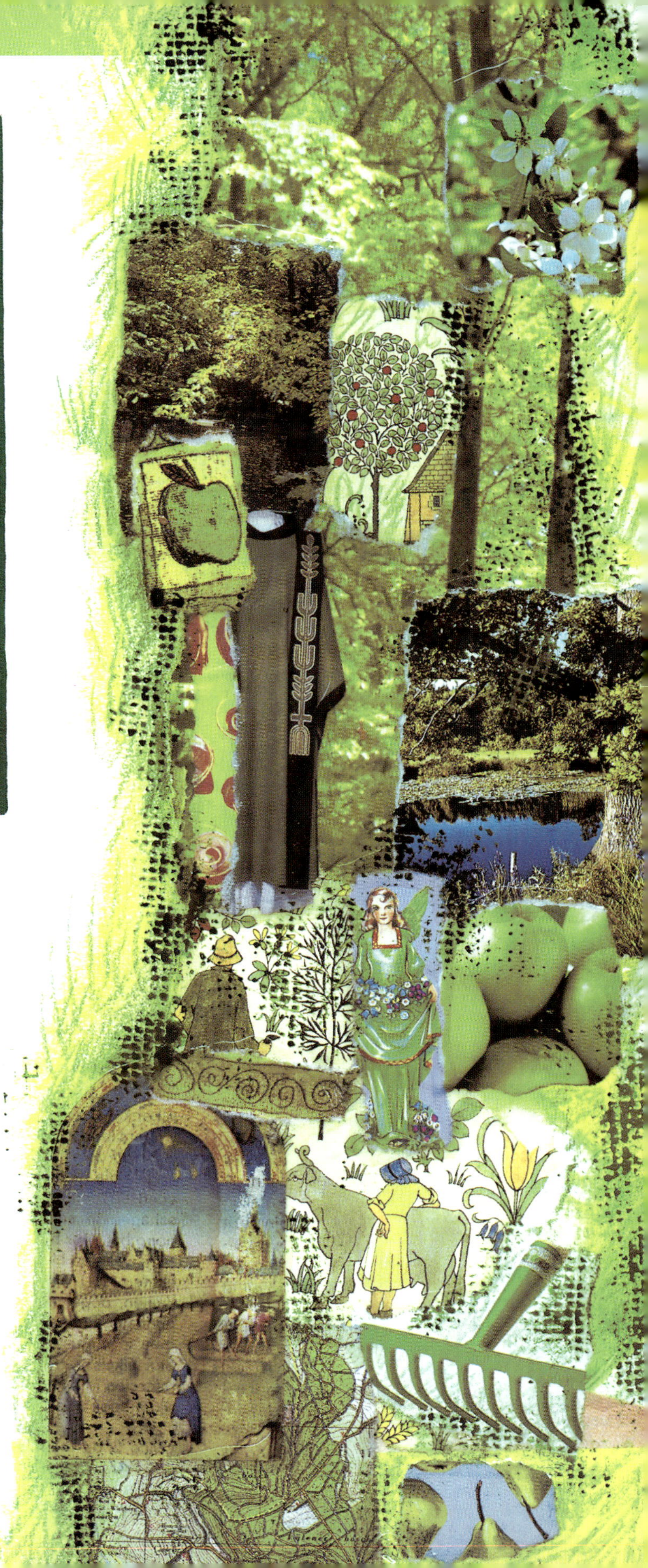

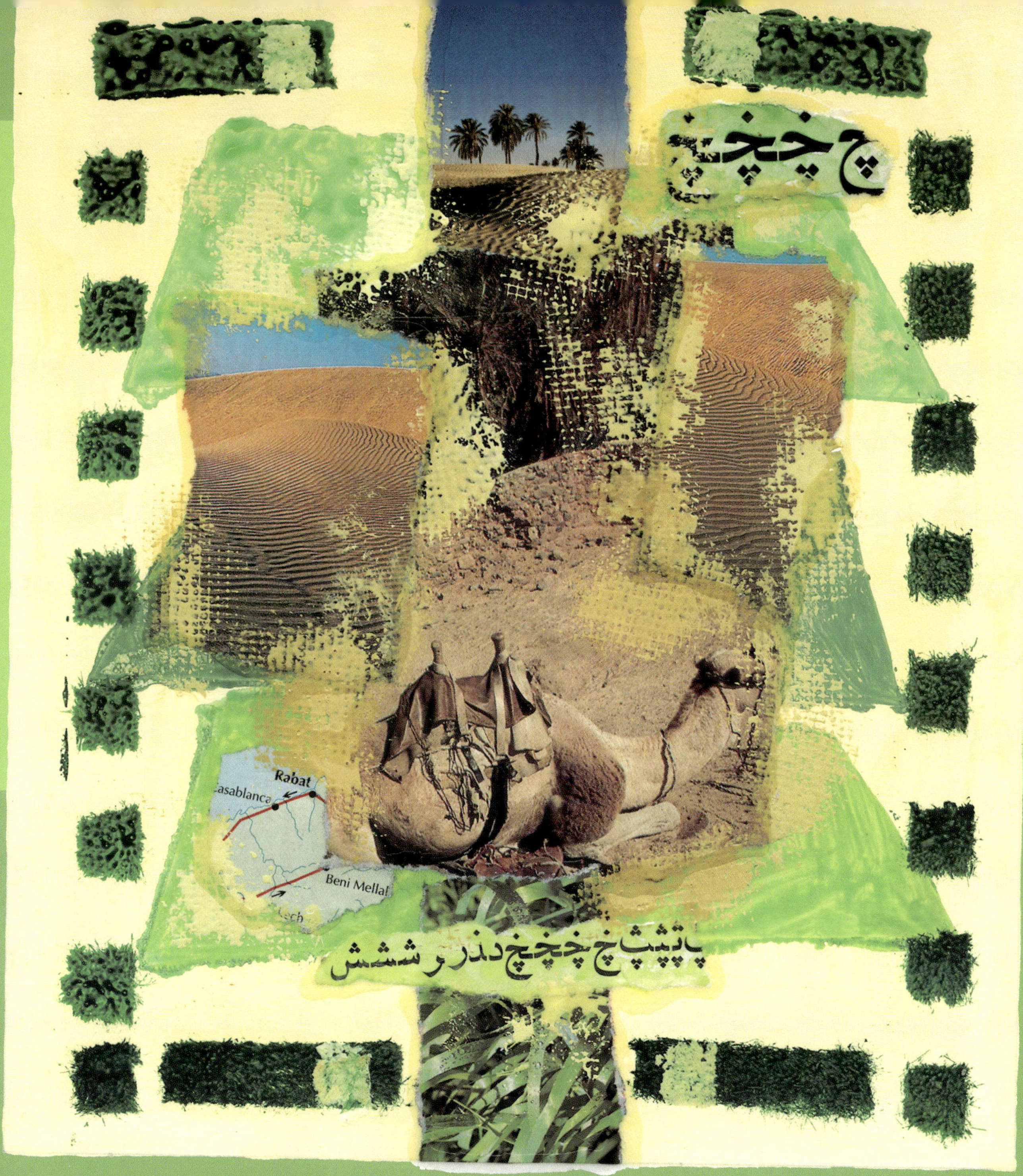

Mohammeds mantel

Voor moslims is groen een geliefde en heel bijzondere kleur. Het is de kleur van de oase. Daar zijn water, koelte en rust te vinden. Daarom is voor de kleur van de mantel van Mohammed groen gekozen. Het symboliseert rustig inzicht, onverstoorbare wijsheid en voortdurende toewijding. Vrome moslims zullen uit nederigheid dan ook nooit groen dragen. Voor de Chinezen heeft groen een al even positieve betekenis. Voor hen staat het voor een lang leven. Ook in in het Westen wordt groen vereenzelvigd met gezondheid en gezondheidszorg. Veel van wat daarmee te maken heeft wordt door groen gesymboliseerd.

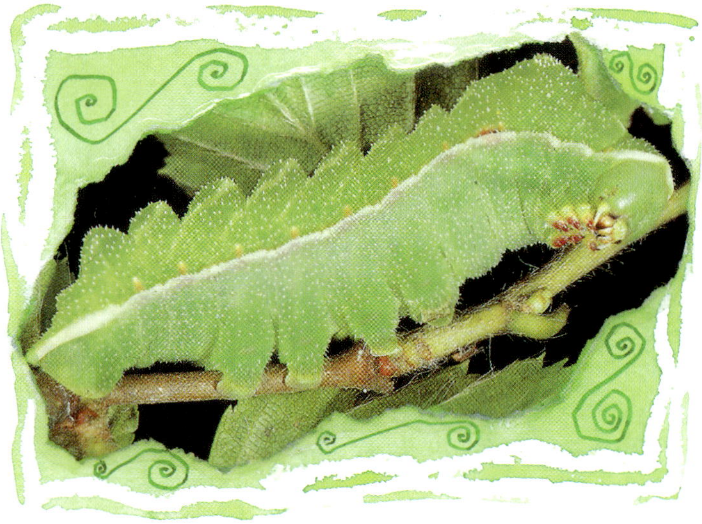

Lekkere rupsen

Te midden van het gebladerte is groen de camouflagekleur bij uitstek. Toch bestaat er geen enkel groen zoogdier. Waarschijnlijk zijn zoogdieren niet in staat een groen pigment te maken. Maar vogels, reptielen en amfibieën kunnen wel degelijk groene kleuren hebben. En dat kwetsbare dieren zoals rupsen groen zijn mag geen wonder heten. Rupsen schijnen heerlijk te smaken en heel gezond te zijn. Vogels eten daarom graag rupsen. Omdat rupsen niet hard kunnen wegrennen, houden ze zich maar liever verborgen. Door hun schutkleur zijn ze in hun bladerenomgeving nauwelijks zichtbaar.

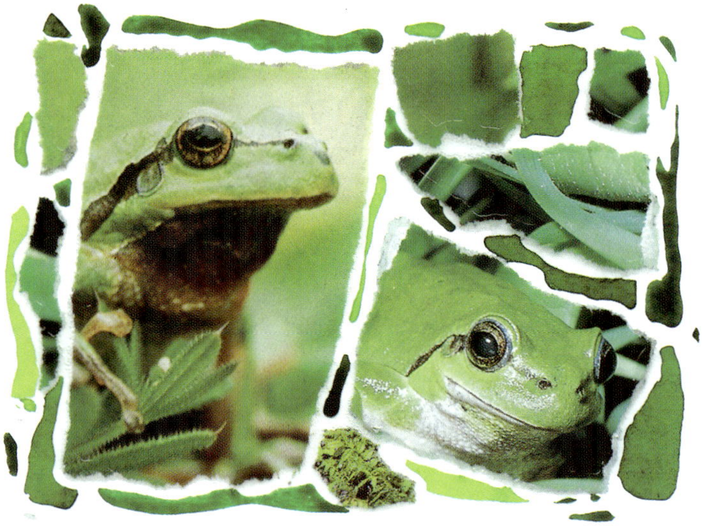

Blauw-groen

Ook boomkikkers vertrouwen op hun camouflage. Ze zijn zo groen dat het lijkt alsof ze in de lakverf staan. In een niet-groene omgeving zijn ze werkelijk knalgroen, maar tussen de bladeren vallen ze niet op. Groen is voor deze beestjes van levensbelang, maar niet alleen als schutkleur. Experimenten met kikkers hebben aangetoond dat de kleur groen door hen als veilig wordt ervaren. Schilder je het ene deel van een groot vel papier groen en het andere blauw, dan springt een in het midden geplaatste kikker bij gevaar op het blauwe vlak en bij veiligheid op het groene. Dreigt er geen gevaar, dan kan de kikker zich immers met een gerust hart uit het water en in het groen begeven. Bij onheil zal hij echter hals over kop in het blauwe water vluchten.

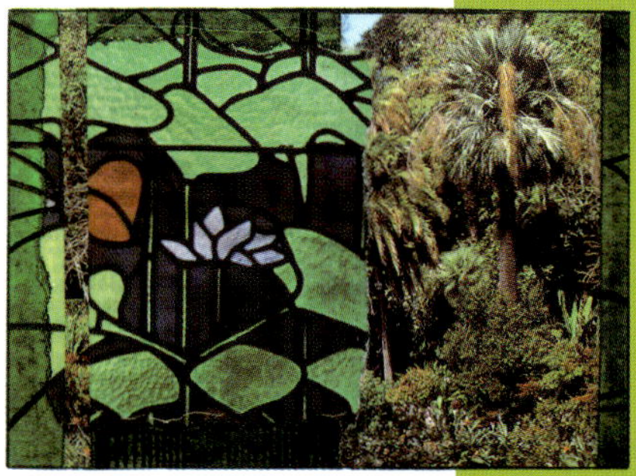

Natuurlijke schutkleur

Net zoals alle andere schepselen horen wij feitelijk thuis in de natuur. Onder de bomen, in het gras en tussen de struiken. Onze natuurlijke omgeving is groen. Groen is daarom vertrouwenwekkend, veilig en stabiel. Het stelt ons gerust en is ons toevluchtsoord. In dit verband is het vreemd dat wij vleeskleurig zijn en niet groen. Want wij horen van oorsprong zó bij de vegetatie dat groen onze natuurlijke schutkleur had moeten zijn.

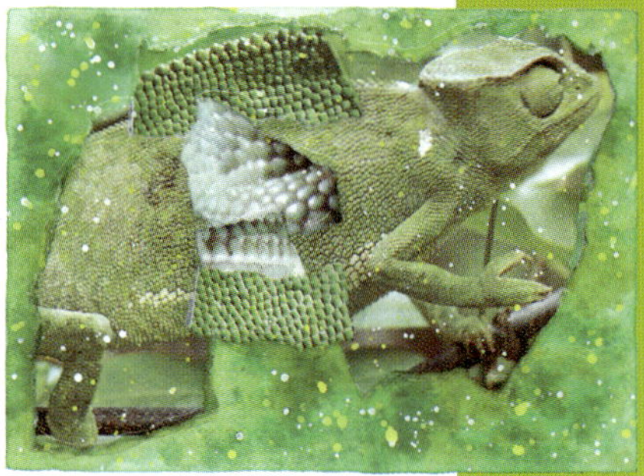

Knalgeel, vuurrood

Zet je een kameleon in een veld boterbloemen, dan wordt hij echt niet knalgeel en reken er maar niet op dat hij vuurrood wordt te midden van klaprozen. Het verhaal dat een kameleon de kleur van zijn omgeving aanneemt is gewoonweg niet waar. Kameleons hebben in de huid kleurcellen die kunnen oplichten of donkerder worden, maar die niet zomaar een omgevingskleur krijgen. Ze worden lichter of donkerder onder invloed van het licht of de temperatuur in de omgeving en verschieten hierdoor zelfs van kleur, maar kleurveranderingen worden voornamelijk veroorzaakt door gemoedsstemmingen. Een zieke kameleon is bijna zwart, terwijl hij alle kleuren van de regenboog vertoont wanneer hij verliefd is. Dit kleurenpalet wordt altijd bepaald door de basiskleur van het dier. Woestijnkameleons zijn geel, boskameleons groen. Op een sein vanuit de hersenen veranderen de kleurcellen in de huid van plaats en worden ze groter of kleiner, waardoor de kleurverandering optreedt, maar de grondkleur blijft groen of geel.

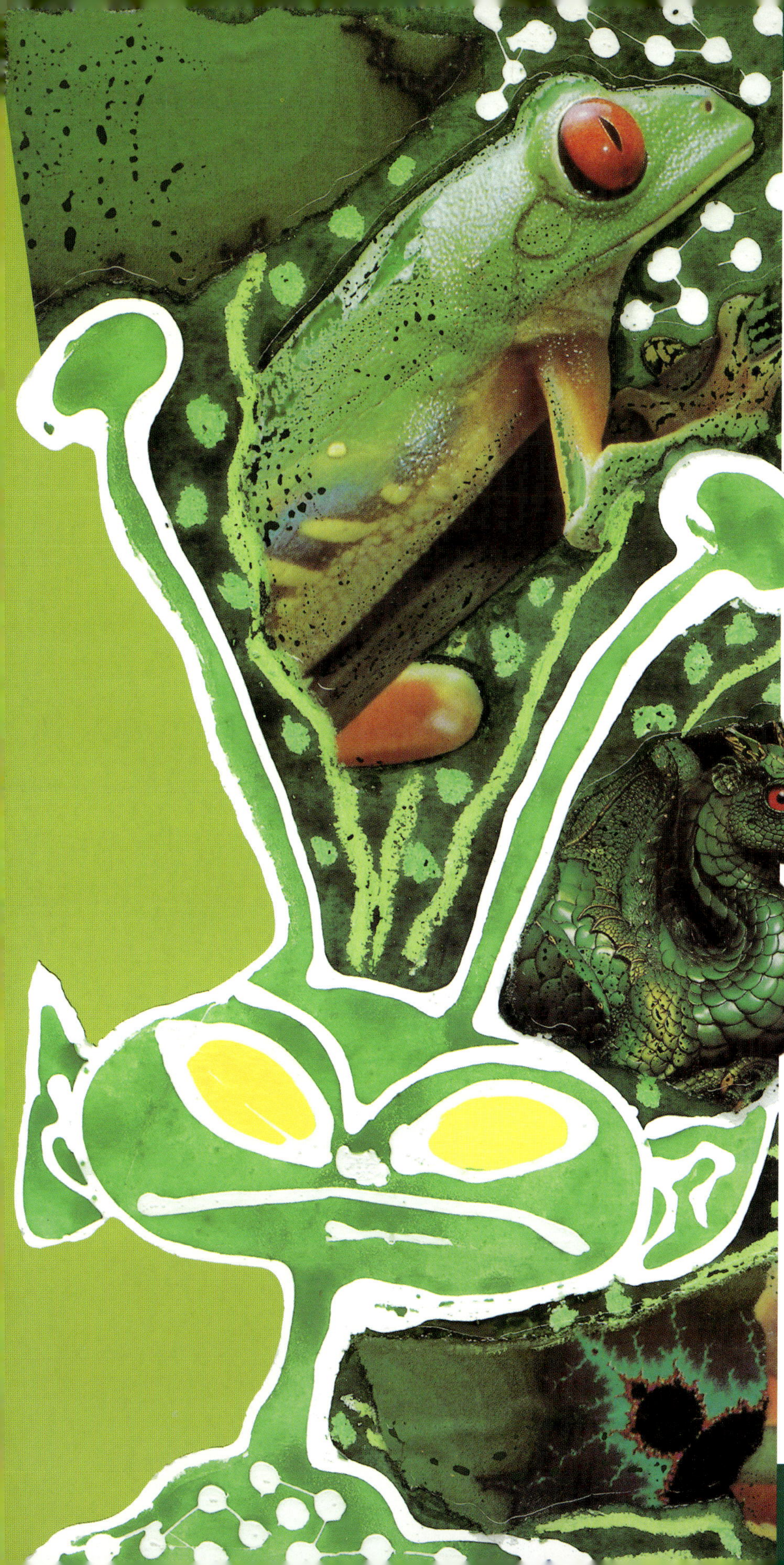

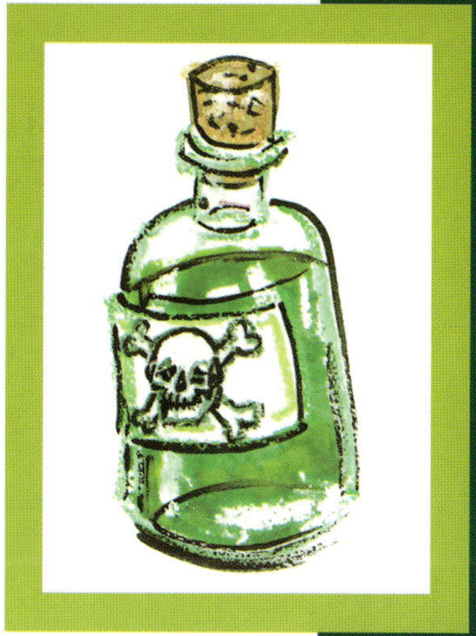

*G*roene gifkikkers

Groen is een rare kleur. Enerzijds is het de kleur van de natuur, van de planten, van de veiligheid en van de vruchtbaarheid, anderzijds is het de kleur van vergif, haat, nijd en griezelige gedrochten. De uitdrukking 'gifgroen' spreekt voor zichzelf. Ze kan ontstaan zijn als gevolg van een in de vorige eeuw op grote schaal gebruikte behangsoort, die gekleurd was met het arsenicum bevattende pigment Parijsgroen en veel slachtoffers maakte. Ook kan ze te maken hebben met de uiterst giftige, bonte of felgekleurde kikkertjes uit Zuid-Amerika. Sommige ervan zijn werkelijk gifgroen! De kleur moet als waarschuwing dienen dat zo'n beestje volstrekt oneetbaar is. Het gif in de huid van de gifkikkers is zo sterk dat de indianen er hun dodelijke gifpijlen mee konden maken. Maar de associatie van groen met dood en verderf is ongetwijfeld veel ouder. In Egypte was groen al de kleur van Osiris, de vorst van het dodenrijk, maar eveneens... de god van de vruchtbaarheid. Ook hieruit blijkt weer de tweeslachtigheid van groen.

*B*loedeloze gedrochten

Groen wordt in verband gebracht met negatieve zaken om de eenvoudige reden dat aan het menselijk lichaam geen spoortje groen te bekennen is. Ons lijf is roze van buiten en rood van binnen. Als er één kleur is die tegengesteld is aan rood, dan is dat wel groen! Groen staat in dit verband voor alles wat niet menselijk is. Groen hoort bij onmenselijke wezens, zoals gifslangen, mensenetende krokodillen en gifkikkers, en natuurlijk bij draken, horrormonsters en buitenaardse wezens.

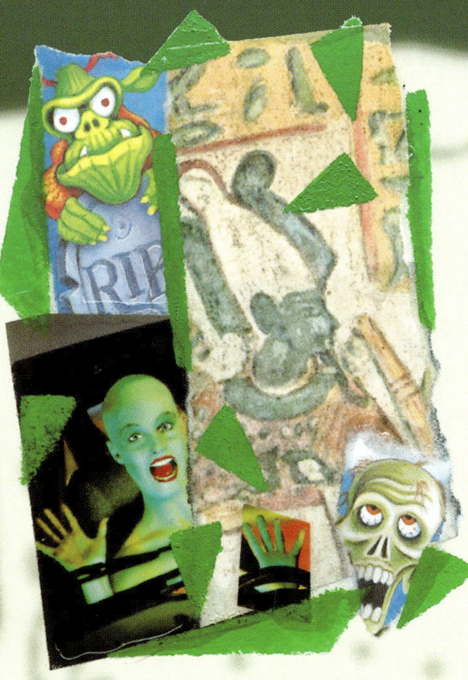

Twee kanten

Alle kleuren hebben naast een positieve ook een negatieve kant. Enerzijds is groen de kleur van natuur, vruchtbaarheid, hoop en wedergeboorte, anderzijds die van vergif, ziekte, jaloezie, misleiding en kwaadaardigheid. In Egypte was groen de kleur van Osiris. Deze was zowel de heerser van het dodenrijk als de god van de vruchtbaarheid. Aan bovennatuurlijke krachten wordt vaak de kleur groen toebedacht. Aan bewoners van andere planeten ook. We moeten maar afwachten of die inderdaad groen zijn. Tot de dag van vandaag hebben ze zich niet laten zien. Het beste bewijs voor hun bestaan is uiteraard het feit dat ze nog nooit contact met ons hebben gezocht.

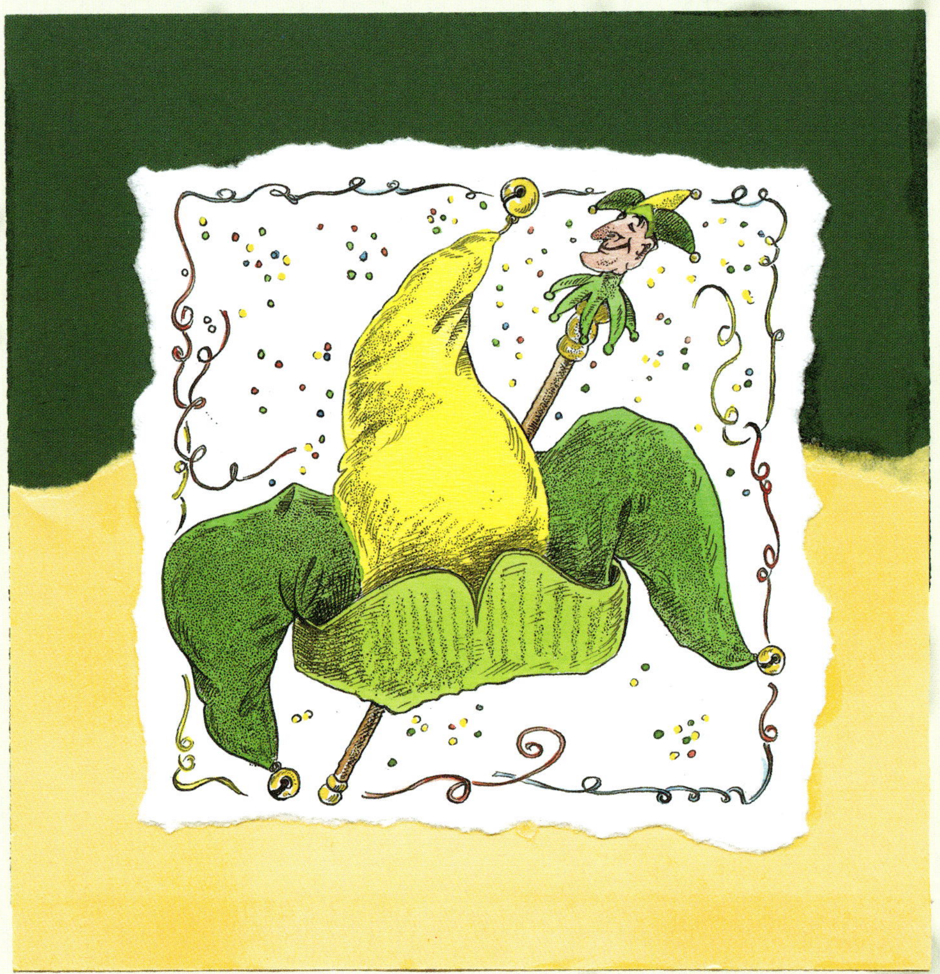

Groene **haring**

In de Middeleeuwen waren narren gekleed in een combinatie van groen en geel. Als het je groen en geel voor ogen wordt, begint het je te duizelen. Je kunt niet goed meer onderscheid maken tussen wat waar is en onwaar. Precies zoals een dwaas een grap maakt van de werkelijkheid. Heeft iemand geen ervaring dan is hij een groentje. Hij is nog niet rijp voor een bepaalde taak. 'Niet rijp' is immers groen. 'Groen' vlees is rauw vlees. 'Groene' haring is verse en niet-gezouten haring.

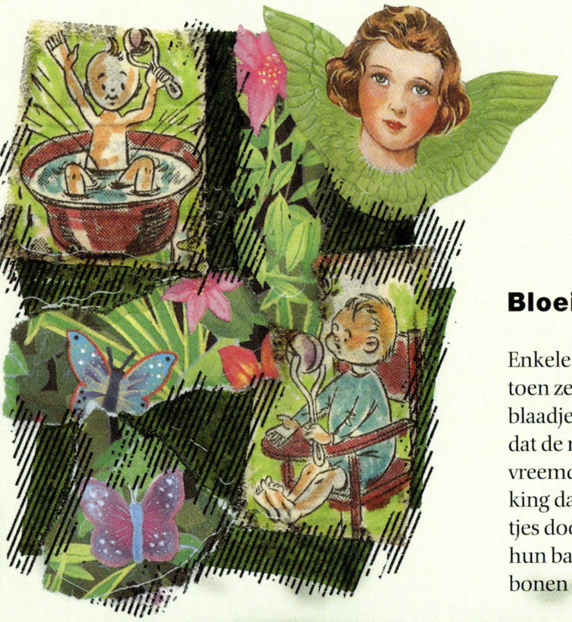

Bloeiende rammelaars

Enkele tientallen jaren geleden waren Zuid-Afrikaanse ouders hoogst verbaasd toen ze zagen dat er uit de rammelaars van hun baby's kleine takjes en groene blaadjes begonnen te ontspruiten. Dit was overal in het land het geval. Het bleek dat de rammelaars allemaal van dezelfde fabriek afkomstig waren. Toen naar het vreemde verschijnsel een onderzoek werd ingesteld, kwam men tot de ontdekking dat er in het babyspeelgoed in plaats van de gebruikelijke steentjes of kogeltjes doodgewone bonen waren gestopt. De baby's, die hun rammelaars vaak in hun badje meenamen, hadden er zonder het zelf te weten voor gezorgd dat de bonen vochtig werden, waardoor deze begonnen uit te lopen.

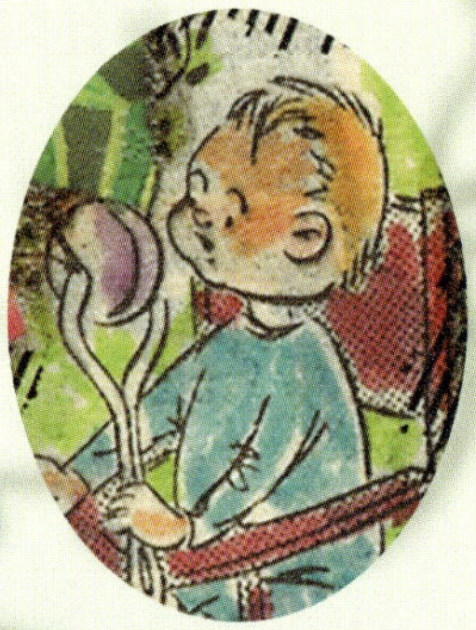

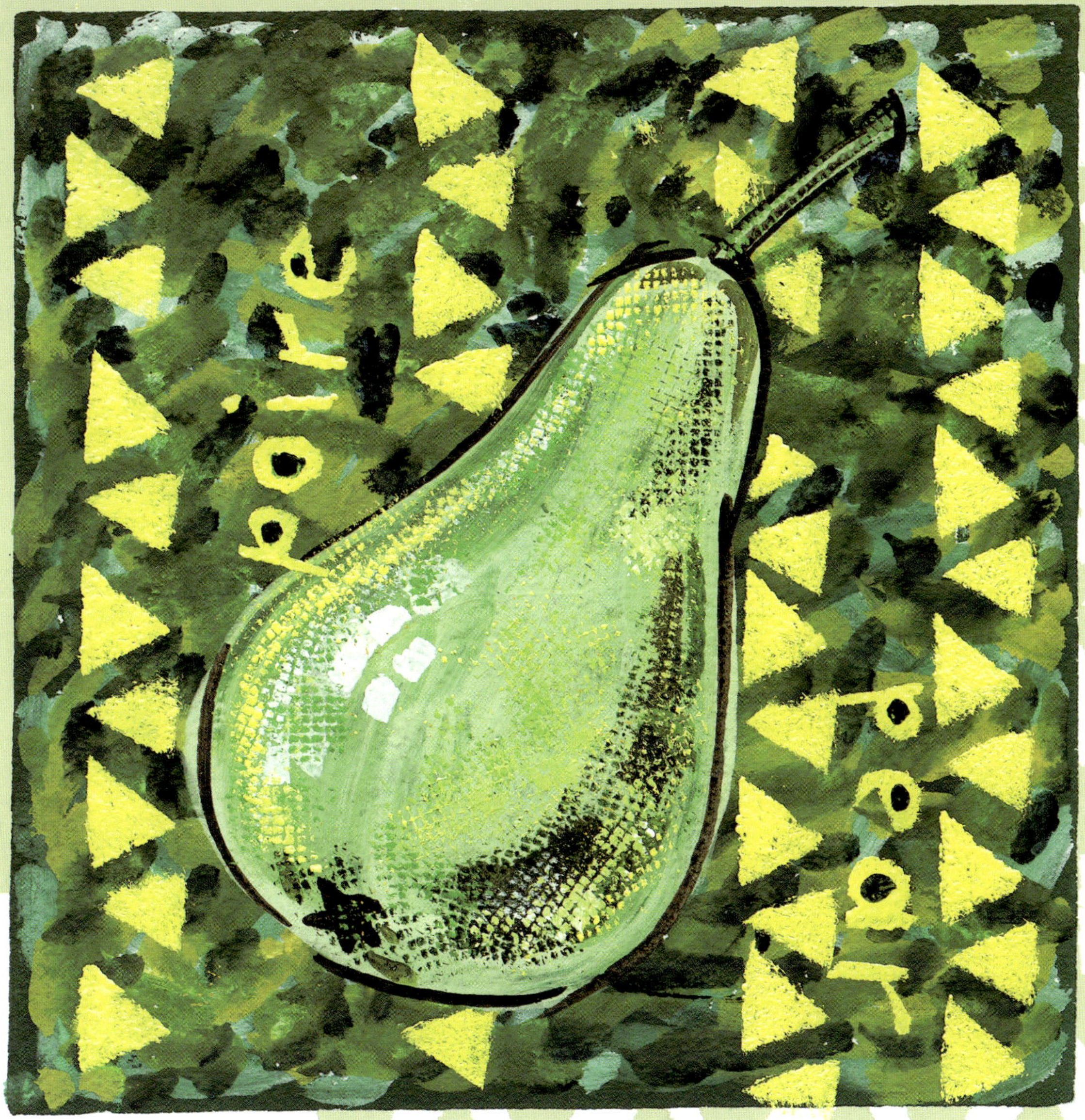

Lekker vruchtvlees

Groene vruchten zijn meestal onrijp. Zo vallen ze niet op in de omgeving. Pas wanneer ze rijp worden krijgen ze een rode of gele kleur. Ze trekken dan de aandacht van vogels en zoogdieren. Die eten niet alleen het lekkere vruchtvlees op, maar ook de zaden. Omdat deze onverteerbaar zijn worden ze gewoon weer uitgescheiden. Zo helpen dieren bij de noodzakelijke verspreiding van het zaad. Zolang het zaad nog niet kiemkrachtig is blijven de vruchten echter onaantrekkelijk groen.

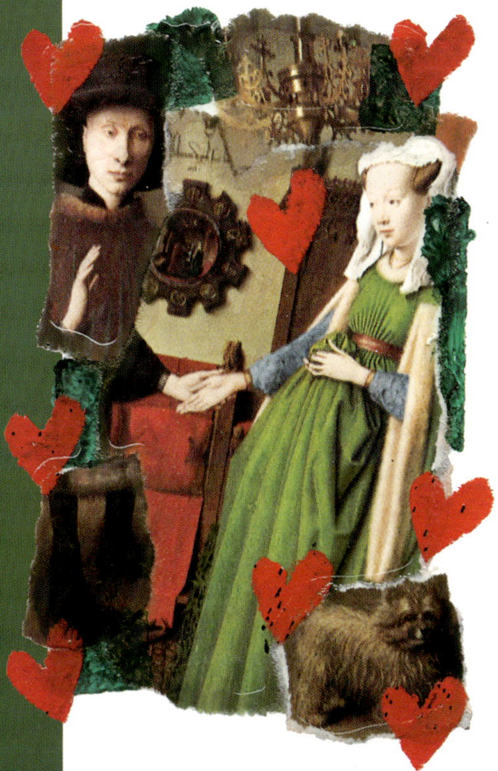

Niet kijken

Omdat groen vroeger vereenzelvigd werd met vruchtbaarheid was het een tijdlang de gebruikelijke kleur van de bruidsjapon. Maar tegenwoordig wordt een groene jurk sterk afgeraden. Groen is namelijk de kleur van overspel. Een heleboel knoopjes aan de japon is trouwens wél voordelig. Het aantal knoopjes staat immers voor het aantal huwelijksjaren. Aan de bruidsjurk is dus nogal wat bijgeloof verbonden. Je mag er bijvoorbeeld niet naar kijken in de spiegel voordat je helemaal bent aangekleed. Doe je dit toch, dan is er ongeluk te verwachten.

*R*ooskleurige toekomst

Vroeger leefden de meeste mensen van het land. Van de natuur moesten ze het hebben. Ieder jaar was het echter maar te hopen dat de velden en boomgaarden weer groen werden. Dat er in de nazomer voldoende vruchten en groenten waren. Daarom is groen de kleur van de hoop geworden. Zo zou de olijfgroene edelsteen die peridoot of olivijn wordt genoemd, de drager hoop geven op een rooskleurige toekomst. Ook in de toermalijn schittert dikwijls groen, ofschoon er eveneens rood, blauw en paars in fonkelen. Juist die kleurwisseling is karakteristiek voor de toermalijn. Van deze steen wordt gezegd dat hij zijn drager helpt bij het nemen van juiste beslissingen. Dat heeft alweer met de toekomst te maken.

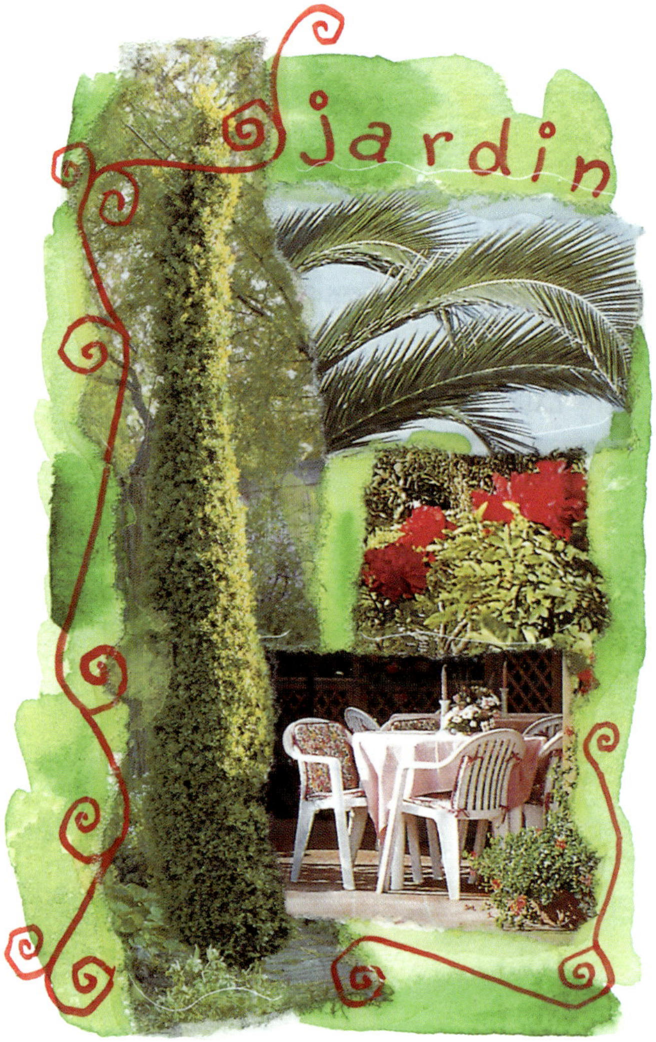

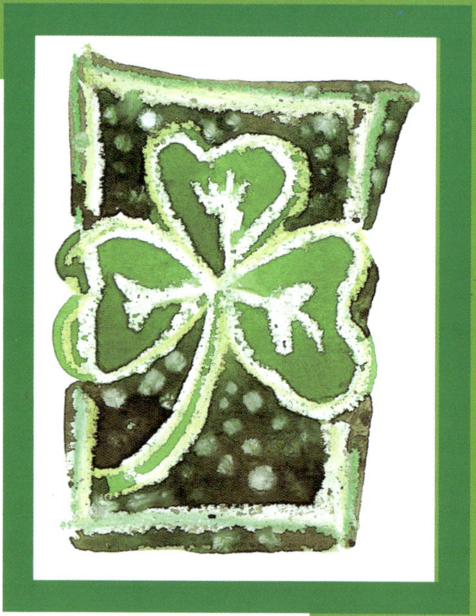

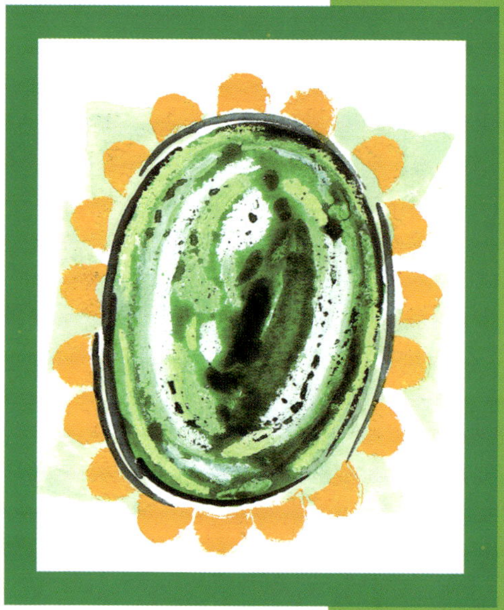

Groene bril

De smaragd is een van de kostbaarste en meest begerenswaardige edelstenen. Hij kan zelfs meer waard zijn dan een diamant. Volledig gave smaragden zijn echter uiterst zeldzaam. Er valt vrijwel altijd wel een barstje of een verontreiniging in te ontdekken. Het prachtige groen is te danken aan het in de steen aanwezige chroomoxide. De duurste smaragden komen uit Colombia. Daar werden smaragden al eeuwenlang gebruikt in de religieuze rituelen van de indianen. Volgens hen hadden de stenen op iedereen een heilzame uitwerking. De Egyptische koningin Cleopatra zou het hiermee stellig eens zijn geweest. Zij droeg veel smaragden aangezien deze haar levensvreugde gaven. Naar haar zeggen waren ze bovendien lustverhogend. In het algemeen worden echter van deze edelsteen veel minder hoogdravende dingen beweerd. Zo zou hij het gezichtsvermogen versterken. En oogkwalen voorkomen of zelfs genezen. De Romeinse keizer Nero droeg om deze reden een soort brilletje met 'glazen' van smaragd.

Grote nep

Edelstenen hoeven niet altijd puntgaaf te zijn. Kleine natuurlijke oneffenheden kunnen de waarde juist verhogen! Zulke schoonheidsfoutjes worden in de vaktaal 'jardin' genoemd. 'Tuin' dus. Het geeft de grilligheid en onafhankelijkheid van de natuur aan. Wat de mens ook doet, de natuur kan het beter. De jardin maakt een steen tot een uniek exemplaar. Ze is eveneens het kenmerk van echtheid. Bij imitatiestenen is geen eigengereid stukje natuur te vinden. Die zijn nep!

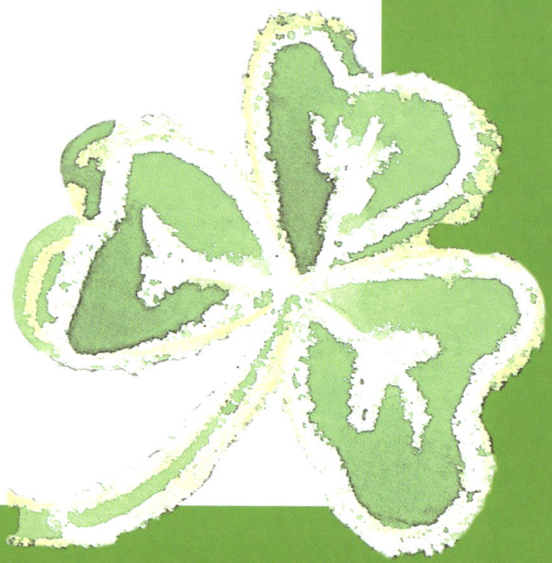

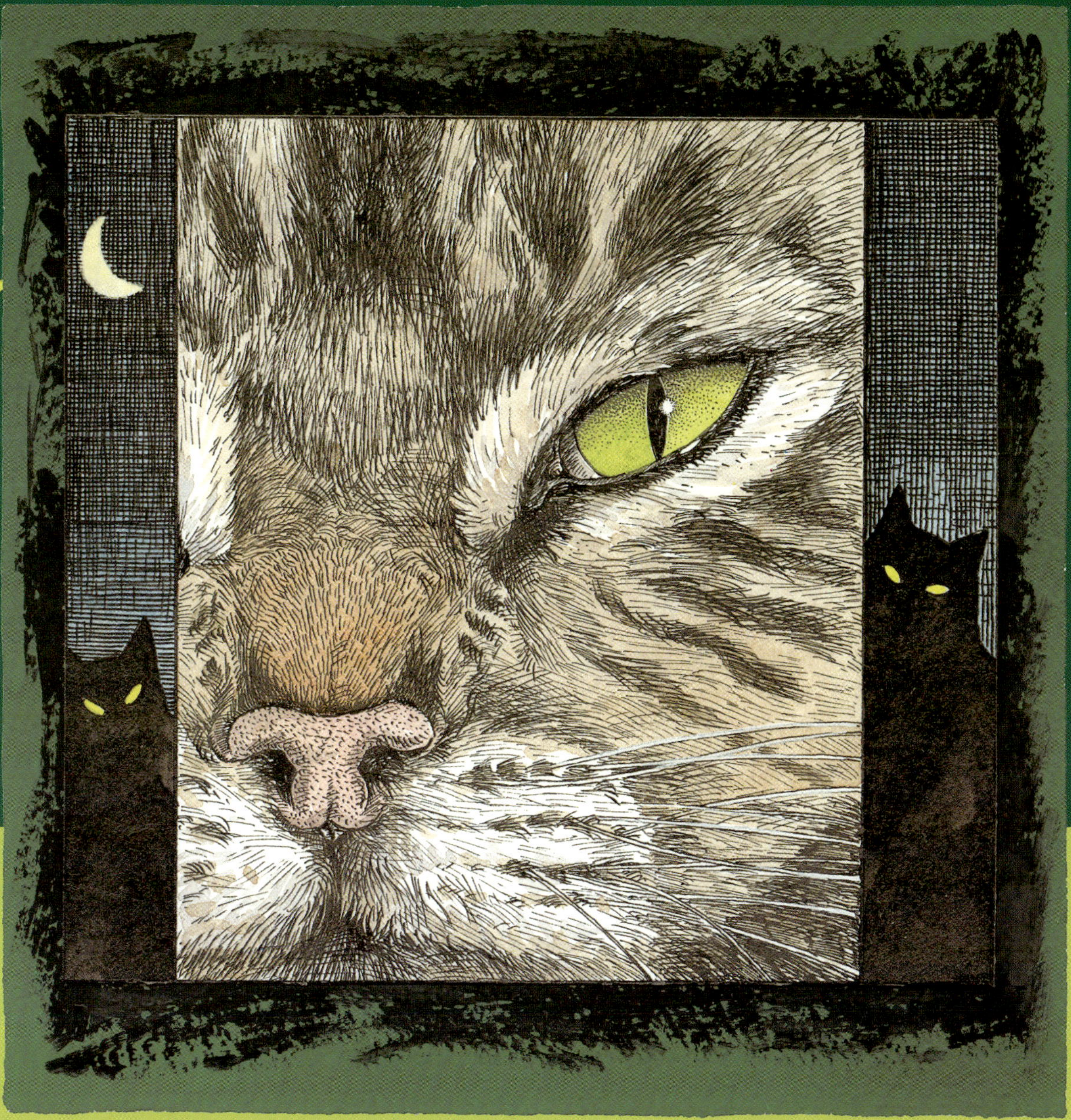

Stralend tapijt

Roofdierenogen in het donker, dat zijn misschien wel de mooist denkbare edelstenen! Er lijkt koudvuur in te branden. De rillingen lopen je ervan over de rug. Die groene ogen hebben iets sinisters, iets spookachtigs en zelfs iets bedreigends. Maar in wezen is het oplichten niets anders dan een aanpassing van het oog aan het donker. Zelfs een kat ziet bij volstrekte duisternis niets. Wel zijn haar ogen uiterst lichtgevoelig. Dit komt door een voorziening achter in het oog die het beeld versterkt. Het is een licht reflecterend laagje dat 'tapetum lucidum' wordt genoemd. Dat betekent: 'stralend tapijt' . Het werkt als een spiegel en kaatst het invallende licht terug op de netvliescellen. Het licht wordt dus twee keer gebruikt. Zo ziet de kat dingen in het donker die voor ons onzichtbaar zijn. Het is dit 'stralend tapijt' dat dierenogen doet gloeien in de nacht. Het menselijk oog bezit niet zo'n tapijt. In het donker zien we dan ook niet veel. 's Nachts is daarom de mensenwereld vergeven van de lichtjes. Alleen wanneer er een foto wordt gemaakt met flitslicht gloeien ook mensenogen. Rood in plaats van groen. Dit rood is de doorbloede binnenkant van het oog die fel oplicht in de flits.

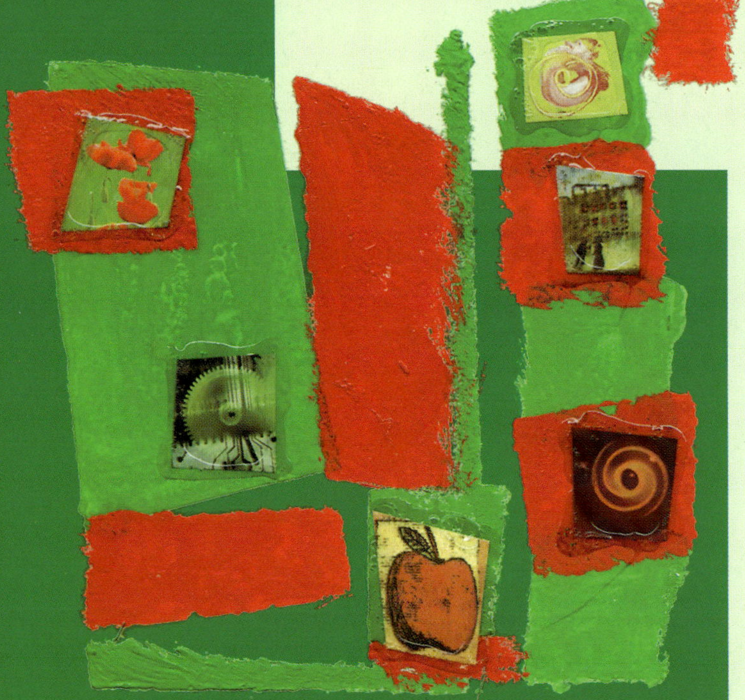

Complementair **contrast**

Wie te lang en te ingespannen naar iets kijkt zal last krijgen van een nabeeld. Zo'n nabeeld ontstaat ook door het kijken naar een felle kleur. Je ziet dan eigenlijk iets wat er niet meer is. Het netvlies is een beetje te sterk geprikkeld door het oorspronkelijke beeld en reageert daarop met een negatief ervan. Wit wordt zwart en omgekeerd. Want wit en zwart zijn elkaars tegengestelden. Elke kleur heeft zo een andere kleur tegenover zich waarmee het grootst mogelijke contrast gevormd wordt. Tegenover geel staat violet, tegenover blauw oranje en tegenover rood groen. Dit wordt het 'complementair contrast' genoemd. Daarbij is bijvoorbeeld groen de complementaire kleur van rood. Het nabeeld van rood is dus groen.

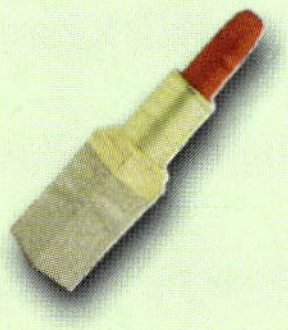

Klagende meisjes

In een Amerikaanse lipstickfabriek werd door de meisjes geklaagd over de hinderlijke groene nabeelden die het gevolg waren van het felle rood van de lipstick. Door alles in de fabriek groen te schilderen werden de klachten de wereld uit geholpen. De nabeelden waren er natuurlijk nog wel, maar vielen geheel weg tegen de groene achtergrond. Groen werd ook gebruikt in een andere Amerikaanse fabriek. Gifgroen. Het waren de toiletten die ermee werden beschilderd. De tijd die op de toiletten werd doorgebracht werd hierdoor tot een minimum gereduceerd. De productie nam daarna met acht procent toe.

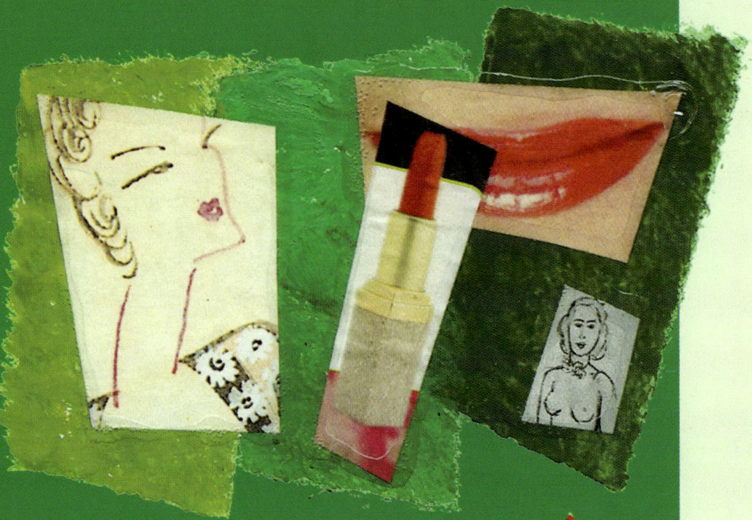

Hinderlijke nabeelden

Groen is de beste kleur voor ziekenhuizen. Het bevordert rust en stilte. Het kalmeert de zenuwen van zowel angstige patiënten als drukke artsen. Vooral in de operatiekamer is groen heel doelmatig. Waar geopereerd wordt vloeit bloed en dit is onder de sterke lampen felrood. Krachtige groene nabeelden zijn het gevolg. Deze zijn echter niet hinderlijk wanneer de omgevingskleur groen is. Bovendien zijn bloedvlekken op groen heel wat minder opvallend dan op wit. Daarom zijn operatieruimtes en operatiekleding tegenwoordig groen. Verder werkt groen onder de lampen lang niet zo verblindend als wit. Al met al is opereren er een stuk prettiger door geworden.

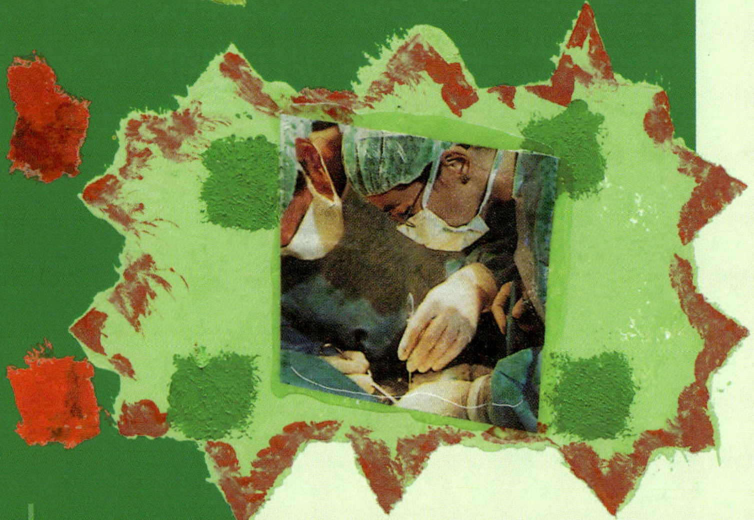

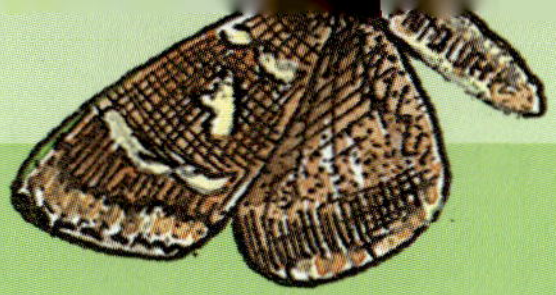

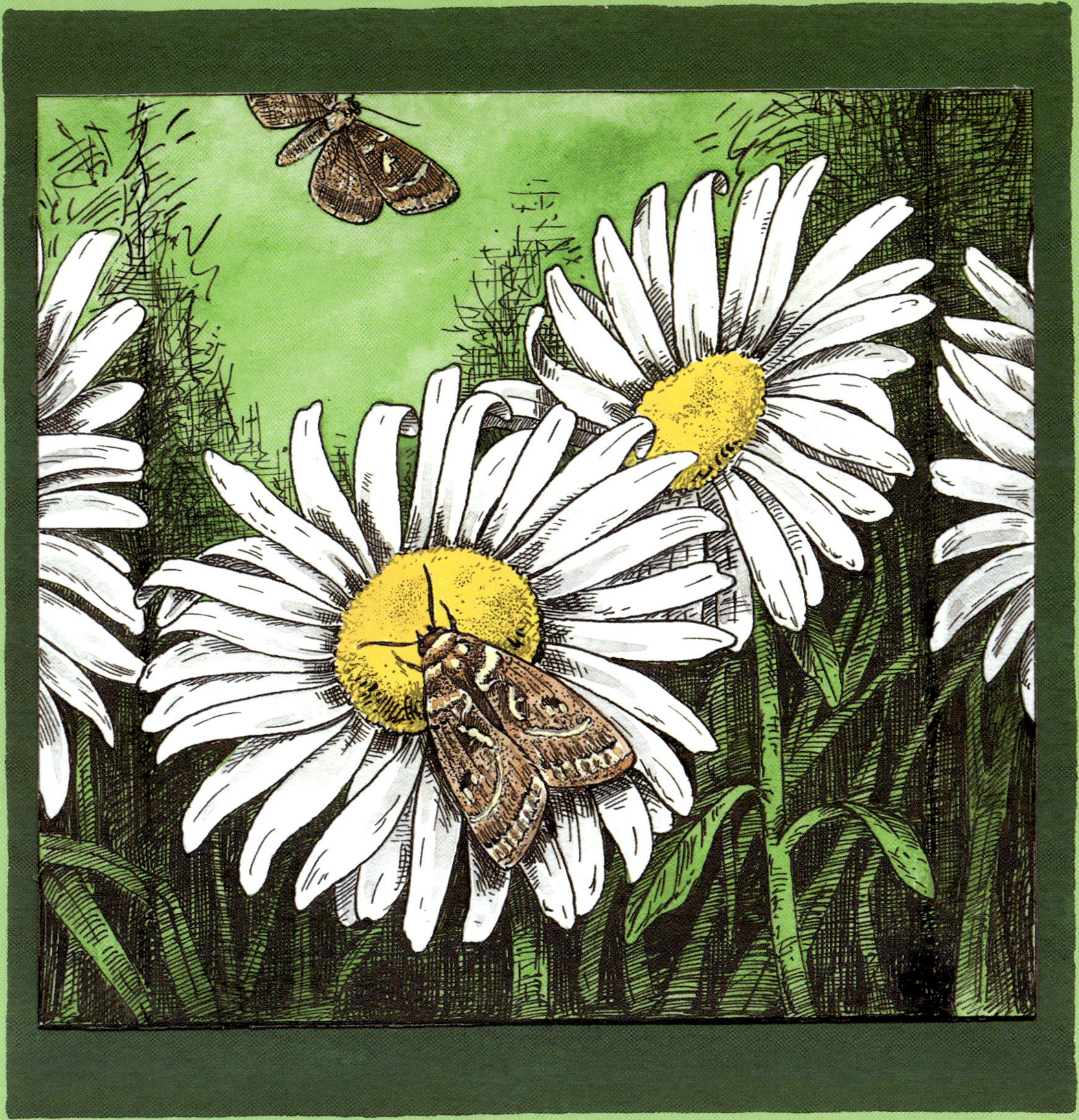

Eerste bloemen

Onvoorstelbaar lang geleden begonnen de eerste planten bloemen te vertonen. Maar de verspreiding van hun stuifmeel werd klakkeloos overgelaten aan wind en water. Er waren al wel insecten, maar het enige wat deze beestjes met planten deden was ze opeten. Bij het rondscharrelen op de primitieve bloemen kwamen ze uiteraard in aanraking met de meeldraden en de stamper. Daarbij werden ze met een beetje stuifmeel bepoederd. Gingen ze daarna naar een volgende plant, dan bestond de kans dat deze bevrucht werd met het stuifmeel van de vorige. Maar die kans was natuurlijk niet erg groot.

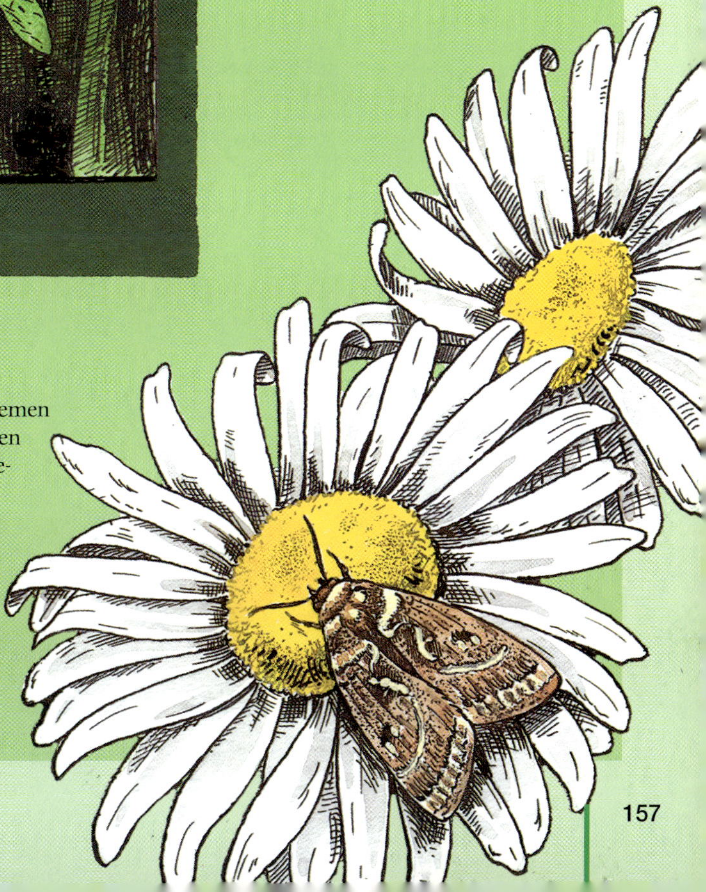

Grasgroene bloeisels

Aanvankelijk waren alle bloemen net zo groen als bladeren en stengels. De bloem die echter de meeste aantrekkingskracht kon uitoefenen op insecten overschaduwde al heel vlug alle andere. Eén van de beste manieren om aandacht te trekken was het verzamelen van kleurstoffen in de tot dan toe grasgroene bloembladeren. Zo gingen deze contrasteren met de omgeving. De ontwikkeling van gekleurde bloemen was hiermee in gang gezet. De kleuren waren voor de insecten een signaal dat er nectar te halen viel. In het begin ontwikkelden zich uit de gewone groene bloemen slechts witte en gele bloeiwijzen. Ze hadden wel wat weg van paardebloemen en madeliefjes. Maar de planten die zich weer van deze geelbloeiers wilden onderscheiden kozen paars, rood of blauw. Na verloop van tijd had elke plantensoort z'n eigen kleur, vorm en geur. Deze waren er volledig op gericht de geschikte insecten te lokken. Het resultaat is uiteindelijk de bonte flora van vandaag de dag.

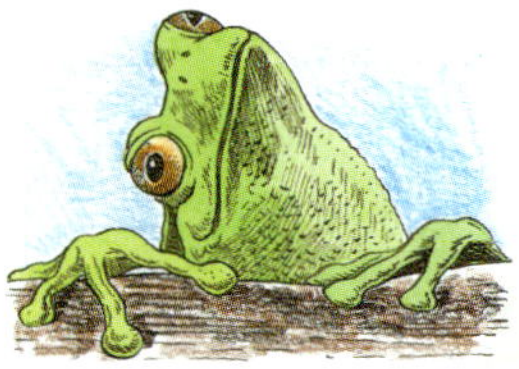

Machu Picchu

In de oerwouden van Peru werd in 1911 de ruïnenstad Machu Picchu ontdekt. Dit bestuurlijke centrum uit de Inka-tijd was sinds 1570 onbewoond geweest en geheel in verval geraakt. De jungle had zich er grotendeels meester van gemaakt. Nu is het een grote toeristische attractie. Uit de geschiedenis van Machu Picchu kan lering getrokken worden. Wat ook door de mens tot stand mag zijn gebracht, eens zal het door de natuur worden teruggenomen. Groen is de oudste en de uiteindelijke kleur. Groen is altijd de winnaar.

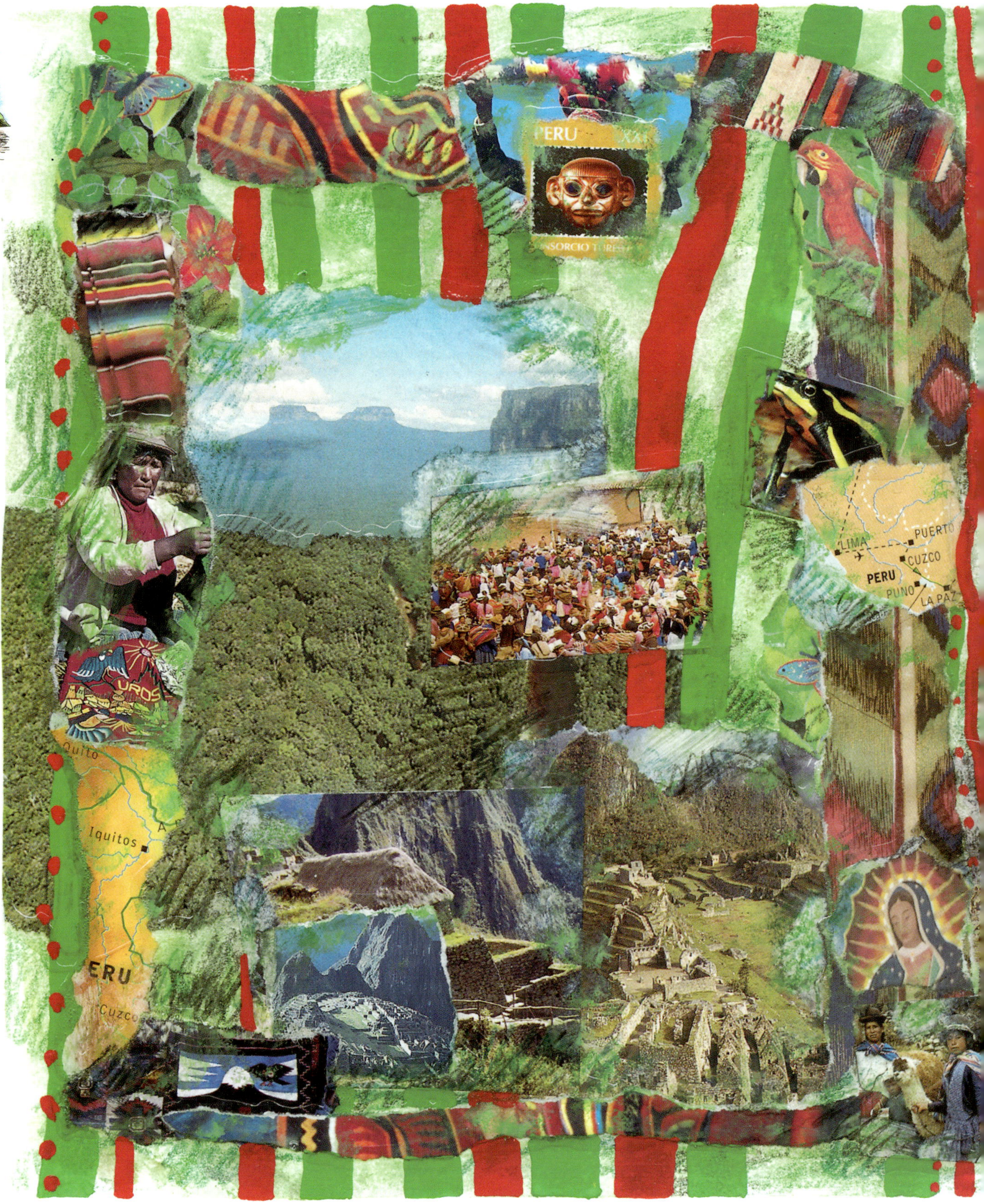

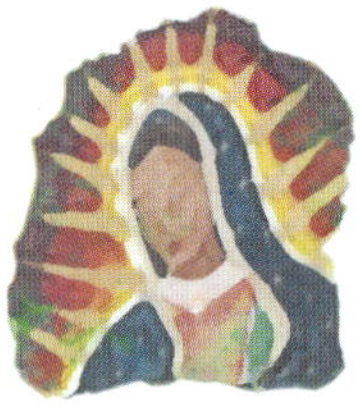

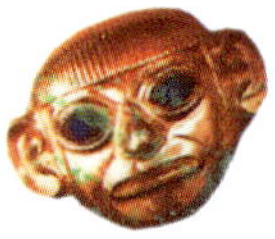

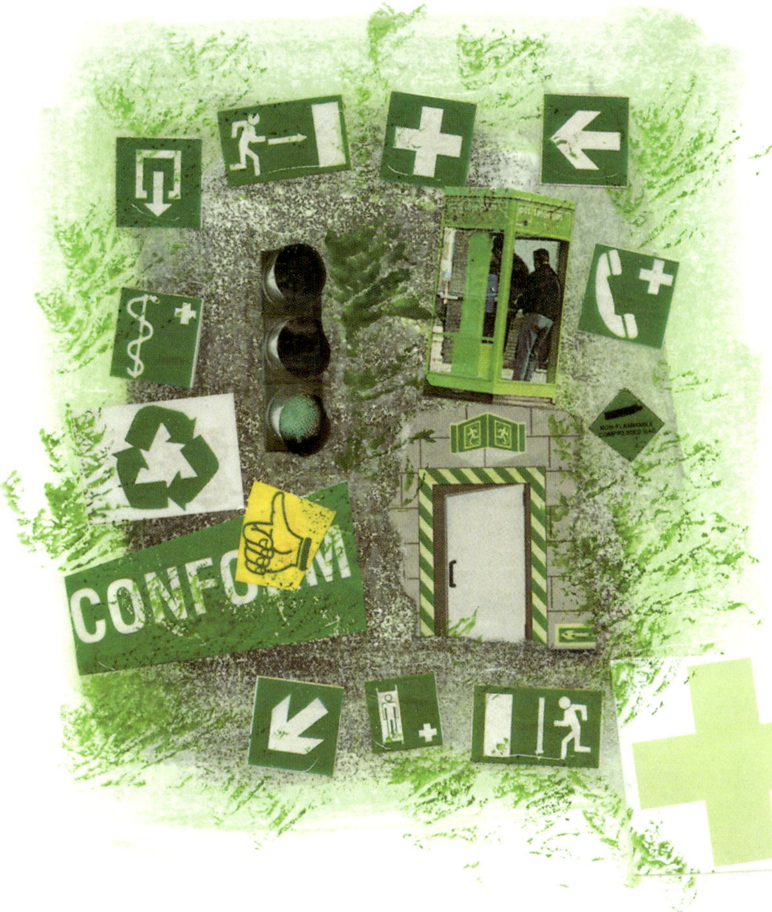

Veilig verkeerslicht

In het prille begin van de mensheid had groen de betekenis van vegetatie en dus van voedsel en water. Het is een veilig gevoel om je van deze allereerste levensbehoeften voorzien te weten. Groen staat dus voor veiligheid. Daarom is het de onderste kleur van het verkeerslicht. Het verleent vrije, gevaarloze doortocht. Altijd en overal zijn de aanduidingen en mededelingen die naar veiligheid en dienstverlening verwijzen groen. Openbare telefoons, signalering van nooduitgangen, vluchtroutes en eerstehulpposten, ze hebben allemaal de kleur groen. Vanzelfsprekend zijn ook de pictogrammen die betrekking hebben op milieu en natuurgroen.

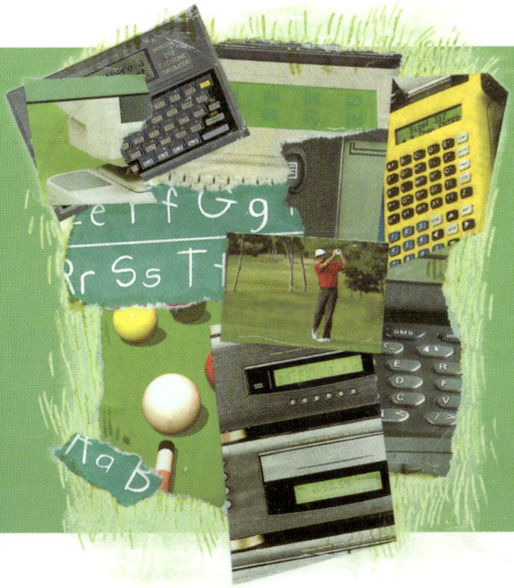

Saaie kleur

Juist omdat van groen zoveel rust uitgaat vinden veel mensen het maar een saaie kleur. Spannend is groen inderdaad niet. Integendeel: het is ontspannend. Het is voor de ogen bijzonder rustgevend. Vroeger waren schoolborden zwart, maar nu zijn ze groen. Net als monitorschermen en displays. Groen zijn ook de tafels voor biljart, tafeltennis, roulette en poker. En natuurlijk de vloeren van gymnastiek- en sportzalen. Sport en spel horen eigenlijk buiten beoefend te worden. Op gras. En dat gebeurde vroeger ook. Met alle sporten en spelletjes. Het groen van binnenspelen, vloeren en speeltafels is een herinnering aan het oorspronkelijke gras.

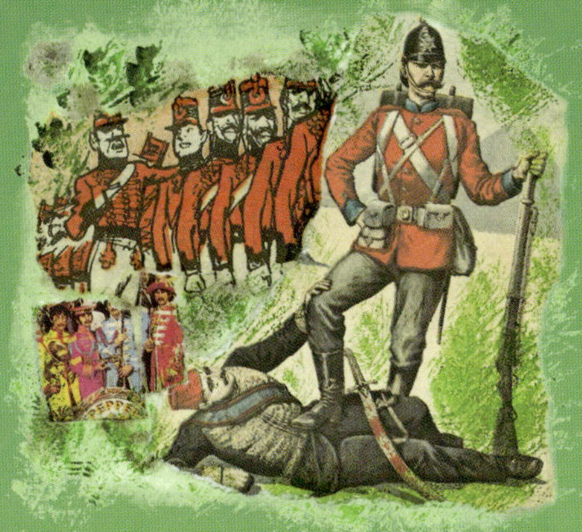

Heldhaftig kleurvertoon

Een roodborstje pronkt met zijn rode borstje om indruk te maken op andere roodborstjes. Bij primitieve volkeren beschilderen de krijgers zich met oorlogskleuren. Zo jagen ze de vijand schrik aan. Tot ver in de negentiende eeuw waren de uniformen van Europese en Amerikaanse soldaten bontgekleurd. Net als vaandels en banieren waren ze rood, geel, groen of blauw. Het was een heldhaftig en indrukwekkend vertoon van kleuren.

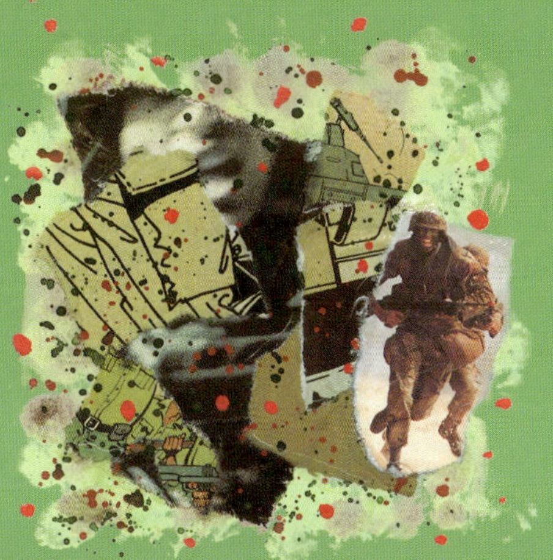

Kakelbonte uniformen

Rond 1830 vond de zogenoemde Industriële Revolutie plaats. Op vrijwel elk gebied ontwikkelde de techniek zich ineens razendsnel. Ook op het slagveld veranderde alles. De vuurwapens werden heel precies en dus effectief. Ze konden over steeds grotere afstand doel treffen. Ze hoefden bovendien niet na elk schot opnieuw geladen te worden. Dit alles bracht met zich mee dat soldaten in de tot dan toe gebruikelijke kakelbonte uniformen uiterst opvallende en dus gemakkelijk te treffen doelen vormden. Er werd dus zo snel mogelijk overgeschakeld op camouflagekleuren voor zowel voor mensen als voor materieel.

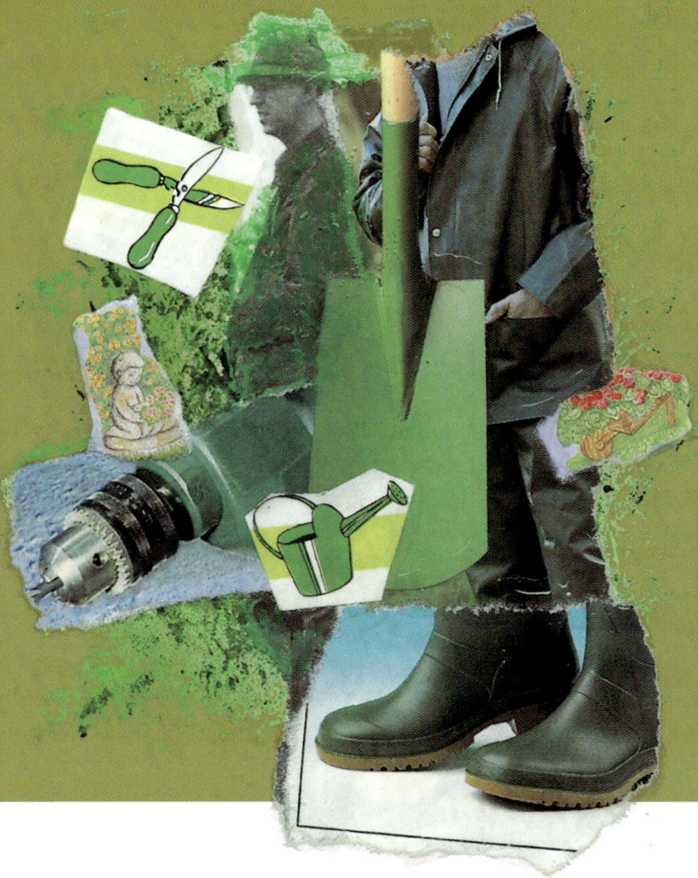

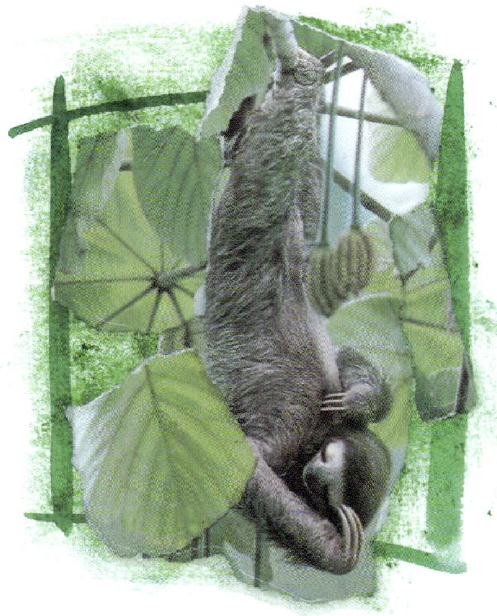

Groene pels

Terwijl mensen groene kleren dragen om in de natuur niet op te vallen, zijn er vreemd genoeg geen groene zoogdieren. Bij deze afdeling in het dierenrijk komt groen gewoon niet voor. Dit in tegenstelling tot vogels, reptielen en amfibieën. Maar er is een uitzondering. De luiaard uit de Amerikaanse regenwouden is groen. Dit komt echter niet door een pigment. Het wordt veroorzaakt door algen die in de pels groeien.

Vrije natuur

Soldaten leveren gewoonlijk strijd op het slagveld. In de buitenlucht dus. Bij voorkeur in de vrije natuur. Om daar zo weinig mogelijk door de vijand opgemerkt te worden zijn ze gekleed in groene uniformen. Jagers, boswachters en natuurvrienden dragen soortgelijke kledij. Ook zij willen ongezien blijven, maar nu voor de dieren van bos en veld. Verder hoort groen bij de tuinier. Bij trouwens alles wat met de tuin te maken heeft.

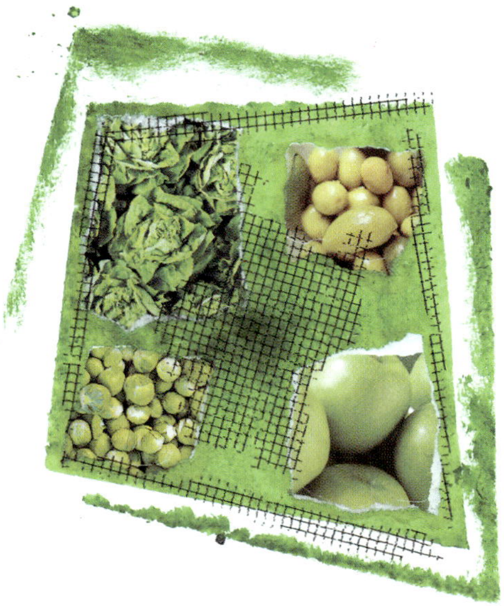

Verse groenten

Groenten. Het woord zegt het al. Bonen, erwten, broccoli, sla, paprika, augurken, kool, spruiten, spinazie, andijvie, selderij. Allemaal groen. Groenten moeten groen zijn. Als het nodig is worden ze bijgekleurd. Bladgroenten die ingeblikt worden verliezen tijdens het steriliseren hun kleur. Met kleurstoffen moeten ze weer groen gemaakt worden. Bij diepvriesgroenten ligt dit anders. Die worden heel kort tot vlak onder het kookpunt gehouden en daarna snel ingevroren. Zo blijven ze het best op kleur. Groen is natuurlijk ook de belangrijkste kleur op de verpakking of op het blik.

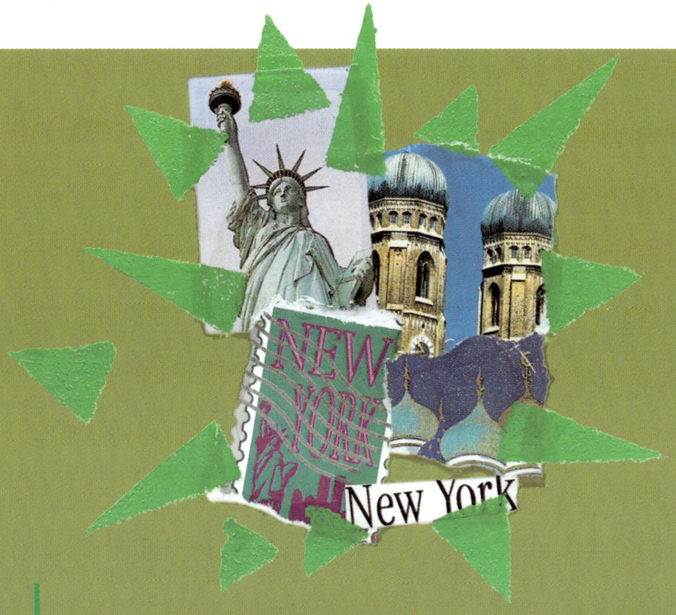

Grieks *groen*

Bronzen beelden worden groen. In feite is dit het gevolg van roest. Bij standbeelden, koepels en torenspitsen heeft deze roest de fraaie naam 'patina'. Dit vormt zich op voorwerpen van koper of koperlegeringen zoals brons. De kleur is al even mooi als de naam. Ze is prachtig blauwgroen. Maar gevaarlijk is ze ook. Koperroest is een giftige stof. Koperen pannen moeten dan ook altijd een roestvrije binnenmantel hebben. Koperroest wordt ook wel 'verdigris' genoemd, een verbastering van 'vert de Grèce'. Grieks groen dus.

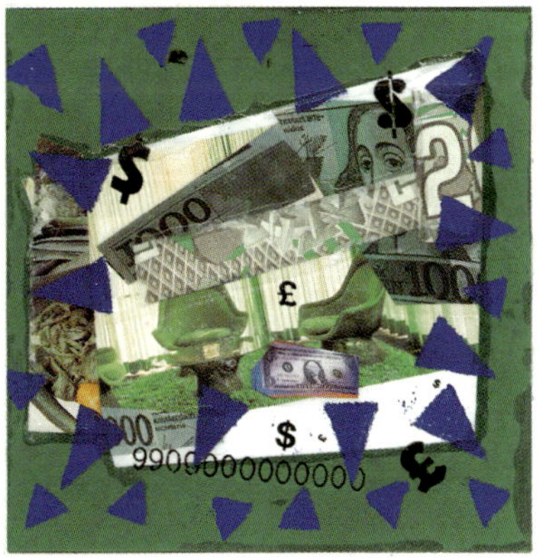

Safe geld

Een groen interieur doet een huiskamer meer op het vrije veld lijken dan op een binnenruimte. Het doet koel aan. Het straalt geen warme geborgenheid uit. Juist vanwege deze zakelijke uitstraling wordt vaak voor groen gekozen als belangrijkste kleur van papiergeld. Bankbiljetten moeten er betrouwbaar en serieus uitzien! Geld moet safe lijken. Om geld schijnt immers de wereld te draaien.

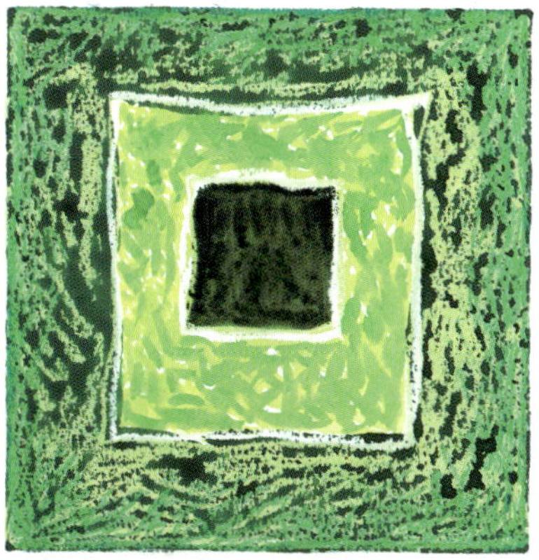

Taai karakter

Voorliefde voor een bepaalde kleur kan iets zeggen over iemands karakter. Wie van groen houdt, houdt van de natuur en van het leven. Hij is opgewekt en spraakzaam. Hij houdt van rust en orde, maar heeft daarnaast behoefte aan vrijheid, warmte en gezelligheid. Hij heeft een taaie aard, een grote vasthoudendheid en een flink uithoudingsvermogen. Hij weet van doorzetten en prestatie leveren. Eerzucht, betrouwbaarheid en streven naar zekerheid kenmerken hem.

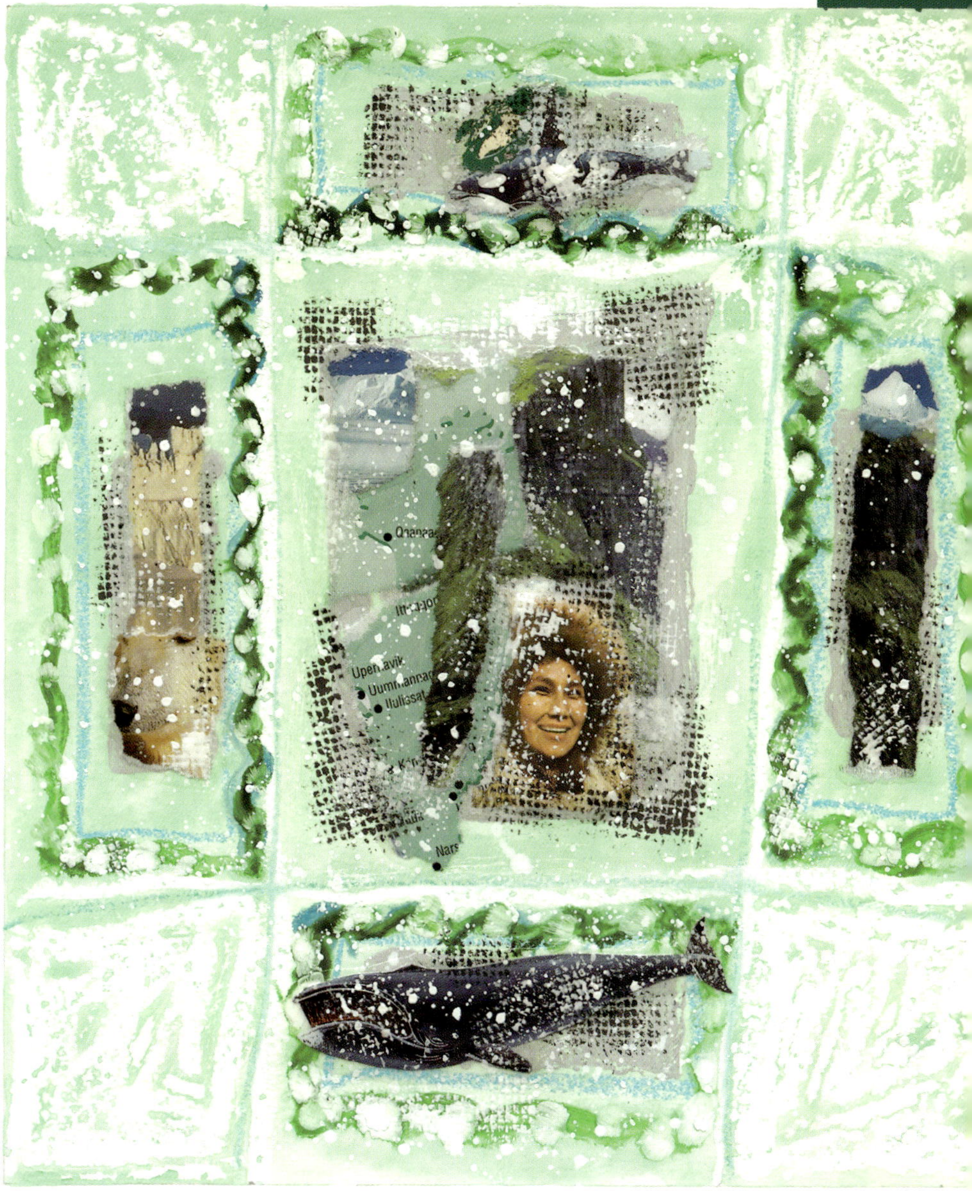

Natuurlijk meesterstuk

Groenland is het grootste eiland ter wereld. Het is een meesterstuk van de natuur. Alles is er geweldig van omvang. Er zijn enorme ijsbergen, gletsjers en sneeuwvlaktes. De ijskap beslaat ongeveer vijfentachtig procent van het eiland. Groenland is dan ook beslist niet groen. Het is wit.

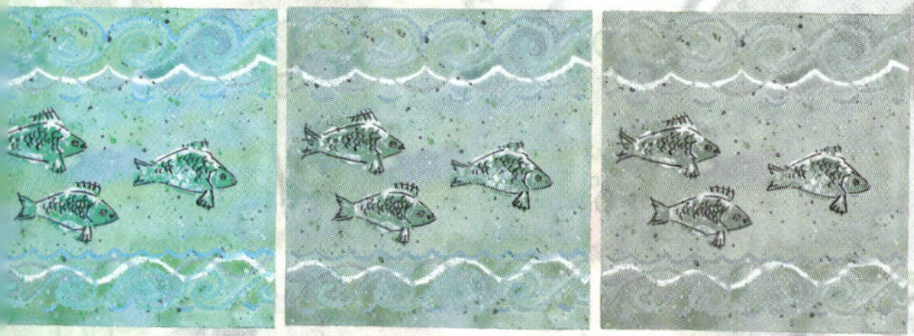

*V*ergane glorie

Tere tinten grijsgroen in combinatie met andere getemperde kleuren roepen een nostalgische sfeer op. Ze zijn enerzijds zacht en prettig, anderzijds week. Ze lijken te herinneren ze aan iets heel moois. Iets wat zo mooi is dat het er misschien wel nooit is geweest. Wellicht is het de ongerepte natuur waarnaar de herinnering terugvoert. Tussen die groene natuur en de mens wordt de afstand immers steeds groter.

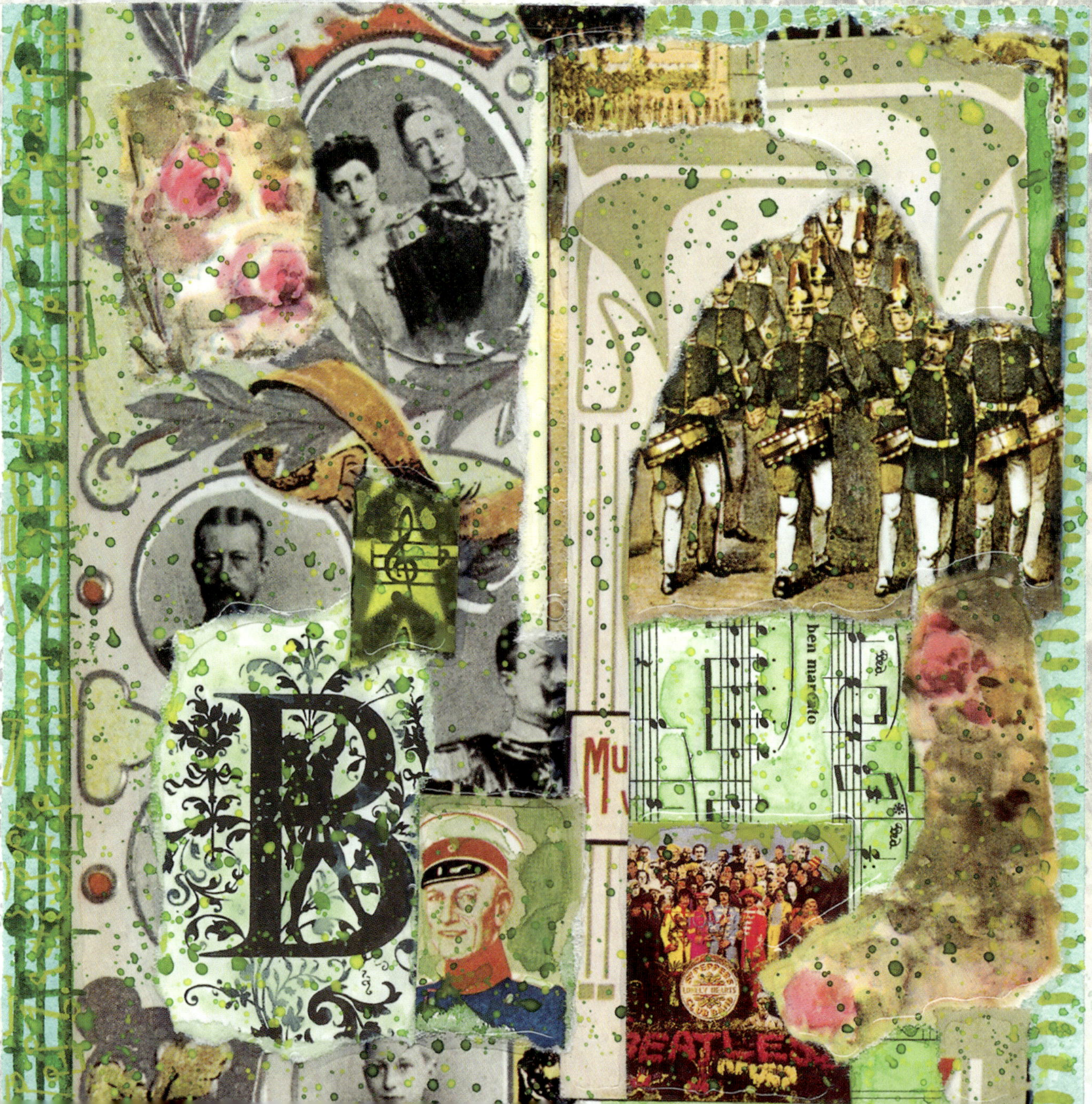

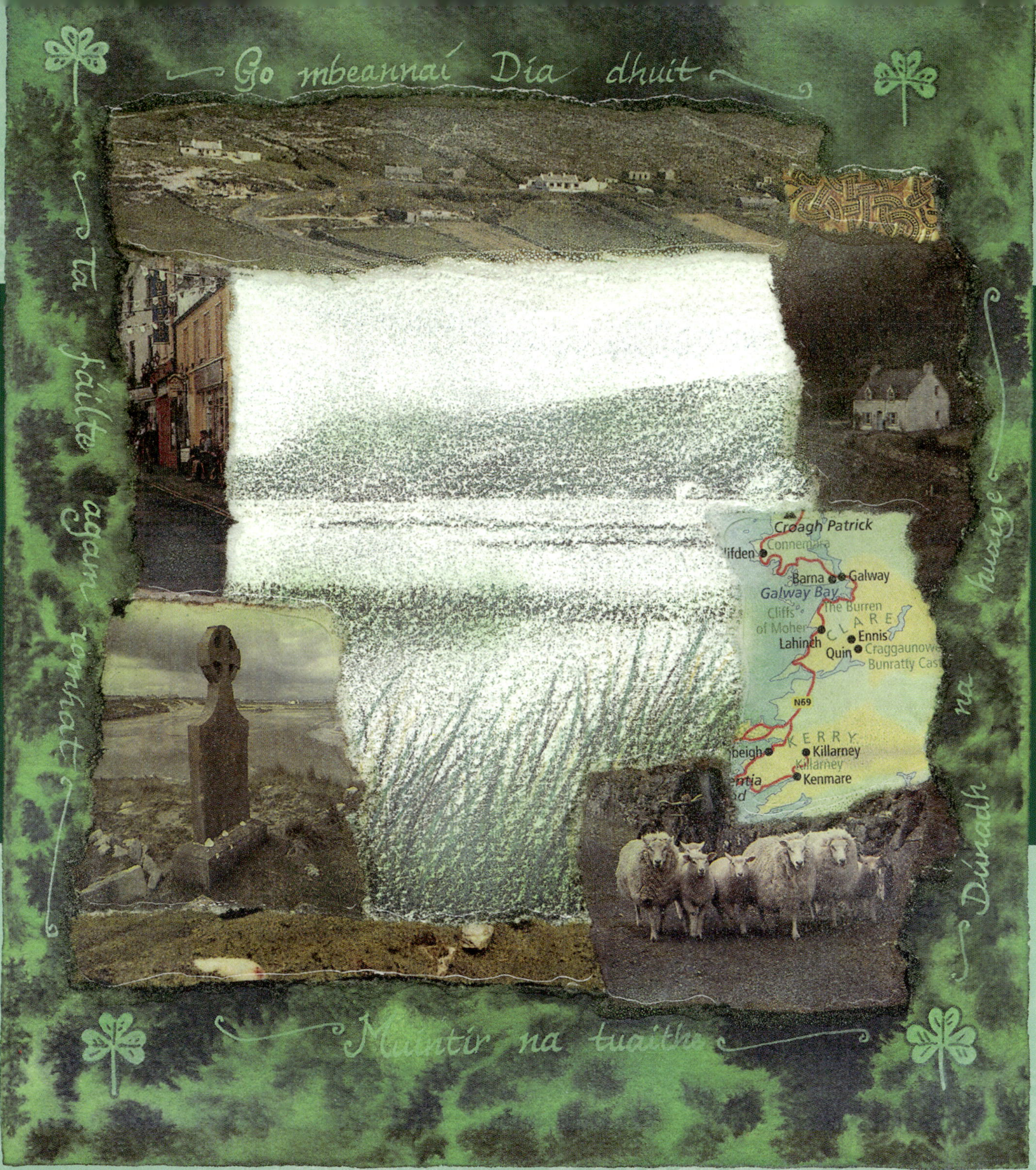

Oude Wereld

Ierland ligt aan de rand van Europa. 's Avonds koestert het zich in de laatste zonnestralen van de Oude Wereld. Het wordt wel eens de groenste plek op aarde genoemd. Alles is er groen door gras, mos, varens, struikgewas en bomen. Zelfs de vissersboten zijn groen. Net als het zinnebeeld van Ierland. Dat is de 'shamrock', het klaverblad: het teken van de hoop.

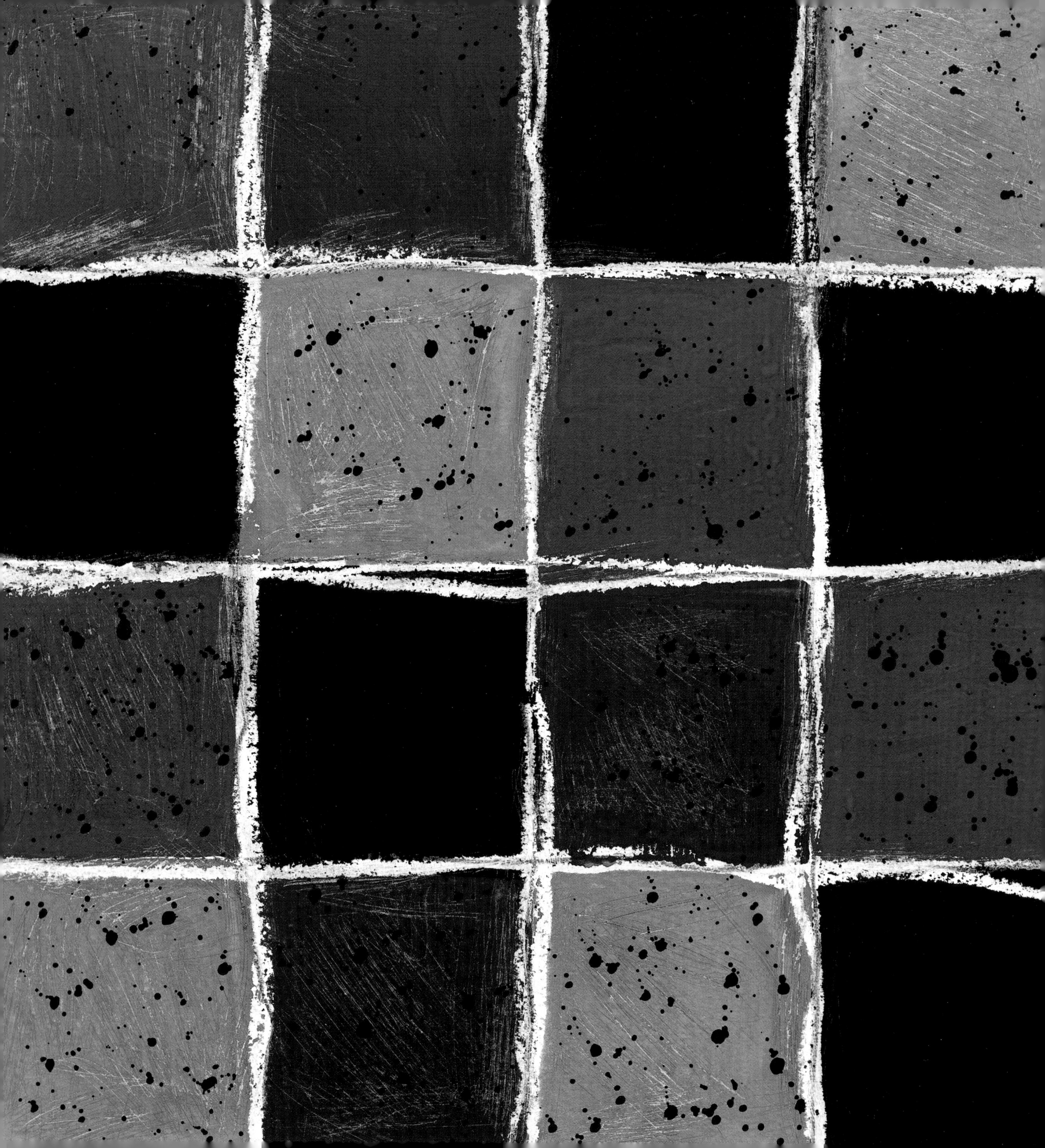

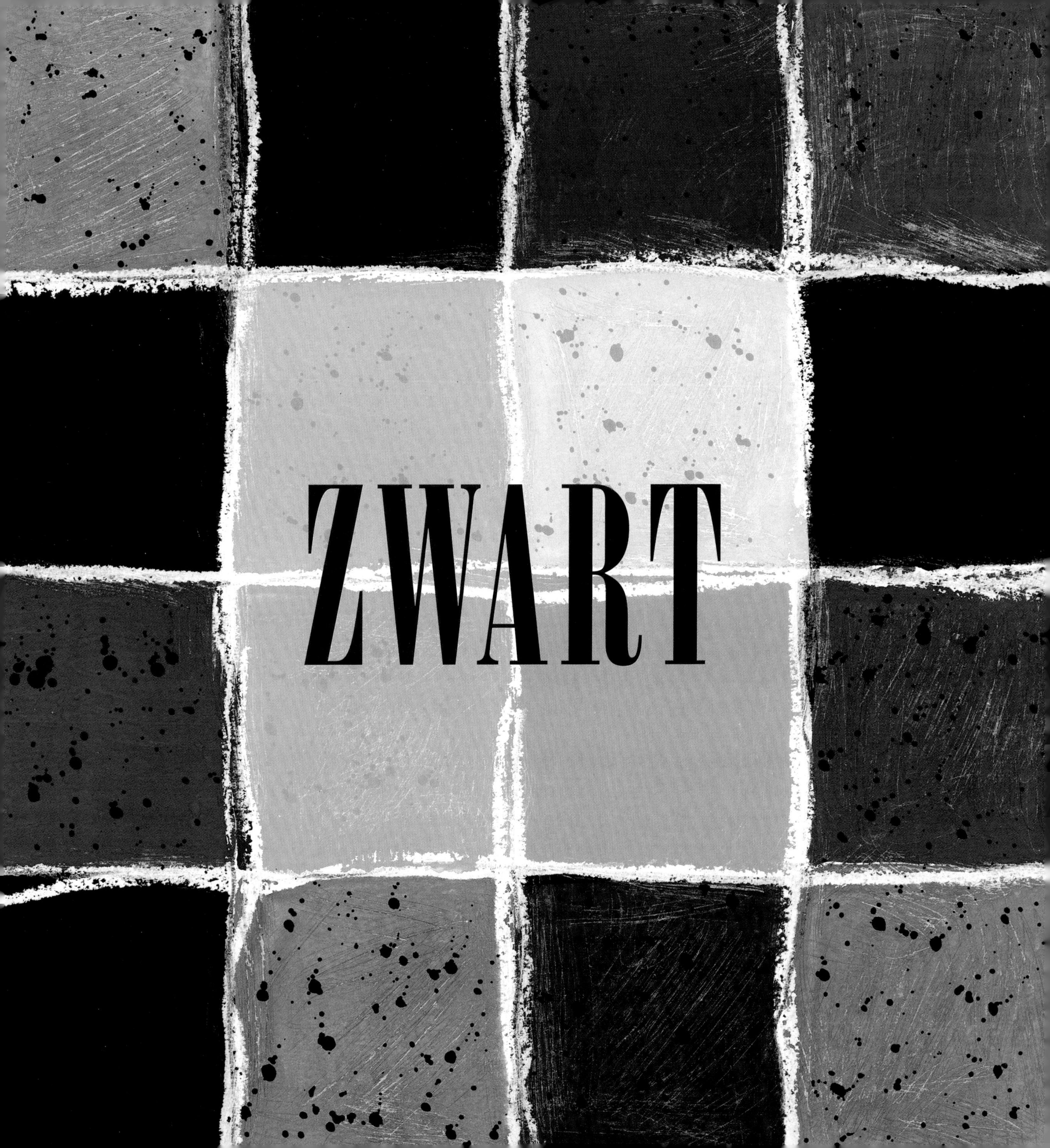
ZWART

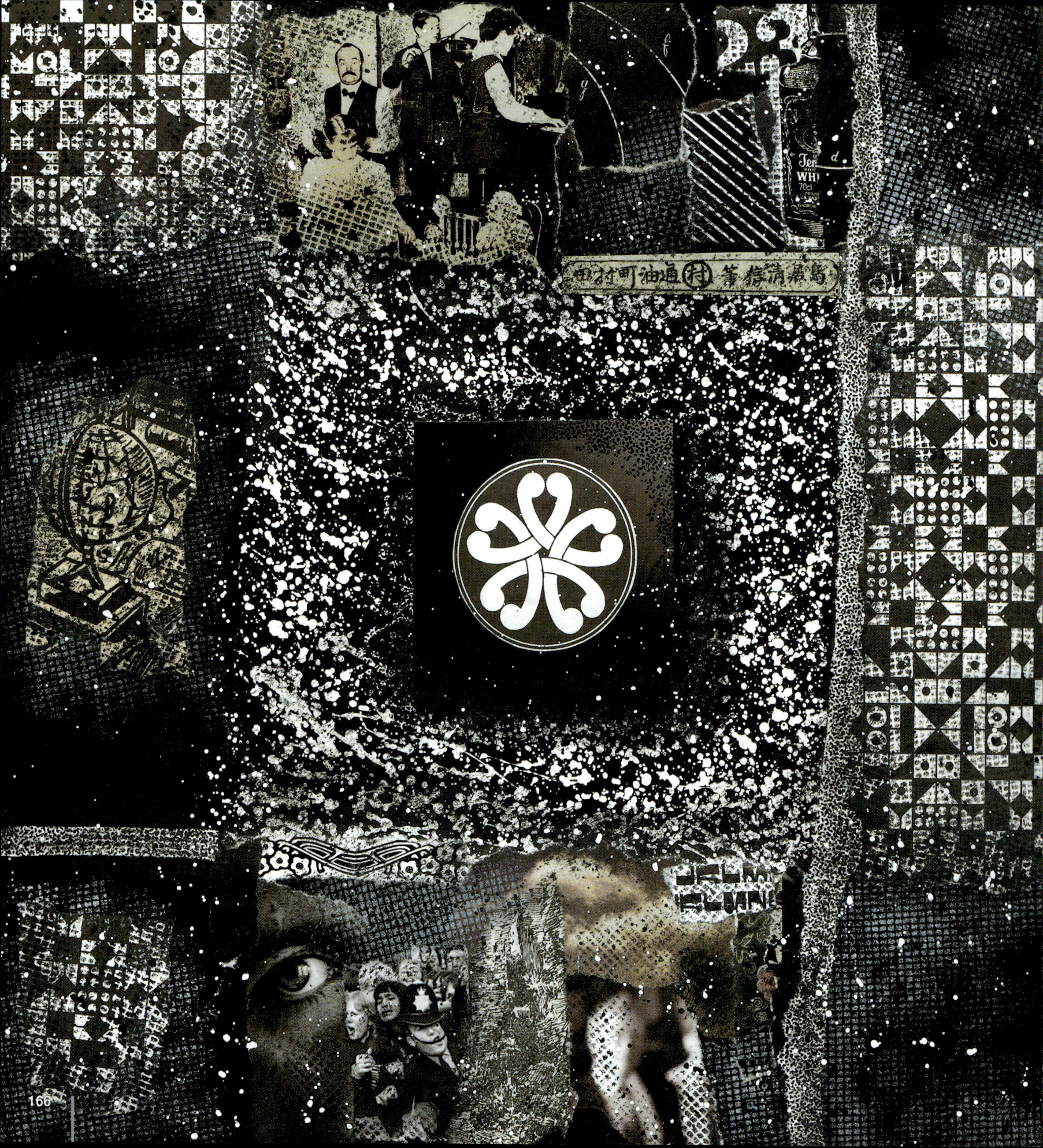

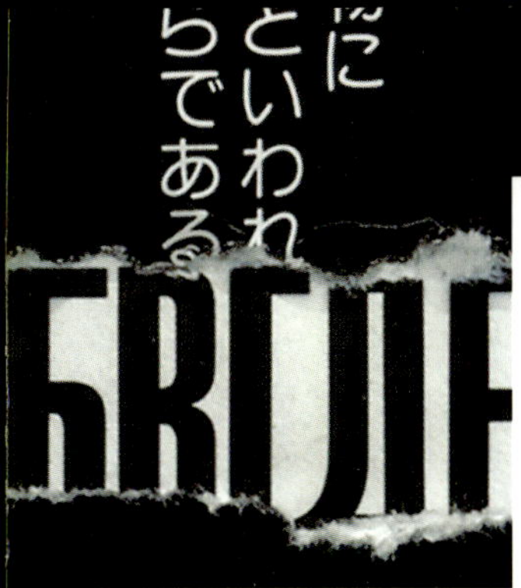

Onzichtbaar zwart

Kleurloos licht wordt door ons 'wit' genoemd. Zonlicht is dus wit. Wit licht is samengesteld uit alle kleuren en kan ook weer in al die kleuren uiteenvallen. Kijk maar naar de regenboog. Daarin wordt het zonlicht door ontelbare waterdruppels zodanig gebroken dat het hele kleurenspectrum verschijnt. Wordt door een voorwerp al het licht teruggekaatst, dan zien wij dat voorwerp dus als wit. Wanneer er helemaal geen licht wordt teruggekaatst zien wij zwart. Een wit huis reflecteert alle zonlicht. Een rode bloem zien wij als rood omdat van het licht slechts de rode straling wordt teruggekaatst. Een groene boom neemt alle licht op en kaatst alleen het groene gedeelte ervan terug. Een zwarte sintelberg absorbeert alles. Zwart slorpt alle licht op. Puur zwart is dus in feite onzichtbaar.

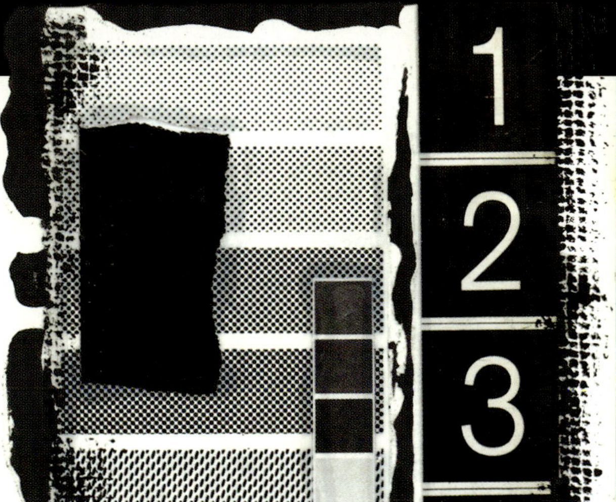

Zwart-wit

Houd twee glaasjes voor een lamp: een groen en een rood. Waar de twee elkaar overlappen zie je zwart. Het rode glas absorbeert alle licht behalve rood. Het groene glas absorbeert alle licht behalve groen. Samen absorberen ze alles. Je ziet zwart. Of eigenlijk: je ziet géén zwart. Want zwart is onzichtbaar. Je ziet dus helemaal niets. Wit is de tegenpool van zwart. Wit kaatst alle licht terug. Wit is het zichtbaarst van alle kleuren. Zwart en wit staan lijnrecht tegenover elkaar. Ze zijn als licht en duisternis, dag en nacht, leven en dood. Voor het leven op aarde zijn deze uitersten van fundamenteel belang. Ze zijn de twee tegenstellingen die de schepping in evenwicht houden. Tussen het maximale wit en het maximale zwart liggen niet alleen alle kleuren, maar ook alle grijstinten. Zwart-wit is het scherpst mogelijke contrast. Het gedrukte woord ontleent er voor een belangrijk deel zijn psychologische kracht aan. Iets gaat door voor een feit wanneer het 'zwart op wit' staat. Het gedrukte woord geeft aan een gebeurtenis vaak meer gewicht en geloofwaardigheid dan een afbeelding.

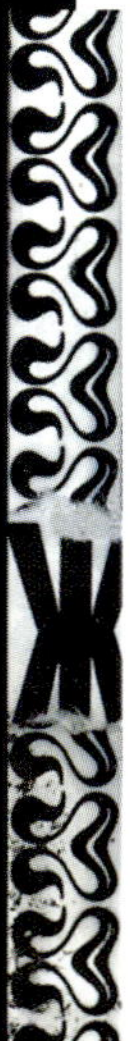

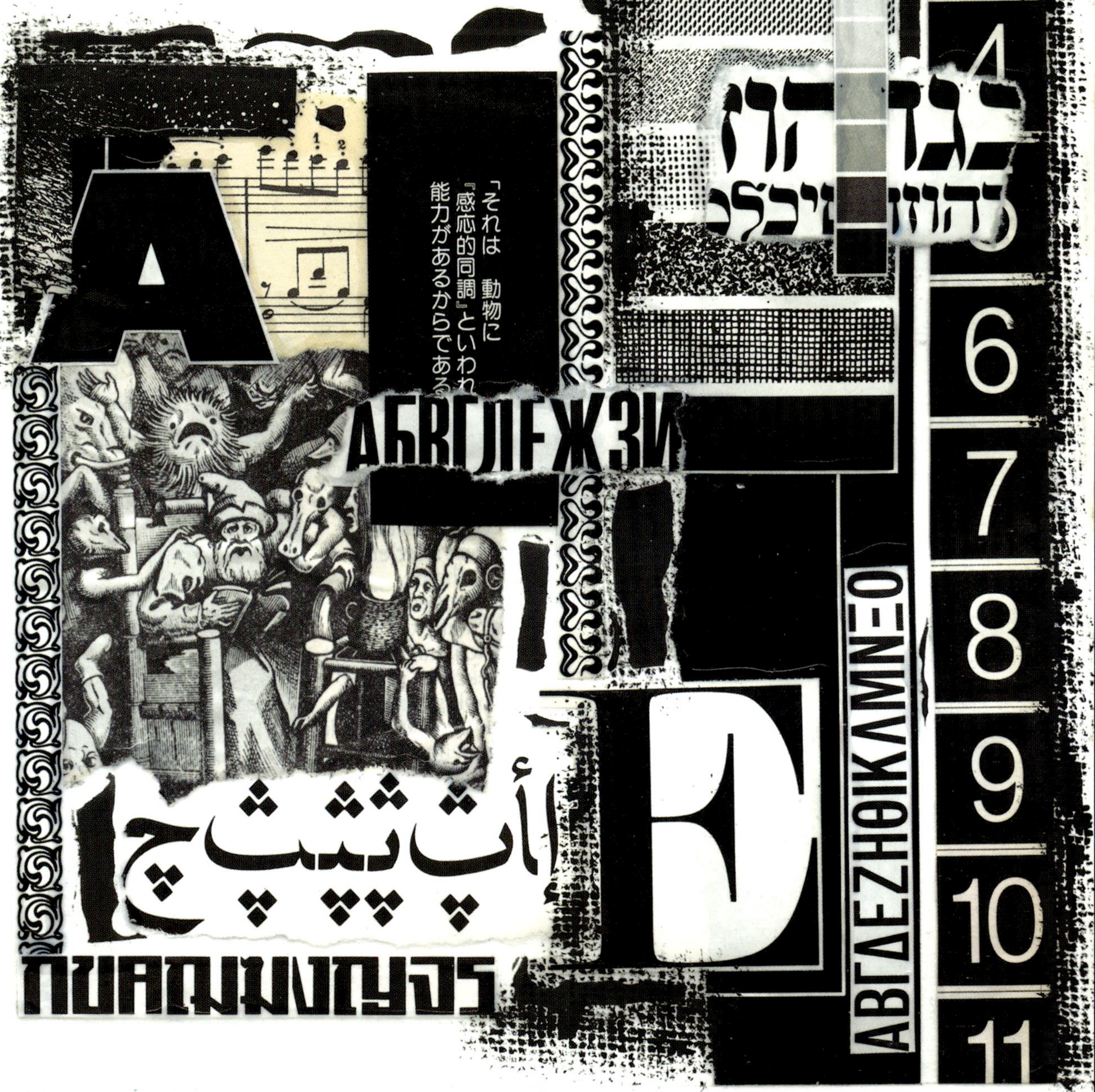

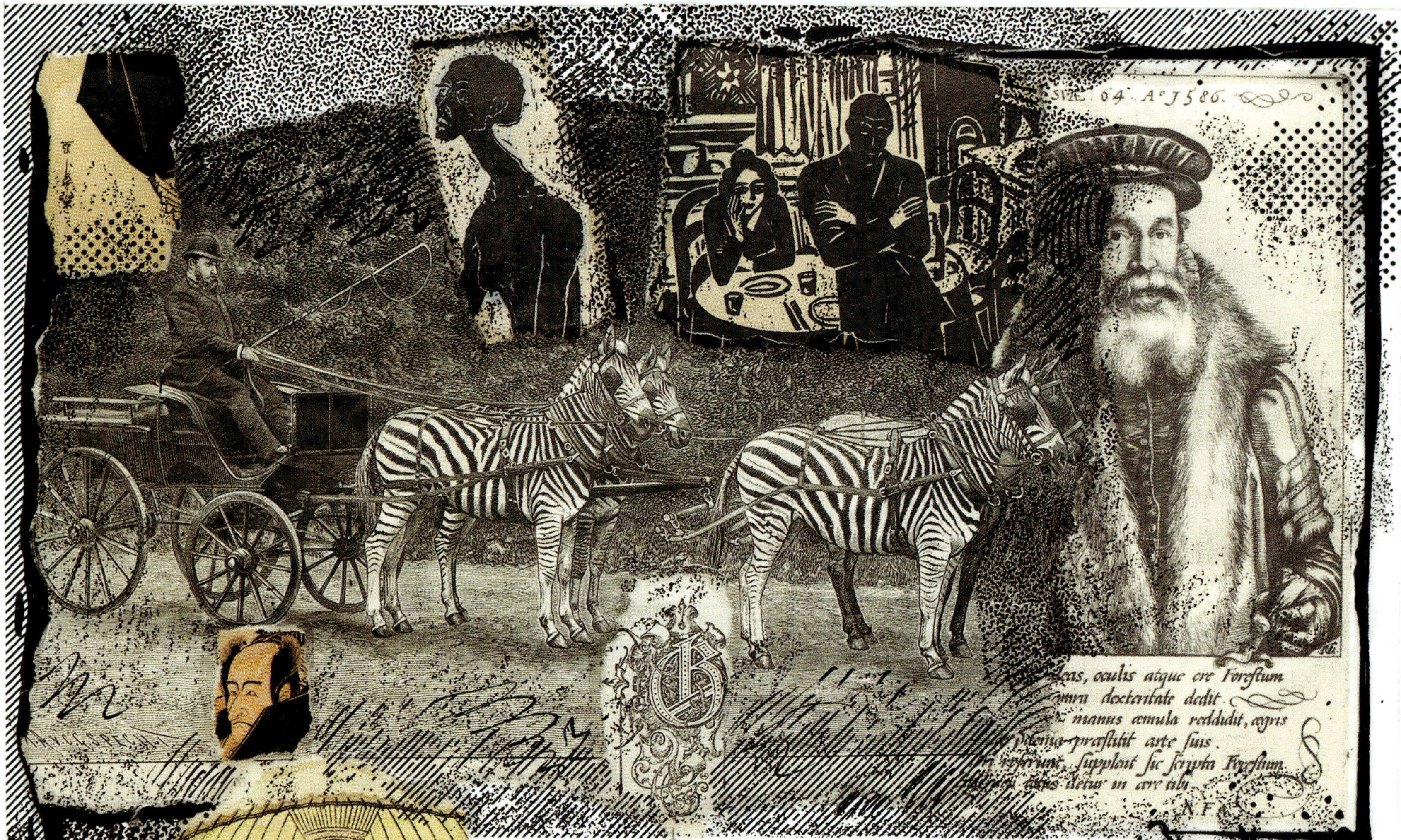

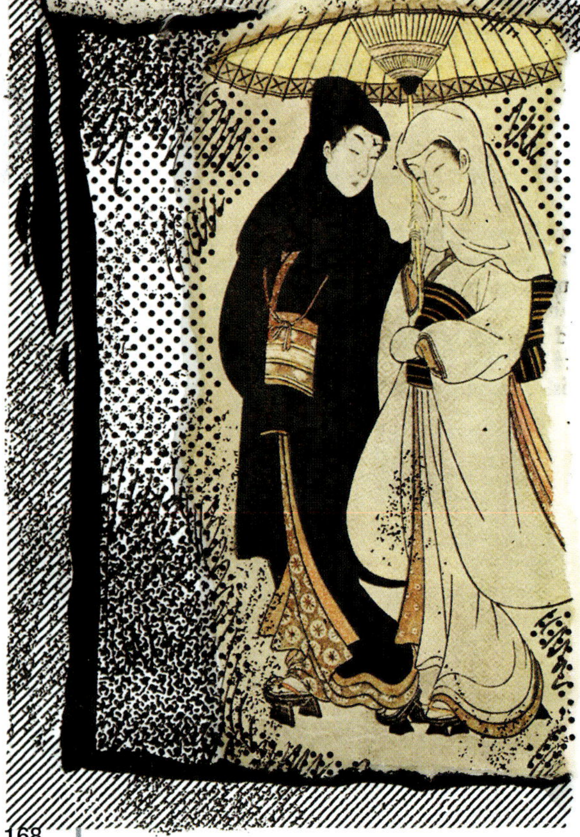

Eindeloze oefening

Het licht-donkercontrast ligt ten grondslag aan de grafische kunst. Alle grafische technieken hebben in wezen zwart-wit als uitgangspunt. Of het nu om een ets, een houtsnede of een gravure gaat, het principe is dat er zwarte verf op wit papier wordt gedrukt. Dat is grafiek. Maar ook andere kunstvormen zijn gebaseerd op de zwart-wittegenstelling. Zoals de inktschilderkunst van China en Japan.

Oost-Indisch

Oost-Indische inkt is eigenlijk niet eens een inkt. Het is fijngewreven roet in lijmwater. Een soort zwarte waterverf dus. Veel zwarte kleurstoffen zijn zo'n mengsel van roet, gom en water. Maar echte inkten worden vervaardigd uit bijvoorbeeld galnoten. Die worden opgelost in vitriool. Dat is een gemeen goedje. Het verkoolt het papier waarop het bij het schrijven is aangebracht. Vitriool is een ander woord voor zwavelzuur en doet aan de achterzijde van het beschreven papier donkere strepen en vlekken ontstaan.

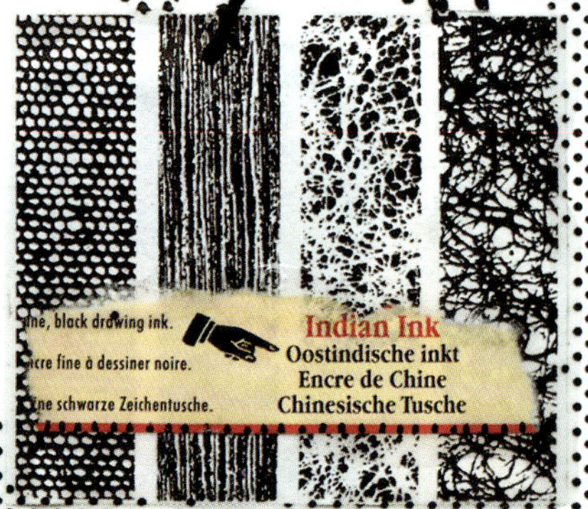

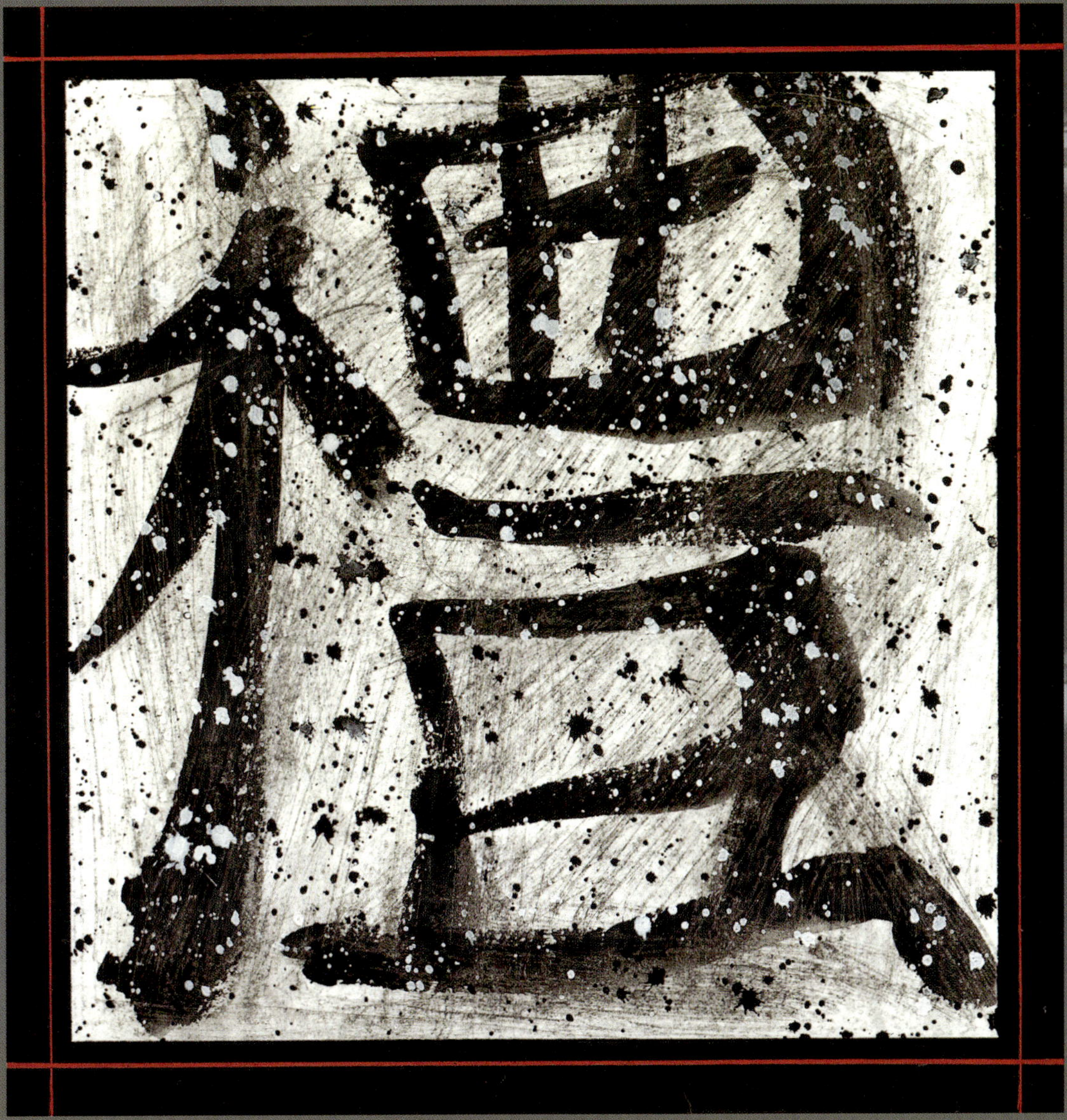

Zenboeddhisme

De Oost-Aziatische inktschilderkunst is niet los te zien van de kalligrafie. De Chinese en Japanse schrifttekens zijn bijzonder rijk aan vormen. Ze te beheersen vraagt heel wat oefening. Zowel lichamelijke ontspanning als geestelijke concentratie zijn bij deze schrijfkunst van het allergrootste belang. Geen wonder dat veel schrijfkunstenaars Zenboeddhistische monniken zijn. Ze gebruiken kalligraferen en schilderen als middel om te mediteren. Ze mediteren dus niet om te kunnen schilderen.

Chiang Yee

Chiang Yee zegt: 'Zoals de boogschutter strak naar zijn doelwit kijkt, de boog spant en zijn pijl loslaat, zo moet de schrijvende zich concentreren op de lettervormen, met kracht en beslistheid de penseel voeren en met zelfbewuste zekerheid de schrifttekens schrijven.'

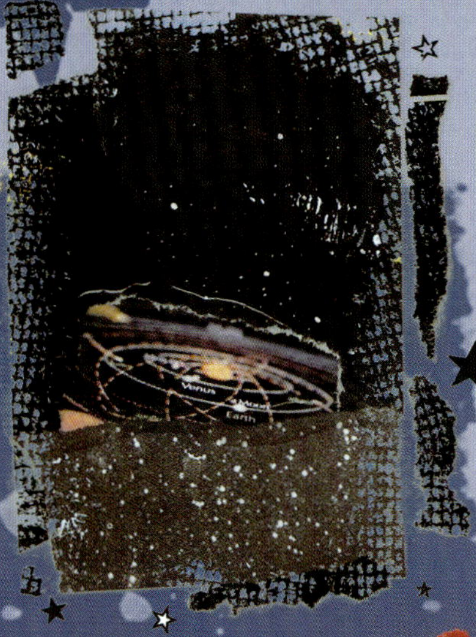

Het heelal

Zwart is dicht en compact. Het is een gesloten en ontoegankelijke kleur. Een duistere wereld vol raadsels en geheimen. Het is de kleur van wat zich buiten ons aardse bestaan bevindt. Het is de vormloze, onbekende aanwezigheid van krachten en materie, die in het Oude Griekenland 'chaos' werd genoemd en in de bijbel benamingen heeft als 'de diepte', 'de wateren' of 'de vloed'. Zwart is de kleur van het allereerste, het allesomvattende en het allerlaatste: het heelal.

Unieke uitvinding

De gloeilamp is een unieke uitvinding. De mens zou de mens niet zijn als hij niet iets had uitgevonden om van nacht dag te maken. Eerst het vuur, daarna de lamp. Voordat de gloeilamp bedacht kon worden, moest eerst de elektriciteit beheersbaar zijn. De gloeilamp is immers slechts een glazen bol met daarin een draadje van koolstof of metaal, waardoorheen elektrische stroom wordt geleid. Omdat alle stroom door dat dunne draadje moet, wordt het zo gloeiend heet dat het licht gaat geven.

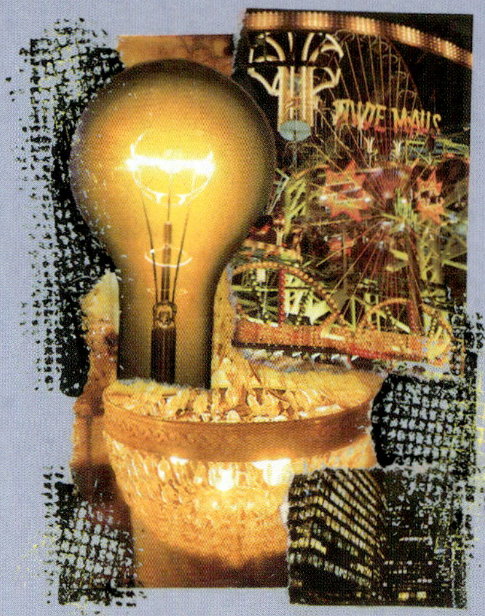

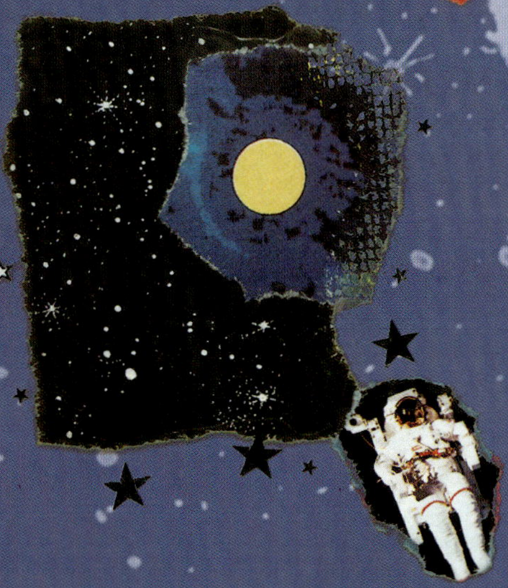

Lichtgevende schijf

Licht kun je pas zien als het ergens tegenaan schijnt. Daarom is het heelal volledig zwart. Alleen de hemellichamen die door de zon worden beschenen zijn zichtbaar. Zoals de maan. Als een lichtgevende schijf hangt ze in de ruimte. In tegenstelling tot de zon en de sterren geeft ze echter zelf geen licht. Maanlicht is zonlicht. Rond de maan heerst duisternis. Er valt daar gewoonweg niets terug te kaatsen.
De aarde, daarentegen, is omgeven door een blauwachtige dampkring. Deze zit boordevol moleculen, waterdruppels, stof en andere kleine deeltjes, die het licht volop reflecteren.

Infrarode stralen

Wanneer iets sterk wordt verhit gaat het gloeien. Overstijgt de hitte een bepaalde grens dan komt er lichtuitstraling op gang. Beneden de gloeitemperatuur zendt het voorwerp slechts infrarode warmtestralen uit. Naarmate de temperatuur toeneemt verandert de kleur van het licht van donkerrood via helderrood in witgeel. De vlam van bijvoorbeeld een kaars is zichtbaar doordat er talloze koolstofdeeltjes aan het gloeien zijn.

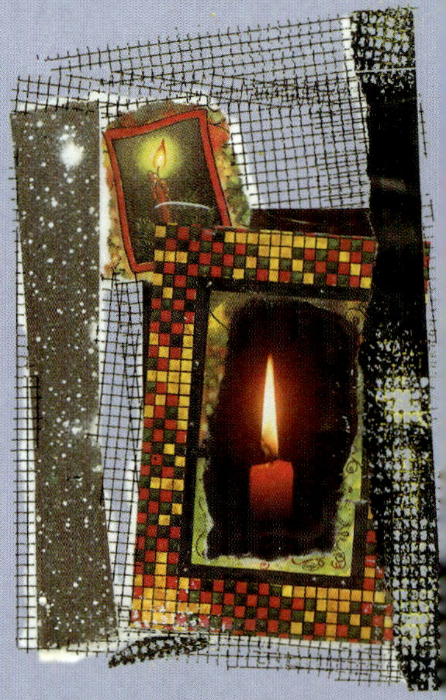

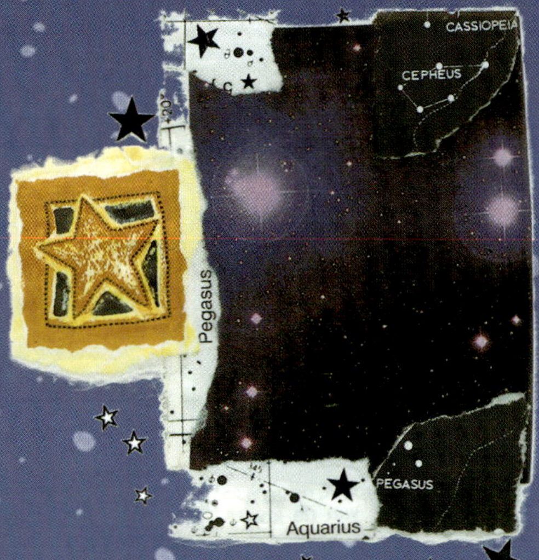

Niet blauw

's Nachts is de dampkring natuurlijk niet verdwenen. Maar de hemel is dan niet blauw. Daarvoor is er te weinig licht. De zon beschijnt 's nachts de van ons afgekeerde kant van de aardbol. Omdat lichtstralen rechtuit gaan en niet de bocht om kunnen, zitten wij dan in het donker. Slechts de maan en de sterren geven licht. Maar dat is veel te weinig om verstrooid te worden tot de mooie blauwe kleur van de hemel overdag.

Van adel

Edelgassen hebben hun fraaie naam te danken aan het feit dat ze zich niet verbinden met andere stoffen. Net als de oude adel mengen ze zich niet onder het gewone volk. Een heel bekend edelgas is neon. Dit is het gas dat gebruikt wordt in lichtreclames. Argon, een ander edelgas, zit in gloeilampen. Helium is heel licht. Het wordt gebruikt voor onder meer ballonnen.

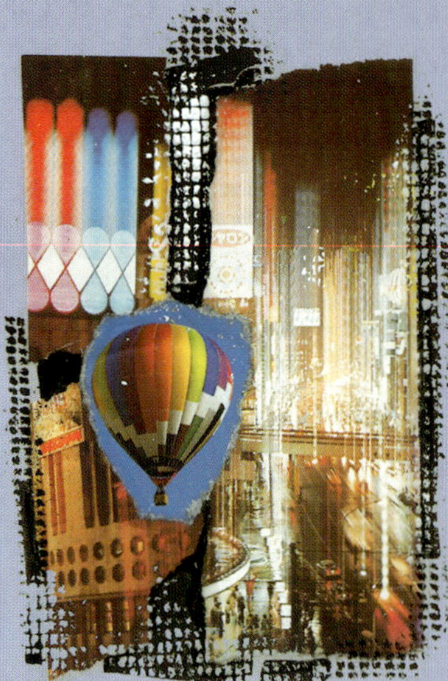

Proxima Centauri

De omvang van het heelal gaat ons voorstellingsvermogen te boven. De afstanden in de ruimte zijn zo enorm dat ze in lichtjaren moeten worden gerekend in plaats van in kilometers. Licht plant zich voort met een snelheid van bijna 300.000 kilometer per seconde. De afstand die het licht in één jaar aflegt wordt een lichtjaar genoemd. Het licht van de zon doet er 8 minuten over om ons te bereiken. De dichtstbijzijnde volgende ster is Proxima Centauri, die ongeveer 4 lichtjaren van ons afstaat. Dit betekent circa 38 biljoen kilometer. De meeste andere sterren die we met het blote oog kunnen waarnemen staan enkele honderden lichtjaren van ons af.

Ontelbare lichtstipjes

Overdag zien we maar één ster: de zon. Deze overstraalt het licht van alle andere sterren. Pas wanneer ons plekje op aarde van de zon is afgewend kunnen wij ze zien. De met sterren bezaaide nachtelijke hemel heeft de mens altijd gefascineerd. Vooral in heldere nachten lijken het er miljoenen. Het zijn echter maar zo'n twee à drieduizend sterren die we met het blote oog kunnen zien. Dat is dus maar een heel klein beetje van de tweehonderd miljard sterren waaruit ons melkwegstelsel bestaat.

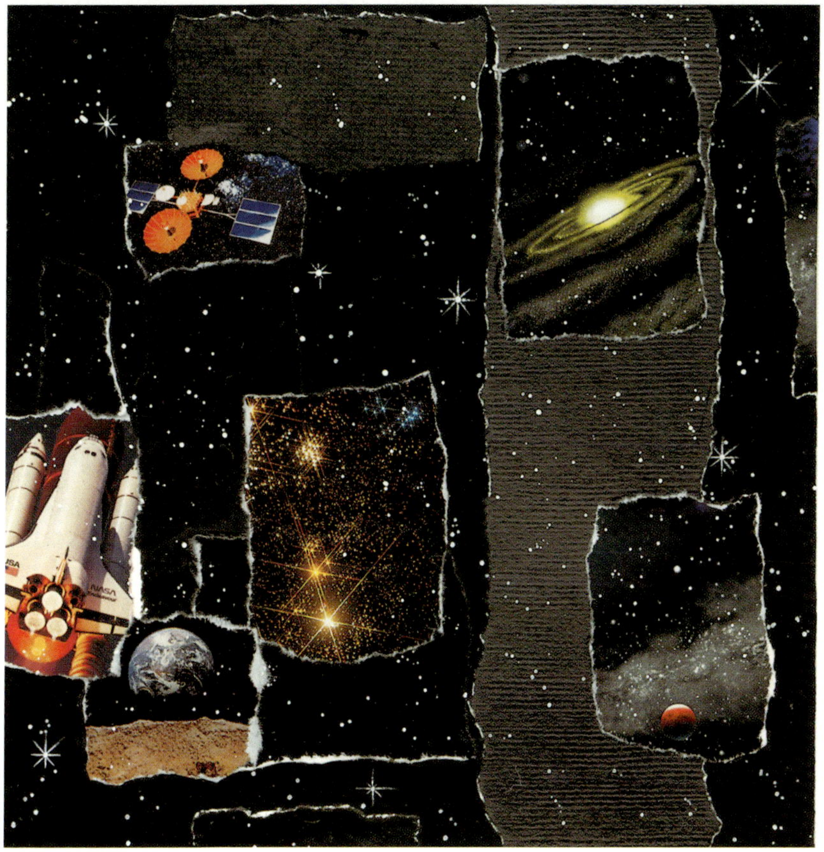

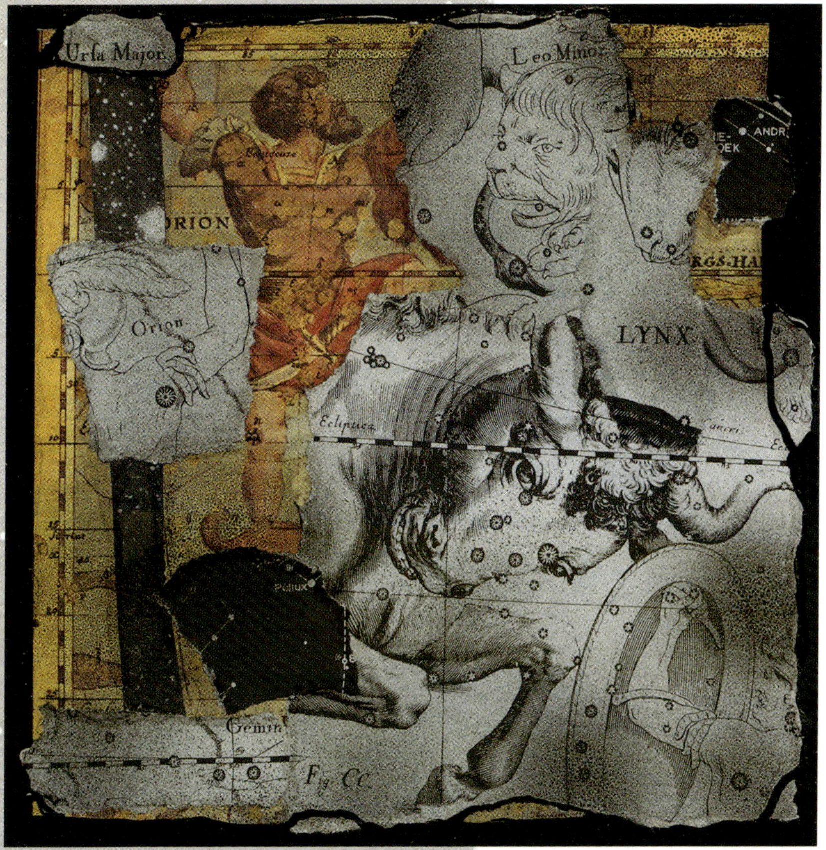

Oude sterrenkaarten

De afstand tussen sterren is onmetelijk groot. Toch lijken ze allerlei figuren en groepen te vormen. We kunnen er patronen in ontdekken die ergens op lijken. Zulke groepen worden sterrenbeelden genoemd. Deze werden al heel lang geleden opgemerkt. Ze kregen de namen van de dieren en de mythologische figuren die ze leken uit te beelden. Zoals 'Stier', 'Lynx', 'Grote beer', 'Tweelingen', 'Orion' en 'Schorpioen'. Hun afbeeldingen maken oude sterrenkaarten tot wonderlijke, geheimzinnige prenten.

Griekse goden

Orion leefde in het Oude Griekenland. Als jager kreeg hij dikwijls te maken met de jachtgodin Diana. Hij raakte tot over z'n oren op haar verliefd. Een andere Griekse god, Apollo, zag dit met lede ogen aan. Hij was immers zelf verliefd op Diana. Hij stuurde dus een geweldig grote schorpioen op Orion af. Diana greep ogenblikkelijk in. Ze zette Orion en de schorpioen als sterrenbeelden aan de hemel, zo ver mogelijk van elkaar. En daar zijn ze voorgoed gebleven.

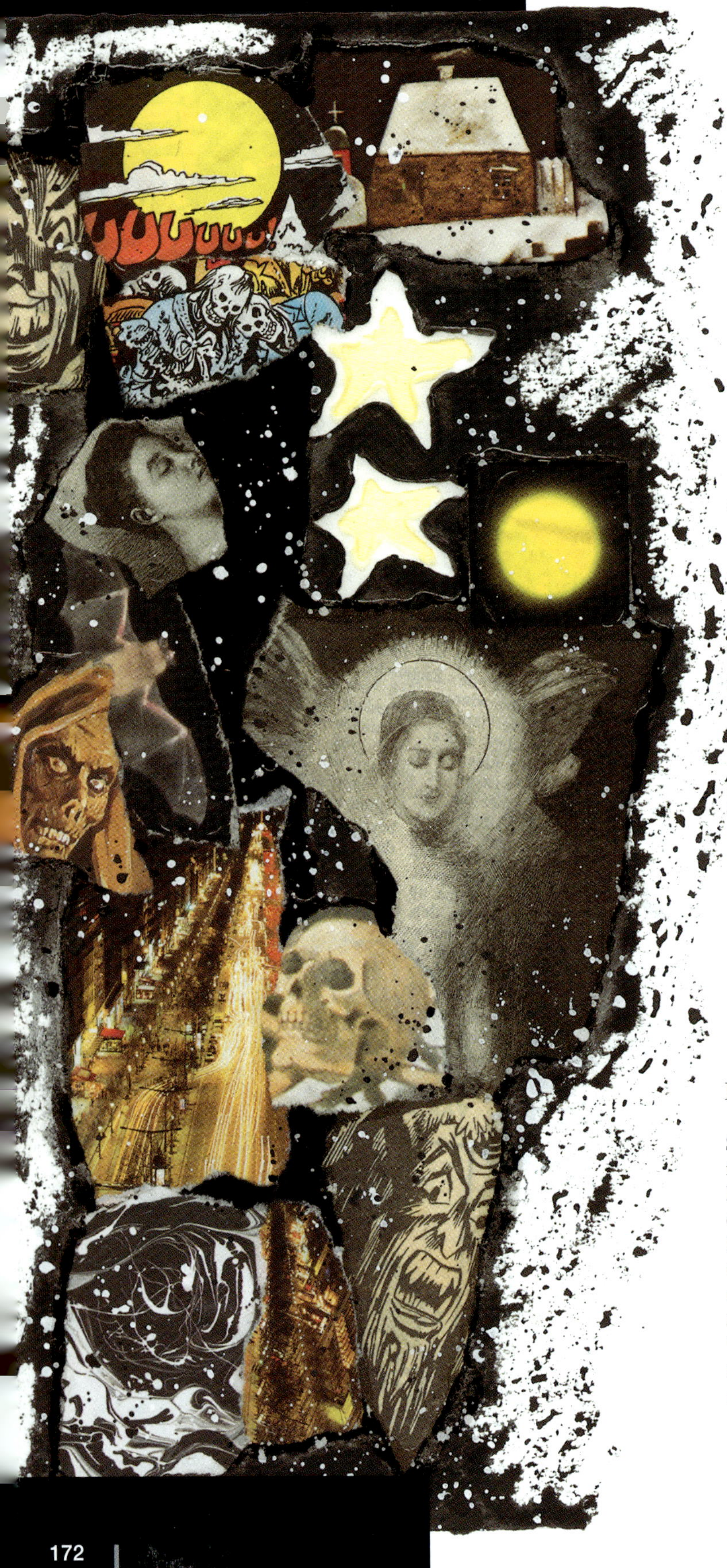

De maan

Zoals ze aan de nachthemel staat lijkt de maan aardig groot. Vergeleken met de zon is ze maar klein. Met haar middellijn van 3476 kilometer is ze ook slechts een kwart van de aarde. Ze lijkt groot omdat ze tamelijk dichtbij staat: 386.000 kilometer. De maan geeft natuurlijk zelf geen licht, zoals de zon dat doet. Maanlicht is gereflecteerd zonlicht. Het licht van de volle maan is 470.000 maal zwakker dan dat van de zon. Maar het is voldoende om het 's nachts niet pikkedonker te doen zijn.

Zwart gat

Zelfs sterren hebben niet het eeuwige leven. Een ster wordt geboren wanneer zich een geweldige hoeveelheid gas samenbalt. Terwijl dit gebeurt wordt het gas zo heet dat het gaat gloeien. Sterren kunnen daarna heel lang blijven schijnen. Maar op een gegeven moment raakt de brandstof op. De ster begint af te koelen en in te krimpen. Naarmate hij kleiner wordt, wordt natuurlijk zijn massa dichter. Het zwaartekrachtveld aan de oppervlakte wordt hierdoor almaar groter. Uiteindelijk is de zwaartekracht zo groot dat zelfs het licht naar het middelpunt wordt getrokken. Wat overblijft is een onzichtbare kern met een ongelooflijk sterke aantrekkingskracht: een zwart gat. Een zwart gat laat geen straaltje licht ontsnappen. Het is het absolute zwart.

Zwart fluweel

Zuiver zwart slokt alle licht op. Maar dit soort zwart bestaat op aarde niet. Er wordt wel eens gezegd dat zwart fluweel het zwartste aardse zwart is. Toch reflecteert ook deze stof nog zo'n drie procent van het licht dat erop valt. Bij roet is dit percentage ongeveer even hoog. Eigenlijk ontstaat echt pikzwart pas wanneer er contrast is van een heldere omgeving. Een vliegende witte zwaan wordt tegen een zonnige hemel als gitzwart gezien.

Kosmisch ritme

De nacht is voor ons heel waardevol. De duisternis stelt ons in staat te slapen, zodat we kunnen bijkomen van de dagelijkse drukte. We doen nieuwe krachten op voor de volgende dag. Vroeger was dit de natuurlijke leefwijze. Men ging 'met de kippen op stok'. Tegenwoordig veranderen we de nacht zomaar in dag. We doen gewoon het licht aan. Door de toepassing van elektriciteit zijn we de natuur en het oeroude kosmische ritme te slim af.

Piccadilly Circus

Straatverlichting op uitgebreide schaal is pas in de twintigste eeuw ontstaan. De eerste lichtreclame verscheen in 1913 op het Londense Piccadilly Circus. Daarna kreeg de ene stad na de andere een opgewonden kloppend hart van neonlicht. Tegenwoordig is een bij nacht onverlichte stad onvoorstelbaar. Toch ligt de tijd dat men zich met kaarsen en olielampjes moest behelpen nog maar net achter ons.

Boze geesten

Een mens verslaapt een derde deel van zijn leven. Dat is beslist geen verloren tijd, want van slapen rust je uit. In het donker krijgen lichaam en geest eens even heel weinig te doen, zodat je er 's ochtends weer tegen kunt. Maar de nachtelijke duisternis kan ook beangstigend zijn. Iedereen droomt 's nachts één à twee uur. Soms zijn dat geen prettige dromen maar nachtmerries. Ook wanneer we wakker liggen kunnen we belaagd worden door al dan niet verdrongen angsten. Door dit alles geldt de nacht van oudsher als het domein van boze geesten en demonen. Vroeger stelde men zich hierbij spoken en heksen voor, maar tegenwoordig weten we dat het vaak de kwade machten van het onderbewustzijn zijn die ons de stuipen op het lijf jagen.

Tegenover *wit*

Zwart staat lijnrecht tegenover wit. Wit is zuiver, helder en vol licht en leven. Zwart betekent nacht, duisternis en levenloosheid. Het staat in schril contrast tot alles wat kleurrijk en plezierig is. Het is het tegengestelde van het vitale, zorgeloze en waardevolle. Het is negatief en een symbool voor vergankelijkheid. Zwart is de kleur van de dood.

Zwarte rouwband

Niet alleen in de westerse cultuur, maar ook elders op de wereld symboliseert zwart de dood. Het is de kleur waarmee uitdrukking wordt gegeven aan verdriet en verlies. Hierdoor is zwart de kleur van de rouw. Bij begrafenisplechtigheden kleedt men zich in het zwart. Alle begrafenisrituelen hebben in de westerse wereld zwart als kleur. Van de kostuums van de dragers tot en met de auto's of koetsen. Zelfs de rouwadvertenties zijn zwart omkaderd. In veel landen gaan de directe familieleden van overledenen gedurende een bepaalde periode in het zwart gekleed of dragen ze een rouwband. Bij kerkelijke rouwplechtigheden kan de liturgische kleur eveneens zwart zijn.

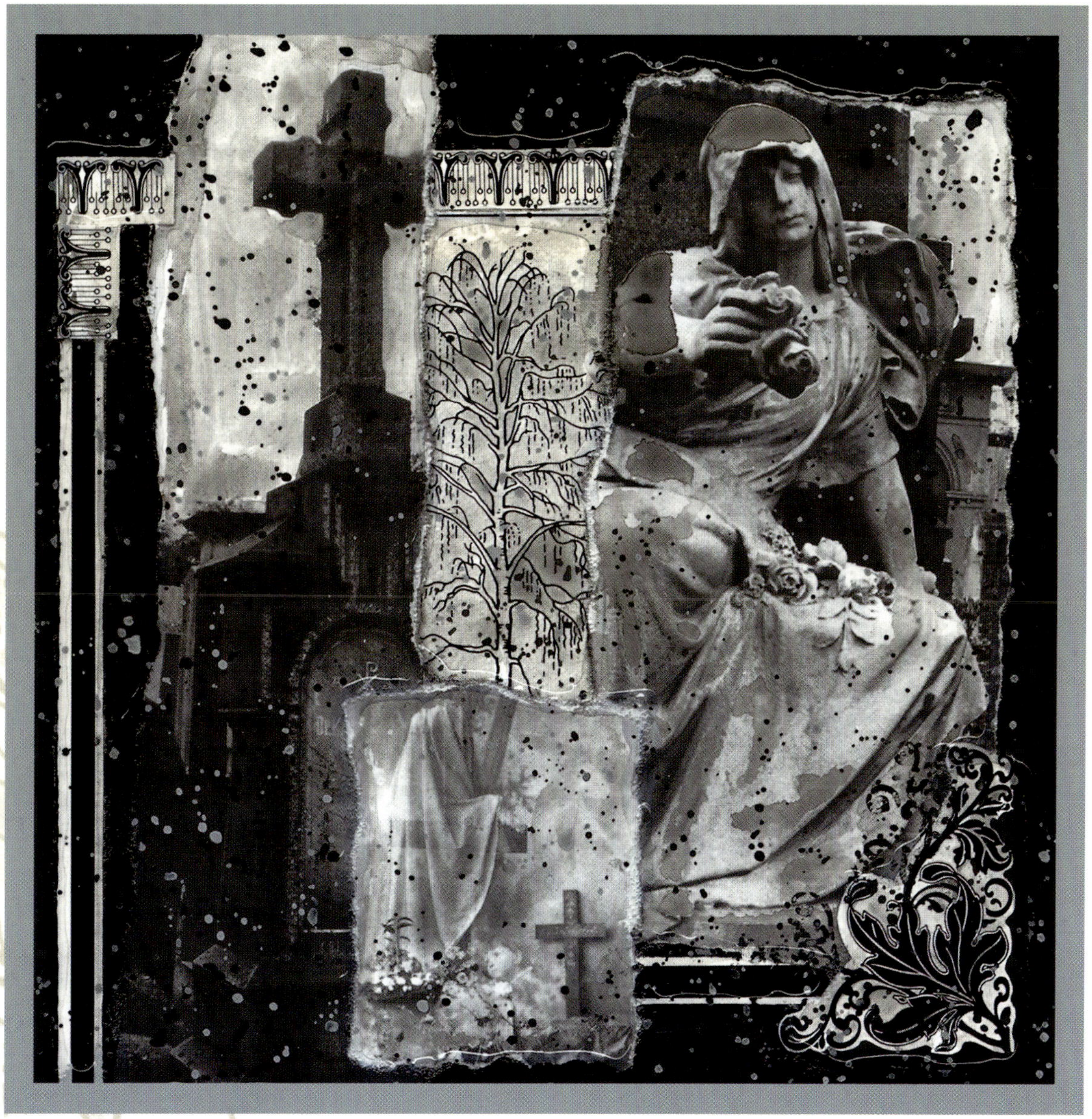

Witte koningin

Al in het oude Rome droegen de vrouwen zwarte kleding als teken van rouw. Deze gewaden heetten 'lugubria', waarvan ons woord 'luguber' ongetwijfeld is afgeleid. Later werd bij keizerlijk besluit ineens wit de rouwkleur. Eeuwenlang bleef wit in zwang, met name in Frankrijk, Engeland en Spanje. Totdat Anna van Bretagne zich in 1490 weer in het zwart kleedde bij de begrafenis van haar man, Karel de Achtste. Vanaf die tijd keerde het gebruik van zwart als rouwkleur terug. De Schotse koningin Mary Stuart deed hieraan echter niet mee. Ze had wel meer van die rebelse trekjes. Toen haar echtgenoot overleed trok zij witte kleding aan. Dit gaf haar de bijnaam 'witte koningin'.

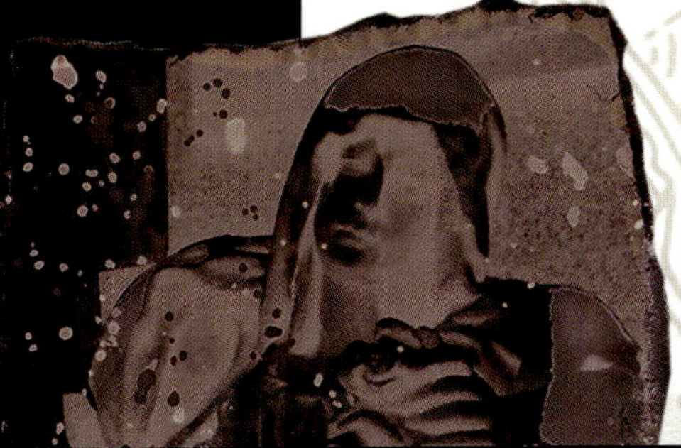

Afrikaanse Manja's

Je kunt in het zwart gekleed gaan ten teken van rouw, maar je kunt je ook in de zwarte modder laten vallen om verdriet te tonen. Dat doen tenminste weduwen op Nieuw-Guinea. De Afrikaanse Manja's smeren zich bij een sterfgeval in met houtskool. In tijden van oorlog maken ze zich zwart met roet. Maar zwart hoeft niet altijd een negatieve betekenis te hebben. De Ndembu's geloven dat vrouwen met een zeer donkere huid uitstekende minnaressen zijn. Daarentegen zouden ze als huisvrouwen weinig voorstellen.

Zwarte Piet II

Wodan was niet alleen oppergod, maar ook de god van de doden. Dikwijls trok hij door de lucht aan het hoofd van zijn 'Wilde Heir'. Dat was het dodenleger, waarin ook duivels, demonen, heksen, boze geesten en halfdoden meemarcheerden of meereden op zwarte paarden en zwarte bokken. Eén van die enge figuren werd de vaste begeleider van de namaak-Wodan die Sinterklaas heet. Zwarte Piet is dus in feite geen neger, maar een vertegenwoordiger van het dodenrijk. Hij is zo zwart als de eeuwige duisternis. Hij is een afschrikwekkende verschijning uit de wereld achter het graf. Een griezelig ventje.

Hell's Angels

Zwartleren kleding wordt nogal eens vereenzelvigd met gewelddadigheid. Sadomasochisme en 'Hell's Angels' hebben voor de meesten van ons geen positieve uitstraling. Om maar niet te spreken van de zwarte SS-uniformen. Zwart is slecht. De pest werd niet voor niets 'zwarte dood' genoemd. Toverkunst heet 'zwarte magie'. Een 'zwartwerker' betaalt geen belasting en op de 'zwarte markt' wordt 'zwarte handel' gedreven. Wie grote zonden begaat heeft een 'zwarte ziel' en wie in de ogen van anderen geen goed kan doen is het 'zwarte schaap'.

Dagelijkse verleidingen

Zwart is de kleur van de dood en zoals de dood ons wegneemt van de aarde, zo hangt zwart samen met het streven naar afstand nemen van het aardse. Daarom dragen nonnen en priesters een zwart habijt. Behalve in de tropen natuurlijk waar een wit habijt een veel koelere dracht is. Ze laten met het zwart zien dat ze zich inspannen om op het religieuze pad te blijven en niet te bezwijken voor dagelijkse verleidingen.

Zwarte Piet I

Je speelt iemand de 'zwartepiet' toe wanneer je het doet voorkomen alsof hij ergens de schuld van heeft. Het is een uitdrukking uit het kaartspel dat 'zwartepieten' wordt genoemd. De 'zwartepiet' is een kaart waarop een zwarte man is afgebeeld. Oorspronkelijk was dit figuur de duivel. 'Zwarte Piet' was namelijk een benaming voor de duivel.

Zwart schaap

In het bijbelboek Genesis wordt verteld hoe Jakob de zwarte schapen uit zijn kudde verwijderde. Niets steekt immers meer af in een witte kudde dan een zwart dier. Wie in een groep of bij een familie uit de toon valt of, al dan niet terecht, overal de schuld van krijgt wordt daarom het 'zwarte schaap' genoemd. Ook hier wordt zwart weer in verband gebracht met ongunstige eigenschappen.

Sint Nicolaas

Wie is de wonderlijke figuur door wie Sinterklaas vergezeld wordt? Wie is Zwarte Piet? Wie Sinterklaas is, is duidelijk. Sinterklaas is Wodan. Wodan was de oppergod van de Germanen, die op zijn witte paard door de lucht reed. Hij droeg een puntmuts en een wijde mantel. Hij had een witte baard en in zijn hand had hij een speer. Zoals de goede Sint, zo deelde ook Wodan geschenken uit. Toen het christendom Europa veroverde werd de Germaanse oppergod verbannen naar het rijk van sagen en sprookjes. Sint Nicolaas werd toen aangewezen als een soort plaatsvervanger.

Heilig dier

In Egypte gold de kat als een heilig dier. Daar was de zwarte kat Bastet een van de voornaamste godinnen. Maar omdat onze voorouders alles heidens vonden wat uit Egypte kwam, beschouwden zij de kat als een handlanger van de duivel. Vooral de zwarte kat werd gevreesd. Toch wordt hij in sommige Europese landen nog altijd beschouwd als een gezegend schepsel, dat geluk brengt. Een zwarte kat op de stoep betekent daar dat er een boel geld te verwachten valt. Wanneer een zwarte kat er je pad kruist mag je een wens doen.

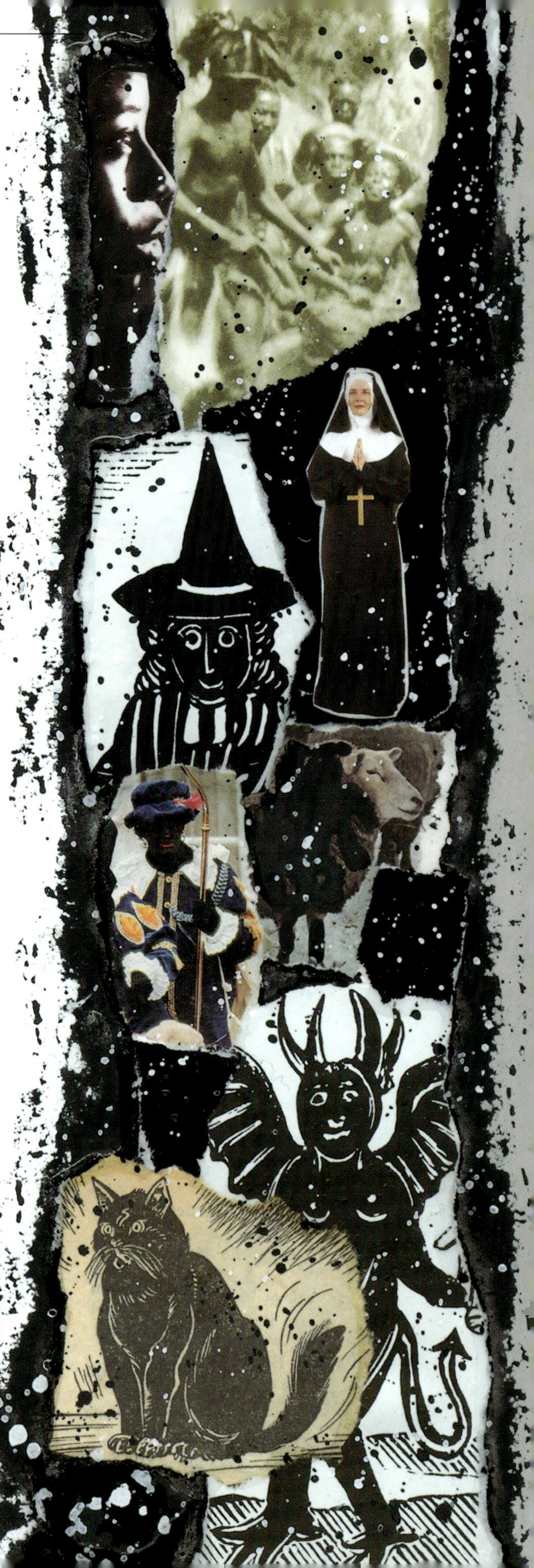

Prima huwelijk

Op je trouwdag is alles anders. Omstandigheden waar je normaal niet graag in wilt verkeren, houden dan niets dan goeds in. Een verregende trouwdag voorspelt een prima huwelijk. Ook een zwarte kat brengt dan geluk. Dromen van een zwarte kat wijst trouwens altijd op toekomstig geluk. Dit in tegenstelling tot dromen van een zwarte inktvlek. Zo'n inktvlek betekent dat ons problemen die door onszelf veroorzaakt zijn, te wachten staan.

Zwarte kat

Arme kat. Geen ander dier heeft het in de loop van de geschiedenis zo te verduren gehad. Vooral de zwarte kat moest het ontgelden. Voor onze voorouders was hij de vleesgeworden kwaadaardigheid. Hij sloop rond in de duisternis en was de vriend van heksen en tovenaars. Vaak nam de duivel zijn gedaante aan. De Kerk maakte daarom korte metten met zwarte katten. Er zijn er heel wat op de brandstapel om het leven gekomen.

Niet blij

Heel veel mensen zijn nog altijd niet echt blij wanneer een zwarte kat hun pad kruist. Katten zijn en blijven inderdaad geheimzinnige wezens. Ze zouden bijvoorbeeld het weer kunnen voorspellen. Als een kat zich tegen de haren in likt, komt er regen. Poetst hij zich met zijn pootjes dan is mooi weer te verwachten. In Ierland schijnt men te geloven dat het bloed van een zwarte kat, evenals het ei van een zwarte kip, een geneeskrachtige werking heeft.

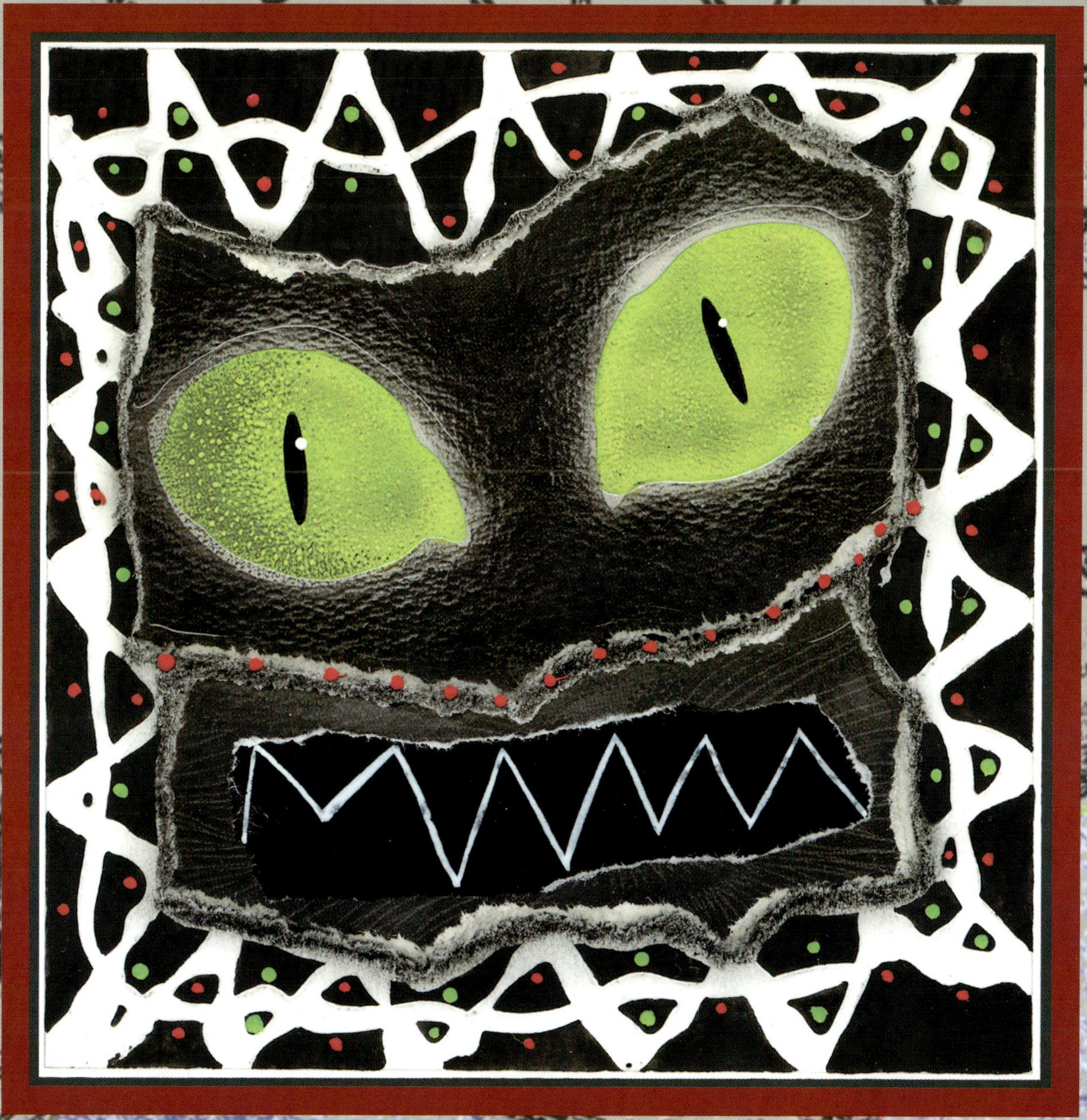

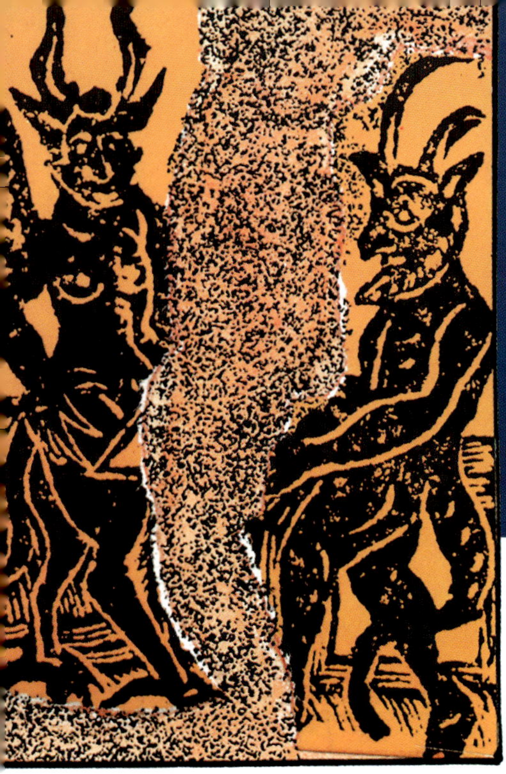

Zwarte toga

Je kunt de vijand het best met z'n eigen wapens verslaan. Omdat boze geesten zwart als kleur hebben, gold zwart vroeger als beschermende kleur. Er zijn primitieve volkeren die hun lichaam zwart verven om onheil op afstand te houden. Ook worden bij hen de gezichtjes van pasgeboren kindjes met roet zwart gemaakt om hen tegen het kwaad te beschermen. In onze maatschappij dragen rechters een zwarte toga als uiting van de ernst en waardigheid van hun ambt. Maar misschien doen ze dit in wezen ook om zich te vrijwaren van boze machten van buitenaf, zodat ze onbevooroordeeld blijven.

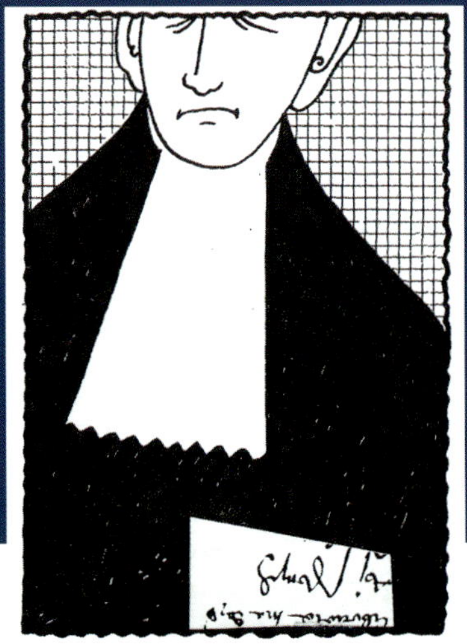

Ernstige lieden

Zwart is een doodse kleur. Dat is toch wel de eigenlijke reden waarom het de kleur is van de toga van professoren, rechters, advocaten en geestelijken. Hiermee maken ze duidelijk dat ze zich afwenden van het oppervlakkige alledaagse leven. Met alle wisselende meningen en modieuze verschijnselen hebben deze ernstige ambtsdragers immers niets van doen. Ze zijn wijs, nuchter, objectief en rechtlijnig. De zwarte toga benadrukt de zorgen en verantwoordelijkheden van het ambt.

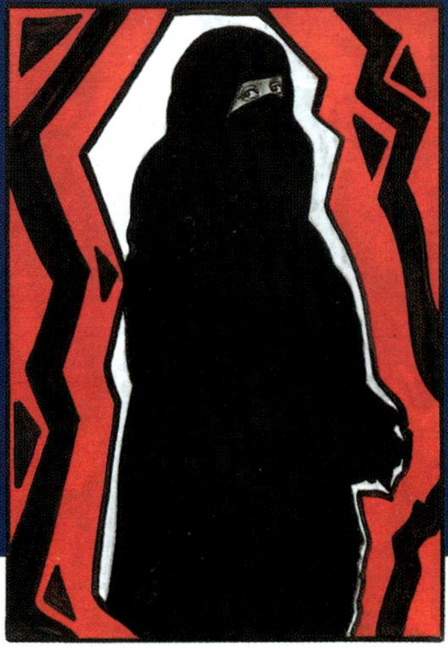

Kleurrijke kleding

Bij islamitische volken is zwart de kleur van de kleding die vrouwen in het openbaar moeten dragen. Het is een traditie die teruggaat tot de zevende eeuw. Vaak wordt beweerd dat de vrouwen onder deze zwarte bovenkleding modieuze en kleurrijke kleren dragen. In het Middellandse-Zeegebied kleden vooral de oudere vrouwen van het platteland zich bijna net zo streng in het zwart als de islamitische dames. Het lijkt alsof ze willen zeggen dat ze met frivoliteit en erotiek niets meer te maken mogen hebben.

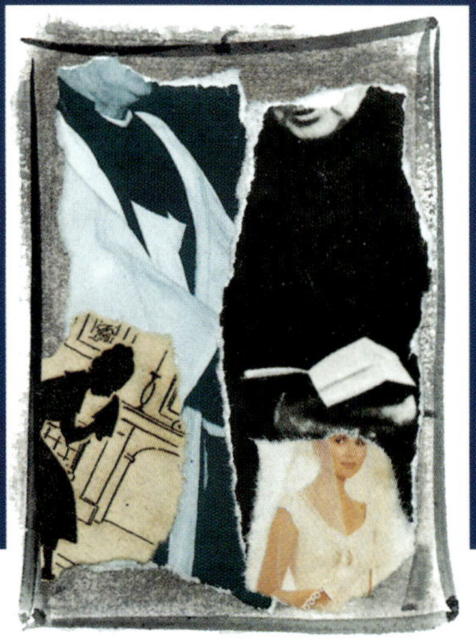

Volle betekenis

In het alledaagse leven draagt een priester zwarte kleren. Als hij echter de mis opdraagt is hij onder zijn kazuifel in het wit gekleed. Zwart betekent in dit geval werelds. Wit is hemels. Een bruidje heeft een witte jurk. Een weduwe draagt zwart wanneer haar man begraven wordt. Wit betekent hier het begin, zwart het einde van het huwelijk. Kleuren krijgen dikwijls pas hun volle betekenis als ze in relatie met elkaar worden gebracht.

Helemaal uitkleden

In tegenstelling tot de overige Arabische volkeren dragen bij de Toearegs de mannen sluiers, terwijl de vrouwen ongesluierd zijn. Toearegs gaan gewoonlijk helemaal in het zwart gekleed. Ze hullen zich van top tot teen in kledingstukken om zich te beschermen tegen de brandende zon. Dit doen de meeste Arabische woestijnvolken. Westerlingen, daarentegen, kleden zich het liefst bijna helemaal uit wanneer het erg warm is.

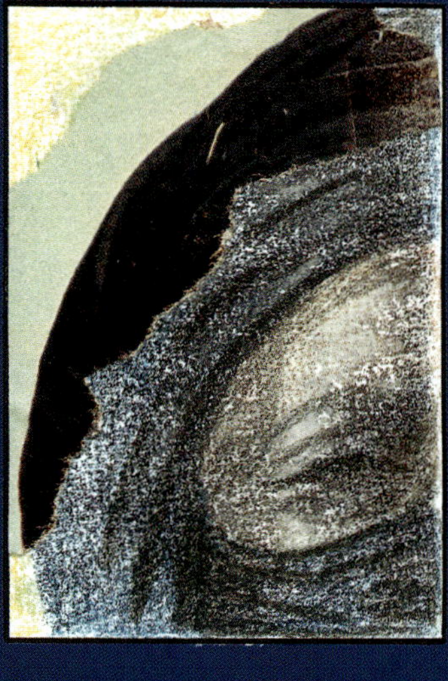

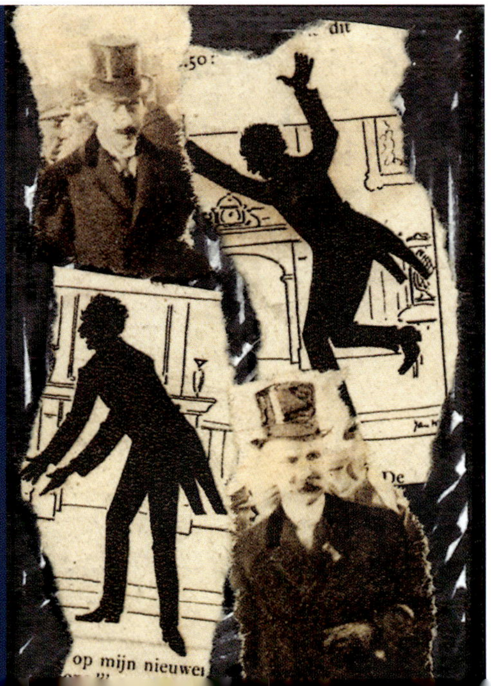

Engelse soldatenrok

Voor heren is het rokkostuum de avondkleding bij uitstek. Het ontstond rond 1750 als gewone dagelijkse kleding. Pas een eeuw later kreeg het zijn bijzondere status. Voor het jasje met de 'zwaluwstaart' schijnt de lange Engelse soldatenrok model te hebben gestaan.

Hollands **pessimisme**

Wat nu volgt is een staaltje van Hollands pessimisme. Tot het einde van de Middeleeuwen kleedde de bruid zich er in veelkleurige gewaden. Tijdens de zegetocht van het calvinisme werd de bruidskledij soberder. De bruid trok er zelfs een zwarte mantel over aan. In Friesland droeg ze zwarte rouwkleren over haar bruidsjapon om alvast te rouwen over de eerstvolgende dode.

Traditioneel **trouwkostuum**

Het jacquet is het traditionele kostuum voor de bruidegom. Er hoort een gestreepte broek bij, een wit overhemd en een grijze das. De zwarte das is voor begrafenissen. Verder een grijs gilet, grijze handschoenen, zwarte sokken en zwarte gladde schoenen. Het geheel wordt bekroond door een grijze of zwarte hoge hoed. Het jacquet stamt af van de geklede jas die nog tot het jaar 1900 over het kostuum werd gedragen. De smoking is weer afgeleid van het jacquet. Het is een zwart jasje dat op een zwarte broek wordt gedragen. De broek heeft een glanzende bies langs de naden. Het jasje heeft satijnen revers. Er hoort een wit smokinghemd bij. Verplicht zijn de zwarte strik en de zwarte cummerband.

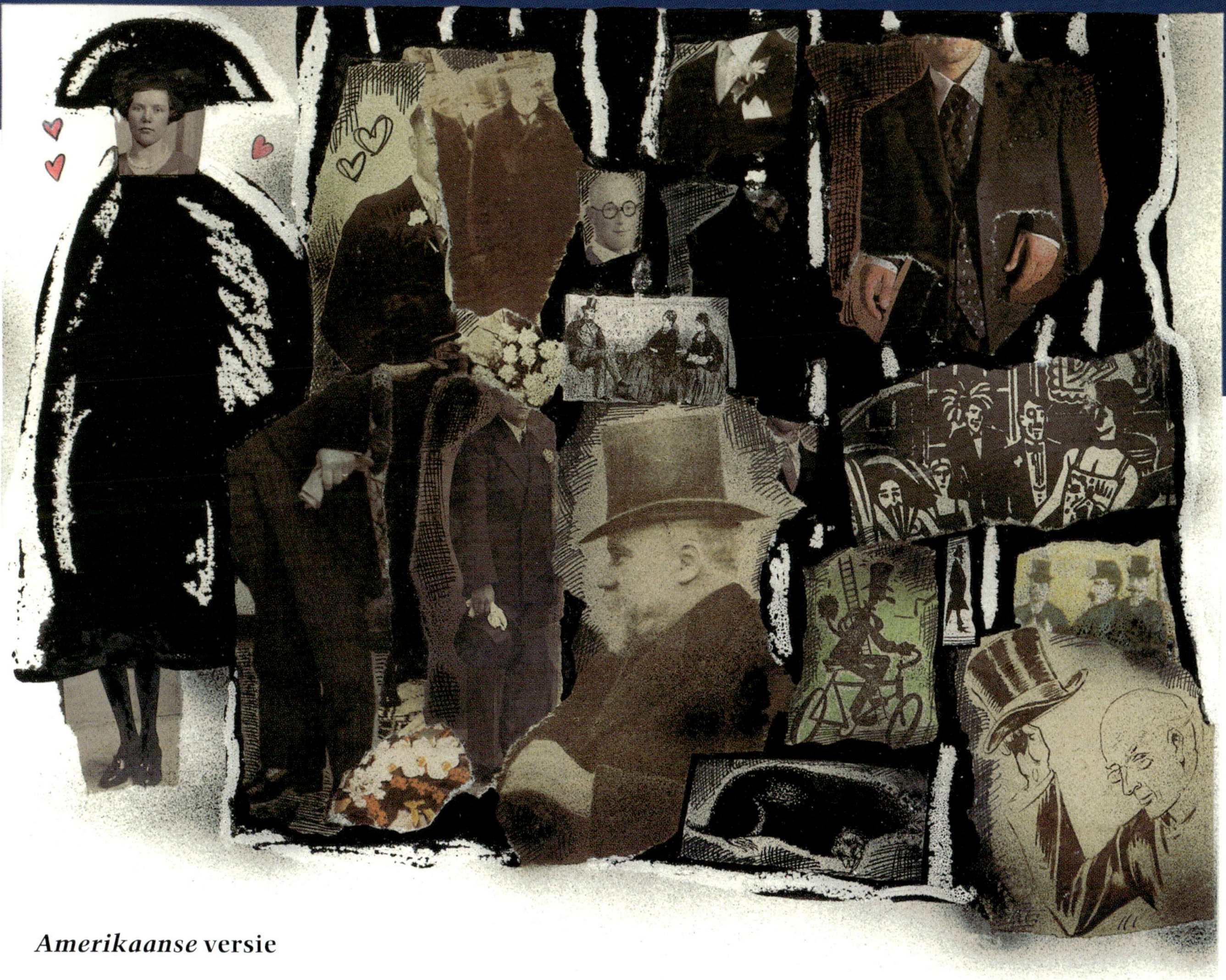

Amerikaanse versie

De voorname New Yorkse Tuxedo Golf Club ontving in 1886 een nieuw lid dat zijn entree niet maakte in het verplichte jacquet, maar in een smoking. Hij had deze kleding zelf bedacht als variant op het traditionele kostuum. Het nieuwe pak werd 'tuxedo' genoemd, naar de naam van de club. Dit is wat de Amerikanen vertellen.

Engelse versie

Engelsen zijn het vaak niet eens met Amerikanen. Volgens hen heette de smoking vroeger 'dinner jacquet'. Het was de gewoonte van de gentlemen zich na het diner terug te trekken in een speciale rookkamer. Zo vielen ze de dames niet lastig met hun sigarenrook en werden ze bovendien zelf niet lastiggevallen door de dames. In de rookkamer verwisselden ze de jas van hun rokkostuum voor een gemakkelijk zittend 'dinner jacquet'. Dit Engelse nieuwigheidje kwam op het Europese continent vlug in de mode en werd 'smoking' genoemd. Het Engelse woord 'to smoke' betekent immers 'roken'.

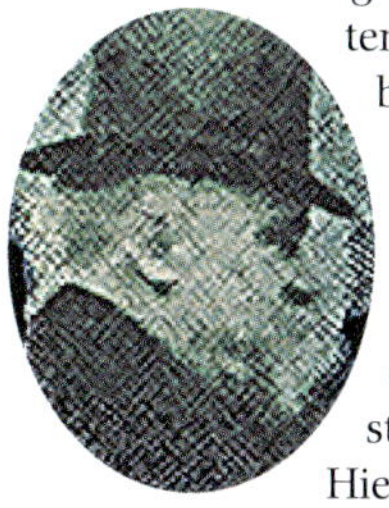

Hoge zijden

De zwarte zijden hoge hoed, die nog wel wordt gedragen bij bruiloften, officiële gelegenheden en begrafenissen, werd omstreeks 1820 bedacht door een Engelsman. Deze heer vond zijn nieuwe, glimmende hoofddeksel zo mooi dat hij ermee door de Londense straten ging wandelen. Hierdoor ontstond een hevige opschudding. Honderden nieuwsgierigen kwamen op hem toegelopen. Het werd een gedrang van jewelste, waarbij twee dames en een heer flauwvielen. De onbekende uitvinder werd door de politie gearresteerd omdat hij een volksoploop had veroorzaakt.

Zijden glans

De hoge hoed dient eigenlijk bekleed te worden met mollenvellen. Het is aan de korte zwarte vacht van deze dieren dat het hoofddeksel zijn mooie zijden glans ontleent. Dat er een heleboel mollen nodig zijn voor één enkele hoed is duidelijk. Over de hoge hoed kan nog iets merkwaardigs worden verteld. In sommige landen is hij namelijk het gebruikelijke hoofddeksel van schoorsteenvegers. Daar vindt men het helemaal niet gek als een schoorsteenveger met een zwart gezicht en een bezem over zijn schouder door de straten fietst mét een hoge hoed op.

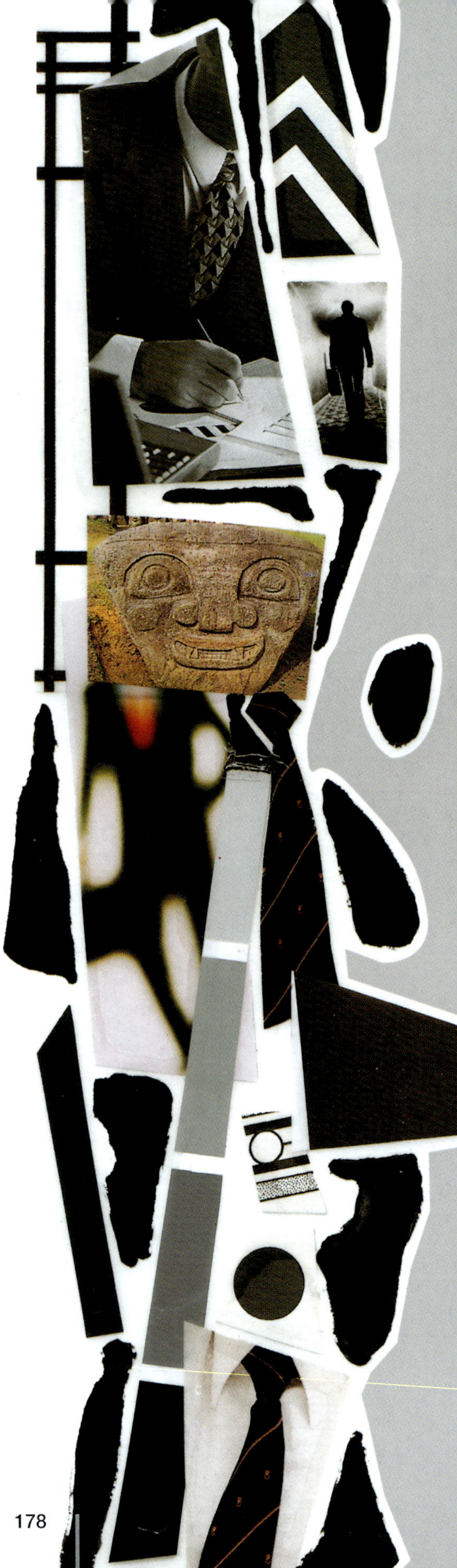

Onnozel gezicht

Een welvarende zakenman draagt een donker pak, een keurige das op een overhemd en elegante schoenen. Zo hoort het in het Westen en alle zakenmannen, alsmede alle anderen die er eigentijds en succesvol willen uitzien, kleden zich in deze trant.
Een indiaan uit het Amazonegebied verft zich zwart met rood, scheert zijn hoofd kaal, trekt zijn wenkbrauwen uit en hangt zich vol met kralenkettingen. Alle indianenmannen doen het zo. Er is als je het goed bekijkt geen enkel verschil tussen de westerse zakenman en de Zuid-Amerikaanse indiaan. Evenmin is er verschil tussen vrouwen uit verschillende culturen. In het Westen gaat een vrouw niet graag onopgemaakt de deur uit. De Maori's vinden een onbeschilderd gezicht gewoonweg onnozel. Voor hen is een gezicht pas een eigen, individueel gezicht wanneer het beschilderd is.

Zwarte kleurstoffen

Koolzwart wordt gemaakt van verkoold hout. Ivoorzwart ontstaat door de verbranding van ivoor of van hertengeweien en dergelijke. Beenzwart wordt gefabriceerd door de verkoling van de beenderen van runderen en paarden. Lampenzwart wordt gewonnen uit de op glas aangeslagen walm van olielampen of smeulende hars. Rankenzwart is het product van de verbranding van wijnranken. Perzikzwart ontstaat door verkoling van pitten van perziken en andere vruchten.

Ivoren balletje

In Oost-Azië werden zwarte tanden veel mooier gevonden dan witte. Als een tand of een kies pijn deed liet men hem graag trekken, omdat er dan tenminste een mooie zwarte kunstkies voor in de plaats gezet kon worden. Sommige mensen liepen trots rond met een mond vol zwarte tanden. Niet minder merkwaardig was trouwens een Amerikaanse gewoonte uit de achttiende eeuw. Als iemand een tand of een kies moest missen, liet hij op de plaats waar het gat was ontstaan een klein ivoren balletje aanbrengen. Hierdoor werd voorkomen dat iemand aan de ingevallen wang kon zien dat er een kies was getrokken. Op sommige portretten van belangrijke personen is duidelijk te zien dat er achter een wang een ivoren balletje zit.

Miljoenen zetten

Het schaakspel is wat kleur betreft gebaseerd op de tegenstelling tussen zwart en wit. Het is een mooi spel, maar erg moeilijk. Dat komt doordat de vierenzestig zwart-wit gekleurde vlakken van het schaakbord bijna een oneindig aantal verschillende zetten toelaten. Een groepje Amerikaanse schakers heeft eens uitgerekend op hoeveel manieren men de eerste zes zetten kan doen. Na maandenlang ingespannen te hebben zitten rekenen kwamen de schakers tot de conclusie dat er alleen al voor die eerste zes zetten 4.000.000.000 ofwel vier miljard verschillende mogelijkheden zijn.

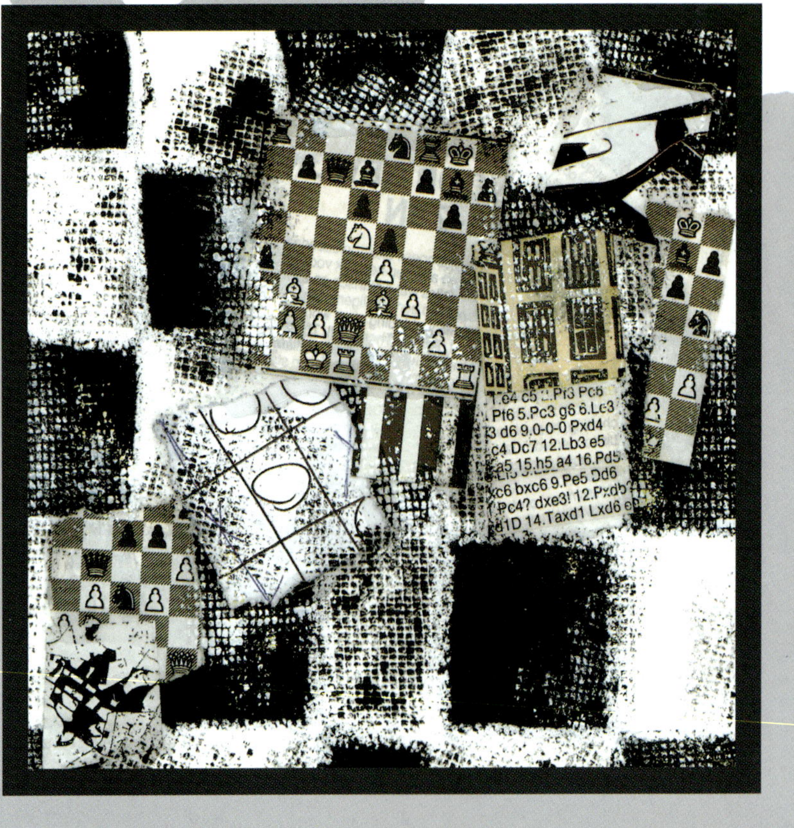

Zwarte doos

Kleuren bestaan uit licht. Zwart niet. Iets wat zwart is weerkaatst geen licht. Zwart is het ontbreken van licht en dus van kleur. Het mag in feite niet tot de kleuren worden gerekend. Het hoort er niet bij. Mag niet meedoen. Net als het 'zwarte schaap' in een familie. En net als de 'zwarte doos'. Ingenieurs en technici noemen elk instrument dat niet direct van belang is voor het functioneren van een systeem, zo. Een zwarte doos is niet eens zwart! Hij is juist geel of oranje zodat hij opvalt tussen de wrakstukken van een neergestort vliegtuig. In de zwarte doos zitten namelijk de recorders die alle vluchtgegevens registreren.

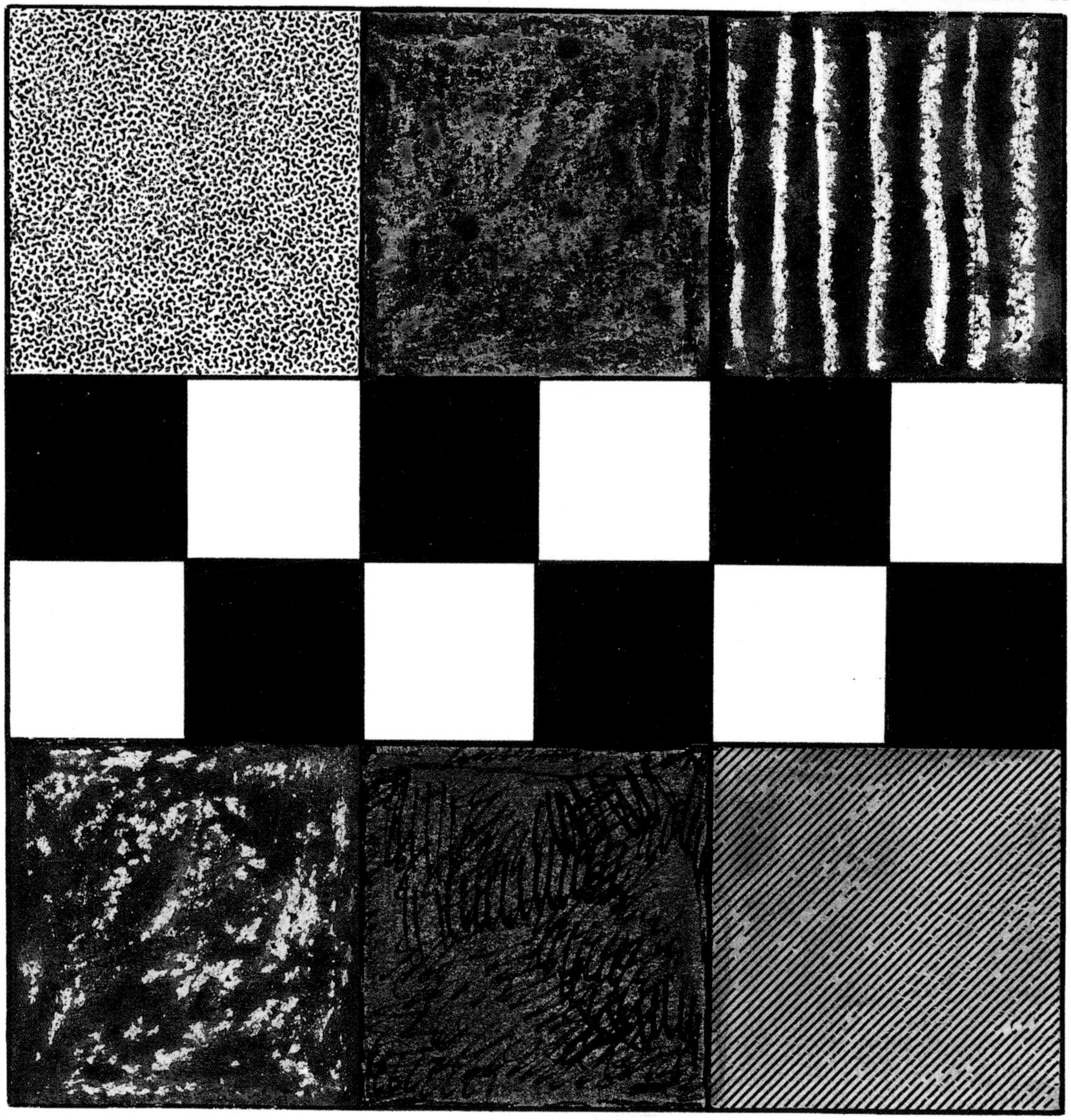

Eeuwig zwijgen

De beroemde schilder Kandinsky zei over zwart: 'Zoals een niets na het uitblussen der zinnen, zoals een eeuwig zwijgen zonder toekomst en hoop, klinkt innerlijk het zwart'. Hij had gelijk: zwart is negatief, gesloten en ondoorgrondelijk. Het is een kleur om melancholisch van te worden. Melancholie betekent 'zwartgallig'.
Het Griekse woord 'melas' staat voor 'zwart'. Melancholie wordt weleens omschreven als een stemming met een rouwrand.

Zwart goud

Van mensen die zich in het zwart kleden wordt wel beweerd dat ze geen kleur willen bekennen. Ze doen aan het gewone maatschappelijke leven niet mee, zoals enerzijds priesters en nonnen, anderzijds groeperingen als de Hell's Angels. Of ze verzetten er zich te vuur en te zwaard tegen, zoals in het verleden de zwart geüniformeerde fascisten deden. Wat deze laatste groep betreft kan nog een andere beweegreden voor de kleurkeuze worden aangegeven: zwart is een oerkleur. De fascisten wilden een nieuwe wereldorde realiseren, die gebaseerd was op voor-christelijke tijden. Zwart is de even elementaire als primitieve kleur van de aarde die de gewassen voorbrengt. Al in het Oude Egypte was het de kleur van het vruchtbare land. Ook veel andere basale stoffen zijn zwart, zoals steenkool en ruwe olie, die niet voor niets het 'zwarte goud' worden genoemd.

Braziliaanse boomsoort

Zuiver zwart komt in de natuur niet voor. Het diepste zwart dat onze planeet te bieden heeft is dat van lavagesteente. Het is tot een zwarte massa gestold die eerst in vloeibare vorm uit het inwendige van de aarde naar buiten is gestoten. De zwartste kleurstof die we kennen wordt gemaakt van een Braziliaanse boomsoort. Er is nog altijd geen synthetisch pigment dat kan wedijveren met dit zogenoemde campêchehout.

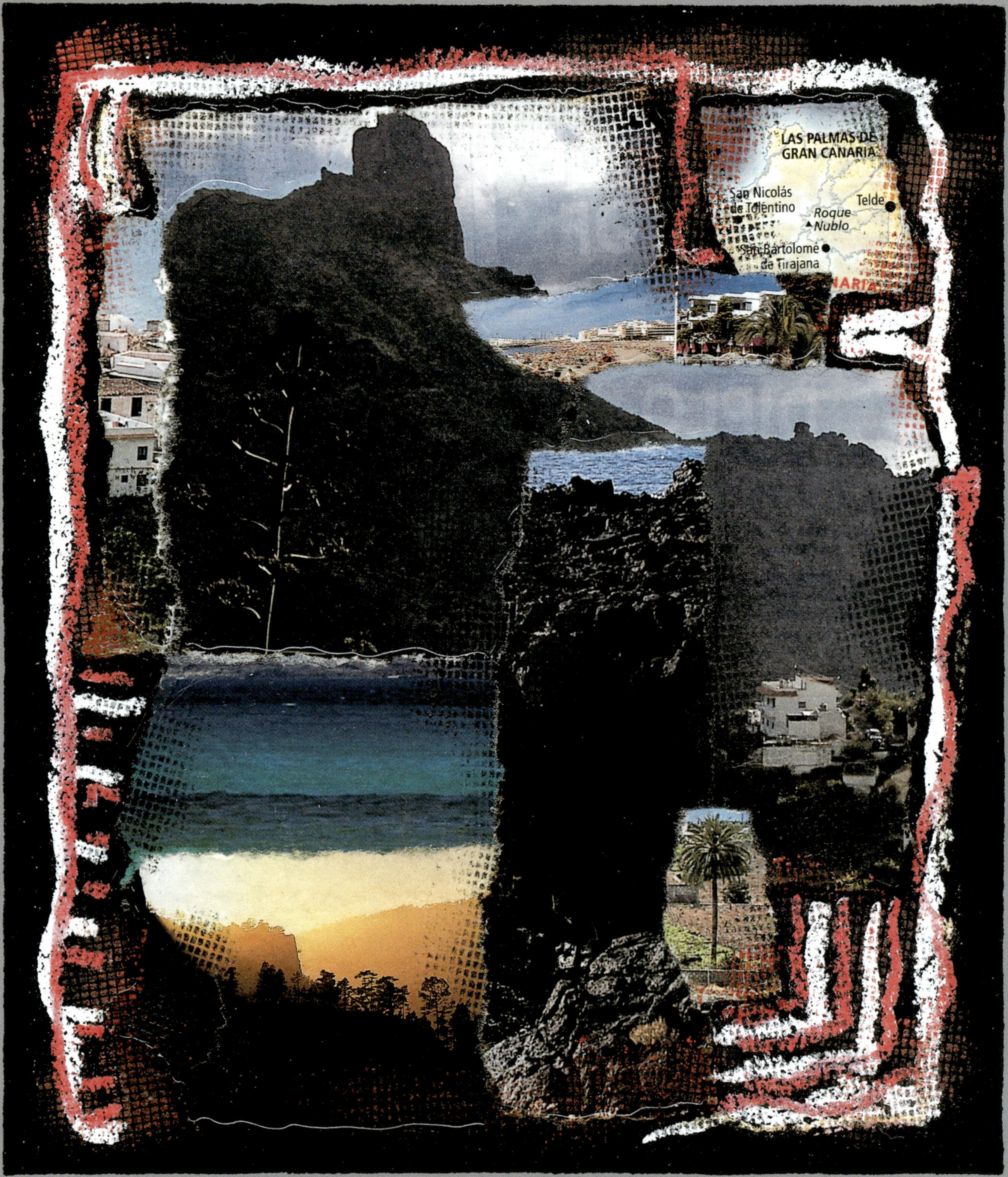

Zwart zand

Op de Canarische Eilanden speelt zwart een belangrijke rol in het landschap. Op het eiland Lanzarote hebben in de achttiende eeuw uitzonderlijk heftige vulkaanuitbarstingen plaatsgevonden. In de getroffen delen is nog altijd nauwelijks plantengroei te bekennen. Alles is er zwart van de lava. Zelfs de stranden bestaan uit zwart zand.